ノルベルト・エリアスの全体像

―フィギュレーション理論の探究―

大平 章［著］

成文堂

まえがき

本書は、ノルベルト・エリアスの社会学が今日の世界状況においてどのような指針をわれわれに示してくれるかを念頭に置きながら、これまで単行本として出版された彼の著作の全容を、日本の読者のためにより系統的に解説することを目的として書かれたものである。これまで日本語で出版されたエリアス関連の研究書や論文も、英語圏を中心とするヨーロッパの国々のそれと比べれば、数量的には決して多くはないが、彼の社会学の方法論の中心部分に触れながら実りある議論を展開している。とはいえ、ドイツ語と英語でそれぞれ、19巻、18巻に及ぶエリアス全集が刊行された今となっては、できるだけ多くの作品に触れながら、再度エリアスの全体像を把握することが急務であるように思われる。

エリアスの社会学の全容を、ヨーロッパの社会学会で定着している「フィギュレーション社会学」という呼称で一括できるかどうかはさておき、社会学や社会科学を研究する日本人にとって、『文明化の過程』で展開される「長期的な相互依存の連鎖」を主軸とした人間集団の心理的、社会的な変化の分析はそれほど難しい方法ではない。また、同じく『ドイツ人論』の中心テーマを深化する際の重要な鍵であり、「文明化の過程」に対置される「非（脱）文明化の過程」も、国家間の暴力やテロリズムの脅威が依然として今日のグローバル化された世界に暗い影を投げかけている現状を見れば、容易に理解できよう。おそらくエリアスは、1939年に『文明化の過程』が出版されたときに、自分の研究がそのような方向をたどることをいくぶん予測していたように思われる。『ドイツ人論』の章の１つとして使われている「文明化の挫折」という表現は、ワイマール共和国以降の混乱期を経てナチスが台頭するのを許したドイツ国民の否定的な文化状況を指すと同時に、二つの大戦によって未曽有の文明の破壊を経験した20世紀のヨーロッパの現実に重なるものである。

さらに敷衍すれば、エリアスの歴史認識は、明治時代以降、政治・文化・経済・軍事の面で西洋の文明化を受け入れた日本人が、逆に、第２次世界大戦の悲劇によって同じような負の遺産を担うことになった状況を解明する手がかりにもなりうる。そのような形で、エリアスの社会学の意味をわれわれ日本人の読者、研究者が汲み取ったとしてもそれはあながち間違いとは言えない。しかし、こうした見方はエリアスだけでなく、当時のヨーロッパの多くの知識人が共有していたものであり、むしろエリアスの場合、さまざまなイデオロギー的価値観に左右されないで現状を分析し、社会学者として、また彼特有の表現を借りれば「神話の破壊者」として、それを理論化することを優先させたところに特徴がある。経験的な資料やデータに裏づけされた理論的統合が彼の「フィギュレーション理論」の真骨頂であると言っても決して過言ではない。それゆえ、彼独自の社会学の方法を明示した『社会学とは何か』、『諸個人の社会』、『参加と距離化』なども重要な著作であり、日本の読者にもっと読まれてもよいものである。加えて、そうした方向性を示すものとして、早い時期に彼が書いた『定着者と部外者』も評価されるべきである。本書ではこうした面も強調しながら、それついてやや詳しく言及することになった。

『文明化の過程』は別にして、エリアスの著作の中で日本の読者に注目されたのは『スポーツと文明化』であろう。実際、この書にはこれまでのスポーツ社会学の概念を変えたと言ってもよいほどの影響力がある。スポーツの研究はこれまで主に体育学の領域であったが、エリアスはその常識を変え、持ち前の該博な歴史的知識を駆使して、また同時に独自の社会学の方法論を駆使して、現代スポーツの発展の歴史を、古代ギリシャ・ローマ時代から中世を経て近現代へと連なる長期的な過程として位置づけた。とりわけスポーツを非暴力的な、ルールに基づく余暇活動として、英国の議会主義の発展と関連づけたのはエリアスの卓見であった。イギリス特有の民衆のフットボールの伝統、狐狩り、ボクシングのグラブの発明などに関する知識を、社会学的調査の有効な素材とするエリアスの姿勢にはフランスのアナール派のそれを髣髴させる。実際、彼は自らの方法論の一部をアナール派から学び、また彼が新たに提示した理論は同時に、アナール派にも影響を及ぼすものであった。

振り返ってみれば、『スポーツと文明化』の翻訳を通じて初めてエリアスの著作に触れたわたしにとって、その体験は、まさに「目から鱗が落ちる」という表現にふさわしいようなものであった。そのころ、わたしは、斬新な方法論が見出せないまま、また研究意欲もいくぶん低下し、悶々として英文学の研究をしていたが、エリアスの方法論は「渡りに船」であった。彼の歴史学と社会学を融合させる見事な視野とその鋭い、しかも表現力に富んだ叙述の展開は人文科学、社会科学を問わず、学問的研究全体の模範であり、かつ遺産でもあった。また、彼は常々、社会学以外の分野を学んだ人間のほうが、社会学の研究においてかえって発想が豊かである、と述べていたが、そうした発言もわたしを勇気づけるものであった。加えて、学生時代に大学周辺の古書店や洋書店で文学作品以外にも、哲学・社会科学系の本（マルクス、ウェーバー、サルトル、フロム、マルクーゼなどの著作）を買って、多少読んだ経験もあり、エリアスの著作に接するのは自分にとってむしろ楽しく、かつ有意義でもあった。

それ以来、エリアス関連の文献を日本語に訳す仕事に携わり、また同時にエリアスについて論文を書く機会にも恵まれ、さらに大学の紀要論文のほかに、2003年には成文堂から『ノルベルト・エリアスと21世紀』という論文集を上梓する幸運を授かった。他の研究とも重なり、そこでいったんエリアスの研究を休止したが、また研究意欲が湧き上がり、2005年から３年連続で、『定着者と部外者』、『シンボルの理論』、『モーツァルト』などこれまであまり論じられていない作品に焦点を当てながら、エリアスの社会学理論の探究を紀要論文という形で継続した。こうして徐々にエリアスに関する包括的な研究書を出す計画が進行した。2009年に『定着者と部外者』を邦訳することになり、いよいよ計画が本格的になったことを記憶している。が、エリアスのその他の重要な作品も再度読み返さなければならず、さらに英訳とドイツ語の原典を比較する作業が計画を遅らせた。2011年に最後の在外研究生活をケンブリッジ大学ですごしたときに、英国のエリアス研究者との接触もあり、貴重な助言をいただいたおかげでさらに出版計画が本格化した。出版の準備が整ったのは2014年頃であった。それでも、その間、エリアスを扱った別の英文論文集の編集作業もあり、最終的に本書の出版を決断したのは2017年の夏であった。とはいえ、これまで発表した紀要論文等を読み返してみると、不統一な個所が多く見つかり、編集作業が難航したことは否めない。

今回利用した既出の論文については、序論の注で紹介しているで、ここでは重要な点だけに言及しておきたい。第１章、２章、３章、５章、８章、９章については比較的最近発表された論文に基づいて、またある程度、出版を意識しながら書かれたものなので、重複した部分が多少あるとはいえ、テーマとしての一貫性は保たれているように思われる。それぞれ2005年、６年、７年に発表された第４、６、７章については、出版計画への意識がそのころまだ希薄であったため、かなりの変更を余儀なくされた。特に第７章では最初の副題である「言語・知識・芸術・科学」を「時間・言語・知識・芸術・科学」に変更した。その理由は、最初はエリアスの「時間論」に関する独立した論文を使う予定であったが、それを割愛して副題に「時間」を加えても、内容的に問題はないと判断したからである。最初の副題には「時間」という言葉はないが、実質的には、そこではエリアスの時間論についてかなり論じられている。こうしたある種の「手術」を各所で試みてはみたが、それが成功したかどうかは、読者の判断に委ねるしかない。

もう１つの問題は補遺の位置づけである。そこで扱われている単行本以外のエリアスの論文は、本書のいくつかの章ですでに論じられてはいるが、エリアスが晩年に至るまでいかに精力的に研究を持続していたかを示すために、あえて重複を恐れずにその全体を紹介することにした。また、トマス・モアの『ユートピア』に関する論文もエリアスの社会学がいかに文学作品との関連が深いかを再認識するためにその解説を試みた。なおドイツ語・英語版全集で、『死にゆく者の孤独』と一緒に収録されている「人間の状況」は、量的には単行本に近いものであるが、それが講演であるという性格を考慮に入れて、ここでは「論文」と見なした。これはまだほとんど日本の読者に知られていないものと思われるが、そこでも見られるように、エリアスの社会学の根底には暴力を極力避け、人類のために世界平和を希求する強い思いが常にあったことを知っていただければありがたい。彼の社会学は確かに重要なテーマとして暴力を扱ってはいるが、彼は決して暴力の行使を人間社会における不可避的な現象として位置づけたわけではないし、それを人類の本性と見なしたわけでもない。そのことを繰り返し強調することも本書の重要な目的の１つである。

歴史を振り返れば、確かに、人類には多くの暗い過去もあるが、逆にそのたぐいまれな習得能力によって人類は明るい未来を切り開くこともできるのである。グローバル化された今日の社会は、旧来の国民国家を生存単位とする民族集団には大きな試練として立ちはだかる一方で、人類が協調や和平を求め、新たな統合段階に向かう大きなステップにもなりうる。文明化の過程は、エリアスによれば、特定のアプリオリな目的を持つものではないが、やはり、自己抑制と国家による暴力規制によって和平化への新たな方向全体を示唆するものなのである。

エリアスの著書や論文のタイトルについては、現在では英語版がほぼ共通のテキストになっていることに鑑み、英語のタイトルを併記した場合もあるが、必要に応じてドイツ語のタイトルも挙げておいた。エリアスの場合、どちらの言葉で先に書き始めたのかが不明な場合もあり、編集者や読者にとってもこれは頭を悩ませる問題である。リチャード・キルミンスターも指摘しているように、エリアスが書いた英文にはかなりドイツ語的な語法や発想が残っていることは確かである。理想としては英語とドイツ語のテキストを比較することで、エリアスの社会学的概念がより正確に把握できようが、それは相当な時間を要する。こうした面に興味のある読者のために、本書では索引にも英語もしくはドイツ語のタイトルを記載しておいた。

もちろん本書の出版に当たって多くの方々にお世話になった。エリアスの著作、とりわけ『スポーツと文明化』の翻訳を勧めてくださった首都大学東京の伊藤誓名誉教授、エリアス関連の研究会やシンポジウムを何度か快く引き受けてくださった早稲田大学の和田修一教授には、長年にわたって身に余るご厚意を頂いた。また、これまでエリアスの社会学の概念や方法論に焦点を当てた英語の論文集を３度刊行したが、そこに執筆者として参加して頂いたジュリアン・マニング（日本大学教授）、ポール・スノードン（早稲田大学名誉教授）、マイケル・スナイダー（昭和女子大学教授）、ポール・ベーコン（早稲田大学教授）、マシュー・ステレンバーグ（早稲田大学准教授）、ジェイソン・ヒューズ（レスター大学教授）、アンドルー・リンクレーター（アベリストウィス大学教授）、アイヴァン・ウォディングトン（チェスター大学客員教授）、アブラム・デ・スワーン（アムステルダム大学名誉教授）、ラウル・サンチェス・ガルシア（マドリード・ヨーロッパ大学講師）ジョン・オリファント（早稲田大学講師）の各氏に感謝しなければならない。また、スティーヴン・メネル（ユニバーシティ・カレッジ・ダブリン名誉教授）、エリック・ダニング（レスター大学名誉教授）、ヨハン・ハウツブロム（アムステルダム大学名誉教授）の各氏には長年にわたってエリアスに関する貴重な資料や情報を提供して頂いたことで感謝の意をささげたい。

またこの間、客員研究員として３度ケンブリッジ大学で研究する貴重な機会を与えて頂いた早稲田大学にもこの場を借りて感謝したい。最後になったが、このたび本書の出版計画を快く引き受けてくださった成文堂の阿部成一社長、および煩雑な編集作業をお願いした篠崎雄彦氏にもお礼を言わなければならない。また本書の内容について読者、識者のご批判、ご教示を賜れば幸甚である。

2018年１月末日

大　平　　章

目　次

序　論

本書の目的は、今日、英語圏やヨーロッパの社会学会で「フィギュレーション社会学」(Figurational Sociology)、あるいは「過程社会学」(Process Sociology) と呼ばれているノルベルト・エリアスの社会学理論の全容を、彼の主要な著作に焦点を当てながら、そこで展開されている中心的な議論に即して、明らかにすることである。エリアスの社会学の方法論に付与されたこうした呼称は、これまで刊行されたエリアス関連の研究書から得られる情報から判断しても、あるいは、エリアスの新英訳全集（全18巻）の完成を記念して、2014年6月にイギリスのレスター大学で開催された国際大会を振り返ってみても、ほぼ定着していると言えよう。とりわけ大会のテーマである「過去から現在へ、さらに可能な未来へ」という標語も概ねエリアスのそのような社会学の方法論を示唆するものである。加えて、その個々の論題にも、長期的な過程分析を主軸とする彼の方法論が今日の社会学者のさまざまな要求にどう対応し、その批判をどのように克服できるかという非常に挑戦的で、しかも未来志向的な問題意識が含まれている。

もちろんエリアスは、現代の社会学、もしくは社会科学が直面している困難な課題が、自分自身の診断によってすべて解明されるとか、そこから引き出される結論が絶対的に正しく、まるである種の万能薬のような役割を果たすなどとは思っていなかった。『文明化の過程』の序文にも見られるように、むしろ彼は、現代の文明化された西洋社会の人々が知らず知らずのうちに陥ってしまったさまざまな精神的な圧力やそれに伴う困難を、その過程を分析することによって、またそうした変化を裏づける経験的な資料に基づいて、分かりやすく説明することを目指したのである。

そのために彼が、独自の社会学的概念や術語を駆使しながら、従来の社会科学の方法論に反対し、かつ自然科学・社会科学・人文科学などの伝統的な学問の区分化に疑問を呈したことは事実である。とりわけ彼が、社会学の自律的な方法論の確立を目指しながら、古典物理学の方法に依拠し、それを社会学もしくは社会科学の普遍的なモデルにしようとしたカール・ポパーを、あるいはまた第2次世界大戦後の社会学の支配的傾向である構造・機能主義の旗手となったタルコット・パーソンズを批判したことも事実である。

こうした背景には、エリアスが自分の社会学理論を、旧来の社会学のカテゴリーとは違うものとして、換言すれば、新しい種類の総合的な「人間科学」(human sciences/Menschenwissenschaften) を可能にするものと見なしていたことを意味する。そこに社会学者としてのエリアスの存在意義があると言っても、決して過言ではなかろう。彼はその可能性を、今日の、また未来の社会学者に示唆するために、93年に及ぶ波乱に満ちた長い人生を、そして数多くの著作をささげたのである。

この「人間科学」という定義は、旧来の「学際的研究」といういささか使い古された表現で説明されるべきではなく、むしろ多様な学問領域の、一定の方向への「総合化」、「統合化」という表現で理解されるべきである。たとえば、長期に及ぶ人間社会の変化を「心理発生」と「社会発生」の相互依存関係によって理解するという方法が、エリアス特有の「人間科学」に接近する際に必要とされる。それは、文学、歴史学、心理学、生物学、人類学、政治経済学などの断片的な知識を機械的につなぎ合わせるだけでは、実現できるものではない。それらがまるで相互に依存する有機体のようにある一定の方向へと機能的に結合しなければ、あまり意味がない。それゆえ、彼の言う「人間科学」は当然、人間社会の長期に及ぶ歴史的な過程分析を必要とする。

とはいえ、彼は、従来、社会科学者が行ってきた短期的な研究方法と、そこから得られる結果をすべて無視したわけではないし、またそれを目的とする社会科学の多くの部門の存在を否定したわけでもない。そうではなく、むしろ彼は、短期的分析と長期的分析に基づく２つの部門の共存を主張したのである。換言すれば、彼は、それらが相互補完的に社会科学の将来の発展を支えると考えていたのである。

経済学者・政治学者・法律学者などは短期的な分析方法を駆使しながら、これからも従来のような目的を目指して、それにふさわしい成果を挙げるであろう。が、そうした方法は必ずしも、人間社会の長期的な発展と変化――因果関係では説明できない、無計画で、意図されない人間社会総体の発展と変化――を知るための便利で有効な方法であるとは限らない。少なくともそれを説明するには別の、新しい方法が確立されなければならない。これがエリアスの社会科学に対する基本的な姿勢であった。そこには、まさに近年のグローバル化する人間社会が直面する多くの問題が含まれている。それゆえ、彼は長期的な過程分析の方法を、さらには「心理発生」と「社会発生」の研究の同時性を、この新しい「人間科学」の基本的理念と見なしたのである。

したがって、過程分析を基本とするこの「フィギュレーション理論」は、まだ完成されたものではなく、いわば発展の途上にあり、それを有効で実りある方向へと導くのは、むしろ未来の社会学者の責務なのである。こうしたエリアス独自の社会学の方法論は、その理論的根拠においても、また応用の可能性においても、すでに多くの社会学者から一定の信頼や賛同を得ているという点で高く評価されなければならないが、本研究でも何度か言及しているように、それを発展させる際に、彼は古典的な社会学者の研究に負うところが多くあったし、実際、ハイデルベルク大学やフランクフルト大学でアルフレート・ウェーバーやカール・マンハイムに師事を仰いだことも有益であった。もちろん、当時、社会科学の有効な方法論をめぐって激しい議論を展開していたフランクフルト学派の周辺にエリアスがいたことも、他の学者からの影響という点では、無視できないことである。

こうした状況を考慮に入れれば、ナチスに追われ、祖国から脱出する前に彼の研究が相当なレベルに達していたことが察せられよう。亡命者としてパリからロンドンに逃れ、第2次世界大戦が始まった1939年にようやくその大著『文明化の過程』が出版されたが、エリアスが長い間、学会からまったく無視されていたということは、少なくとも事実ではなかろう。本書への反応が少なかったのは、こうした書物が書評に取り上げられても、世界大戦という時代状況では、読む人が少なかったからである。

また、同じくナチスの台頭によって他国への亡命を余儀なくされたテオドール・アドルノやハンナ・アーレントなど、エリアス以外の、ドイツのユダヤ系知識人も、ほぼ同じような状況にあったことを念頭に入れる必要がある。ただ運悪く、エリアスの場合、政治的、経済的理由もあって、この大作が再版されたのは30年後の1969年であった。それゆえ、彼はそれまで社会学者としてまったく無名であった。加えて、彼の主著の多くが英訳されたのは、1980年代以降であり、英語圏で文字通り社会学者として彼が認知されたのは、実質的には1990年代のことであった。

その頃すでにオランダやドイツの大学ではエリアスの支持者が多く輩出し、かなり実質的な研究がなされていた。また、彼の死後、アムステルダムに本部を置く「エリアス協会」(Norbert Elias Foundation) は、会報誌『フィギュレーションズ』(*Figurations*) を継続的に発行してきた。それが、2017年12月の現時点では47号に及び、エリアス研究の動向を世界的な規模で知る上で重要な資料となっている。

そこにはエリアスを扱った近刊書や論文の紹介のみならず、エリアス関連の学会情報も掲載されている。それによると、エリアスは、実際、ヨーロッパや英語圏では、社会学のみならず、人類学、歴史学、人類学、国際関係論（たとえばアンドルー・リンクレーターによる、エリアスと英国学派の比較研究)、心理学などさまざまな学問分野に属している研究者によって論じられていることが分かる(1)。最近では、アメリカの実験心理学者スティーヴン・ピンカーの著書『暴力の人類史』が顕著な例であろう(2)。こうした学際的な研究ではエリアスの存在は不可欠であることを会報誌は示唆している。

日本でも1977年、78年に『文明化の過程』(上・下) が翻訳されて以来、エリアスへの関心も高まり、今日までかなりの数の紹介記事・解説・論文等が大学の紀要や社会学の専門雑誌に掲載されている。その数は、1994年から2003年にかけて、４つの博士論文を含め、約40に及んでいる(3)。さらにそれ以降も、日本におけるエリアスへの関心はさまざまな分野で持続されており、単著もいくつか刊行されている。とはいえ、日本人研究者による論文や著書は、英語圏やヨーロッパの研究者のそれに比べれば、まだ圧倒的に数が少ないのが現状である(4)。

さらにまた、たとえば、エリアスの社会学の全体を俯瞰する上で貴重な資料となっているS・メネルの『ノルベルト・エリアス――入門編』(5)のような書が日本ではまだ刊行されていないことも、エリアス研究への手がかりが初心者にはつかみにくい状況を惹起しているのかもしれない。

今となっては遅すぎる感もあるが、こうした状況を踏まえてこのたび本書の刊行を計画したしだいである。したがって、日本における将来のエリアス研究に資するように、エリアスの社会学の全体像を、できるだけ彼の多くの著作に沿って解説し、まずその意義に着目することを本書の第一目標とした。同時に、本書は、長い時を経て変化し、発展する人間社会の諸相を理解するには、統計学や数式による数量化や還元化よりも、むしろ経験的資料に依拠し、多くの事例を基盤とする記述化が方法論としてふさわしいことを示すために書かれたものでもある。エリアスの長期的な歴史過程の分析にたびたび用いられる詳細な記述に比べれば、本書は、はるかに見劣りするが、それでもエリアスに関する包括的な情報を提供するという点では、少なくともそれなりの成果を上げることが期待されよう。なお、本書で取り上げられた各章の概要は次のとおりである[(6)]。

最初の章では、エリアスの大作であり、今や現代社会学にとって不可欠のテキストとも言える『文明化の過程』の構成に関する全体的な説明がなされ、さらに、相互依存の連鎖やネットワークの拡大、「心理発生」（マナーの発展に見られる自己抑制の強化）と「社会発生」（それに伴う国家の発展）の関係、国家による物理的暴力と徴税の独占、ダンスの比喩など、彼のフィギュレーション理論の根幹を成す概念の意義が強調されている。

第2章では、エリアスの社会学理論を語る上で『文明化の過程』に勝るとも劣らないほど重要な地位を占める『宮廷社会』が取り上げられ、ここでもそのほぼ全容が説明されている。ルイ14世を中心として形成されるフランスの宮廷社会の権力構造が、政治や経済的資源というより、むしろマナーとエティケットの強化によっていかに緊密に維持されていくかが議論の中心である。その文学的表現が、宮廷ロマン主義文学に反映されているというエリアスの見解もここでは重要視されている。さらに、国王・宮廷貴族・法服貴族・執事・給仕・ブルジョア階級などのさまざま階層から成る宮廷社会の権力構造が、とりわけ国王による権力の維持という点で、ヒトラーを中心とした国家社会主義のそれと類似しているというエリアスの指摘も注目に値する。

第3章は、エリアスの社会理論の重要性に関する議論が中心となる。ここでは、エリアス固有の社会学理論が詳しく論じられている3つの著書『諸個人の社会』、『参加と距離化』、『社会学とは何か』が取り上げられている。フィギュレーション理論について、エリアスは、断片的とはいえ、折に触れ、さまざまな例を示しながらすでに『文明化の過程』や『宮廷社会』の中でも言及しているが、これらの書はいずれも、その内容をさらに詳しく、具体的に示しているということで個別的な解説が必要とされる。それゆえ、ここでは、「個人」と「社会」の関係についてのエリアス自身の見解、より「現実適応的」な知識を獲得するための思考法として、彼が定義した「参加」と「距離化」の問題性、ジェンダーや階級などに見られる人間社会の権力バランスの変化を知るために彼が言及する「ゲーム・モデル」の有効性などが、さらに一歩踏み込んで議論されている。

第4章では、同じくエリアスの社会学理論の特異性を論じる際に欠かせない「定着者—部外者関係」の理論が全体的に説明されている。ここで重要なのは、イギリスの地方都市に見られる地域社会の権力関係（第１区域、第２区域、第３区域の権力関係）の構図が、単なる小さな共同体の権力関係のモデルだけではなく、より普遍的な人間社会の権力関係のモデルにも重なるという理論的方向性をエリアスが示唆していることである。

第５章では、スポーツ社会学者としても多くの業績を残したエリアスの代表作『スポーツと文明化』の意義が、とりわけ暴力の抑止を促した、イギリス社会の「議会主義化」との関連で指摘されている。ここにもまたエリアス特有の社会学と歴史学の見事な組み合わせが見られる。民衆のフットボール（ウェールズのナパンやコーンウォルのハーリングなどがその例）、からパブリック・スクールのフットボールを経て、プロ・フットボールへと推移する現代スポーツの分析にもまた、エリアスの得意とする過程社会学の方法が見られる。スポーツにおける暴力として象徴化されるサッカー・フーリガニズムの歴史的・社会的分析では、エリアスとその弟子であるエリック・ダニングの共同作業が注目される。

第６章の議論では、エリアスが個人としての音楽家モーツァルトを社会学の分析対象にしたという点でユニークであるかもしれない。なぜなら、エリアスは元来、個人としての権力者や支配者の存在を歴史の中心に据えるという方法には批判的であったからである。『宮廷社会』でもそうであるように、エリアスは、実際、そのような国王（ルイ14世）の個人的な役割は代行可能だと思っていた。彼にとって重要なのは、宮廷貴族とブルジョア階級の複雑な相互依存関係を利用しながら、宮廷社会の権力構造を、マナーやエティケットの独占によって維持するいわば社会学的な存在としての国王であった。

一見すると、『モーツァルト』では、エリアスは自分とモーツァルトの間に距離を置いていないように感じられるかもしれない。しかし、巻末の「構想」にはエリアスが本書を通じてより広い社会学的視野で音楽家の運命の変遷過程を捉えようとしていた気配が伺える。つまり、エリアスは、芸術家の歴史を個別の問題としてではなく、同時代の芸術家全体の問題として捉え、それをある種の芸術社会学へと発展させる計画を立てていたとも言える。それはまた「キッチュ」の概念がより広範な社会学的議論に付される可能性を示唆している。そういう意味では、『モーツァルト』はまだ完成されていない社会学論考かもしれないが、音楽家、小説家、画家などの個人の歴史が、一時代の芸術家全体の問題としていかに普遍化されうるかという重要な問題を提起している点で注目に値する。

第7章は、エリアスの「時間」と「言語」に関する見解を扱っており、いずれも彼の知識社会学への貢献を評価するものである。「時間論」は『時間について』、「言語論」は『シンボルの理論』を通じてそれぞれ展開されるが、エリアスは時間と言語の両方を「シンボル」として、つまり人間社会特有の、世代間の伝達による可変的なコミュニケーションの手段として解釈する。これらに関する議論は、哲学ではベルグソンやハイデガー、物理学ではニュートンやアインシュタイン、言語学ではソシュールなどを引き合いに出すことで、いっそう多元的な方向に発展していく可能性があるが、ここではエリアスが、「生存単位」を構成する各人間集団が、その社会の必要性に応じて変えることができる——人間以外の動物にはそれができない——「シンボル」として、換言すれば、「5次元の世界」を構成するものとして時間や言語を位置づけていることが注目されよう。

第8章では、高度に発達した文明社会特有の、人間の「死」や「孤独」の問題がここでもまた社会学的な次元で捉えられている。これはいわば、「死と孤独の社会学」とも命名できよう。かつては、とりわけ中世などでは、伝染病や流行病を治癒する医学的知識がないため、「死」は日常的な現象であった（子供でも死人を見ていた）が、文明化された現代社会では、それは否定的な社会現象として、「舞台裏」に隠される。現代ではわれわれは、大切な家族や友人の葬儀のときでさえ、悲しい表情を極度に表すことを慎まなければならないかもしれない。また多くの老人は、家族に付き添われ、見守られて死ぬのではなく、病院のベッドで孤独な死を迎えることになる。ここで、エリアスは文明化された社会のこの難題を過程社会学な観点から捉え、その解決の難しさを、さらには高度に文明化された現代社会のある種の矛盾とも言える現象を指摘する。エリアスの言葉で言えば、それはまさに無計画の、意図されない結果である。

第9章では、文明化されたはずの西洋社会の1つであるドイツが、どのような過程を経てナチズムの暴虐やホロコーストを黙認し、「文明化の挫折」を迎えることになったのかという深刻な問題が、ドイツの現近代史を振り返ることで分析される。国家的統一が遅れたドイツとその国民が最終的に依存したシャーマン的指導者の全体像が、「文明化」（ドイツ貴族の価値規範）と「文化」（ドイツ中産階級の価値規範）の対立、私的暴力を容認する「決闘申し込み・受諾能力」の伝承、国民的劣等感の裏返しとして、国民的優越感を助長する「共同幻想」の出現などを通じて、いわば「心理発生」、「社会発生」的な視野から照射される。それはまた「文明化の過程」の概念とは反対の「非（脱）文明化の過程」の概念の重要性を強調することになる。換言すれば、エリアスはここで最終的に、西洋の文明化は、直線的に進行するものではなく、それはまだ終わっていないという『文明化の過程』の重要な結論を実例をもって提示したことになる。そういう意味では、『文明化の過程』と『ドイツ人論』は相互補完的なエリアスの社会学的研究であることが銘記されなければならない。さらに、エリアスが書き残した単行本以外の主要論文については、重要なものを取り上げ、特に晩年における彼の継続的な研究の意義を強調するためにその概要と評価を補遺に再度記載した。

注

(1) これに関連して以下の文献参照。Andrew Linklater, *The Problem of Harm in World Politics*（Cambridge University Press, 2011）pp. 154-193, pp. 232-252; *Violence and Civilization in the World States-Systems*（Cambridge University Press, 2017）pp, 186-225.

(2) これに関連して以下の文献参照。Stephen Pinker, *The Better Angels of Our Nature*（New York: Viking, 2011), Chapter 3.

(3) これについては、大平章編著『ノルベルト・エリアスと21世紀』（成文堂、2003）218-223頁参照。なお、2004年から2017年までの日本語の論文数は約30である。

(4) これまで日本で刊行されたエリアス関係の著書には、上記のもの以外に、単著として奥村隆著『エリアス――暴力への問』（勁草書房、2001）、内海博文著『文明化と暴力――エリアス社会理論の研究』（東信堂、2014）がある。

(5) この書の原本は、Stephen Mennell, *Norbert Elias: An Introduction*（Blackwell: Oxford, 1989; University College Dublin Press, 1998）である。

(6) 以下が本書における各論文の初出であるが、全体との関連でそれぞれ適宜に訂正、省略されている。第１章『ワセダ・グローバル・フォーラム』（早稲田大学国際教養学部 No.6、2010）。第２章『人文・自然研究』（一橋大学第七号、2013）。第３章『ワセダ・グローバル・フォーラム』（No.10、2014）。第４章『ワセダ・グローバル・フォーラム』（No.2、2005）。第５章『人文・自然研究』（第八号、2014）。第６章『ワセダ・グローバル・フォーラム』（No.4、2007）。第７章『ワセダ・グローバル・フォーラム』（No.3、2006）。第８章『ワセダ・グローバル・フォーラム』（No.13、2016）。第９章『ワセダ・グローバル・フォーラム』（No.9、2013）。

第1章
ノルベルト・エリアス――『文明化の過程』について

1 『文明化の過程』の出版の背景とその意味

ノルベルト・エリアス（1897-1990）の大著『文明化の過程』（*Über den Prozeß der Zivilisation*）はちょうど第2次世界大戦が勃発した1939年に主として亡命者の著書を受け入れていたドイツの出版社からスイスで出版されたが、当時、ドイツはもちろんオーストリアやチェコスロバキアなど他のドイツ語圏も第3帝国に支配されていたこともあり、ユダヤ人の著書が市場で注目を浴びることはありえなかった(1)。フランスを経てイギリスに亡命し、1954年に57歳でようやくレスター大学の専任教員として教えることになったとはいえ、エリアスはまだ有力な社会学者として認知されていたわけではなかった。1965年にはJ・L・スコットソンとの共著『定着者と部外者』（*The Established and the Outsiders*）が、さらに1969年には『文明化の過程』の第2版が新たな序論付きで出版されたことで彼の社会学者としての存在意義は少しずつ意識されるようになった。それでもその英訳（*The Civilizing Process*）が出版されたのが1978年（第1巻）と1982年（第2巻）であったことを考えると、英語圏の読者にエリアスのこの大作が読まれるようになった時期は決して早くはなかった(2)。

『文明化の過程』が第2次世界大戦の開始時に出版されたということは、ある意味では皮肉である。なぜなら、当時、世界は本書のタイトルが示す「文明化」とは正反対の方向、つまり未曾有の文明破壊の方向に向いつつあったからである。したがって、本書が悲劇的な戦争への批判的態度を示さず、西洋の文明化を絶対視しているという皮相な見方をされてもある意味では仕方がないことであった。文明化の背後には暴力と破壊の衝動が潜み、文明社会に住む人間は常にそれに脅かされるが、そうした危機に直面しながらも、人類は紆余曲折を経て何とか明るい未来を切り開くことができるといったいくぶん警告的で反省的な、もしくは建設的な著者の態度を理解するのは難しい。最初の見方は、『文明化の過程』に見え隠れする西洋中心主義的な発想と色合いを著者の基本的態度とするものである。２番目のそれは文明化の過程で生じる創造と破壊の表裏一体性に社会変動のメカニズムを探ることで、本書の潜在的意義を、つまり、複雑に変化する現代の人間社会を読み解く鍵を見出そうとする。

エリアスの発展社会学もしくは過程社会学の方法からすれば、社会ダーウィニズムに裏打ちされた西洋中心の文明観はむしろ克服されるべき概念である。彼が多くの著書で指摘しているように、高度に産業化された社会に住む現代人（特に西洋の人々）は初めから文明化されていたわけではない。原始状態もしくは野蛮な状態から徐々に、また段階的に文明化されたにもかかわらず、彼らがこれまでの過程をすっかり忘れ、まるで生まれたときから文明化されていると思い込んでいるところに問題が生じるのである。したがって、文明化されたはずの社会でホロコーストやテロリズムなどの残虐な暴力行為が起こったとき、文明社会では起こるはずもない事件がなぜ、どのようにして起こったのかという素朴な疑問を発し、同時にその答えに窮することになるのである。その場合、われわれの多くはたいてい事件の張本人とその仲間を「悪人」もしくは「敵」として、自分たちとその賛同者を「善人」もしくは「味方」として固定的、対極的に捉えがちである。

エリアスは『文明化の過程』を通じて、そのような問に答え、問題の根本原因を究明し、最終的な解決策を提示してくれるわけではないが、少なくともそれがどのような過程を経て起こりうるのかを分析し、説明してくれるのである。そういう意味では、エリアスが「この研究はそれゆえ非常に広い範囲の問題を指摘し、発展させるが、あえてそれを解決しようとするものではない」[(3)]と言うとき、われわれは彼にそれ以上の要求をすることはできない。それを実践するのは別の種類の社会科学の役目であり、その代わりに、彼が目指す長期的な視野による社会研究は、われわれが経験的な作業に依拠した理論統合を通じて、人間社会への理解を深めるためのより「現実適合的」な知識を開拓することに資するのである。

ともかくエリアスが文明化の問題を到達点ではなく「過程」として捉えたようとしたことは、少なくとも彼が西洋中心主義的、現代中心主義的な思考や発想から離れ、人間の行動様式の歴史的変化に対する「失われた意識」を回復するための作業を、中世から近世という限定された空間とはいえ、巨視的な認識を通じて、優先させたことを意味する。そのために彼が多様な学問領域（社会学・歴史学・心理学・民族学・言語学・人類学など）の成果を利用しようとしたのは、学際的な研究を誇示するためではなく、そうした手順を最も効果的に進めるためであった。こうした研究の意味と目的は、『文明化の過程』の序文で次のように簡潔に語られている。

> …しかし、この研究においてわたしは、われわれの文明化された行動様式がすべての人間の可能な行動様式のうちで最も進歩したものであるという観念や、「文明化」が生の最悪の形態であり、かつ運命づけられたものであるといった見解に導かれてきたわけではない。今日、理解されているのはただ、文明化が徐々に進むにつれて、数々の、明らかに文明に関連する困難が発生するということなのである。かといって、実際われわれが苦しんでいる理由を、われわれはこうした形ですでに理解しているなどとは言えない。自分たちは、文明化によって、あまり文明化されていない人々には分からないようないくつかの面倒な事態に陥ってしまった、とわれわれは感じている。しかし、これらのあまり文明化されていない人々が彼らの側では、自分たちがもはや、あるいは少なくとも同じ程度には苦しむことのない困難や恐怖にしばしば悩まされていることをわれわれはまた知るのである。おそらくこのことすべてが、もしそのような文明化の過程が実際どのように起こるのかを理解できれば、いくぶんもっと明らかに見えるようになるのであろう。ともかくそうした願望の１つを心に抱いてわたしはこの本に取り組むことになったのである。おそらく、より明瞭な理解によってわれわれはいつの日か、今日われわれの内部でまたその周辺で、自然現象とは非常に違った形で起こるこれらの過程を、さらに中世の人々が自然の力に対峙したようにわれわれが向かい合っているこれらの過程を、より意識的な統御に近づけることに成功するのかもしれない(4)。

人間の変化する行動様式と社会構造の関係を長期的な視野で捉えようとするこうした発想には明らかに西洋中心主義を超えようとする意図が窺われる。そこにはある時代の人間社会が別の時代の人間社会よりも質的に優れているとか、階級的矛盾をはらんだ社会は階級のない平等な社会によって乗り越えられるべきであるという「評価的」な判断はない。かといってエリアスは歴史的相対主義や静態主義に賛同しながら永久に不変で、構造的に同質な人間社会を理想化しているわけでもない。彼がたびたび指摘しているように、むしろ構造・機能主義的なモデルの有効性を疑問視することで、長い時を経てダイナミックに変容する人格構造と社会構造の相互依存的発展モデルが得られるのである。次の引用に使われている「法則」とか「秩序」などの言葉は、構造主義的な色合いがなくもないが、そこで示唆されている方法論は、実質的には、従来の構造主義とは違うエリアス独自の社会学の方法論であり、その意図を理解することが同時に『文明化の過程』の実りある解釈につながる。

> われわれをしてこの「静態主義」という難関（それはすべての歴史的運動を動かない何か、進化しない何かとして表現しがちである）と「歴史的相対主義」（それは、この変化の根底を支える秩序や歴史的構造の形成を支配する法則に深く入り込むこともなく、歴史の中に恒常的変容しか見ない）という難関の間をうまく通り抜ける知的な方法や手段を探求させてくれるのは、理論的偏見ではなく、経験そのものである。それがここで企図されていることなのである。社会発生と心理発生の研究が、歴史的変化、その力学、その具体的な機構を支えている秩序を明らかにしようとしている。そして、このような形で、今日、複雑であり、あるいは理解しがたいとさえ感じられる数々の疑問に、かなり単純で正確な答えが与えられるように思われる[5]。

もちろんここで使われている「法則」や「秩序」などの言葉は普遍的に妥当する形而上学的真理や、哲学的あるいは神学的概念を意味しているのではない。それらはある時代から別の時代へと長期的な尺度で変化する人間の行動様式や社会構造の変化を生み出す力学のことであり、エリアス自身の言葉を使えば、「相互依存の連鎖」、「編み合わせ関係」であり、「形態」（figuration）でもある。エリアスがここで批判の対象にした「静態主義」とは、とりわけ社会学ではタルコット・パーソンズの構造・機能主義であり[6]、また哲学ではデカルト、カント、ライプニッツなどによって提示された西洋の伝統的な自我中心の観念論的思考方法である。

エリアスはこうした近代的自我の観念から抜け出せない哲学者のイメージを「閉ざされた人間」（*homo clausus*）と命名した。それは、世界を「主観」と「客観」、「精神」と「物質」、「秩序」と「無秩序」の二項対立的な概念で捉えようとする認識論につながる。さらにそれに対する批判は、還元主義的な古典物理学の手順や、原子論的解釈を社会科学に用いることを疑問視する態度でもある。

このような議論は『文明化の過程』の解釈とは一見、無縁のようであるが、実際そうではない。たとえば、われわれは哲学的な概念や政治上のイデオロギーを余暇やスポーツや食事などから切り離し、非日常性と日常性の間に壁を作りがちである。その際、たいてい前者を研究に値する対象、後者をその逆と見なす。ところが、今日のグローバル化され、国際的な規模で展開されるスポーツ大会およびそれに付随する薬物使用のような問題を国際的な政治組織と分離することは不可能である。それは本来的には予測されない無計画の発展として理解される。エリアスが『文明化の過程』の上巻で扱った「ヨーロッパにおける行儀作法の変化の歴史」と下巻のテーマである「国家形成と文明化」についても同じことが言える。二分法的な思考に慣れている人にはマナーの変化と国家の発展の相互依存関係を理解することは難しい。この２つのテーマを切り離さないで同レベルで解釈することが本書におけるエリアスの目的であり、読者もそうして初めてエリアスの社会学の本質に接近することができる。

S・メネルが指摘しているように、そういう意味では『文明化の過程』は決してやさしい本ではない。なぜなら、本書におけるエリアスの理論はまるで螺旋のように展開され、大小の「文明化の波」が岸辺に打ち寄せるように波状的に語られるからである[(7)]。換言すれば、いずれのテーマにも巨視的視点と微視的視点が微妙に交じり合い、個別の問題は大きな理論と表裏一体である。一見すると、エリアスは自分の方法論を単に繰り返しているようであるが、そうではなく、研究対象の発展的性格を捉えるために多様な視野を導入し、同時に経験的な見地から引き出される豊富な諸例によって段階的に自らの社会学的方法論の妥当性を立証しようとしているのである。こうした過程分析は、「閉ざされた人間」に固有の二分法的思考には欠落しがちである。

こうした思考や価値判断が現在でも根強く残っている例として、たとえば、イスラム原理主義者によるテロリズムが挙げられよう。多くの場合、テロリズムとそれを容認する集団は、世界で最も自由で民主主義的な国家の代表とされるアメリカの存在意義を否定する「文明の敵」として位置づけられ、「悪魔化」される。これに反して、アメリカの覇権主義を批判する人々は、その傲慢な対外政策こそ国際的な政治対立を助長する原因であり、テロ支援国家を空爆することで罪のない一般市民を殺しているのはむしろアメリカの国防総省であると主張する[(8)]。ここでは「善人」と「悪人」が峻別され、少なくとも「善」が「悪」に変り、「悪」から「善」が生じるという過程的視点が失われ、結果として世界は「文明の衝突」という忌まわしい表現で価値判断されがちである。

エリアスの『文明化の過程』はまずこうした二分法的な認識から離れることをわれわれに要求する。現代人は文明化され、古代人あるいは中世の人々は文明化されていないとか、また逆に、現代の産業社会に暮らす人々は疎外され、農耕狩猟社会に住む人々は開放的であるという固定観念を捨てなければならない。行儀作法の変化に伴う国家の形成は長期的な歴史過程の中で相互に依存し、あるときは遠心的な力学で分解し、また別のときは求心的な力学で統合するという認識が求められるのである。

2 「文明化」と「文化」の定義

『文明化の過程』におけるエリアスの方法論上の特筆すべき点は彼独自の文明化についての緻密な議論に見られる。彼は、それが最終的にはどのようにして政治・経済・科学技術・文学・芸術・生活様式全般における近代西洋の優越意識に結びついたか、あるいはその過程で、未開社会や同時代の非西洋社会を「文明化されていない」と見なす西洋中心主義的、植民地主義的イデオロギーがどのようにして固定化されていくかを分析する。

エリアスによると、文明化にはその出発点とも言うべき「零度」は存在しない。文明化の概念は、中世からルネサンス時代を経て近代に至るまでの長い過程を通じて発展したものであり、それは特別な才能に恵まれた個人によって突然創造されたものではなく、諸集団の相互依存関係、編み合わせ関係の拡大による無計画の所産なのである。その基本的な原動力は、食事・服装・生理的行為・話し方などにおける西洋人の行儀作法や行動基準の変化、およびそれと並行する社会構造の変化（国家構造の変化と発展）である。両者は不可分であり、どちらが原因でも結果でもない。したがって、西洋の文明化された行動や態度はヘーゲルの「精神」に一元化されるものでもなく、近代的な経済組織を備えた国家の発展はマルクスの「物質」に還元されるものでもない。

行動基準の上昇や自己規制の増大、すなわち合理性の前進や長期的予想能力の拡大は、分業と協業が著しく進んだ産業社会を生み出し、また逆に経済組織の機能的分化はさらにきめ細かい感情規制を人間に要求するという形で、両者は相乗効果を発揮する。しかし、エリアスによると、文明化が人間に絶対的な満足感や幸福感をもたらすかどうかは分からないが、それはやがて宗主国から植民地へと移り、そこの上流層にも影響力を持つ。つまり、エリアスの言う「文明化」とは止ることのない、永遠に続く人格構造と社会構造の変化のベクトルである。

エリアスはこの問題に関連して、『文明化の過程』の上巻でドイツにおける「文明化」（*Zivilisation*）と「文化」（*Kultur*）の概念の対立、さらにはフランスにおける「文明化」（*civilisation*）の概念の社会発生についてきわめて興味深い議論を展開している。「文明化」の概念は、19世紀から20世紀初期にかけて、その比類のない経済力、軍事力、科学技術能力を背景に西洋中心主義的イデオロギーとして固定化されていくが、それ以前には、ドイツ、フランス、イギリスなどにおいて微妙な違いがあり、そのことがこれらの国々の国家形成や人格構造・国民気質に大きな影響を与えたことをエリアスは文学作品や思想家の発言を例に挙げて証明しようとする。

ドイツにおける「文明化」と「文化」の概念の対立関係は、エリアスの解釈に従うと、ドイツの長い歴史的過程を通じて生まれたものであり、それはまずフランスやイギリスに比べて国家的統一が遅れたドイツ独自の事情を反映している。そして、これはドイツの国家像やドイツ国民の一体感の形成において重大な意味を持つ。ドイツでは「文明化」はドイツの中産階級市民とはあまり接触する機会のない貴族階級の生活意識や価値観の象徴であり、これに対して、「文明化」を上流階級の虚栄や虚飾と見なす中産階級は「文化」を自らの知的拠り所とする。貴族は政治的実権を握り、官僚機構でも要職を占めるが、そこに参加できない中産階級のインテリ層は大学を中心として読書文化に集団的一体感を見出すようになる。こうした両階級の価値観の対立をエリアスはゲーテの『若きヴェルテルの悩み』や『ゲッツ・フォン・ベルリヒンゲン』などの小説や戯曲にもたどる。あるいはまた同様の問題は、フランスで教育を受け、フランス語を得意とし、フランス古典劇を愛するプロシアのフリードリヒ大王と、シェイクスピアの演劇を熱烈に支持するドイツ市民との芸術規範をめぐる対立の中にも暗示される。

やがてドイツのインテリ層は知的上昇志向を募らせる反面、対外的には国家の統一の遅れ、第１次世界大戦の敗北によってプライドを傷つけられる。こうした両面価値的態度がワイマール共和国の混乱期からナチズムの台頭する時期にかけてさらに増大し、彼らはついにそうした不満を一挙に解消してくれる偉大なリーダーや英雄、つまりカリスマの出現を夢想するようになる。一方、ドイツの貴族も30年戦争以降の経済的、文化的荒廃によってフランス的な宮廷文化を育むことができず、行政官や職業軍人を理想とする官僚化の文化へと傾斜する。

このようにドイツの「文明化」と「文化」の概念の対立は、複雑に交差し、さまざまな変種や異形を生み出しながら、やがて第２次世界大戦以前にはドイツ人固有の国民的気質として定着するが、それは「文明化の過程」と表裏一体の関係にある「非文明化の過程」を考える上で重要である。「非文明化の過程」とは、端的に言えば、長い経済不況や政治的不安定、革命がもたらす混乱、政府の威信の失墜などによって、短期間のうちに起こる現象であり、個々人が計画したり、意図したりするものではない[9]。こうした悲劇的な人格構造を生み出すドイツ的状況を先取りするかのように、『文明化の過程』の上巻・第1部・第6章の終りでエリアスはその状況を次の引用で具体的に説明している。それは、テオドール・フォンターネの「ドイツ人は、生きるために生き、イギリス人は代表するために生きる。ドイツ人は自分のために生き、イギリス人は他者のために生きる」[10]という言葉に関連しているものであり、同時に、貴族の外面的な礼儀正しさに反対するエッカーマンがゲーテに向って「わたしはたいてい自分の個人的な好き嫌いを、人を愛し、人から愛される必要性をある程度社会に要求します。自分の気質に合う個性をわたしは求めます[11]」というふうにインテリ市民層の誠実な倫理観を代弁する状況とも重なる。

> ここでは、「文明化」の概念には触れられてはいなかった。そして、ドイツ人の「文化」の観念は、この説明ではずっと遠くから出現するにしかすぎない。しかし、われわれには、その説明から――これらすべての考察からもそうであるように――「文明化」と「文化」のドイツ的対立が単独で存在してはいなかった、ということが分かる。それはより大きな状況の一部であった。それはドイツ人の自己像の表明であった。さらにまた、それは、最初は特別な階級の間で、専らではないにしても、圧倒的に存在していた――それらからドイツ国民と他の国民との間でも存在するようになった――自己正当化の違いや、性格や全般的行動の違いを指した[12]。

これに対してフランス人の「文明化」の歴史はどうであったか。これについてもエリアスは豊富な例を挙げながら、ドイツとは違うフランス独自の「文明化」の変遷について興味深い見解を披瀝している。ここではフランスにおける市民社会と宮廷社会の壁がドイツに見られるほど高くはなかったということが重要である。ルイ14世の絶対主義が確立し、フランスの宮廷文化が支配的になる頃には2つの異なる階級、すなわち市民層からなるブルジョワ階級と宮廷貴族階級の間には相互交流があり、少なくとも共通の価値観が存在したことをエリアスは強調する。

つまり、フランスのブルジョアはドイツのそれとは違って、政治活動も活発で、早い時期に政治・行政の中枢を担っていたことを意味する。それは、ルソーのような過激な啓蒙思想家でさえ上流階級と接触があったことからもある程度察せられる、とエリアスは言う。宮廷貴族と市民層の歩み寄りという点で多少イギリスの例と似ているのではあるが、そのことがとりわけドイツとは異なる人格構造と国家像をフランスにもたらしたことで大きな意味を持つ。エリアスは、それに関連して、たとえフランス革命でブルボン王朝は打倒されても、フランス人の宮廷人的な国民気質はその後も、食習慣、行儀作法、人間の振る舞いや行動様式の点で長く続いたと解釈する[13]。

こうした形で宮廷貴族と密に接することができたフランスの中産階級には独自の「文明化」の概念が、ちょうど貴族に反発したドイツの中産階級インテリ層に特有の「文化」がそうであったように、彼らの行儀作法や趣味や文学を特徴づけることになる。「文明化された人間」（*homme civilisé*）から社会一般の特徴である「文明化」を引き出し、フランスの中産階級にそのような知的風土を定着させた人物としてエリアスはミラボーを挙げている。彼の社会批判はドイツの知識人のそれのように過激なものではなく、現存の社会制度の枠内での改良を目指すものであった。エリアスはフランスの中産階級知識人の人格構造を次にように説明する。

> ルソーのような少数の局外者は別として、彼らは支配的な秩序に、根本的に違った理想やモデルを対置するのではなく、そのような秩序の理想やモデルを改良した。「虚偽の文明化」という言葉の中には、ドイツの運動とは根本的に違ったものが含まれていた。フランスの著述家たちは、「虚偽の文明化」は純粋な文明化と置き換えられるべきであるということを示唆していた。彼らは「文明化された人間」（*homme civilisè*）に、それとはまったく違う人間のモデルを、ドイツのブルジョア知識層が「教養人」（*gebildeter Mensch*）という言葉や「人格」という観念でもってそうしたように、対置したのではなかった。その代わりに、彼らはそれを発展させ、改良するために宮廷のモデルを取り上げた。彼らは、直接的であれ間接的であれ、宮廷社会の広いネットワークの内部で自ら書き、闘っていた批判的知識層に語りかけたのであった[14]。

エリアスの社会学的分析は、こうしたフランスの知識層の人格構造、もしくは「われわれ像」を単独に、また分離して扱うのではなく、それを、同時代の他の社会現象と相互に関連するものとして捉えるところに独自性がある。つまり、ある時代の人間集団の特定の精神性や文化的傾向は常に広いネットワークの中でその時代の支配的な政治・経済思想もしくは信仰体系や道徳規範と連動しながらそれ自体の力を持つ。ここでは、17世紀の絶対主義時代に宮廷貴族の対抗勢力として、その微妙な共生関係を通じて台頭してくる中産階級のエトスがアンシャン・レジームの代表的な経済思想である重農主義と調和していたとするエリアスの見解に注目する必要があろう。が、この関係も決して単層的ではなく多層的であり、異なるスポーツ・チーム間の複雑なゲームのような様相を呈する。

重農主義の中ではテュルゴーを代表とする改良主義的官僚政治が有力である

が、その背後にさまざまな党派の知識人や商業ブルジョアがいる。また改革を求める人々の中には、フォルボネのように税制や国家機構の変革を好む保護貿易主義者が自由貿易を擁護する重農主義者に対して論陣を張る。さらにまた宮廷内にはあらゆる改革に反対する保守的で世襲の「法服貴族」と呼ばれる高級行政官もいる。したがって、ルイ14世のように絶対的な権力を持つ国王といえども、自らの政治的手腕を発揮し、権力を維持するには、このような複雑な状況で、さまざまな勢力を戦わせながら政治的勢力の均衡化を図る能力が要求されることをエリアスは強調する。換言すれば、独裁者は、内部の競合する権力集団を永遠に戦わせる能力が必要不可欠となる。さらにそれは独裁者自身の資質というより、むしろ全体的な「相対配置」(編み合わせ関係)の力学が生み出す現象であり、権力者自身も常にその圧力にさらされる。

こうして、フランスの中産階級知識人は、ドイツの知識人の活動領域が精神文化にのみ限定されたのに比べて、宮廷との相互依存関係を通じて早い時期に政治的、経済的な行為に従事し、さらにそれによって、自らを文明化する(宮廷文化を吸収し、かつ宮廷社会に影響を及ぼすことで)重要な契機を見出すが、エリアスは、さらにその拠点を――ドイツでは大学が中産階級インテリ層の拠点であった――フランスの宮廷社会と不可分の関係にあった重農主義の思想に置く。

エリアスの解釈によると、この「文明化」の方向を示唆するケネーの重農主義の理念はまず、生産と商品の再生産のサイクルを重要視する。したがって、専制君主が恣意的に国家の経済を勝手に支配するのではなく、人々が理性に基づいてこの自然の法則を理解することが推奨される。それはいわば啓蒙主義的な自然経済思想であり、これが宮廷社会で支持されることになる。かくして、中産階級の求めた「文明化」は重農主義の理想に合致する。換言するなら、社会的現象も自然現象もすべて秩序のある過程の一部を成し、それに逆行する政治や法律は文明化されていないことになる。

ミラボーにとってこの理論と理想を実践することこそ「文明化」を推進することであり、それは政治、経済、法律、行儀作法などを含む人間の全体的、総合的発展を含むものであった。したがって、「文明化された」政府は野蛮主義と退廃を防止し、そのような漸進的改良によって人々を教化しなければならないのである。それは貴族の文化を完全に乗り越えるものではないにしても、最終的には言葉や行動様式やマナーなどにおける「文明化された」貴族の伝統的な価値観に基づいた改良主義の受容を意味する。

かくして、フランス語の「文明化」という言葉は、その出発点では国内における階級対立が原因でややドイツ的な「文化」の概念に近いものがあったが、ブルジョアの政治的・経済的台頭によって、またそれが宮廷文化を摂取することによって、フランス革命でさえその元来の意味を消せないほど、フランスの国民的性格を強く刻印づけるものになった。ところが、その言葉はナポレオンのエジプト遠征の頃には、「野蛮」に対抗する絶対的な意味での「文明化」に固定化され、さらにはその言葉の過程的な意味合いも忘れられ、「われわれは文明化されている」という優越感によって静的なものとして完結した、とエリアスは解釈する。

つまり、エリアスは、これを基点に西洋諸国が文明化を意識し始め、やがて自分たちの行動様式を含め、科学やテクノロジーや芸術にも優越感を持つようになったとことを問題視しているのである。ドイツの場合もまた、「文明化」と「文化」の対立がドイツ人の国民的性格に多少分裂的な影響を及ぼしたとはいえ、一方では貴族階級が軍事的官僚主義を、他方では中産階級が精神主義を掲げることによって、微妙な差異やニュアンスを含みながらも同じく西洋中心主義的なイデオロギーが固定化されたと見てよかろう。

こうした状況は、「文明化されていない」原始的な社会（エリアスはその表現を避けて、より単純な社会と呼んだ）における「文明化されていない」行為や振る舞いが、徐々に一定の道徳的枠組みをはめられ、合理性の名の下に一元化されていく方向と重なる。つまりエリアスの言い方を使えば、それは、「昔許されたことがますます禁止される」過程である。西洋社会において人間の粗雑な、あるいは動物的な感情や欲望がどのように規制され、それが良いマナーやエティケットとしていかに規範化されるかという問題は『文明化の過程』の上巻・第２部の課題であり、それはいくぶんミシェル・フーコーの議論を髣髴させる。

3　西洋における行儀作法の発展とその歴史

どのような社会理論も政治思想もそれが説得力のある議論を展開するには理論的仮説を裏づけるための経験的資料が必要となる。その両方は機械的に分離されるものではなく、有機的な連続体になることによって理論的正当性を強化するが、社会学者や社会科学者の多くはまずいわゆる客観的な資料として、統計や歴史的記述や文学作品からの引用などを利用する。その量や数が多ければ多いほど理論化のための作業が成功するわけではないが、具体的な事例の提示や数量的なデータによる例証はいずれにせよ社会科学の研究においても不可欠である。

たとえば、商品のメカニズムの具体的な分析がなければ——それが絶対的に正しいかどうかは別にしても——マルクスの剰余価値学説に基づく唯物史観は少なくとも説得力を失うであろう。またプロテスタンティズムと資本主義社会、合理的精神と官僚制の関係を説明する根拠が希薄であれば、ウェーバーのモデルとしてのいわゆる「理想型」は信頼度の低いものになるかもしれない。エリアスの場合も、行儀作法の変遷過程を具体的に示す資料がなければ、『文明化の過程』における彼の社会学的理論が緻密なものに発展することはなかったであろう。

エリアスはここで中世からルネッサンスにかけて変化していく西洋人、とりわけ上流階級のマナーやエティケットの概念を、エラスムスの『少年礼儀作法論』、デラ・カーサの『ガラテオ』、カスティリオーネの『廷臣論』、カクストンの『礼儀作法書』、ターンホイザーの『宮廷礼式』、ド・クルタンの『新礼儀作法論』など当時書かれた数多くの礼儀作法書を引き合いに出しながら、詳細に説明している[15]。そこでは、人々の感情や行為や反応は、理論家が捉えがちな「無菌の状態で、まるで幽霊のように生きている人間」としてではなく、具体的な日常生活を送る存在として描かれている。

実際、エリアスは「日常生活の概念について」という論文で、日常生活はそれ自体で自律的に存在するものではなく、社会層の全構成要素、つまり社会の権力構造の全体要素であることを強調し、さらに、『文明化の過程』の目的は行儀作法、感情的・肉体的表現、食事のマナーの諸側面がいかに社会構造や国家形成と関係があったかを示すことであった、と述べている[16]。

『文明化の過程』の上巻・第2部ではこうした観点から、人間の振る舞い、行動様式、食事のマナー、ナイフやフォークの使い方、服装、話し方、生理的行為などが取り上げられ、それらが文明化を通じていかに一定の規範へと統合されていくかが論じられている。ここでは、エラスムスの『少年礼儀作法論』における礼儀の概念、フォークの登場、エティケットの機能の変化、男女関係の変遷、暴力の規制などの課題に焦点を当てたい。

エリアスは、「文明化」の概念が人々の日常的行為の中にどのように浸透していくかを立証するために、まず上流階級の間で規範化される上品で洗練された行い、すなわち西洋の「礼儀」の具体例をエラスムスの『少年礼儀作法論』にたどる。エラスムスはここで食事のマナーや服装や会話などについて上流階級の少年が人前でやってはならないこと、つまり禁じられるべき下品な行為についてユーモアを交えながら論じているが、エリアスが言うように現代人にとって奇異に感じられることがいくつか当時許されていた。

たとえば、食事中に吐き気がしたら食物を吐き出してもかまわないこと、あるいは屁を我慢するのも健康に良くないことなどがそれである。これは単なる個人的な習慣の違いではなくて、自然に起こる生理現象の無理な抑制を良くないと見なす社会全体の価値観の表れであり、彼らの行動がまだ文明化の途上であること、つまり、彼らは（おそらくその点では現代のわれわれもまた）徐々に文明化されつつあるが、まだ完全には文明化に到達していないということを意味し、それは同時にエリアス自身の過程社会学の重要な理論的根拠となる。

フォークの出現（エラスムスの時代にはまだそれがなくて、人々は共同のナイフやスプーンを使っていた）についても同じことが言える。ここでのエリアスの分析とそれに基づく結論は興味深い。エリアスによると、手や指を使って食事をすることを禁止するのは病気の感染の危険性とは直接関係はない。つまり、フォークの使用は手で食べることの嫌悪感の体現である。そのタブーは、不快、嫌悪、恐怖、恥が様式化され、構造化されたものであり、特定の条件の下で社会的に育成され、再生産されるものに他ならない。

かくして、少数者にとってタブーであったことが多数者にも広がる。ここでエリアスが提示した重要な問題は、何世紀にも及ぶ長い社会過程が、嫌悪感の基準の上昇という点で個人の短い生活時間で再現されるということであり、とどのつまりそれは文明化の社会発生と心理発生の基本法則に収束する。

これとの関連で、次に宮廷社会の出現と並行するマナーやエティケットの機能とその変化に言及することは重要である。なぜなら、食事のマナー、話し方、感情の自己規制など文明化に関連する一連の行動様式の規範化は単に、西洋社会の特定の人間集団、とりわけ都市の上流階級に見られる固有の現象ではなく、より大きな社会単位である宮廷社会の権力構造と人間関係を支える力学になるからである。とりわけ、ルイ14世が絶対的支配者として君臨する17世紀フランス宮廷社会では、経済的な富よりもむしろマナーやエティケットが宮廷内での貴族の社会的地位を決定づける要因として機能することをエリアスは分析する。

宮廷人は、宮廷という体制の枠内で生きるには、権力者やその周辺にいる中枢集団がどのような人間関係を持っているか、あるいはどの集団が権力の座から遠ざかりつつあるかを見抜く知識を必要とする。宮廷のしきたりや習慣や行儀作法を勝手に変えることは、反体制的と見なされ、自らの社会的地位や名誉の失墜にもつながる。こうした社会的圧力にその体制内の集団がすべてさらされることになる。国王さえもこの圧力から逃れることはできない。自分の感情を抑え、相手の顔色を窺い、マナーを守ることは無意識のうちに宮廷人の性格に植え込まれる。

かくして、地位や名誉を権力資源とする特別な社会構造とそれにふさわしい精神構造ができあがり、人間の相互依存の連鎖の拡大によって両方が不可分な関係を保つのである。宮廷で暮らす個々の人々は、たとえば国王として、英雄として、蔵相として、あるいは宮廷詩人や音楽家として個人的才能を持つかもしれないが、彼らはこのような社会構造を生み出す力学に吸収されてしまうし、そうした社会の出現でさえも彼らが予想したことではない。人間集団が相互に織り成すこの特殊なネットワークを分析し、その発展過程に言及することが、『宮廷社会』におけるエリアスの目的であり、その方法はすでに『文明化の過程』の中で示唆されていた。

中世からルネサンスを経て近代初期にかけて大きく変化した男女間の関係に言及することも、西洋社会におけるマナーの変化や発展と関係がなくはない。ここでは、日常生活のレベルで、たとえば下品な食べ方や見苦しい服装などに対して示される嫌悪感や羞恥心が男女の性的な関係においても段々と上昇していく過程が分析されている。ここでのエリアスの分析方法は『性の歴史』（*The History of Sexuality*）におけるフーコーの方法に似ている。

少なくともわれわれは、どうしてヴィクトリア朝のイギリスでは禁欲的な性の規範（性的ピューリタニズム）が生まれたのか、なぜ昔は異常ではなかった性的関係が今では異常と見なされるのか、そうした変化は人間によって意識的になされたのか、あるいは自然に起こったのかと尋ねればよい。もちろんわれわれは、いわゆる異常な行動様式や性関係が現代社会からすべて消えたと信じているわけではない。エリアスが言うように、そのような行為は、現代の文明化された社会ではむしろ社会生活の「舞台裏」に隠されるのである。その場合、外部からの圧力（外的束縛）［*Fremdzwänge*］と自己の内面に形成される道徳的自我／超自我（内的束縛）［*Selbstzwänge*］が「罪の意識」を倍化させ、また心の審判としてわれわれを監視していることになる。

端的に言えば、中世の人々は性に関しておおらかであったというより、むしろそれに対してあまり「罪の意識」を感じることがなく、中世という社会構造に応じて、その必要性もなかったということであり、そうした状況を指摘したことにエリアスの社会分析の意味がある。エリアスは、その頃はまだ男女の性的関係にそれほど制約がなかったこと、子供も両親の性的行為を見ていたこと（当時は子供の部屋がなく両親と同じ部屋で寝ていた）、娼婦が軽蔑されてはいたが、有力者の宴会などに呼ばれてそれなりの社会的役割を果たしていたこと、さらには子供も娼婦の生活を知っていたこと（エラスムスの本ではそれが隠されてはいない）など珍しい例が示されているが、そのこと自体に特に意味があるわけではない。重要なことは、長い歴史の過程でマナーやエティケットの基準が変わったように、彼らの性の意識も変化したということ、つまりエリアスの言葉で言うなら、羞恥心や嫌悪感のレベルが進歩したということに他ならない。

宮廷社会の出現はまた、エリアスの見解によれば、男女間の権力格差が徐々に女性に有利に傾く契機でもある。周知のごとく、中世の宮廷恋愛歌では身分の高い女性は吟遊詩人たちの崇拝の的になるが、こうした変化は急に起きたのではなく、その過程では明らかに暴力的な行為の必然的な抑制が必要条件となる。それは同時に、多数の集団による軍事的対立が減少し、絶対的な君主の下で社会が1つの国家単位へと統合され、かつそれを背景に市民層の間でも産業や商業が活性化する過程である。

社会的動乱や激変が減少し、それに伴って人間の精神が穏やかになる過程をエリアスは「和平化」という言葉で表現したが、そうした相互依存関係、編み合わせ関係を生み出した社会的変化をエリアスは「戦士の廷臣化」とも呼んだ。一般にわれわれは宮廷恋愛物語に登場する騎士を理想化するが、エリアスは騎士が最初からそのようなエトスを持っていたわけではないことを強調する。

元来、騎士は領主との主従関係を軸に軍事的活動によって生活の基盤を得るのであり、小規模であれ戦争がなければ、あるいは戦争による戦利品の獲得や領土の拡張がなければ、生活を維持することはできない。そういう意味では彼らは日本の戦国時代の武士と似ている。戦争がなくなり、社会が安定すれば、彼らが使用していた武器や武具は当然不要となる。こうした変化は、同時に軍事闘争や武器がやがて騎士の馬上試合やフェンシングのようなスポーツもしくはスポーツ用具へと様式化され、昇華される歴史的過程を示している。

かくして、宮廷社会の出現とその発展はまさしく騎士が廷臣へと転身せざるをえない社会状況と彼らの人格構造の変化を象徴するものである。というのも、宮廷社会では、騎士は人前で、とりわけ身分の高い女性の前で暴力を振るうことは許されなくなるし、自制を欠いた行為は彼らの社会的地位の失墜を意味するからである。エリアスは、吟遊詩人によって歌われる恋愛詩がまさにこうした社会変化、およびそれに伴う精神構造の変化の文学的表現であると捉える。

これに関連して、エリアスは初期の騎士たち、とりわけ経済的に恵まれない騎士集団がいかに乱暴であり、強盗まがいの略奪行為を繰り返していたか、また戦争では捕虜になった、身代金の取れない身分の低い兵隊をどれほど残虐に扱っていたかについて述べている。このような状況が国家統合へと向かう「和平化」の長期的な社会過程の中で宮廷社会の非暴力的な風土を、あるいはそれに続く産業ブルジョアジーの合理的なエトスを生み出すことになるが、彼は「和平化」に伴う権力バランスのこうした変化が西洋近代社会のみならず、古代社会にもあったことを、豊富な資料に基づいて立証している。

その代表的な論文は「古代ローマにおける変化する男女間の権力バランス」である。ここでの議論の中心は、経済的繁栄を成し遂げた帝政期のローマ社会では、一部の上流階級の女性に限定されたとはいえ、それまで禁じられていた政治的発言が女性にもある程度認められたり、財産権や離婚権さえも与えられたりしたことであり、かつその文学的な表象として、身分の低い若者が高位の既婚女性に恋愛歌をささげる習慣が生まれたということである(17)。エリアスはここで、時代は異なれども、和平化にともなって中世の宮廷恋愛詩が発生したのと同じ社会状況を見ているのである。

文明化に伴う洗練された行儀作法の確立と規範化、和平化と並行する女性の地位の向上は、いずれも中世初期の封建的騎士社会からルネサンス以降の宮廷社会の出現時にかけての西洋社会の構造的特徴となるが、さらにそれを促した要因として暴力規制の問題に触れなければならない。これは、明らかにエリアスがフロイトの心理学に影響されたことを物語っている。原始的な欲望（攻撃本能）「イド」（*id*）を持つ主体が、自己の内面に審判者としての「自我」（*ego*）を作り、さらに道徳的良心である「超自我」（*superego*）に達するという人間の精神的成長過程は、個としての人間が共同体での生活を通じて、他者から学び、その経験を通じて動物的本能や衝動による自己破壊、文明破壊を免れるという社会行動の過程と重なる。

しかし、エリアスの場合、こうした人間の心理的図式をフロイトのように個人の内面生活に限定するのではなく、あくまでも、他者との相互依存を繰り返しながら発展する集団としての人間の心理発生に関連づけたところにその特色がある。エリアスは『文明化の過程』の上巻・第2部で中世の人々のさまざまな暴力行為や残酷な娯楽に言及しているが、それは昔の人（文明化されていない人）が乱暴であり、現代人（文明社会に住む人）がそうでないということを強調しているのではなく、ここでもまた人間の羞恥心や嫌悪感のレベルが徐々に前進していく過程を――それが逆流するという可能性を含めて――分析しようとしているのである。こうした前提がなければ、どうして現代社会でホロコーストや民族浄化のような悲劇が起こり、なぜそれが批判されなければならないかが理解されないであろう。また同時に、真剣に戦争を取り除こうとしている国（最も文明化された国）が最大の武器生産国・輸出国になりうるという文明化の過程における皮肉も生じるのである(18)。

生物兵器や核兵器が大量殺戮を可能にし、少なくとも人類全体の破壊につながることをだれもが知っているからこそ、現代の文明社会では核開発やミサイルの保有は国際的な非難を浴びることになるのである。エリアスがたびたび指摘しているように、そのような悲劇が少なくとも意識されていない社会では戦争はごく日常的な事件であり、特に近代産業のない古代の国にとってもそれは財産を獲得する格好の機会でもあった。

古代ギリシャにおける都市国家間の戦争、カルタゴを収奪したローマのポエニ戦争などはいずれもこうした脈絡で理解されなければならない。つまり古代ギリシャもローマも基本的には「戦士社会」であった。同じことは戦闘集団としての騎士階級を抱えた小規模な国王や領主が対立抗争を繰り返していた中世についても言える。こうした社会構造や社会条件が理解されてこそ、中性の人々の暴力行為や残酷な娯楽は理解されるのであり、そういう意味では、現代人からすればたとえ彼らの行動が非難されるべきものと見えたとしても、彼らの精神構造は社会構造と矛盾してはいなかった。

エリアスは中世の民衆の娯楽であった罪人の処刑、民衆のみならず国王や王妃も参列したといわれる猫の火あぶりなどの行事を暴力的な中世社会の例として挙げているが、これを引き合いに出しながら文明化の度合いが低い中世社会という像を提示することがエリアスの目的ではなかった。むしろエリアスが重要視したのは、こうした行為にもはや喜びや楽しみを見出せなくなった人間が、暴力的な闘争を、模倣的な闘争、もしくは模擬戦として別の空間に移し変えることによって、徐々に新たな次元の娯楽を見出すようになった過程であった。

換言すれば、文明社会に生きる人間にとって社会的圧力（外的束縛）と自己の内面的圧力（内的束縛）の支配から逃れ、自らの動物的欲望を完全に満たすことは不可能だとしても、それを少なくとも昇華することによって新しい生存空間を創造することを人間は習得するようになったことをエリアスは強調したのである。中世の暴力的な行為や残酷な娯楽がどのようにして現代のスポーツや芸術や文学などに発展したのかという問題がここで論じられることになる。

われわれが生活している21世紀の社会ではスポーツや芸術や音楽の種類や傾向がさらに増大し、発展していることは言うまでもない。これらの領域のグローバル化も昔の人には想像もつかないほど進んでいる。文学や芸術を中心としたいわゆる情操教育が人間の精神的成長の重要な手段としてさらに評価されることがあっても、それが否定されるような事態はもはやなかろう。文明化された社会では、整備された経済体制や政治制度、もしくはそれを下支えする優れた科学技術が必要であることは言うまでもないが、むしろその安定は文学や芸術の進歩によって保証されるのであり、エリアスの文明化の過程の理論は、この点を強調していることでも評価に値するのである。

つまり、前述したように、分業や協業がさらに進む人間社会の総合的な機能化の問題を考える場合、政治や経済や科学や芸術をそれぞれ切り離すことはできないのである。とはいえ、安定した文明社会の産物を人間が享受できるには、肉体的暴力と徴税権を独占する近代国家の出現と発展、すなわち国家形成の歴史に触れなければならない。これが『文明化の過程』の下巻・第3部の中心課題であり、それは行儀作法の発展と不可分である。

4　国家形成と文明化の過程の理論の概略

一般にわれわれは、洗練された行儀作法、優れた倫理観や道徳観を持つ個人や市民が前提として存在することで近代国家が成立したのか、あるいは逆に国家という枠組みがあって初めて個々の人間は法律や道徳を守るようになったのかという疑問を発しがちである。それはまた個人と社会はどちらが先かというまさに「ニワトリと卵の関係」を尋ねる問題に似ている。それは実際多くの社会学者が長年悩んできた問題であり、また同時にエリアスの課題でもあった。その際、彼は常に「相互に依存する人間―社会」という観念から出発した。これはつまり、人間は生まれると同時に他者との関係を持つということであり、敷衍すれば、人間の集団的生活が同時に国家単位と同レベルの生活次元に発展するということである。それはまた国家形成の「零度」はないというエリアスの表現に集約されよう。

『文明化の過程』の下巻・第3部で展開される中世から近代にかけての国家の誕生という歴史的過程に関するエリアスの説明はごく常識的なものである。が、それが社会学の問題として語られ、関連づけられる場合、長期的視野によって分析される国家形成の過程が逆に歴史的な意味を持つ。ここでも分業と協業という新たな生産方法や産業形態の変化に伴って生じる国家機能の分化が人間集団の相互依存の拡大に依拠しており、またそれは個人の予想できない、無計画の過程であったということが理解されなければならない。

たとえば、人間が本来的に好戦的であり、かつ攻撃的であったから軍事農業的戦士国家が成立したわけではないし、また人間が生まれつき合理的な思考能力や将来への予見能力に恵まれていたから、科学技術が高度に発展した産業国家が生まれたわけでもない。人間は偶然そのような状況に巻き込まれたのであり、そのことがさらにそのような資質を必要とさせたのである。

エリアスはそうしたある種の社会的力学にここでも「法則」とか「秩序」という構造主義的響きの強い用語を当てたが、それらは、むしろ国家形成の過程で起こる、「地位争い」、「排除闘争」、あるいはその結果として生じる国家の「物理的暴力の独占」、「租税権の独占」というより具体的な言葉で捉えるほうが分かりやすい。それはスミスの「見えざる手」でも、ヘーゲルの「絶対精神」でも、マルクスの「階級闘争」でもない。それはさまざまな人間集団が相互依存し、そのネットワークが拡大することによって進行するある種の社会的ゲームでもある。

それはまた、比喩的な表現を使えば、国際的な規模で展開される複数のスポーツ・チームの戦いであり、あるいは複数の加盟国から成る国際的な機関の活動でもある。グローバルな状況ではその結果は予想もされない方向へと向かう。スポーツ・チームの数が増えれば増えるほど、また多くの国家が国際的な政治の場に参加すればするほど、権力配分の微妙な変化によってその動向を予想することがいっそう難しくなる。こうした状況を念頭に置きながら国家形成の過程をたどっていくとエリアスが『文明化の過程』の下巻第3部で意図したことが分かりやすくなる。

ここでもエリアスは国家の本質はとは何であるかとか、近代国家はどうあるべきかといういわゆる政治学的なレベルの議論は避けている。彼はまた国家についてのユートピア的な、あるいは悲観的な見解を提示しているわけでわけでもない。国家の存在意義を否定し、国家の消滅や廃止を階級闘争の最終的局面として考えていたマルクスの見解をエリアスは疑問視してはいたが、特にマルクスの国家論に対する積極的な批判を展開したわけでもなかった。むしろ、人間社会の構造的な変化を長期的視野によって捉えようとしたマルクスの方法に彼は共感を示すこともあった(19)。おそらくそれは経済組織の変化、生産手段や生産方法の変化に呼応する中央統制組織、もしくは国家機能の変化を系列的に歴史的な流れに沿って捉えようとしたエリアスの方法にも窺われよう。それゆえ、エリアスは「物理的暴力の独占」と「徴税権の独占」というウェーバー的概念を静態的・固定的なものとしてではなく、「排除闘争」や「地位争い」を通して機能的に変化するものとして捉えようとしたのである。

したがって、封建制国家から絶対主義国家を経て国民国家に向かう国家形態の変容は、より質の低いものからより質の高いものへというより、その支配構造と構成要素の点で、より単純なものから複雑なものに移行するのである。それは同時に、社会構造と人格構造という点での社会発展の主要な担い手、たとえば騎士階級、宮廷貴族階級、ブルジョア階級の行動様式と連動する。しかし、それはどの社会が良くてどの社会が悪いかという価値判断とは関係がない。

「機能的民主化」という点では権力資源は、たとえば、少数のエリート貴族からより多くの市民や労働者に移るが、次の段階で発展する社会構造が必ずしも以前のものより良いという保証はない。また感情や情動や欲望の自己規制の面では現代の産業社会は騎士社会よりも圧力が大きい。したがって、国家形成の過程を分析する場合、支配者がある個人から別の個人に代わったかという問題より、社会の支配構造の根幹である「独占のメカニズム」がどのように変化したかということが重要になり、文明化の過程との関連では行儀作法を支配する層がどのように変化したかということになる。

こうして、エリアスの「独占のメカニズム」は国家形態の変遷を分析する上で重要な社会学の概念を提示する。端的に言うなら、それは長期的な過程を経て人間社会の支配形態がより合理化されるということ、少数の集団からなる中央集権的組織によって、つまり国家によって、さらにはより分化した、機能化された部門によって統合されるということである。それは求心力となって作用する国家統合の力学である。おそらくそれは、マルクスの概念では、大小さまざまな生産組織が経済の必然的法則によって最も強大な少数の資本家の下に統合される過程であり、またさらなる利潤を追求するためにブルジョアがその市場をグローバル化せざるをえなくなる自己圧力でもあろう。もちろん、そのような運動が対抗勢力によってつぶされることもありうる。

その場合、その力学は遠心的に働き、統合された組織体が、日本の戦国時代の群雄割拠のように、小組織に分裂することになる。「独占のメカニズム」は必ずしも単線的、直線的に進行するわけではないが、概ね支配形態は、主導権争いを経て必然的に単一組織による合理的統合という道をたどる。エリアスは「独占のメカニズム」の特徴について「最初に自由競争、排除闘争の局面がある。それは、資源がますます少数者に、そして最後には１人の手に蓄積されるような傾向をともなう…２番目に、中央集権化され、独占された資源をめぐる支配権が個人の手から、どんどんと数を増してくる人々の手に移るようになり、最後には全体として相互依存する人々のネットワークの機能となるような局面、すなわち、個人的な独占が公的な独占になるような局面がある」と述べ、さらに国家の独占形態について以下のように結論づける[20]。

> 現在のところ国家的境界に限定されている物理的暴力と租税を独占する組織がなければ、「経済的」利益のための闘争を、「経済力」の行使や、その基本的規則の維持に限定することは、個々の国の内部でも相当な期間に及ぶとなると不可能であろう[21]。

このように、エリアスの「独占のメカニズム」は、とりわけその「自白競争」の原理をマルクス主義的な概念から捉えると誤解される可能性がある。彼がここで示唆しているのは、国家による暴力独占と租税独占が前提条件としてあるからこそ、経済的な領域内での自由な競争がある程度可能になり、保証されるということであり、換言すれば、そのような国家的な統制力が働かなければ、逆に人間社会は完全な支配―被支配の関係に固定されてしまうということであろう。したがって、権力資源が単独の人間の支配から複数の人間の支配に移り変わる過程は、国家機能の共同管理というより民主主義的で平等な政治形態への移行と見なすこともできよう。この国家による独占形成はむしろ文明化を促す防御壁のような役割を果たすものになるのであろう。

ここで注目されるのは、国家的統合というより高い次元の社会構造への変化を生み出すメカニズムが、羞恥心や嫌悪感のレベルの前進に伴う文明化された行動様式への統合、つまりより高い次元の心理構造への変化を生み出すメカニズムと一致するということである。敷衍すれば、それは少数のエリート（高位の僧侶や宮廷貴族や一部上層市民）が独占していた経済的、文化的権力が、相互に依存する人間集団のネットワークの拡大によって、また社会的習得や摸倣を通じて一般市民に受け継がれ、発展させられていくということに他ならない。つまり、１人の専制君主や独裁者が恣意的に国家機構を操作することができなくなるのである。これはエリアスの文明化の過程の理論を理解する際に１つの重要な鍵となる。

エリアスは『文明化の過程』の下巻・第４部で「文明化の過程の理論のための概要」と題して相当長い議論を展開している。これは文字通り本書の理論的骨子をさらに明確にするために書かれているものであるが、一見するとそれぞれ分離しているような印象を与える本書の上下巻・第１部から第３部までの個々のテーマが、実は相互に関連しているということを示唆しているという点で重要である。また『文明化の過程』で扱われたテーマの有機的関連性を社会学的図式に凝縮し、再度読者に提示するという点でも効果的である。

実際、ここで論じられているテーマは本書以外のエリアスの著作でも繰り返し議論され、かつ発展させられていると言えよう。その中でも文明化の過程の理論との関係で無視できないのは「自己束縛に向かう社会的束縛」と「減少する差異と増大する多様性」であり、そこでエリアスが強調した点をここで再度取り上げ、その意義に言及してみたい。前者ではだいたい次のようなことが論じられている。

（1）人間の相互依存が生み出す社会組織や制度は結果的には無計画であり、その力学は個人の意思や理性を超えている。
（2）文明化とは合理的でも非合理的でもなく、それは盲目的に運動し、人間関係のネットワークの自律的力学によって動かされる。

（3）西洋社会では社会機能の分化と競争が激しく、これが人間の相互依存を強化し、その結果、人間の感情や情動はいっそう抑制され、統一される。

（4）個人の感情抑制はほぼ無意識的、自動的に行われ、これが文明化の過程における心理的変化となり、さらにそれが個人から集団へと広がる。

（5）感情の自己抑制は必ずしも人間を幸福にせず、人間は機能萎縮に陥ったり、孤独感にさいなまれたりして精神障害に至る場合もある。

（6）国家の暴力独占は一種の社会機構となり、人間同士の自制は個人内部の自制に変容する。

（7）西洋の文明社会に暮らしている人間の心理的困難は、より単純な社会で暮らす人間のそれより大きい。

（8）西洋社会におけるこうした感情規制は、同様の機能分化が見られるどの社会にも起こりうる(22)。

エリアスが指摘するこのような現象がすべて20世紀の後半から今日までの社会に当てはまるかどうか疑問ではあるが、そのいくつかは文明社会固有の問題を考える場合、無視できないものである。その1つは、国家の暴力独占である。それは、今もなおあらゆる国家が私的暴力独占に対して、とりわけ国際的なテロリズムのような暴力に対して、「文明化された社会」の安全を保障するために、戦わざるをえないことからも分かる。グローバル化する現代世界におけるこうした国際的な暴力は、国家にとって、その防止を他国との相互依存に求めなければならないという難しい問題を生み出す。

ここでさらに注目すべき点は、エリアスが西洋中心主義的な文明観に依拠していないことである。『文明化の過程』の序文でもそうであったように、エリアスはここでもまた『文化への不満』（*Civilization and Its Discontents*）でフロイトが展開した議論を応用しながら、情動や感情の規制をほぼ自動的に強いられる現代の西洋人は、必ずしも幸福とは限らないし、むしろ彼ら固有の難問を抱えるかもしれないことを示唆しているのである。

とはいえ、西洋の文明化された社会に見られるこうした自動的な感情の自己抑制が、同じく、他の地域でも——もしそこに同じような機能分化が見られれば——支配力を発揮すると言うとき、エリアスはさらなる難問をわれわれに突きつける。それはもう1つのテーマ「減少する差異と増大する多様性」の中心的議論である。これは特にポストコロニアリズムという脈絡で、旧植民地と旧宗主国との権力関係において現在でもなお未解決の問題である。

ここでのエリアスの見解はだいたい次のようになる。西洋の主要な国々が自分たちの行動様式や感情規制を「差異」として維持する反面、このことが逆に「差異」をますます縮めることになる。西洋文明は西洋人に「差異」と「優越性」を与えるものの、同時に競争の圧力の下で世界の広大な地域に、自己基準に合致した行動の変化を要求する。西洋諸国は非西洋世界の多くを自らに依存させるが、自身もそれに依存する。西洋諸国は、諸制度を通じて、あるいは自身の厳しい行動基準によって、自身と植民地集団との間に壁を築く反面、西洋の行動様式や制度を植民地に広げる。こうして植民地と宗主国の社会的力、行動様式の差が縮まる(23)。さらに、次の引用にはこの問題にからむさまざまな問題が凝縮されている。

> 西洋的基準に向かう東洋やアフリカの人々のこの初期の変容は、われわれが観察できうる継続的な文明化の運動の最後の波を代表している。しかし、この波が上昇するごとに、同じ方向を目指す新たな、さらなる波が、その中で形を成しているのがすでに見られるのである。というのも、植民地地域で、より地位の低い、上昇しつつある階級として、西洋の上流階級に接近している諸階級は、今までその国の内部では、基本的には上流階級だからである(24)。

この引用は、全体の文脈から切り離してそれを解釈すれば、またとりわけエドワード・サイードの『オリエンタリズム』(*Orientalism*)に賛同する読者の見解からすれば、典型的な西洋中心主義的イデオロギーと見なされかねない。さらにまた植民地を支配する国を「悪」として、植民地として支配される側を「犠牲者」として考えれば、エリアスの立場は植民地肯定主義者のそれを代弁しているとも考えられよう。先ほどは、情感規制の強制という点で、西洋の現代人を否定的に捉えながらも、ここでは文明化の担い手としての彼らを肯定的に捉えるという形で、一見するとエリアスの見解は矛盾しているように思われるが、彼の「ゲーム・モデル」に依拠すれば、それほど矛盾はしていない。

どのような場合も、異なる2つの組織や集団、あるいは2人の人間の間には、経済的、政治的、物理的な格差がある。しかし、エリアスが言うように、一方が他方に頼ることで、他方は一方に対して逆に権力を持つことになる。男性と女性、子供と大人、主人と奴隷、労働者と資本家の関係がそうである。たとえば、ある状況で、とりわけ土地所有を基盤とした戦士社会では男性は女性に対して圧倒的な権力を持つが、高度に発展した産業社会ではかならずしもそうではない。人間の相互依存関係がますます複雑になり、諸集団のネットワークの規模が拡大すれば、また特に社会がグローバル化すれば、集団間の権力関係は一元的ではない。社会構造の変化とそれに伴う精神構造の変化は文明化の過程においては、権力の配分というエリアスの観点から現実に即した答えを得ることができよう。

『文明化の過程』において、特に独自の社会学理論を提示する際に、エリアスが一般の読者にはこれまであまり馴染みのない用語をいくつか使ったことは事実である。その理由の１つは、彼が長年、従来の伝統的な方法論を疑問視していたことである。そのために彼は古い用語をなるべく避けて、いくつか新しい概念を創造せざるをえなかった。そうした用語のうち、今もなおその定義が定着しにくいのは、前述したように、「形態／図柄／関係構造」(figuration)［*Figuration*］であろう。エリアスの社会学は最近、英語圏では「形態社会学」(figurational sociology) と呼ばれているが、それでもそれが意味するところはそれほど明確ではない。

ところで、「形態」を常に「編み合わせ」(interweaving)［Verflechtung］と共通関係にあるものと見なせば、そこに内包されている意味がやや分かりやすくなるかもしれない。つまり、それは、長期的な規模で展開される人間集団の相互依存関係によって次々に生み出される社会構造の変容体のイメージと結びつく。元来、エリアスはゲシュタルト心理学の用語を使ってそれを「相対配置」(configuration) と呼んでいた。つまり、個と全体は切り離されるべきものではなく、両者には常に有機的な関係があり、全体と個は同次元で理解されるべきである、という考えが彼にあったと思われる。

いずれにせよ、こうした術語をテキストの文脈から分離して使うと、誤解や先入観が生まれることは事実であり、そのことに関連して、エリアス自身も釈明している。その際、彼は「形態」の概念を概ね次のように定義している。

（1）人間は人間同士が形作る「形態」の中で発展し、それは多様な形となって、ある時は緩やかに、またある時には急速に変化する。

（2）「形態」にはそれ自体の力学あり、その中で個人はそれなりの役割を果すが、それは個人的な動機に還元されない。

（3）「形態」はダンスの比喩で理解されるが、それはダンスやロック音楽のように個人・家族・共同体・都市・国家へと広がり、同じダンスをさまざまな人間が踊る。

（4）人間がいないとダンス（社会）は存在せず、個から全体へと広がるこのダンスは因果関係では説明できない[25]。

こうした特徴のいくつかは本稿でもすでに論じられたが、エリアスの意図は、自分自身で思考し、生まれつき理性や良識を持つ「哲学的人間」（まるで幽霊のようにこの世に出現する人間）、つまり「閉ざされた人間」のイメージを打破することであった。換言すれば、常に変化し、流動する人間社会を、静止した、変化しないものに置き換えるという方法、つまり、哲学のみならず、社会科学や自然科学においても長い間、「正統」として認知されてきた方法を疑問視することであった。

そういう意味で、「ダンスの比喩」は「閉ざされた人間」とは違う人間像、つまり、他者と交わり、価値や認識を他者と共有し、積極的に相互依存のネットワークに参加する「開かれた人間」（*homines aperti*）を想起させる。彼は社会学の使命を「神話の打破」と位置づけていたが、彼の用語の多くはこうした背景から理解されるべきである。したがって、「機能的民主化」（functional democratization）、「和平化」（pacification）、「議会主義化」（parliamentalization）、「スポーツ化」（sportization）などの術語は静態的にではなく、いずれも動態的なものとして、まさに「ダンスの比喩」として解されるべきである。つまり、それらは歴史的事実の終局としてではなく、その発展過程として、個人が常に複数の人間とともに織り成す変化のベクトルとして解されるべきである。

エリアスの社会理論の根幹を成す人間社会の長期的な発展過程の分析という方法は、彼がコント、マルクス、デュルケム、ウェーバーなどの古典的社会学者の影響下にあったことを示すものである。彼自身、彼らが残した社会科学の偉大な遺産を捨てないように警告していたが、1950年代はタルコット・パーソンズの構造・機能主義が全盛の時代であり、ハーバート・スペンサーに遡る歴主義的な方法論は、社会ダーウィニズム的で西洋中心主義的なイデオロギーを助長するものとして敬遠されていたし、加えて、古典物理学の研究方法を社会科学の正当なモデルとするカール・ポパーの『歴史学の貧困』（*The Poverty of Histricism*）はエリアスの方法を古めかしいもの、流行遅れのものと思わせるに十分であった。

ところが60年代から70年代にかけて起こった若者の世界的な反体制運動や反戦運動、東西のイデオロギー対立などは、人間の文明は一体どこに向かうのか、その根源は何なのかという根本的な問題をわれわれに突きつけることになった。さらに80年代後半から90年代にかけて起こった共産主義の崩壊、その後の民族対立、民族浄化の悲劇、EU の統合、グローバリズムの進行、イスラム原理主義の台頭など、機能主義的な枠組みではもはや理解できない社会現象が数多く起こった。つまり、こうした問題に取り組むにはある程度の歴史認識がないと対応できない事態に現代世界は直面したといってよい。

エリアスの『文明化の過程』は、最良の解決策を提示してくれるわけではないが、少なくともこのような状況に立たされたわれわれに従来の認識方法（他者意識のない自分中心の思想、つまり、エリアスの言う「われわれ意識のないわたし」の観念）を変える必要性を示唆してくれたと言っても過言ではない。かといって、エリアスは、サミュエル・ハンティントンが『文明の衝突』（*The Clash of Civilizations*）で展開する決定論的な世界の対立構造を思わせるような、また現代の高度に発達した産業社会を否定する多くの反近代の思想家が到達しがちな文化的ペシミズムにも賛同したわけではない。なぜなら、彼は人類を世代間の知の伝達によって常に未来を切り開く可能性を持った発展的な生物として位置づけていたからである。

したがって、彼は、人類の社会を長期的な視野で見れば、その産物を機械的に「善」と「悪」、「規範」と「無規範」などの対立概念に分離できないし、現代人が解決不可能なことを古代人が解決することもありうることを何度か指摘していた。そういう意味では、エリアスは、いわゆる「文明」と「野生」に相互補完的な関係を示唆しているように見えるが、それを対極化しながらも、そこに思考の共通性もしくは科学的論理の類似性を見出すレヴィ＝ストロースのような構造主義的な人類学者とはかなり違っていた。

『文明化の過程』とそこに集約されているエリアスの方法論はこれまですべて評価され、賛同されてきたわけでない。実際、人類学者ハンス・ペーター・デュルは一貫して「文明化の神話」という表題の下にエリアスを批判し続けてきた(26)。さらに、エリアスの発展的な過程概念の有効性を疑問視し、あるいは国家による暴力独占と人間の自己抑制の関係性は希薄であるとする社会学者からの批判もあった。いわゆる「寛容な社会」で育った現代の若者に見られる古い道徳的規範や社会制度への反抗から、エリアスの「文明化された行動様式」とその定義に反論する学者もいた。文明化の背後に潜む暴力性や破壊性をむしろ現代社会の特徴の１つと見なし、ファシズムやスターリニズムのような野蛮性をエリアスが指摘していないとする批評家もいた[27]。

そのような反論に対してエリアス自身も、たとえば、文明化の過程とは対立する、もしくはそれと表裏一体である「非文明化の過程」(decivilizing process) のような概念を駆使して、さらにその理論的枠組みを強化した。加えて、「親の文明化」、「非形式化と文明化の過程」、「技術科と文明化」などの論文では、文明化の過程の理論をさらに発展させるような意欲的な試みも見られた。「親の文明化」では高度に発達した変化の激しい現代の産業社会で家族が、とりわけ親子が直面する問題が分析され、「永遠の家族」という普遍的で虚構的法概念が今や有効でないことが論じられている。すべての家族関係は過程であり、家族の役割も常に変化して新しくなり、それゆえ人間関係を構築するために、われわれは相互に意識的に働きかけざるをえないというのが結論である[28]。換言すれば、文明化の過程とは「固定的な家族」がないことの証左である。

「非形式化と文明化の過程」における分析でも類似点がいくつかある。文明化は現代人に高度な感情規制や行動様式の基準化を要求する反面、現代人をしてそれを打破したい、タブーを破りたいという衝動を抱かせる。つまり、フォーマルなものをインフォーマルにしたいという過程が、文明の過程の反作用としての「非形式化の過程」(informalizing process) なのである。そこでの重要な問題は、現代人が、因習や古い道徳を否定し、その価値を変更することで一方では満足を得ながらも、他方ではこうした自由な行動には常に圧力や失望が伴うということである。エリアスはこれに関連して、現代の若い男女間の結婚観に見られる因習の打破を例に挙げているが、それは女性の地位の上昇を示すものであり、同時にある圧力のもとで生まれる新しい男女関係の可能性であって、社会制度の崩壊ではないと論じている[29]。

「技術化と文明化」ではさらに重要な問題が提起されている。エリアスによると、技術化と文明化は同時に起こるものであり、そこには因果関係はない。科学技術の高度な発展は高度な感情の自己規制を伴い、同時にまた事故による予期せぬ死や重大なけがも生み出しやすい。つまり、技術化と同時進行する「文明化の勢い」(civilizing spurt) は逆に「非文明化の勢い」(decivilizing spurt) をも促すことになり、それをどう調節するか人間はまだ学習の過程にある、とエリアスは言う。

テクノロジーの飛躍的な進歩によって、交通機関のみならず多くの国際的組織が世界的に広がるネットワークの中で統合されるが、そこにまた文明化の、ひいてはグローバリズムの難しい問題が生じるとエリアスは捉える。なぜなら、人間は自己集団と共同歩調をとりながらも、他の民族や人種とどのようにして価値観を共有するかという難問に直面するからである。技術化と文明化はかくして無計画のうちに進行し、ある種の圧力として重大な選択をわれわれに突きつけるのである。無計画で、終わりのない技術化と文明化という過程の中にいながらも、多くの社会学者や科学者は依然として世界を不変で、静止したものと見なしがちだとエリアスは警告する。

したがって、哲学的永遠主義も歴史主義も今や乗り越えられるべき思想であるとエリアス言う。つまり、われわれは、人類の世界が創発的なものであり、未来の人類にはわれわれとは違う世界を切り開く可能性がある、という認識を持つ必要があることを彼は強調しているのである。エリアスの文明化の過程の理論が西洋中心主義でもなく、決定論的でもないことは次の引用で明らかである。

> われわれの前にある責務が人類の平和と組織的統一に向う作業であることをわれわれは今日知っている。この責務が現在の実験の時期から完成へとわれわれの生存中に前進することなどない、といった認識でもってこの作業に希望を失わないようにしよう。われわれの彼方へと向う未完成の世界で仕事に取り掛かることは確かに価値があるし、きわめて意義深いのである(30)。

エリアスが『文明化の過程』で提示した社会学の方法論とその問題意識は、エリアスと深く係わった社会学者たちによって今日まで引き継がれ、発展させられてきた。その中でもスポーツ社会学の分野でのエリック・ダニングの貢献には特筆すべきものがある。同じく、『アメリカの文明化の過程』を最近上梓したスティーヴン・メネルの研究も文明化の過程の理論がヨーロッパ以外の国でも応用できることを証明した点で意義深い。「非形式化と文明化」の問題もこれからさらに議論される可能性がある。この数十年のうちにグローバリズムとの関連で政治経済的、文化的な面で大きな変貌を遂げているアジア諸国にもエリアスの理論が応用される可能性がある(31)。それはすべて『文明化の過程』が「閉ざされた人間」の最終的結論ではないことを示すものであろう。

注

(1)　本書の出版の経緯については Stephen Mennell, *Norbert Elias: An Introduction* (Dublin: University College Dublin Press, 1992), p. 18を参照。

(2)　最新の英語版では *On the Process of Civilisation* というタイトルが使われている。なお本書の日本語訳『文明化の過程』の出版は上巻（赤井慧爾・中村元保・吉田正勝訳、法政大学出版局）が1977年、下巻（波田節夫・溝辺敬一・羽田洋・藤平浩之訳、法政大学出版局）が1978年である。ちなみにフランス語版はそれぞれ1973年（*La civilization des moeurs*）と1975年（*La dynamique de'l Occident*）である。

(3)　Norbert Elias, *The Civilizing Process* (Oxford: Blackwell, 2000), p. xiii.

(4)　Ibid., p. xiv.

(5)　Ibid., pp. xiv-xiii.

(6)　エリアスのパーソンズ批判は *Über den Prozeß der Zivilisation* の第二版（Bern: Falke,1969）（序論）でなされた。

(7)　Stephen Mennell, *Norbert Elias: An Introduction*, p. 32参照。

(8)　Stephen Mennell, *The American Civilizing Process* (Cambridge: Polity Press, 2007), pp. 24-5参照。ここではイラク空爆に対するS・ソンタグの批判が引用されている。

(9)　「非文明化の過程」の概念については以下の文献を参照。Thomas Salumets, ed., *Norbert Elias and Human Interdependencies* (Montreal: McGill-Queen's University Press, 2001), pp. 32-49; Johan Goudsblom, Eric Jones and Stephen Mennell, *The Course of Human History* (New York: M.E. Sharpe, 1996), pp. 101-16.

(10)　Norbert Elias, *The Civilizing Process*, p. 30.

(11)　Ibid., p. 28.

(12)　Ibid., p. 30.

(13)　Ibid., p. 43.

(14)　Ibid., p. 35.

(15)これらの著者の作品の日本語タイトルはすべて『文明化の過程（上）』（法政大学出版局、1978）に準じた。

(16)　Norbert Elias, "On the Concept of Everyday Life" in *The Norbert Elias Reader*, ed. Johan Goudsblom and Stephen Mennell (Oxford: Blackwell, 1998), p. 169参照。

(17)　Norbert Elias, "The Changing Balance of Power between the Sexes in Ancient Rome" in *Norbert Elias: On Civilization, Power and Knowledge*, ed. Stephen Mennell and Johan Goudsblom (Chicago:Chicago University Press, 1998), pp. 188-99参照。

(18)　Norbert Elias, *The Symbol Theory* (London: Sage, 1991), p. 147参照。

(19)　マルクスに対するエリアスの見解として Norbert Elias, *Reflections on A Life* (Cambridge: Polity Press, 1994), pp. 115-19を参照。

(20)　Norbert Elias, *The Civilizing Process*, p. 276参照

(21)　Ibid., p. 278参照。

(22)　Ibid., pp. 365-78参照。

(23)　Ibid., pp. 382-387参照

(24)　Ibid., p. 386.

(25)　Norbert Elias, "The Concept of Figurations" in *The Norbert Elias Reader*, p. 131参照。

(26)　デュルの批判に対するエリアスの反論として Norbert Elias, "Was Ich unter Zivilisation verstehe: Antwort auf Hans Peter Duerr" in N. Elias, *Aufsätze und Andere Schriften* III (Suhrkamp, 2000), pp. 334-41を参照。

(27)　エリアスの方法論に関する論争については、Stephen Mennell, *Norbert Elias: An Introduction*, pp. 227-70を参照。

(28)　Norbert Elias, "The Civilizing of Parents" in *The Norbert Elias Reader*, pp. 189-211参照。

(29)　Norbert Elias, "Informalization and the Civilizing Process" in *The Norbert Elias Reader*, pp. 235-245参照。

(30)　Norbert Elias, "Technization and the Civilizing Process" in *The Norbert Elias Reader*, p. 229.

(31)「非形式化」について論じた最近の著作として Cas Wouters, *Informalization*（London: Sage, 2007）がある。pp. 1-10参照。日本の文明化の問題との関連では Akira Ohira, ed., *Norbert Elias and Globalization*（Tokyo: DPT Publishing, 2009）がある。『アメリカの文明化の過程』については注（8）を参照。

第2章
宮廷社会論――社会学のモデルとしての宮廷社会

1 『宮廷社会』の出版の経緯をめぐって

ノルベルト・エリアスの社会学理論を決定づける意味で『宮廷社会』が果たす役割は決して小さくないが、この書も、彼の大著『文明化の過程』と同様、出版に至るまでの経緯はかなり複雑である。エリアスの著作のいくつかは、彼の紆余曲折を経た人生のごとく、ドイツ語と英語の2つの言語で書かれている。『文明化の過程』の中にはすでにフランスの宮廷社会への言及がいくつかあり、しかもそれが社会学のモデルとして重要な理論的方向性を示唆していることからして、その構想がほぼ同時に進行していたと考えてよい。ところが、『文明化の過程』が1939年に上梓されたのに対して、『宮廷社会』の出版は下って1969年であり、両書の間にはちょうど30年の時間的な隔たりがある[1]。そういうわけで、『宮廷社会』の理論的枠組に『文明化の過程』のそれとは違う、独立した何かがあると予想されてもそれほど不思議ではなかろう。

第1章でも言及したように、エリアスの社会学の紹介は英語圏ではかなり遅く、『文明化の過程』の第1巻（上巻）が1978年、第2巻（下巻）が1982年、さらに『宮廷社会』が1983年に出版されている。英訳の出版年については、原典であるドイツ語版のそれと比べると、時間的にさほど大きな隔たりはないので、英語圏の読者から見れば、両書を理論的に同レベルで捉えられるという利点がいくぶんあるかもしれない。が、逆に英語版しか知らない読者は、エリアスの社会学理論の骨子が早い時期に出来上がっていたにもかかわらず、ナチスの台頭により彼が英国に亡命せざるをえなかったという事情もあって、それが彼の祖国ドイツでも長い間、顧みられなかったという事実を忘れがちである。

重要な問題は、いくぶん世界的な規模でエリアスの社会学に関心が寄せられるようなったのは比較的近年であるのに、彼がその基本的な概念を構築したのは少なくとも第2次世界大戦以前であったということである。換言すれば、文明化の過程の理論と宮廷社会のモデルは相互補完的なものであり、その不可分な関係は、エリアスの社会学がかなり早い時期に方向づけられていたことを示唆している。

実際、エリアスは大学教授資格論文として1933年に、カール・マンハイムの指導のもとで『宮廷社会』の原稿を完成させており[(2)]、少なくともその概要は、基本的には『文明化の過程』の中で何度が提示されている「フランス宮廷社会」の概念に通じるものであると思われる。『文明化の過程』の下巻・第3部でエリアスは早くも、マナーやエティケットが宮廷社会を通じて上流階級の間でますます洗練され、それが人間の行動を縛る大きな圧力として作用する過程を、暴力や武力を背景とする封建的騎士の世界から、自己規制と他者の心理を読み取る洞察力が求められる宮廷人の世界への変遷過程と連動させながら、同時に具体例を挙げながら論じている[(3)]。つまり、宮廷社会は、個人の衝動や感情や動物的欲望に訴えることがますます禁じられ、タブー化され、それが、現代の産業社会や官僚機構の心理的必要条件であるいわゆる「合理性」に取って代わられる過程として、あるいはその方向をさらに推進するメカニズムの温床として位置づけられるのである。

ここで重要な問題は、宮廷社会の出現は、それ以前に存在した中世の封建社会が完全に崩壊して、突如として新しい統合的な社会形態が生れたというふうに理解されるものではなく、大きな政治的統合体に対抗する封建社会の遠心力が徐々に衰え、より安定した租税独占と暴力独占の制度を伴う国家形成の一過程として、またその方向へのさらなる求心力の強化として捉えられていることである。その条件として、個々の城で独立した支配権を持っていた中世の騎士的貴族が、宮廷貴族に転身し、絶対的権力を有する国王に従属しながら王宮に住むことを余儀なくされる。第1章でも触れたように、エリアスはこれを「戦士の廷臣化」と定義づけた[(4)]。中世では遠心的な勢力と求心的な勢力が対立拮抗の状態を繰り返すが、16世紀になると変化が生じ、とりわけフランスでは「独占のメカニズム」が中央の支配者、つまり絶対主義的君主の方に有利に傾き、君主はより広大な領土を獲得するだけでなく、自らの支配体制を以前よりもさらに安定化、和平化することに成功する。そして、この君主による絶対主義的支配体制は「朕は国家なり」という名言を吐いたルイ14世の時代に頂点に達する。

こうした状況が「戦士の廷臣化」の心理発生・社会発生の背景となり、やがて封建時代の騎士の人間像とは違う宮廷貴族独自の人格構造、つまり、エリアスの言う廷臣の「ハビタス」へと発展する[(5)]。それは同時に、中世後期から徐々に西ヨーロッパ社会を文明化の方向へと導いた上流階級の日常生活におけるマナーやエティケットの洗練と呼応し、やがて宮廷社会の「礼儀正しさ」の概念に収斂する。が、それは最終段階としての国家や道徳のモデルではなく、むしろ産業ブルジョアジーの合理的精神や近代的国家概念を用意する一種の過渡的なモデルにしかすぎない。

このように宮廷社会の諸特徴はすでに本質的な社会学的議論を喚起しているが、ここではあくまでも文明化の過程の理論をより緻密にし、説得力のあるものとして提示するための手段として使われおり、その多くは『宮廷社会』においてより明確な概念として提示され、エリアス独自の先駆的な分析方法へと発展していると言えよう。それでは次に『宮廷社会』の全容を、上記のような観点からさらに詳しく論じることにしたい。

2　序論における「社会学」と「歴史学」の問題

1969年に出版された『宮廷社会』には、「社会学と歴史学」と題されたかなり長い序論が付けられている。そこでエリアスは、『文明化の過程』（1969年版）の序論で主にタルコット・パーソンズの構造・機能主義の方法論を批判しつつ、「相互依存の連鎖」の概念に基づく自らの発展社会学もしくは過程社会学の有効性を提示したのとほぼ同じ趣旨で、社会学と歴史学の関係について独自の見解を披歴している。その基本的な姿勢は、歴史学に社会学の概念を導入し、同時に社会学に歴史学の成果を取り入れることで、社会科学全体を新たな観点から統合する可能性を示唆するというものである。カントの明言を借りれば、それは「歴史学の視点を持たない社会学は空虚であり、また逆に社会学の視点を持たない歴史学は盲目である」という比喩的な表現でも示されるかもしれない[6]。

エリアスが宮廷社会を社会学の有効なモデルとして構築しようとした背景には少なくともそうした理由がある。そうして初めて、租税権や軍事力を独占する機構の初期形態として宮廷社会は、現代から切り離された過去の遺物としてではなく、現代の産業国家、もしくはそれ以前の封建社会と相互に関係するもの、連続的もしくは発展的なものとして意味を持つ。それゆえ、エリアスにとって、それを実現するには、それぞれ独立した分野であった社会学や歴史学の従来の方法が、両方の学問領域の有機的関連性という観点から、批判され、克服されなければならないのである。

急激な産業化、都市化を経て王朝は別の権力集団にその場を譲ることになるが、エリアスは、どのようにして相互に依存する形態が、何百年も１人の国王や１つの王朝によって支配されるかという問題に、宮廷社会の社会学的研究の重要な課題を求める。宮廷社会は多くの国家で見られる現象であるから、社会学の課題は、さまざまな宮廷社会を比較するためのモデルを作ることにある。よく調べてみると国王は絶対君主として絶大な権力を持っているのではなく、相互依存のネットワークに捕えられているのであり、したがってルイ14世のような国王が宮廷を支配している特殊な戦略を分析しないで、つまり、この特殊な社会学のモデルを念頭に入れないで、支配者の行動を理解し、説明することはできないのである。かくして、従来の社会学の方法では説明できない、あるいは十分に理論化できない宮廷社会の構造を解明するにはどのようなモデルが必要とされるかという問題が浮上する。

そこで社会学と歴史学の関係が問われることになるが、エリアスによると、従来の歴史学は、社会学にそうした有効なモデルを提供できるほど、十分に理論化されてはいない。それは、たとえば、歴史家が17、18世紀のフランス宮廷社会に関心を持つとき、その研究対象は、歴史的事象や事件の一回性、唯一無二性にのみ、つまり、宮廷社会の特別な個人や繰り返すことのない社会組織にのみ置かれてしまうからである。さらに、その結果、歴史家は、個人の社会的立場をつながりのない個別的な行為の積み重ねとして捉え、特別な現象間の関係を恣意的な解釈や思索に任せることで、研究の実際的継続性を保証する理論的根拠を供給できないからである。エリアスは、資料を綿密に検討し、文章上の記録を入念に確認することで、つまり原資料に立ち返ることで歴史学の重要な地歩を築き、社会学への可能性を示唆したランケの立場を評価しつつも、それだけでは解釈の問題が未解決のままであると批判する。

つまり、ここでエリアスは、歴史家には、具体的な方針に基づいて出来事を関連させるモデルの構築に寄与する強固な枠組み、および有効な仮説や理論がないことを指摘しているのである。それを克服するには、常に拡大し、発展する知識が必要であり、それとの接触によって特別な資料の選択、総合的なモデルの発展にかなりの自律性が与えられる、とエリアスは論じる。それは、同時に歴史学に社会学的な視野を導入する契機となるが、社会学者の方にも、もし新しい知識によって自律的で的確なモデルを作る意図がなければ、個々の問題の設定が他律的な価値観によって恣意的になされるか、研究者集団の伝統に支配されてしまう、とエリアスは警告する。

エリアスはさらに続けて、伝統的な歴史学の認識の原点とも言える歴史的対象物の一回性、唯一無二性という考え方を批判する。なぜなら、動物や植物は進化しないかぎり、唯一無二性という特徴を示し、変わることはないが、人間の場合、進化しなくても社会構造や社会集団の価値観が異なるからである。たとえば、アンシャン・レジームが産業社会に変化し、農業社会が都市社会に変わるのは、生物学的変化ではなく、人間社会の社会学的変化を意味するからである。この変化しつつある多様な人間社会の諸相を支える力学、つまり、それぞれ変化はするが同じような形で人間諸集団が相互に織り成すネットワークをエリアスは「形態／図柄／関係構造」という概念で捉えようとしており[7]、その概念を応用してフランスの宮廷社会を、一見、独自的、唯一無二的ではあるが、それ以前の中世封建社会やそれ以後の近代産業社会などの別の社会とも比較可能な、あるいはそれらと相互依存的な関係性を持つ社会学的モデルとして提示するのが『宮廷社会』の目的であった。

この「形態」をエリアスは、時折、誤解を招きやすいような言葉を使って、「秩序」や「法則」と命名するが、それは構造主義的な概念ではないし、物理学などの普遍的法則でもない。それはあくまでも動的な概念であり、従来の静的な哲学的認識論へのアンチテーゼでもある。したがって、ここでは「物質」と「精神」、「労働」と「余暇」、「善」と「悪」、「秩序」と「無秩序」のような価値判断に残存している伝統的な二分法を止めなければならない。さらに「形態」は、全体を個に分解したり、個を寄せ集めて全体と見なしたりするような還元主義的、原子論的な解釈では説明できない。

現段階ではそれを言語のレベルで完璧に説明するのは無理かもしれないが、国王を頂点とした絶対主義的政治制度の下で存在していた宮廷社会の諸機能を司るある種の自動機械的メカニズムを、個々の事例によって解釈すれば、その理解は自ずと容易になろう。端的に言えば、「形態」とは人間諸集団そのものがある状況で方位設定する、またそうせざるをえなくなる変化のパターンであり、個々のネットワークのありようは違っても、その形成過程には同じ力学が働くと解釈できる。それは特定の始まりを持たないし、人間社会が存続するかぎり、終わることなく継続する運動である。またその運動に個人が主体的に参加できるが、その方向を個人は変えられない。

したがって、エリアスが、「西洋では騎士・小姓・僧侶・徒弟の身分制度は長く続いたが、現在では労働者・被雇用者・経営者という人間の形態になっている。個人は唯一無二かもしれないが、全体の形態は変わらない…ウェーバーが理想型として発展させようとした官僚制・都市・国家・資本主義社会というモデルには形態への言及がないが、それは彼が無秩序なものに秩序を与えようとしたためであった」と言うとき[(8)]、そこで使われる「形態」という言葉には、それに動的なニュアンスを加えればさほど矛盾はない。

こうして、エリアスは、個人が万物の長期的尺度として見なされ、ルイ14などの偉大な個人が唯一無二の象徴とされ、さらに、支配者やエリートに帰せられる政治・宗教・文化・芸術が特定の人間の所産として論じられる場合、それを社会学的な視点を欠いた議論と見なす。なぜなら、歴史を形成する個人の業績を評価するには、その人が生きている社会の構造との関係が系統的に論じられなければならないからである。エリート集団の構造的説明がないのに、歴史的人物の偉大さや長所を判定することはできないし、逆に、たとえば、宮廷社会の構造が分かれば、ルイ14世の時代にはなぜ宮廷社会に属していない人はほとんど評価されなかったかが分かるからである。つまり、宮廷社会の権力構造は政治や文化の次元だけでなく、マナーやエティケットの規範によって日常生活の次元にも浸透していたからである。換言すれば、そうした権力の推移や変化は、あらゆる価値基準を究極的には個人の行動や資質に求める従来の歴史学の方法ではうまく説明できないからである。

エリアスは、身分の高い貴族でありながら、ルイ14世の時代に政権から遠ざけられ、要職に就けなかったサン＝シモンに言及し、なぜ彼がそうなったのか、どのようにして彼は自分を引き立たせようとしたのかを知るには社会学的診断を必要とすると述べているが、これも「形態」に内在する反発力を知る上で重要である。なぜなら、1つの支配体制は必ずしも均衡した、矛盾や対立のない空間ではないからである。実際、宮廷社会は比較的長く安定していたとはいえ、革命勢力や宗教対立などの外部からの圧力のみならず、異なった派閥や党派による権力をめぐる内部抗争にもさらされていたのである。したがって、エリアスが指摘するように、敵対者は別の時代の勝利者になる可能性がある。

こうして、歴史的一回性や唯一無二性を主張する歴史学の方法の限界を指摘し、さらに、そこに社会学的視野を導入する必要性を示唆しながら、ウェーバーの「理想型」というモデル――エリアスはウェーバーの権力論の社会学は先駆的、包括的であるが集約的ではないと言う――とは違う自分自身の新しい巨視的な社会学の概念を、彼はだいたい以下のように説明する。これは『文明化の過程』の序論でも指摘されたことではあるが、経験的な事例提示と理論的統合による宮廷社会の社会学的研究の意味を再認識する上で重要である。

> 権力の社会関係を具体的に説明し、理論化するのが社会学の役目である。多くの相互依存する人間集団を分析することで個人の意味が分かる。偉大な人間や強いリーダーの特質もそうした形態分析で解明される。こうした形態はあまりに緩やかに動くので、個人はまるで社会の彼方にあるように見える。このような形態が多くの人間によって、何年もの間隔を経て形成されるので、個人はまるで形態の外にあるように見える。こうした視覚的幻想によってつながっているのが社会と個人である。しかし、現実をよく見れば、個人と社会の関係は明らかである。社会的形態を形成する人間は次々に入れ替わる。しかし、個人がいくら入れ替わってもこの形態、人間の相互依存の連鎖は常に作られる。歴史家はこの形態のない個人を見て、それを研究の最終目標にする。社会学は形態を見て、個人を抽象化し、「システム」や「社会」をもっぱら研究しようとする。この分裂傾向が実践者の方向を見誤らせることになる。この2つの方法は不可分であり、切り離すべきではない(9)。

エリアスはここで「社会」と「個人」の関係に言及しているが、これも彼が初めて議論した問題ではない。その他の著書でも彼は両者の不可分性を繰り返し強調している。重要な問題は、その不可分性をどのようにすればうまく理論化でき、社会学もしくは社会科学の方法として応用可能なのかということである。人間のいない社会はないのに、われわれは人間とは別個に社会が存在すると錯覚し、個々の人間の総和が社会になると思い込む。したがって、前者は、社会やシステムという言葉で、人間を収容する容器の形状や種類について語ろうとし、後者はその容器の中身を1つずつ吟味しようとするのである。実際この不思議な「ニワトリと卵の関係」は長い間、社会学や歴史学のみならず人間社会に関する実りある研究を阻害してきたとエリアスは考えているのである。さまざまな社会に生きているさまざまな人間集団がいるのに、特定の社会に生きている特定の人間集団の生活様式が優先されたり、高く評価されたりするのである。

かくして、高度な産業システムや金融制度やテクノロジーを持つ先進国は、その恩恵に浴することの少ない発展途上国よりも高く評価され、文化的な大都会は過疎化の進んだ村よりも良いイメージを人間に与えるのである。田舎があるから町があり、途上国があるから先進国があるのに、その不可分な関係は忘れられ、すべてが現代中心の価値基準に還元されることになる。同様に、宮廷社会もそうした現代的なカテゴリーからはずされ、価値の低い制度、古めかしい組織と見なされたり、あるいはロマン化されたりする。こうした状況を踏まえ、それを克服するためにエリアスは続けて次のように言う。

> 社会学者は自分の感情を抑え、自律的な価値判断をしなければならない。主題の選択に当たって現代中心の価値観を先行させてはならない。宮廷社会は現代の価値観からすればあまり意味のない社会かもしれない。しかし、客観的な研究という立場からすれば、宮廷人や宮廷社会は特殊な人間の形態として、議会や政党などのエリート集団、より話題性の高い現代的なテーマと同じく重要である。儀式やマナーやエティケットはブルジョア社会では価値は低いが、宮廷社会では高い。そういう基準を古い社会に合わせないと真の社会学研究はできない。そういう基準を理解すれば、宮廷人がマナーやエティケットを高く評価し、それに基づいて人間の相互依存関係が形成されたことが分かる。これが自律的な研究であり、他律的な価値観に基づく研究とは異なる。個人の自由とか、決定論的観念などの科学的でない、哲学的、形而上学的な観念に頼ると系統的かつ経験的な研究の道が閉ざされる(10)。

ここでは「自律的」な価値判断と「他律的」な価値観という表現が決め手となる。前者は経験的な研究から得られる社会学独自の方法であり、「形態」、「相互依存」、「編み合わせ」などの術語で代表されるエリアス自身の追求する過程社会学、もしくは発展社会学であり、後者は決定論的経済思想や物理学の普遍法則や個人中心の哲学思想である。エリアスの次の議論はさらに両者の関係を明らかにする。

> 政治的、形而上学的な先入観やイデオロギーは科学的な研究の妨げになる。ルイ14世は絶対的に自由であったわけでもないし、絶対的に社会に支配されていたわけでもない。物理的関係（決定論）から引き出される問題（ぶつかり合うビリヤードの球のように人間は同じ反応をする）も、それに反対する形而上学的な「自由の概念」も同じく、社会学、歴史学の問題を解決しはしない。多くの人間が同時に存在するという事実から判断すれば、人間が絶対的に自由であるとか、社会的、物理的方法に縛られているという前提は正しくないことが分かる(11)。

ここでエリアスは、当時の政治思想や哲学的潮流に影響力を持っていたマルクス主義や実存主義を間接的に批判しているようであるが、次の見解には、『文明化の過程』の序論でも見られたように、タルコット・パーソンズへの批判を通じて、最終的な自分自身の社会学の方法論の全容を簡潔に披歴しており、合わせて『宮廷社会』を理解するための必要かつ十分な条件を提示している。

> 人間の自由とか決定性が相対的であることは相互依存のモデルが示してくれる。歴史学の「自由の概念」も社会学の「決定性」も有効な概念ではないことが分かる。形態社会学は明らかにタルコット・パーソンズの理論とは異なる。行為論、決定論、社会と人間の分離などの思考を超える概念は、「形態」という社会学的概念に他ならない。歴史的諸関連の研究において、支配的である「他律的評価」を、「自律的評価」と入れ替えなければ、より多くの継続性を持つ研究を達成しようとする努力は実らないであろう。時局が安定すれば、歴史にはより継続的な発展が約束される。長期的な形態分析に基づく社会学の研究は、時局が非常に不安定になれば容易になされない。こうした観点から長期的過程の社会学のモデル、国家形成のモデル、およびそのような過程で明確な形をとる「宮廷社会」のモデルを試すことは有益である。そうしたモデルは、主題の自立性が研究者の先入観やはかない理想によって曖昧にされない諸関係のモデルをうまく作り上げる試みなのである。いかなるモデルも、いかなる理論も絶対的ではない。こうした試みは単なる出発点にしかすぎないのである[12]。

『宮廷社会』の基本的な研究姿勢はこの引用でほぼ言い尽くされているが、さらにいくつか注目すべき点に言及すれば、一方は、長期的な形態分析に基づく社会学の研究は時局が安定しなければ容易になされないという発言であり、他方は、社会学のいかなるモデルや理論も絶対的ではなく、出発点にしかすぎないという見方である。両方とも一見、自明の理と思われるかもしれない。しかし、社会科学の研究はこうしたエリアスの助言をしばしば無視する傾向がある。前者は、革命や戦争や経済不況などで社会が混乱し、研究者が十分に研究対象から距離を置くことができず、エリアスの言う「現実適合的」な知識が得られない状況を指す。その場合、「参加」の度合いが高まり、研究者の立場は自分が属する集団や組織や党派、あるいは自分の国に好都合な価値観に支配されやすくなる[13]。

つまり、それは非現実的な幻想やユートピア的理想に陥りやすくなる。後者は、こうした状況に惹起されがちな、研究者の理論やモデルへの絶対的な信仰に関連する。エリアスが指摘するように、社会科学の仮説や理論やモデルは、自然科学のそれに比べて、必ずしも満足度は高くはない。しかし、それが自律的なものであり、それによって研究対象の本質がある程度、説明可能になれば、それで十分満足できるのである。したがって、他律的な自然科学のモデルや法則に頼る必要はないのである。

エリアスはさらに研究対象としてフランスの宮廷社会に依然として社会学的な意味があり、そのモデルが有効であることを証明するために、『宮廷社会』の最初の章で、再度この問題を取り上げている。もし1969年版の序文がなければ、おそらくこの章が実質的な序論となった可能性がある。エリアスはここで、これまで社会学者や歴史学者によって宮廷社会や宮廷人がどのように捉えられてきたかを論じるために、その例として、オッペンハイマー、ウェーバー、ゾンバルトの見解を引き合いに出す。まずエリアスは、感情的な価値判断から自由になるべきであるのに、ブルジョアの宮廷社会に対する反感や反抗の残余効果が宮廷社会の構造の研究とその機能の理解を阻んでいると述べながら、オッペンハイマーは、宮廷社会への固定観念から脱しきれず、それに対する客観的態度が欠けており、彼は、宮廷社会を「あらゆる形の社会的富を包括しようとする社会形態」と見なした、と論じる(14)。

一方、ウェーバーについては、ウェーバーは宮廷人の贅沢を「社会的な自己主張の手段」と捉え、それを単なる表面的なものとは見なさなかったが、彼は宮廷社会の特徴の１つを示したにすぎない、と言う(15)。さらに、ゾンバルトに関連して、エリアスは、われわれの社会に近い歴史的事象になると他律的価値に左右されて客観的立場をとることが難しくなり、たとえば「奢侈」や「贅沢」を宮廷社会の本質的要素として個別化し、勝手な判断をしやすくなるが、他律的な価値判断も必ずしも間違ってはいないと前置きしながら、ゾンバルトの宮廷社会の定義はそれを資本主義の台頭と結びつけることで、つまりその特質を「奢侈の中心」と見なすことでその構造を明確に論じており、フランス宮廷社会を重要な社会構造として捉えることで有益である、と評価する(16)。

そして、この章の最後で、エリアスは宮廷社会の社会学的研究が有する最も重要で先駆的な理論的枠組みを次のように明確に提示しており、そこにはいくぶんヘーゲルやマルクスの弁証法的発想との関連が見られるかもしれないが、それは絶対的な真理に到達しようとする哲学的認識論としてではなく、あくまでも経験的なモデルに立脚して組み立てられた社会学の方法論の可能性を示唆するものとして解されるべきであろう。

その発展段階の中心として――それは長い闘争の後で急に、あるいは徐々に職業的・ブルジョア的・産業的段階にその力を譲るが――この貴族的・宮廷的社会は、文化や文明化を促す特徴を発展させる。それは職業的ブルジョアによって一部は遺産として、また一部はアンチテーゼとして受け継がれ、さらにこのような形で保持され、発展させられる。宮廷社会の構造を研究することで、また最後の偉大な非ブルジョア的な西洋の社会形態を理解することで、われわれは間接的に現代の職業的・ブルジョア的・都会的・産業社会の理解を増大させることができる(17)。

3 フランス宮廷社会の構造――日常生活・マナー・権力推移

エリアスは、宮廷社会と宮廷生活が当時の人間世界、およびアンシャン・レジームの絶対的君主を全体的に理解するための原点であり、それゆえ、宮廷の社会学が君主制の社会学であるという前提から、まず宮廷社会の日常生活の諸相、儀式的な役割を果たすマナーやエティケットの構造や機能に言及し、徐々にその分析を通して宮廷社会の権力構造や支配機構全体を貫く力学の本質に肉薄する。そのような意味でも、日常生活は決して人間の精神的・文化的資源と切り離されるものではない。むしろその小さな次元に、宮廷社会全体のヒエラルキーを維持する大きな原動力があり、宮廷エリートがそこで示す模範は、多少の反発を含みながらもやがて市民階級の一部に浸透し、両者が複雑に相互依存しながら、フランス独特の文明化の方向を示唆する。

かくして、エリアスが最初に着目するのは宮廷人の住居の概念である。それは現代人の住居に関する考え方とはかなり違い、そこにも宮廷社会固有のヒエラルキーやそれに依拠する価値基準が含まれている。つまり住居は宮廷人の社会的地位や価値観の表象である。エリアスは国王や宮廷人の住居の社会学的分析をだいたい次のように展開する。

国王の居住場所としてのベルサイユ宮殿、およびその所在地であるパリが住居のヒエラルキーの象徴であった。宮廷人の多くはベルサイユ宮殿とパリの「館」(*hôtel*) で暮らした。宮廷人はベルサイユ宮殿、その他のお城、田舎の邸宅などを転々とした。したがって、都会には消費者として暮らし、大勢の使用人がいた。また宮廷人の家の概念や経済観念も違っていた。地位の高い者はそれにふさわしい家に住み、それを誇示した。彼らの経済観念は職業的ブルジョアジーの蓄財精神とは違い贅沢を当然視し、それはまた彼らのエトスの表れであった。このエトスは宮廷社会の構造や活動から生まれ、それは同時に彼らの活動を維持する前提条件であった。家は社会階級によって区別された。国王やその家族は「宮殿」(*palais*)、貴族は「館」、職業的ブルジョアジーは「家」(*maison*) に住んだ。

こうした説明それ自体はそれほど驚くべきことではない。現代の豊かな産業社会でも家はだいたいその所有者の収入に応じて建てられるし、産業界やスポーツ界や芸能界で成功した人間は宮殿のような家を建てることもできよう。いわゆる発展途上国でも家の規模は「持てる者」と「持たざる者」の経済格差の象徴でもある。ところが、ここで言及されているフランス宮廷人の家の概念は、次のようなエリアスの説明を前提とすれば、現代のものとはかなり違うことがさらに分かってくる。つまりそこには「経済」とか「金銭」などの価値観はあまり入らず、地位の高い人間からすれば、むしろそれは軽蔑の対象にもなりうる。

身分の違いと家の違いの関係は重要であった。なぜなら宮廷人から見れば、職業的市民は部外者であり、身分の低い人たちだったからである。したがって、その家は宮殿のような公的・外面的な性格はなく、あくまでも個人が使うものであり、またその意味で個人用であり、今のような特別に使用される裕福な人の家とは違っていた。経済的な家屋という市民の感覚は、身分や格式を重んじる宮廷人にはなかった。いかなる貴族も国王より立派な家を建てることは許されず、それは時の権力構造の反映であった。フランスの第三階級も裕福になって、細かく分かれ、中には武家貴族に接近する者も現れ、住居もそれに近いものを建てた。

こうした説明によって、われわれはさらに宮廷社会の家の概念が経済的なカテゴリーに含まれるものではなく、むしろ宮廷人の名声やプライドの表象であり、同時に宮廷社会のヒエラルキーの代替物であったことが分かる。したがって、産業活動に従事する一般市民は、宮廷人から見れば「部外者」であり、社会の「周縁人」なのである。しかし、それは専制的古代社会のきわめて厳格な身分制社会ではなく、「部外者」が「定着者」である宮廷人の社会に徐々に接近し、その文化的圏内に参入できる可能性が生じたことを意味する。「武家貴族に接近する者」とは一部のブルジョア的市民階級のこと(この場合、エリアスは産業革命時代の、あるいはそれ以後の工場経営者のような階級ではなく、絶対王政時代の市民階級を指している)であり、彼らの接近運動が激しくなればなるほど、宮廷人は自分のプライドを守り、両者の間に差をつけざるをえなくなる。こうした両者の依存関係、編み合わせ状態が次のエリアスの説明でさらに明確になる。ここでもまたエリアスは独自の社会学的概念によってそれを分析する。

家屋のみならず、あらゆる外面的な行動が彼らの階級的差異を象徴していた。上流階級は自分の地位を示すのに経済的浪費を惜しまなかった。貴族もさまざまに区分化され、それに応じて家の建て方も違った。しかし、その地位には政治的、行政的機能があったわけではない。政治的な絶対権力は国王が握っていたので、貴族は地位や家を名誉で自己主張した。貴族の生活条件は、職業的ブルジョアのそれとはまったく違って、経済中心主義ではなかった。逆にそれが彼らの経済的立場を弱めた。商人、財務家、金融業者の地位は、貴族が体面を保つためにお金を費やせば、それだけ高くなった。逆にこうした市民階級の間でも価値観は、経済的エトスから貴族的な価値観、地位や名誉に移ったし、それが彼らの生活を象徴した。

ここで注目すべき点は、宮廷人の生活が経済中心ではなく、そのことによって宮廷人は自らの経済的立場を弱めたという点である。つまり、労働や商業活動から経済的利益を獲得する生活体験がないがゆえに、宮廷人は自らのプライドや体面を保つためには商業的市民階級に頼らざるを得ないのである。が、逆にそのことで、つまりに彼らと相互に交わることで、宮廷人はその文化的資源の一部を彼らに譲り渡すことになり、かくして権力配分に微妙な変化が生じる。ここに宮廷人が「部外者」と見なした商業的市民階級が上昇するチャンスが生まれるが、それは宮廷人が自らの勢力範囲を広げるための「地位争い」、「排除闘争」を継続せざるをえなくなるからである。

こうした貴族間の地位をめぐる争いは、彼らが下から迫ってくる階級から脅威を受ける状況のみならず、宮廷社会という「形態」に内在する必然的圧力にもさらされるからである。それゆえ、宮廷では経済的支出はその地位にふさわしいものでなければならなかった。そうでないと地位競争に勝てなかった。金をためることは貴族の美徳ではなく、地位の低い職業的市民の規範であった。彼らは、その地位の永続性と安定性のためにたびたび大盤振る舞いをして、浪費を競うような、現代人から見れば、ばかばかしい、不合理な消費生活をせざるをえなかったのである。

エリアスは宮廷社会における地位争いや権勢誇示のための浪費生活の必然性を、アメリカの経済学者ソースティン・ヴェブレンがその有名な著書『有閑階級の理論』で定義した「顕著な消費」からヒントを得たようであり、たびたびこの書に言及している[18]。かくして、宮廷の権力構造はすべて同じ価値と脅威を宮廷人に植え付けることになり、宮廷内の権力闘争、地位の保全をめぐる戦いが繰り広げられた。同じことはテクノロジーが発展した現代産業社会において、たとえばグローバリゼーションの名の下に展開される世界的な経済競争に多くの企業が巻き込まれる状況に似ている。

こうした熾烈な経済競争は、宮廷社会内の「地位争い」や「排除闘争」にたとえられる。企業間の競争は同一企業内の対立や協調や再編を促し、現代ではそれは国内でも国外でも起こり、相互依存の連鎖やネットワークの拡大によってまるで自動機械のように進行し、またその動きをもはやだれも止められないし、それがこれからどのような方向に向かうのか、たとえばどの企業が最終的に生き残るのかをだれも予見できない。

エリアスは、対立や協調を繰り返しながら、宮廷社会の中で人間集団をさまざまな形に相互依存させるこの自動機械の役割を、マナーやエティケットに見出す。『文明化の過程』において、エリアスはすでにマナーやエティケットが、中世末期からルネサンス期を経て近代にいたるまで人間社会の文明化を促す力学として、あるいは圧力としてまさに自動機械的な役割をどのように果たしたかを、具体的な例を使って証明した。そこでは、上流階級の青年に行儀作法やしつけを教えるためにエラスムスが書いた『少年礼儀作法論』が重要な役割を果たした。実際、エラスムスは守られるべき人間の生理的行為、食事のマナーや顔の表情や服装について、細かい規則を提示した。食事中に唾を吐いたり、服の袖で洟をかんだりしてはいけない、汚れた手で食べ物を掴んではいけないなど、上流階級の青年にふさわしい行儀作法がその本には例示されていた。

しかし、エリアスはここで、その本自体やエラスムス自身がヨーロッパ社会の文明化を担う原動力であった、ということを言わんとしているのではない。エラスムスが書いたこの礼儀作法の本はヨーロッパ社会を文明化へと方向づける一例にすぎなかった。重要な問題は、この本がヨーロッパの多くの国々で翻訳されたり、類書や模倣本が出回ったり、あるいはそれに触発されて数多くの礼儀作法の本が出版され、かくして上流階級や宮廷人が守るべき行儀作法が長い過程を経て西洋社会の道徳的規準になったことである。また、エリート階級が定めたこの道徳規範は長期に及ぶ相互依存の連鎖の拡大によって、他の階級にも浸透し、「外的束縛」と「内的束縛」を通じてまるで自動機械のようにヨーロッパ社会全体を支配するようになったのである。

かくして、マナーやエティケットが権力構造に組み込まれたのである。エリアスは、日常生活の習慣や儀式がいかに政治的、文化的次元に不可分な形で結びついているかを宮廷社会のマナーやエティケットに言及することで、社会学的に証明したのである。その際、エリアスは、宮廷文化の拡大に伴って儀式やエティケットが発展し、多くの宮廷人が支配される日常的習慣の例を、ルイ14世の謁見式である「朝見の式」(*levée*) に見る。エリアスはこれを現代社会の工場組織、法律上の手続き、古代社会の儀式の意味にも通じると捉える。マナーやエティケットの発展は感情規制という圧力を人間に課し、それが、合理的態度、長期に及ぶ未来への洞察力や予見能力を養い、やがて現代社会に要求される自制という強制力につながるとエリアスは言う。さらにエリアスは、宮廷社会の形態の中で果たすエティケットやマナーのシンボル的機能を次のように捉える。

規定されたエティケットを守ることは国王やその家来にも浸透し、それを無視することは、権力の喪失につながった。伝統の改革を行う者はだれでも個人や家族の名誉や特権の喪失を意味し、そのような重要な権力資源を危険にさらすことはタブーであった。１つの態度が次々に別の態度を生み出し、圧力と反圧力の応酬により社会的メカニズムがある程度の均衡に達した。この均衡が表明されたのは行儀作法の中だった。この社会システムをふるいにかけたり、維持したりする緊張でその内部のあらゆるつながりが攻撃にさらされ、身分の低い者や同等者が競合し、彼らは手練手管を使って様子を窺いながら国王の寵愛などを利用して行儀作法を切り崩そうとした。

このため宮廷のメカニズムのわずかな変化にも敏感になり、現存の秩序に敏感になった。宮廷内の地位は不安定であり、大小の出来事が彼らの地位を変えた。このような激しい変化について行くことが宮廷人に求められ、地位が上昇している人に不遜な態度を示すことは危険であったし、またヒエラルキーの底に沈んでいく人に接近するのも同じであった。地位の高い人や権力者にどのように適切な態度を示すかが重要であつた。

マナーやエティケットが人間の社会的な地位の標章となり、人間の行動様式を規定するこうした宮廷社会の構造は、現実適合的で合理的な態度という点では、その表面的な形は違えども、現代の産業社会にも通じるものがあるし、宮廷人と現代人の間には感情規制の次元で連続性もある。現代の官僚機構や会社組織や工場、あるいは教育機関では、労働の合理的遂行、利益目標や生産目標の合理的達成、時間の合理的配分のために、あらゆる人が一定の規則に従わなければならない。規則の厳格性、厳密性の度合いは、いわゆる発展途上国、もしくは原始的な社会のそれに比べればかなり高い。現代の会社や工場で働く人は、高度な自制と時間の厳密性に堪えなければならない。憎い上役に突っかかったり、暴力をふるったり、あるいは決められた時間を無視すれば、その人は、昇進の機会を失うだろうし、犯罪者のための特別な収容所に入れられることもありうる。

ところで、こうした高度な自制を強いられる生活は、産業以前の自給自足的な農村や漁村で暮らしている人にはちっとも楽しくないであろう。時間に縛られた規則ずくめの生活はノイローゼの原因になるかもしれない。とはいえ、例外もあろうが、現代人の多くは単調な工場労働や事務作業、それに伴う高度な自己抑制（これはマルクス主義の用語では疎外ということになる）には慣れるかもしれないし、それをあえて受け入れる「第二の天性」が形成される可能性がある（事務労働者は余暇時間を利用して、スポーツやゲームの中に許された範囲で楽しい興奮を味わうかもしれないし、宮仕えを逃れられない運命として受け入れた宮廷人は空想的な芸術創造を通じて、現実と同化する性格を獲得するかもしれない）。

エリアスは、自制の要求によって現代人が長期にわたって習得した合理性について、以上の例からきわめて重要な発言をしているし、その社会学的洞察力は注目に値する。それは、宮廷人と宮廷社会のモデルが、その発展の一形態である現代人と現代社会のモデルと相補的であるということである。

かくして、エリアスは宮廷人の合理性と職業的市民の合理性を比較し、前者を後者の前提条件と見なす。両者に共通するのは、長期的な現実志向の態度で物事に配慮し、流動的な状況では瞬時の感情表現を避けることである。職業的市民階級の場合、合理的な行動規制および経済的な利害関係への配慮が第一義的であり、宮廷人の場合、社会の権力手段としての名誉の獲得と喪失の計算が最優先される。宮廷社会の水準から見た合理性や現実性は、ブルジョアジーには非現実的で非合理的ではあるが、共通点は、その時代の基準に合わせながら、自らの権力を弱めるような行動を規制すること、つまり、その時代の「形態」に準じて行動することであった、とエリアスは論じる。

換言すれば、経済的利益によって権力を獲得するブルジョアジーとマナーやエティケットによって権力を獲得する宮廷人は、その合理性の手段は違うが、それぞれの人間集団が織り成すネットワークの力学は同じである。したがって、たとえば、それは、特定の個人の名声欲や個人的資質には還元されず、あくまでも宮廷人が織り成す「形態」を出発点にしなければならない。そうすれば、宮廷人の行儀作法を中心とした行動様式が彼らの「第二の天性」になったことが理解されるのである。

エリアスはさらに、マナーやエティケットの発展とあいまって宮廷社会では他者観察の能力が高まることに注目する。個人はそこでは集団に所属する人間として観察され、やがて他者観察が自己観察へと変わる。宮廷社会のこうした鋭い観察力は、上流階級をよく観察するフランス文学の特質に影響を与え、それがフランス革命後も続いたとエリアスは言う。そして、エリアスはここで再びブルジョア社会の合理的精神とは異なる宮廷社会のそれに言及し、長期にわたってその文明化のネットワークがフランス社会全体に波及し、いかにフランス文化を特徴づけたかを力説する。

それは『文明化の過程』の上巻・第1部の冒頭の部分で取り上げられたテーマであり、「文明化」と「文化」が貴族階級と市民階級の間で違う方向をたどったドイツの例と比較されるとき、西洋の文明化に係るさらに重要な問題が提示される。したがって、ここで例示されるフランス宮廷社会のマナーやエティケットを中心として形成される合理的精神は、そういう意味でも重要である。フランスの宮廷社会では直接的な感情を避け、他者を扱う際には自己抑制をしながら、細かく配慮し、丁重な態度で相手に接することが要求されるが、それは宮廷社会で廷臣たちが国王や他の権力のある貴族の間で生き抜くための重要な手段となる。フランスの古典主義や古典演劇では感情の抑制や合理的精神が要求され、それはロマン主義文学の要素とは異なる。こうした特徴をエリアスは挙げているが、ここでは、その合理的精神が少なくともナチズムやホロコーストにつながるドイツ人の非合理的精神とは異なっていたという指摘に留めておきたい。

両国民の中産階級が宮廷文化をどう受け止めたかはフランス人とドイツ人の国民的性格、エリアスの表現を借りれば「国民的ハビタス」に反映される。それは同時に、人間のあらゆる行動、芸術、趣味、道徳がフランスの場合、宮廷社会という「形態」の中で発展したのであり、それゆえ、エリアスは宮廷社会の構造を、つまり、そこでの人間の相互依存関係の状況を分析することに社会学的な意義を見出したのである。

さらにマナーやエティケットが宮廷社会において、国王や廷臣を結びつけ、絶対主義という政治的空間において人間集団を支配する権力をいかにして生み出したかという問題に注目してみたい。エリアスは国王が位置している全体状況をだいたい次のように捉える。

宮廷には国王のみならず、宮廷貴族、法服貴族、武家貴族、国王の家族などさまざまな集団がネットワークを形成しており、対立や協調などの相互依存を繰り返していた。国王は多くの集団を互いに戦わせることで国王としての地位を保持できた。つまり、国王はいかにして権力のバランスを保つかを習得していた。国王はさまざまな対立集団を作り、非摘出子など、自分の保護を必要とする集団を引き寄せ、他の集団と対立させて自分の権力を守った。これはルイ14世だけでなくヨーロッパの絶対王政に共通する「形態」であった。エティケットが生み出すその合理性のメカニズムは商品生産社会を支配するメカニズムにも似ている。かくして、名声や栄光の崇拝はフランス全土に行き渡り、ルイ14世からその側近のエリート集団に浸透し、やがてフランスの国民的性格にも及ぶ。しかし、国王自身も相互依存のネットワークに吸収され、身動きができない状態になる。したがって、国が大きくなればなるほど国王自身への圧力も増す。マナーやエティケットはやがて宮廷社会を維持する重要なある種の政治的手段にもなり、それは徴税や軍事の独占をも可能にする。

こうした説明に基づいてさらにエリアスはいくつか重要な社会学の方法論に接近する。まず文化、政治、産業、経済のようなカテゴリーを二分法的に解釈するのは誤りであり、宮廷社会のモデルは官僚社会のモデルとも重なると指摘し、さらに、こうした長期的な人間社会の発展過程は、従来の「行為理論」(個人の行動を重要視する立場)や「システム論」(静態的な構造としての社会システムを重要視する)ではあまりよく理解できず、静態的な「システム」の代わりに動態的な「形態」の概念を導入することで、調和や均衡だけでなく対立や緊張を含むこの人間の相互依存の連鎖がうまく理解されると彼は言う。1人の国王がいなくなっても別の国王が出現すれば宮廷社会のモデルは連続性を持つがゆえに、「相互作用主義」もその出発点が1人の人間と他者の関係にある場合、それは適切な概念ではなく、「閉ざされた人間」の状況に他ならない、と彼は付言する[19]。さらに、エリアスの次のような見解は、彼自身の社会学の方法論に係る重要な問題を示唆している。

人間は生まれながらに複数の人間と係るのであり、自分の方向性や価値設定はそのような関係の中で形成され、変化する。ルイ14世は他者よりも「自由である」にすぎない。状況次第では自由でなくなることありうる。自由の問題を哲学や形而上学のレベルで考えるべきではない。「哲学的自由」の概念は時々、現実を見誤る。１の人間や他者が権力を持たないような「零度」はない。そいう意味ではわれわれは絶対的に自由でもないし、絶対的に不自由でもない。言葉を辞書的な抽象概念で使うと現実を把握できないことがある。人間は生れたときから他者との関係の中で生きるのであり、絶対的な自由の中で育つのではない。

こうした見解は、エリアスが他の著書でも何度か披歴したものであるが、それは、たとえば実存主義の「自由の概念」などへの反発から生まれたものではなく、むしろこの「他人依存」の概念が自律的な社会学のモデルを構築する際に不可欠の条件になりうるという彼の確信であり、実際それは人間社会における日常生活の真実でもある。これまでエリアスは、マナーやエティケットが自制を通じて宮廷人をいかに合理的精神の形成に向かわせたかという宮廷社会の心理発生に焦点を当てたが、社会的権力の形成過程から宮廷社会の社会発生を、封建制度から資本主義への一段階として捉えようとする。つまり宮廷社会の前段階としての封建社会、その発展段階としての資本主義社会との有機的な関連性がここでは主な分析対象となる。換言すれば、自制による合理的精神の獲得は人間の社会関係の合理的理解へと発展するが、それはどちらが原因でも結果でもない。両者が相互に依存することで、さらには宮廷社会以外の領域にもそのネットワークが拡大し、国家形成に向けてダイナミックな社会変化を生み出す。これについて、さらにエリアスの説明に注目したい。

封建制度の崩壊と宮廷社会の出現は貨幣制度の発展から見れば必然的であり、それが国王の性格を変えた。近代的な武器の使用は国王の主力部隊が、専門的な軍事集団である騎士から傭兵に移ることを意味した。つまり、身分の低い者が兵隊に変わることを意味した。封建的農業社会から宮廷社会が出現することで国王の権力は増大した。それは新しい国家の出現であり、フランスではベルサイユ宮殿がその象徴として、司法・行政・立法の統合機関となった。すでに宮廷社会では分業が始まり、それは資本主義の前段階でもあった。この頃、市民階級出身者も新しい貴族になれる相互依存関係が生じた。ブルジョア出身の貴族と旧貴族の対立も宮廷社会の重要な問題であった。貴族間の権力闘争、および旧貴族と市民階級貴族との戦いは国王の地位を安定させるために必要であった。

つまり、国王はどちらにも絶対的な権力を渡さないようにすることが重要であった。法服貴族の役割も重要であった。一方、大勢の下級宮廷人は貨幣経済の浸透で貧しい暮らしを余儀なくされ、中には市民階級より貧しい宮廷人がいて、そのことが彼らをしていっそう宮廷社会に依存させた。フランスの場合、ドイツと違って官僚や法律家になる宮廷人はおらず、職を持たないことがその特徴であった。ルイ14世の時代には女性の役割が増大したことも重要であった。国王、ブルジョア（市民階級）、貴族の関係は3つの相対立するする勢力として相互に依存するネットワークを作った。そこに宮廷貴族が生きる社会的条件があり、それが貴族の生き方や文化的態度を特徴づけた。貴族とブルジョアがボクシングのクリンチにも似た対立状況を惹起し、両者はある種の均衡状態に達した。また、マナーやエティケットは国王にも圧力をもたらし、ルイ14世はそれを変えることで宮廷社会に脅威を作り出した。

こうして宮廷社会はまるで、労働者やブルジョアを生産活動や利益追求に駆り立てる自動機械のように動き出した。改革の動きがありながら、それは現実的な勢力とはならず、非特権階級の批判の矛先が世襲貴族に向けられるようになり、徐々に状況は変化したが、旧制度内では両者の溝はあまりに深く、最終的には革命が起こらないと改革できないほど旧制度は硬直化していた。しかし、打破された貴族にもブルジョア的要素が残り、勝利したブルジョアにも貴族的な要素が残った。

これがいわゆるフランス革命が起こるまでの宮廷貴族と市民階級の相互依存的な関係であり、エリアス固有の見解は、両者が対立・緊張・抗争を繰り広げながらも、それぞれの特徴を交換し、共有し合ったという部分に見られる。そこからまた彼は、これまでにもすでにいくつか挙げたように、自分独自の社会学の方法論を示唆する。

エリアスによれば、こうした問題に取り組むには、自然と社会を二分化したり、科学的な方法に依存したりするだけでは十分ではなく、また従来の原子論的で個人中心の社会論も批判されなければならない。それに代わるべき方法は、宮廷社会のモデルで示されたような相互依存の概念とモデルであり、換言すれば、普遍的な理論としての「形態的研究」である。そうすることで、社会学者は、自分が生きている時代の価値観や基準に合わせて他の社会を判断するような他律的な評価を避けることができ、他の社会でも個人と他者が繰り広げる相互依存の実態を理解できるようになるのである。かくして、自律的な評価が相互依存の図式を明確に示し、普遍的な理論構築の手掛かりとなる。したがって、敗者は前体制の批判者として次の時代の勝者、代表者にもなりうるので、人間を両方に二分することは危険なのである（ルイ14世に遠ざけられたサン＝シモンの例）。

4　宮廷社会における文学や芸術の意味

フランス宮廷社会の構造や機能、その歴史的変遷過程と発展過程、およびそれに伴う宮廷人の相互依存関係の変化を説明する手段として、マナーやエティケットが大きな役割を果たしてきたことにこれまで焦点が当てられたが、宮廷社会で創造される文学や芸術もその点では同じレベルで論じられている。エリアスは「廷臣化の過程における貴族的ロマン主義の社会発生」という比較的長い章でその全容を説明しており、これもエリアス独自の社会学理論の不可欠な要素を示すものであろう。

エリアスはここで文学作品や芸術が社会総体を映し出す鏡として、つまり反映論的な立場からそれを論じているのではないし、またマルクス主義的な上部構造の一環としてそれを捉えているのでもない。フランクフルト学派に属するアドルノやベンヤミンもマルクス主義の立場から、資本主義時代の芸術が抱える問題性をそれぞれ独自の「文化産業」や「複製芸術論」の概念から議論しているが、エリアスの立場は、現実の社会構造に対するイデオロギーを優先させるものではなく、芸術や文学の表現手段が、変化し、拡大する人間の相互依存の連鎖の１つに組み込まれ、それと常に不可分な位置を占めるというものであり、特定の文学運動に価値を求めることとは無縁である。

したがって、モダニズムがリアリズムより優れているとか、ポストモダニズムやポストコロニアリズムが斬新で、先鋭化された文学運動であるというような議論は見られない。あらゆる社会や時代の文学・芸術の表現形式は人間の相互依存の形態と呼応する。かくして、貴族的ロマン主義文学は、封建社会から宮廷社会に移行するときに形成される人間社会のネットワークの度合いに関連する。国王によるマナーやエティケットの基準化がもたらす心理的抑圧、自己抑制の必然性、およびそれが原因で発生する恐怖感・嫌悪感・退屈感、あるいはそれから逃れたいという夢や願望や幻想などが文学的表現の中で複雑に入り雑じるのである。

エリアスはここでロマン主義を宮廷ロマン主義と後期ブルジョア・ロマン主義に分け、それぞれの特徴を概ね次のように説明し、その社会発生に言及する。

> 17世紀になると貴族はますます堅苦しい宮廷人の生活を要求される。彼らが憧れる田舎の生活は架空の、かつ理想化された羊飼いの生活、田舎の牧人の文学へと昇華される。こうして、宮廷ロマン主義は国家統合と都会化の中で中心的要素となる。これは後期ブルジョア・ロマン主義とは少し異なる特徴を持つ。後期ブルジョア・ロマン主義では、「ロマン主義的騎士」が重要なテーマとなり、それは国家の拡大、宮廷社会の飛躍的発展、人間生活の機能分化と並行し、その際「戦士の廷臣化」という社会学的過程が生じる。それは産業化と商業化、およびそれに伴う相互依存の連鎖の広がりという状況に直面する。宮廷ロマン主義も後期ブルジョア・ロマン主義と同じく、個人が自制を失い、衝動に身を任せることは自らの敗北を意味する。後期ブルジョア・ロマン主義では芸術のエリートは美しい過去への憧憬、失われた過去の夢の回復を、その歴史感覚と一体化させる。しかし、宮廷ロマン主義はそうした歴史感覚、歴史意識を欠いており、その幻想的な夢は、実現されない現実からの解放感を、単純な人間像に求めることで満たされる。彼らには後期ブルジョア・ロマン主義者のようにその理想を騎士や巨匠的職人に投影する歴史感覚はなく、したがって、単純素朴な羊飼いの劇を、異なった服装で演じることに貴族の理想が向けられることになる[(20)]。

エリアスはさらに2種類のロマン主義の共通性を、ロマン主義の社会発生という観点から次のように分析する。

> 両者には歴史的な違いがあるが、相互依存の拡大に伴う感情的不満の徴候が共通点である。しかし、感情や情緒を直接表現することは危険であった。ロマン主義的感情は自分が逃避する現実の否定的価値を全面に押し出す。自分たちが憧れており、投影したいものには、自分たちの望むすべてが、つまり、自分たちの社会の中で望まれないものの反対物が全面に拡大される。その反面、自分たちが歓迎したくないものが背景にかすんでしまう。アンシャン・レジームの宮廷社会における現実的な田園のイメージは、現代の圧力や欠陥の反対物としての機能、失われた過去の機能を果たす。単純素朴な田園生活は、かつてはあったが今はなくなってしまった自由や自発性への願望のイメージと結びつく。田園生活や田舎社会の理想化、戦士や羊飼いや農夫などの紋切り型の登場人物には都会化による「疎外」が反映されるが、それはまた「戦士の廷臣化」によって概念化され、その背後には、社会がさらに大きな単位に統合されるという事実がある。2つのロマン主義は非連続ではあるが、宮廷貴族の自然生活のロマン化と都市ブルジョアの自然のロマン化には接点がある[(21)]。

かくして、エリアスはこうした宮廷ロマン主義特有の感情の構造を2人の有名な七星派の詩人デュ・ベレ（du Bellay）とロンサール（Ronsard）の詩の中に探求する。彼らの詩をいくつか引用しながらエリアスは、田園生活の喪失の嘆きと、その回復の願望という共通の詩的感性をそこに指摘し、アンシャン・レジーム下の宮廷生活（特にアンリ４世からルイ14世の時代まで続く宮廷生活）においていかに人生が画一化され、規制され、自由を失っているかをわれわれは予感できると言う。そこには自由のない宮廷生活という支配的雰囲気が徐々に拡大し、宮廷生活へのアンビバレントな感情が漂っているのである。宮廷ロマン主義の発生についてさらにエリアスの視点から見てみよう。

> 多くの連続的な社会発展と変化がある点に達し、多くの変動を伴いながらも中心的支配者の社会的地位を生み出す方向に向かい、それと同時に宮廷エリートやブルジョアが形成される。多数の宮廷人、その人間関係や利害関係を決定的に支配する中心的人物、支配者（太陽王ルイ14世）が登場し、それとの相対関係で全体の機構が動き始める。宮廷人はルイ14世の時代にはあらゆる次元でもはや自由ではなくなり、宮廷生活の大きな圧力にさらされる。それに従わなければ彼らの権威や地位は失墜してしまう。もはや宮廷生活は歴史的必然のようになる。宮廷人がそれぞれ行使する相互の圧力は、それが避けがたいものであれば、いっそうロマン主義的感情を喚起する。その高度な自己抑制こそ、逆に現実では果たしえない自然生活の夢を彼らの心に呼び覚ます。宮廷では決闘のようなあらゆる個人的暴力は禁じられ、自制が強制され、激しい怒りや敵意を表わすことはできなくなる。宮廷人にとってあらゆる社会行動は意識的に習得されて、「欺瞞」という性格を持つ。宮廷貴族は、それが「第二の天性」になっているのを意識していなくても、自分が欺瞞者であり、仮面をつけていることを知っている。自己抑制への増大する強制は、彼らに新しい楽しみ、洗練さ、価値を、また新たな芸術への要求という新しい危険を生み出す[(22)]。

ここで言及されている「新しい危険」というのはおそらく単調で抑圧された生活を活性化してくれる、あるいは許された範囲で興奮を追求できるある種の刺激物のようなものと解される。あるいは、それは俗に言うスリルかもしれない。エリアスはこうした新たな要求物である楽しみを宮廷人はある種の娯楽小説に見出したと言う。エリアスによると、17世紀にフランスでは、今ではそれほど楽しいとは思われていないが、多くの娯楽小説が書かれ、これが過去の出来事を明快にわれわれに教えてくれる。いわゆる純文学ではなくとも、そうした娯楽小説は当時の人間の行動様式、習慣、行儀作法の描写やその記録として読めば面白いものであり、その代表がデュルフェ（d'Urfé）の『アストレ』（*L'Astrée*）である、とエリアスは言う。エリアスはそのプロットと解釈について概ね次のように語る。

この小説は権力が君主やその代表者に移った頃のフランスの世相を描いている。作者は国王に反対して獄舎につながれたが、その後この本を国王に献納した。彼は宮廷人ではないが、教養人であった。ここでは政治的敗北が芸術的勝利として表明され、２つの相対立する要素、肯定と否定が交錯する。敗北者に、体制側につくか、部外者になるかを迫るような時期に書かれたことを示すような特徴がこの小説にはある。登場人物が素朴な羊飼いに変装することで、一方では現実の不可避的な社会変化を受け入れながら、他方では過去の単純な、失われた過去の思い出に耽る。ここにフランス宮廷ロマン主義文学の特徴が体現されている。その代表者がデュルフェである。羊飼いに変装することで若者は間接的に上流貴族の価値観を否定する。宮廷社会の「疎外された生活」、「自然を失った生活」の描写に、敗北した階級の芸術的意識が反映されている。宮廷社会における社会構造の全体的変化、それに伴う新たな人格構造の出現に対して、無駄だと知りつつも反抗を試みるロマン主義的感情がそこには見られる。『アストレ』の主人公たちは自己距離化ができている段階の人々によって書かれた貴族の芸術である。彼らは自分たちの世界が変わったことを自覚している。一見、純粋な恋愛小説のように見える『アストレ』も実は、新しい国家の形成、古い戦士貴族から宮廷貴族への変化、和平化、戦いの空しさという歴史認識を伝えている。それは国家権力や宮廷貴族の社会と戦うことは不可能であるというイデオロギーを、また、自制の内面化の必然性を、つまり文明化を示唆している(23)。

これは、エリアス独自の実に興味深い宮廷ロマン主義小説の分析と解釈とである。現代人にとって文学作品としてとりわけ面白いとは言えないこの恋愛小説に、エリアスは、古い戦士貴族の社会から宮廷社会への変化を促すさまざまな社会的条件を心理的条件と同一レベルで捉え、社会構造の変化を人格構造の変化と相互依存的に論じているのである。が、『アストレ』の文学的配置は、そうした狭い空間でのみ解釈されるべきものではなく、次の時代の人格構造とそれにふさわしい文学的感性の前触れであり、文学的次元での連続性、継続性を持つ。エリアスはさらにこの小説のそうした特徴に注目する。

さらに、『アストレ』における恋愛関係はブルジョア文学の愛の理想にもなる。２人の愛が両親もそれを引き離せないほど絶対的に強いことが描かれているが、それが後期ブルジョア恋愛小説の萌芽となる。愛の試練、長い愛の闘争はやがて、長期的な愛情生活へと発展する。また、『アストレ』のブルジョア的中産階級は貴族による上からの圧力と、低い階級による下からの圧力も同時に受けている。現代社会では、特に文化面においてブルジョア的中産階級は、上からも下からも圧力を加えられ、両者の板挟みになる。つまり、そこには近代における中産階級の文化的不安が示唆されている。２つの勢力に挟まれる中産階級は文明化の圧力と悩みを象徴している。権力者が非権力者から圧力を加えられるその権力配分は一様ではない。一方の階級が他方の階級を絶対的に支配したり、圧力をかけたりしているわけではない。『アストレ』における分析は、階級的には単純化されているが、この権力配分は現代社会では都市ブルジョアや農民を加えるとかなり複雑である(24)。

エリアスの解釈によると、一見、単純に見える『アストレ』の階級構造も単に古い貴族と宮廷人との対立、和合という二元的世界で捉えられるものではなく、宮廷社会の背後から迫りくる市民社会の勢力、さらにその周辺にいる農民階級を加えると三重、四重の相互依存に発展し、その複雑さを増すことになる。またそれは、近代社会において中産階級がさらされる文化的二面攻撃という共通性を示唆する。こうした観点から見ると、文学における特定の運動や主義も個別に切り離されるものではなく、たとえばロマン主義—リアリズム—モダニズムという文学的潮流も直線的な変化としてではなく、相互依存的な関係として解釈する必要がある。社会構造の変化は人格構造の変化に呼応し、かつ文学的感性の変化とも交差することになる。そこには勝者と敗者、善と悪の二者択一の論理はない。

5 結語：宮廷社会のモデルとその応用

どのような王朝も政体も絶対的な支配体制を永続化することはできない。組織に内在する緊張・対立の力学を効果的に支配していた中心人物とそれを支えるエリート集団はやがて独占していたその権力資源を、対立する他の集団に譲り渡すことになる。長期的な相互依存関係の中で権力の配分が一方から他方に大きく傾く。こうした権力の推移は同じ階級や階層の対立集団同士で起こることもあるが、たいてい権力を独占していた「定着者」集団と「部外者」集団の間で起こる(25)。両集団が妥協し、歩み寄って権力資源を平等に分配することもあるが、旧特権集団が、自らの存在や価値観が全面的に否定されるのを恐れて、妥協を拒否し、問題が暴力の応酬によって解決の方向に向かうこともある。

「部外者」集団が勝てば、それは革命と呼ばれ、実際、フランス宮廷社会とそれを支えたブルボン王朝は、自由・平等・博愛の下に結集したフランス市民によってその宮廷的機能を停止させられた。なぜこのような革命が起こったのか。その理由や原因についてはこれまで多くの歴史家・経済学者・政治学者が議論し、多くの書物が書かれてきたので、それをここで取り上げてもさほど大きな意味はない。エリアスの場合、そうした因果関係に基づく説明は、一見、合理的で正しいように見えても、社会学的な診断や検証という点からすれば不十分であり、イデオロギー的な先入観に冒されやすいという立場をとる。

したがって、『宮廷社会』の最終章は「フランス革命の社会発生について」と題されているが、エリアス自身の社会学的な見解以外には、革命について従来の社会科学者が施すような詳しい説明はない。エリアスが提示するフランス革命の社会学的診断は概ね次のようなものである。

こうした急激な暴力革命に対処するには旧権力集団は、社会的権力を増大させている集団に、絶対的な権力ではなく、自分たちのパートナーとして重要な政治決定に参加させるようなシステムを調整することが重要である。また上昇してくる集団に政治的独占権ではなく、経済的な権益を分与することでその集団を従属的な立場に保つことが重要である。支配階級は、自分たちの社会条件や権力関係が永続的ではないことを自覚し、新しい階級に権力が移ることを認識しなければならない。ところが、こうした方法や態度はいずれも旧権力集団によって無視された。

それゆえ、「定着者」集団と「部外者」集団の戦いの結果をエリアスは概ね次のように捉える。

発展する新階級にはそれにふさわしい社会的、政治的、経済的条件を提示することが重要である。ところがフランスの貴族にはこうした対応能力が欠けていた。「部外者」の権力を認める「定着者」の判断が政治的対立や政治革命を防止する鍵になる。暴力革命を防止する洞察力はフランス貴族にはなくなり、古い制度、古い権力配分、固定化されたボクシングのクリンチのような勢力関係はフランス革命を、つまり、宮廷社会の機能不全を用意した。

かくして、ルイ16世は断頭台の露と消えたのである。周知のごとく、イングランドのピューリタンを中心とする市民階級もチャールズ１世を、フランス革命に先立って処刑したわけであるが、その後、イギリスの市民は、とりわけ政治的な次元で議会政治を通じて妥協の精神を発揮し、暴力革命を避ける方向に向かったのである。

こうしたイギリスの国家形成の過程とそれによる人格構造の形成がイギリスの文明化において、フランスやドイツの文明化との関係で、重要な役割を果たしたことにエリアスはたびたび言及し、それをモデルとして重要な社会学的理論を構築した。フランスについても、革命で宮廷社会の伝統が断たれたが、そのエトスが相互依存関係を通じてフランス市民に継承され、同じくフランスの国民性、フランス人の人格構造に影響を及ぼしているとエリアスは論じているが、王朝の伝統が断たれたことが良かったのか、悪かったのかという価値判断は避けているし、また彼の社会学者としての立場からすれば、そのような問いに答える必要もない。

ともかく、ルイ14世を絶頂期として長年続いたフランスのこの王朝政治は、エリアスが『宮廷社会』の冒頭でも述べているように、その長きにわたる安定性——エリアスの言う「和平化」——という点で長期的な過程分析を可能にさせる格好のモデルとなった。とはいえ、前にも触れたように、安定性とか「和平化」という言葉はその背後に対立や緊張などの含みがあって初めて意味を持つ。「秩序」と「無秩序」の関係も同じである。永遠に平和な時代や、永遠に秩序のある社会が存在するわけではない。ルイ14世は確かに領土拡張戦争や王位継承戦争でたびたび勝利し、フランス社会を安定の方向に導き、宮廷では暴力ではなく形式上マナーやエティケットが支配する機構の中心的存在として君臨した。

しかし、一方では、彼は長い暴力の連鎖にも直面していた。フランスのプロテスタントはアンリ４世が1598年に発布した「ナントの勅令」によって信仰の自由を得たが、ルイ14世はそれを1685年に撤回し、プロテスタントの一派であるユグノー派に弾圧を加えた。エリアスは初期論文「ユグノー派のフランスからの追放」でその状況を詳しく解説している。少数派であるが経済的権力を持っていたユグノー派は、フランスに貧困が蔓延し、また宮廷がカトリックに支配されていることもあって、国内に貧困をもたらす悪の根源として、ルイ14世から「悪魔化」され、スケープゴートにされたとエリアスは言う。その結果、彼らの礼拝堂は破壊され、彼らは公職から追放され、結婚・職業・出版の自由を奪われた。弾圧は過酷を極め、ルイ14世は戦争から帰った竜騎兵を使ってユグノー派を追放しようとした。竜騎兵は放火、強姦、拷問など悪の限りを尽くした。やがて残虐行為に耐えかねたユグノー派はイングランドやスイスに逃亡し、フランスの経済は停滞した(26)。

こうした点からも、あらゆる社会の支配者集団は、「定着者」として自らの安定性を保つために、外部に「部外者」的な集団を置かざるをえなくなるという社会学的状況を、エリアスは早い時期に感じ取っていたように思われる。したがって、宮廷社会の場合、宮廷内部の派閥抗争のみならず、その外に位置する職業的市民階級やカトリック以外の宗教団体などとの複雑なネットワークの中で機能していたと言えよう。マナーやエティケットは日常生活の儀式的な規則であるが、こうした緊張関係の中で疑似的な安定性を生み出す政治的手段であったとも言えよう。

かくして、マナーやエティケットを武器に危機感や恐怖や脅威を煽りたて、複雑な相互依存のゲームを戦わせる中心人物――あるときはカリスマ的人物――が必要とされ、その役をルイ14世が担ったことになる。歴史家の立場からすれば、それはルイ14世の個人的な才能や資質の所産ということにもなるが、エリアスから見れば、他の国王でも状況次第ではできることであり、人間集団の相互依存関係においてのみ意味がある。

これと同じような意見は、『宮廷社会』の補遺（1）の国家社会主義に関するエリアスの社会学的分析にも見られる。端的に言えば、宮廷社会のモデルは、宮廷社会の分析にのみ当てはまるものではなく、ナチスの権力構造の力学を分析する際にも応用可能であり、そこには類似性があるというのがエリアスの見方である。エリアスはここでもヒトラーの独裁政治をヒトラーの個人的資質に還元しないよう警告する。さらに、こうした権力構造は長い歴史的過程の中で形成された、上からの支配を望むドイツ国民の人格構造によって活性化されたことをエリアスは強調する。つまり、エリアスは、ナチスの独裁を異常なもの、常軌を逸したものとして捉える歴史学的解釈を社会学的視野の欠落した認識と見なす。そこから彼は、経済的地位や名誉をめぐってエリート集団が対立する構造は政治的統合を目指すあらゆる独占的政府の正常な現象であり、それは産業国家でも宮廷社会でも、独占的支配を求めるあらゆる集団的エリートが示す構造的特徴だという結論に達する。

こうしたエリアスの見解からわれわれは、文明化の過程の理論と並んで宮廷社会のモデルが社会学研究においてかなり応用範囲の広いものであり、これまであまり注目されなかった歴史的事象を、研究の対象に値するもの、あるいは発展の可能性があるものとして再定位する際に有益であることを理解できよう。エリアスの文明化の過程の理論は元来、中世末期から近代にかけて起こった、西ヨーロッパの歴史的変化に伴う人間の行動様式の変化に焦点を当てたものであったし、宮廷社会のモデルもその範囲内で構築されたものである。それを社会学の理論としてどの程度、非西洋圏の社会、つまり日本や中国などの東洋社会の構造的変化に応用できるかは現段階ではまだ実験的なものにならざるをえない。

しかし、ヨーロッパよりも長い王朝の歴史が続いた中国、あるいはヨーロッパとは違って戦士社会の前に宮廷社会が存在した日本などは、人間の社会発展が生物学的進化とは違って直線的ではないというエリアスの考え方を示す良い例であり、同時にますます相互依存関係を深める今日のグローバルな社会を分析する上で重要な社会学の研究対象になりうる。その点では、宮廷社会のモデルを応用しながらアメリカ南部の大農園主の社会構造や人格構造を、アメリカ北部市民階級のそれと比較しているS・メネルの著書『アメリカの文明化の過程』はきわめて啓発的である(27)。

最後に、補遺（II）でエリアスは宮廷社会における貴族の執事の役割に注目し、当時の貴族には、産業経営者のように収入や資本を増やすことが許されず、したがって執事も、会計の際に赤字になってもよいことを知る必要があったことに触れている。ここで理解されるべきことは宮廷貴族の経済観念は産業ブルジョアジーのそれとはまったく違っており、「経済」という言葉も意味が違っていたことである。ここではなぜ、あるいはどのように人間の経済活動における価値観が変わるのかという問題が尋ねられるべきである。軍事戦士社会では武力が経済を決定するが、産業社会では武力の価値は低く、そこでは赤字や借金は批判される。

エリアスはここでも歴史的変化に伴って経済観念が変化し、ある経済規範が機能不全に陥る理由を知るには、社会的「形態」（相互依存関係）の変化という視点が必要であると主張する。赤字を許される執事の役割は宮廷社会ではだれにでも分かるが、現代人にはあまり分からない。宮廷社会では重農主義が経済思想の中心であり、農業がもたらす自然の恵みが富の源泉であったことを現代の投資家に納得させるのは楽ではない。また同様に国家が赤字財政に悩み、現代の多くの人々の生活がグローバル化した金融システムに左右されていることを中世の農民や宮廷人に分からせることも難しい。しかし、「諸個人の住む諸社会」が独自の相互依存のネットワークを有し、その輪をあるときは急速に、また別のときは緩やかに、しかも連続的、継続的あるいは断続的に拡大する長期的な過程を念頭に置けば、変化する人間社会の諸相を理解することが少し楽になるかもしれない。そのような社会学的作業に取り組む際にエリアスが提示する宮廷社会のモデルは今もなお有益である。

注

(1)　ただしドイツ語版『文明化の過程』の第2版は『宮廷社会』の初版と同じく1969年に出た。ちなみに日本語訳の出版は、前者の上巻と下巻が1977年、1978年、後者（波田節夫・中埜芳之・吉田正勝訳、法政大学出版局）が1981年である。なお、本稿では次のテキストを使用した。Norbert Elias, *The Civilizing Process* (Oxford: Blackwell, 2000); *Über den Prozeß der Zivilisation* (Frankfurt am Main: Suhrkamp, 1997), Norbert Elias, *The Court Society* (Oxford: Blackwell, 1983); *Die hőfische Gesellschaft* (Frankfurt am Main: Suhrkamp, 1999).
(2)　Robert van Krieken, *Norbert Elias* (London: Routledge, 1998), p. 85.
(3)　「外的束縛」(Fremdzwänge/external constraints) と「内的束縛」(Selbstzwänge/self-constraints) の定義については次の文献を参照。Norbert Elias, *The Germans* (New York: Columbia University Press, 1996), pp. 32-33. Johan Goudsblom, Eric Jones and Stephen Mennell, *The Course of Human History* (New York: N.E. Sharpe, 1996), p. 111.
(4)　「戦士の廷臣化」(die *Verhofung* der Krieger/the courtization of the warriors) の概念については次の文献を参照。*Die höfische Gesellschaft,* p. 337, p. 350. Johan Goudsblom and Stephen Mennell, ed., *The Norbert Elias Reader* (Oxford: Blackwell, 1998), p. 66, p. 98.
(5)　「ハビタス」(Habitus/habitus) の定義については次の文献を参照。なお、エリアスはこの言葉を、フランスの社会学者ピエール・ブルデューよりも先に使っている。*The Civilizing Process,* pp. x-xi; Stephen Mennell and Johan Goudsblom ed., *Norbert Elias: On Civilization, Power and Knowledge* (Chicago: University of Chicago Press, 1998), p. 10.
(6)　*The Course of Human History* を参照。
(7)　「形態／図柄／関係構造」はドイツ語 Figur/Figuration および英語 figuration の訳語。この定義については以下の文献を参照。*The Norbert Elias Reader,* pp. 130-31.
(8)　*The Norbert Elias Reader*, p. 16.
(9)　*The Court Society*, pp. 26-27.（要約）
(10)　*The Court Society*, pp. 28-29.（要約）
(11)　*The Court Society*, pp. 30-31.（要約）
(12)　*The Court Society*, pp. 32-34.（要約）
(13)　「参加」(Engagement/involvement) と「距離化」(Distanzierung/detachment) の概念については以下の文献を参照。*The Norbert Elias Reader*, pp. 84-91.
(14)　*The Norbert Elias Reader*, p. 15.
(15)　*The Norbert Elias Reader*, p. 15.
(16)　*The Norbert Elias Reader*, pp. 16-17.
(17)　*The Court Society*, p. 40.
(18)　Thorstein Veblen, *The Theory of the Leisure Class* (New York: Prometheus Books, 1998), pp. 68-101参照。
(19)　「閉ざされた人間」(*homo clausus*) の定義については、*Norbert Elias: On Civilization, Power and Knowledge*, pp. 3-4を参照。その反対の概念としてエリアスは「開かれた人間」(*hominess aperti*) を使う。
(20)　*The Court Society*, pp. 215-217.（要約）
(21)　*The Court Society,* pp. 224-225.（要約）
(22)　*The Court Society*, pp. 239-241.（要約）
(23)　*The Court Society*, pp. 250-256.（要約）
(24)　*The Court Society*, pp. 257-266.（要約）
(25)　「定着者」(the established) と「部外者」(the outsiders) の概念については以下の文献を参照。Norbert Elias and John L. Scotson, *The Established and the Outsiders* (London: Sage, 1994). 日本語訳は『定着者と部外者』(大平章訳、法政大学出版局、2009)。
(26)　*The Norbert Elias Reader,* pp. 18-25を参照。

(27) Stephen Mennell, *The American Civilizing Process* (Cambridge: Polity Press, 2007), pp. 8

第3章
エリアスの社会学理論の重要性
——フィギュレーション理論の探究

1 序 論

ノルベルト・エリアスは自分自身の社会学の理論を探究するために、数多くの論文や著書を書いた。彼の理論的作業が最も凝縮した形で結実したものとして、『社会学とは何か』、『参加と距離化』、『諸個人の社会』の3作が挙げられるであろう[1]。もっともそれらはいずれも、彼がかなり前に書いた論文を収録した著作であり、本が出版された順番に彼の方法論が発展したということではない。たとえば、『諸個人の社会』の第1部は『文明化の過程』がスイスで出版された年と同じ1939年に、第2部は1940年代から50年代に、そして第3部は1987年に書かれた論文であり、本として完結するまでに50年近くが経過していることになる。

『参加と距離化』についても同じことが言える。この書の序論に値する「参加と距離化の諸問題」は1956年にイギリスの社会学の専門誌に掲載されているので、こちらも本の完成までほぼ30年を要している。さらに両書に含まれている論文がドイツ語や英語で書かれていることを考えれば、彼の社会学理論が時間的にどのように変化し、発展したのかを知るのはかなり複雑である。本の表題からして明らかに社会学の理論書の体裁を保っている『社会学と何か』にしても、「ゲーム・モデル」を除けば、その論文の多くは、『諸個人の社会』や『参加と距離化』の中で扱われているテーマにも言及している。

こうした経緯から見れば、彼の社会学理論の説明が重複しており、その点で多少、批判的な見解を誘発しやすいということもありうるが、それはむしろ、彼が社会学者として自分自身の学問的立場を、他の方法論に対して鮮明にするために示した方法の1つであったように思われる。次の引用はそうした問題に関連している。

とはいえ、エリアスが実際にレスター大学で教えていたときには、彼の社会学部での評判は、いくら控え目に言っても、物議を醸すようなものであった。彼は知的であり、博学でもあったので実際に敬意を表されていたが、またやや風変わりで、古風で

> もあり、ヨーロッパの典型的な教養のある、話し好きな学者だと思われていた。が、彼は、社会学の分野における最近の、すべての新事情に遅れをとらなかったわけではなかった。下級講師や学生に対する彼の実際の影響はかなり多様であった。そのうちの1人であり、エリアスと熱心に共同研究をしたエリック・ダニングは、エリアスの学説への深い共感を決して隠すことはなかった…とはいえ、パーシー・コーエンの現代社会学理論に関する本（1968）――その中で著者は、さまざまな角度から、社会学の重要な問題をいくつか論じると主張していながらもエリアスを無視した――においてさえ、エリアスへの明確な言及は実質的にはなかった。エリアス自身にとって、自分自身の思想と、ほとんどの下級講師たちの思想との間にあった隔たりが、刺激的な挑戦となった。彼はできるだけ明確に社会学内部での自分自身の立場、イデオロギーと科学のより大きな領域における社会学の位置の両方を明確にしなければならないと感じていた。このような状況で彼は数多く論文を書いた。その多くは長い間、出版されないままとなった。そこには、後に彼の著書『社会学とは何か』に合体されたさまざまな論文が含まれていた(2)。

ほぼ同じようなことが、『社会学とは何か』以外の他の2冊についても言える。彼は実に長い間、社会学における自分自身の理論を構築し、その根拠をより鮮明にするために、同じような見解を繰り返し強調したのである。また実際、彼が晩年までそうした態度を取り続けたことも確かである。『文明化の過程』や『宮廷社会』においてもすでにその序文や後書きで、あるいは時折、本文中で自分の方法論を披歴していることから見ても、彼が社会科学や自然科学の理論全般に早い時期に関心を向けていたことは事実であるが、それが社会学の理論として提示され、一定の方向を定められたのは『社会学とは何か』においてであり、『参加と距離化』と『諸個人の社会』がそれを補強しかつ補足するという形でそれぞれ不可分の関係を保っている。

前章でも強調されたことではあるが、エリアスはフランクフルト時代に、社会学の方法論をめぐって研究者たちと議論し、自らの理論を構築する際に、コント、マルクス、デュルケム、マックス・ウェーバーなどのいわゆる古典的社会学者の遺産を重要視していたし、社会の発展や変化に伴う人間の心理的変化を分析する際にも古典的な心理学者であるフロイトの精神分析の方法にも関心を寄せていた（心理学の社会学への応用という点でもエリアスは先駆的である）。もちろん、エリアスにとって、彼の指導教授であったアルフレート・ウェーバーやカール・マンハイムの影響も無視できないものであった。しかし、基本的には、上記の3作は、古典的社会学者の理論の批判的な摂取や、構造主義への批判を含みながらも、自分の旗色を鮮明にするために、換言すれば、エリアス自身の理論の構造的特徴を明示するために書かれたものである。つまり、エリアスは社会学者として自分が拠って立つ方法論にのみ焦点を当てているのである。その作業は、端的に言えば、フィギュレーション理論の探究という表現で譬えられよう[(3)]。

さしあたり、ここではそれが、マルクス主義、構造・機能主義、主意主義、相互作用主義、科学的還元主義などとは異なると言えば十分かもしれない。とはいえ、エリアスの社会学者としての立場と方向性を、今となっては多少言い古された感のあるポストモダニズムという言葉で示すこともあながち不可能ではなかろう。また彼の見解の1つ、たとえば「権力論」はミシェル・フーコーのそれと多少重なると言えるかもしれない。が、彼の社会学の方法論を人間の現段階の言葉で的確に言い表すのは難しい。「フィギュレーション」という言葉には、何か形而上学的な、非科学的な、あるいは神話的で秘儀的なニュアンスが感じられるかもしれないが、実際はその逆であり、それを具体的に説明するのが本稿の目的である。

たとえば、それは、同じく彼が社会学のモデル構築に当たって、頻繁に使用する「相互依存の連鎖」、「長期的な人間社会の分析」、「社会発生」と「心理発生」、「ハビタス」などの表現を説明することでも、やや明確になるし、「社会」と「個人」の関係についてのエリアスの見解にわれわれが関心を払うことでもいくぶん理解される。が、どのような理論も方法も人間社会の構造や変化を解明し、それを改善、改良してくれる万能薬ではないことを知るべきである。工業化、産業化、科学化の過程で現代の人間社会が以前よりもさらに大きな変化を遂げつつあるその過程が分かればさしあたり十分である。また彼の理論の目的は「原始社会」(エリアスの言葉を使えば「より単純な社会」)が遅れており、未発達であり、「現代社会」が、進んでおり、文明化されているという単純な結論に至ることでもない。またそれはある種のユートピア主義を助長するものでもない。現代の進んだ社会が、21世紀なってもまだ、テロリズムの恐怖、戦争の恐怖、大量破壊兵器や毒ガスの恐怖に悩まされていることを考えれば、エリアスの文明化の過程の理論がそれほど単純でないことが分かる。

要するに、われわれは科学技術やそれに伴う交通手段の進歩で、文明化された、あるいはグローバル化された社会に住んでいる反面、小さな領土をめぐる国際関係の悪化によって再び戦争への道をたどることもありうる。これは、エリアスの言う非文明化の過程という言葉で説明できるし、また、これも彼の独特の言い回しである「後期の野蛮人」としてのわれわれ現代人が陥りやすいある種の「罠」でもある。「二重拘束」やボクシングの「クリンチ」に状態にあったいわゆる「冷戦構造」によく似た現象が再び起こることもありうる。こうした状況を念頭に置くことによってエリアスのフィギュレーション理論は少しずつ分かりやすくなる。

エリアスが社会学者として最初から最後まで取り組んでいた重要な問題の1つは「個人」と「社会」の関係である。この問題は、『文明化の過程』や『宮廷社会』、あるいはまた『スポーツと文明化』などの代表的な本の中でも具体的な例を伴い議論の対象とされている。文明化されつつある人間、フランス宮廷社会内部、およびその外部で生きる人間、スポーツに参加する人間はいずれも個人としての人間のイメージではなく、複数の集団の中で生きる複数の人間たちの行動様式を前提として理解されるということであり、その説明に当たって彼は特別に難しい概念を使ったわけではない。とはいえ、個人としての「わたし」の存在の重要性はあらゆる人間の思考の中に組み込まれているので、それを「他人依存」の人間のイメージに転換するのは難しい。

たとえば、「創世記」においても登場するのは複数の人間集団ではなく、1人の女性イヴと1人の男性アダムである。彼らは人間の祖先、原型、起源として個別化される。この「起源神話」は「創世記」以外にも、社会や言語の起源——あるいは物質の最小単位としての分子や粒子の探究——についても用いられ、だれが最初に英語を話したのか、あるいは最初の人間はだれだったのかという質問と実質的には重なる。こういう誤りに陥らないようにすることが、「個人」と「社会」の問題を議論する場合、エリアスには重要なのである。

2　諸個人の諸社会

「個人」と「社会」の問題はこうして、「卵とニワトリの関係」の議論に見られるように、堂堂巡りになりがちであるが、その原因は、エリアスによれば、人間の思考に根深く残っている悪しき二分法であり、両者を機械的に切り離してしまう人間の言語習慣に由来する。哲学の伝統では考える人間像は古来長年にわたって理想型とされ、考える行為は人間の純粋経験であり、意識とその内容の分析はサルトルやカミュに代表される実存主義哲学、あるいはフッサールやメルロー＝ポンティが着手し、発展させた現象学の根幹である。人間存在とは何か、人間にとって生とは、死とは何か、あるいは人間は死後どこに行くのか。こういう「わたし」固有の問題についておそらく哲学者は何冊もの本を書くことができよう。

確かにこの基本的な問い掛けは古代ギリシャの哲学者から発せられ、中世の神学者に受け継がれ、今日においても哲学を目指す人々の主要関心事に十分なりうる。このような脈絡では人間を「世界内存在」と捉えるハイデガーのような哲学者の影響力が減じられることもなかろう。したがって、実存主義の系譜に属する思想家は、「個人」を孤立した、個別の存在と見なし、「社会」を、個人を取り巻く壁、個人の彼方にある得体の知れない枠組みと見なしたり、あるいは、サルトル言葉を使えば、個人が他者との政治的連帯を求めて「参加」したりする場になる。

さらに、意識の主体者としての「個人」の崇拝は現代の芸術や文学にも見られ、「意識の流れ」を標榜するモダニズムの文学の発生源でもある。人間の意識は社会的経験がなくともそれ自体で、『ユリシーズ』においてジョイスが使ったような時間概念でも捉えられるし、かつヴァージニア・ウルフの創作空間である「わたしの部屋」で無限に膨らむことも可能である。さらに、内的意識は、プルーストの『失われた時を求めて』に見られるように過去へと遡行することもできる。彼らにとって、客観的に存在するはずの「社会」はなくても済む。カントの先験的な人間の思考能力や理性、デカルトの「われ思うゆえにわれあり」という言葉を引き合いに出さなくとも、現代小説における「意識」の重要性に言及すれば、「個人」への崇拝がとりわけ西洋社会で長い間続いたことを証明するのに十分であろう。

一方、「個人」ではなく、「社会」を強調する伝統も西洋では長い間、科学や哲学の方法として支配的であった。それは、端的に言えば、個人を超越した「社会」にはそれ独自の不変の発展法則があり、「個人」はそれに支配されるという思想である。フランス革命の頃に流行した機械的唯物論などがその１つであろう。もっと単純に言えば、それは、人間の生命活動は、人間の意志とは関係なく、物理・化学的に説明できるという考えでもあり、あるいは、人間の精神文化は、土台である経済的変化によって規定されるとするマルクスの思想の一部もそれに属するかもしれない。

さらにエリアスによると、「個人」と「社会」の二分法は、その原子論的思想や行為理論的傾向によって、現代社会学（あるいは社会科学）の理論の発展を阻んでいるのである。とりわけ、個人を集めれば社会になり、社会は究極的に個人に分解されるという状態還元的思考が批判されなければならないのである。それは変化し、発展している現象を静止したものに還元する方法であり、複雑な統合の過程を通じて生起する社会現象全体を積み木によって組み立てられた模造の建造物にすり替えてしまうやり方でもある。おそらく、エリアスにとって「社会」という言葉はある種のシンボルであり、実際には、さまざまな人間集団が複雑に絡み合い、長い相互依存の連鎖によって変化する人間の共同体を意味し、われわれ単にそれを「社会」とか「ソサイエティ」とか「ゲゼルシャフト」と呼んでいるにすぎないのである。つまり、人間はその言語的習性のために、「社会」をまるで実際に手で触れることのできる石や木のように「物象化」してしまい、事実を見誤りがちなのである。それではさらに、エリアスの見解に沿って『諸個人の社会』の重要な問題に言及してみたい。

1939年に書かれた論文「諸個人の社会」でエリアスは早くも「個人」と「社会」に関する上記のような議論をかなり綿密に展開している。社会とは何かという問いはこれまで何度も繰り返されてきたが、われわれは本当にそれを理解してきたのかと彼は問い掛ける。社会はさまざまな人間によって構成されているが、インドや中国の社会、アメリカやイギリスの社会はそれぞれ違うし、12世紀の社会と20世紀のそれも同じく異なり、それらは「計画されたものでも、意図されたものでもない」という見解からエリアスはこの問題に接近する。さらに、この問題に関連してなされた議論をエリアスはだいたい次の２つに限定する。１つは、社会が、たとえば、警察・議会・銀行などの組織が特別な人によって考案され、計画され、創造されたという考えである。しかし、そういう見解は、芸術のスタイルの進化や文明化の過程の問題になると不適切である。２つ目は、歴史的・社会的形成物を人々が作ったものと見なす見解を軽視する立場である。そこでは、自然科学、とりわけ生物学がそうであるように、個人はまったく役割を果たさず、社会は超個人的な有機的実体として、誕生し、生成し、死滅するのである。社会を必然的に栄枯盛衰する実体と見なすシュペングラーの考え方、および世界精神と神の概念がすべてに内在し、それを実現することになるというヘーゲルの歴史的汎神論もこの類に属する。それらはいずれも社会が秩序・周期性・目的性を有すると見なす。

換言すれば、一方の陣営は、個人の行動を興味の中心に据え、個人の意図や計画で作られたとは言えないような形成物や対象を説明不可能として無視し、他方の陣営は、一方の陣営が統御不可能と見なすもの、たとえば、芸術上のスタイルや文化形態や経済機構を最も注目に値するものと見なす。心理学のレベルでも同様に対立が存在する。一方は一人の人間を孤立させ、その心理的機能を独立したものと見なし、他方は、個人の心理的機能ではなく、社会心理、大衆心理を優先させ、集団精神を実体と見なす。かくして、個人的心理と社会的心理は別個にされ、「個人」と「社会」には埋めがたい間隙ができるのである。

その間隙をどのように埋め、かつそのための方法論をどこに求めるべきなのか。この重要な問題に取り組むことがエリアスの社会学者としての新たな使命であり、彼が早い時期にそれと格闘していたことを知ることが、少なくともフィギュレーション理論に接近する鍵となる。これに関して、エリアスは次のような答えを提示する。われわれに欠けているのは、われわれが日常的に経験することを思想として全体的に把握できるモデル、多くの個人が、個人の寄せ集めではなく、それを超えるような何かをいかにして作り出しているかを理解できるモデルである。

換言すれば、個々の人間が作る「社会」がどのように一定の方向に動き、それを構成する人々が意図することも、計画することもできないような形でどのように変化するかを理解するためのモデルが欠落しているのである。その突破口の一つを示唆するものとして、エリアスは、ゲシュタルト心理学に言及し、全体は各部の総和とは違うということ、たとえば、音楽の旋律は個々の音の要素の総和とは違うことを強調する。そこからさらに、彼は、より小さな単位の諸関係である結合体は、各部分を孤立させ、諸関係から分離すると、無意味であるという考えに賛同する。

したがって、エリアスにとって、個人が目的であり、社会は手段であるという考え方も、社会が本質的で高度な目的を持ち、個人は手段にすぎないという考え方も、それぞれが価値をめぐって優先権を争う場合、克服されるべき二分法になる。彼によれば、多くの人々から成る社会における個人存在の無目的性が基本構造であり、その中で人々はさまざまな「織物」を編むのである。したがって、人々が共に形成するより大きな単位の構造の基本原則をよりよく理解すれば、人々の行動や目的や思想が解明される。その際、われわれは、人間は人間によって育てられ、人間社会の一部として成長し、生きるという実に陳腐で自明の観察に頼ればよい。

しかし、この全体としての人間社会は必ずしも「調和」という言葉だけで説明されてはならず、それは当然、緊張、対立、矛盾、抗争を含む。この人間の共同生活は手で触れたり、目に見えたりするものではなく、目に見えないある種の「秩序」によって支配されており、ある社会では、ある特別な任務を課せられた「階級」に生まれた人々はそれに従わなければならず、選択は限られる(4)。この「目に見えない鎖」によって、人間は他者と結びついているのである。換言すれば、この「相互依存のネットワーク」の中で人々は生きているのであり、その機能は時代状況や民族によって異なるが、人々はそれを変えたり、打破したりすることもできず、それによって形成される人格を共有する。

人々は時代や社会状況に応じて、さまざまな社会を形成するが、この相互依存の基本的な枠組み、そのパターンと構造は社会に独特の性格を与え、それは個人には作り出せないものである。最高権力者も、種族の首領も、絶対主義の君主も、現代の独裁者もその一部である。人々の目的を吸収するこの「目に見えない秩序」は、起源からして多くの人々の意志の総和に基づく決的事項ではない。現代の高度に分化した機能のネットワークが比較的単純な中世初期の機能連鎖を通じて出現してきたのは、社会契約や民主主義的な選挙やファシズムによるものでもない。こうした機能的状況にはそれ自体の法則——諸個人のすべての目的や選挙によるあらゆる決定事項も究極的それに依拠する——があるが、それは個人、および複数の人間が生み出したものでもなく、個人の外部に存在するものでもない。これらすべての相互依存の機能は「人間が他者に対して持つ機能」なのである。

その機能が果たされるには、とりわけ現代のような複雑な社会では相互依存の連鎖がさらに拡大され、さまざまな人々が織り合わされなければならない。人々がお互いに築き合う機能のネットワークをわれわれは「社会」と呼び、それは特別な種類の領域である。その構造がいわゆる「社会構造」であり、われわれが「社会的法則」もしくは「社会的規則性」について語る場合、まさに、諸個人間の関係の自律的法則に言及している。しかし、「社会」と「個人」を分離する習性のある現代人にはその間隙を埋めるのは容易ではない。なぜなら現代人の思考には二分法的世界像（一方は個人の性質や意識に不変の構造や規則性を求め、他方は個人を支配する外部的な力を独立した実体と見なす）が深く染み込んでいるからである。

ごく単純な言い方をすれば、個々の部分（個々の木や石）を理解するには全体の構造（森や家全体）について考えることから始める必要がある。それに関連してエリアスは「これらの、また他の多くの現象には、その他すべての点で違っていようとも、共通するものが１つある。それらを理解するには、単一の、孤立した実体によって考えることを止め、諸関係、諸機能によって考え始める必要がある。さらに、われわれがいったんこうした切り替えをすれば、われわれの社会経験を理解するためにわれわれの思考はようやく完全に準備される」と述べ[(5)]、その具体的な例をダンスの比喩に求める。そこでは、個々のダンサーが切り離されて見つめられれば、ダンサーの動きの機能は理解されない。この状況では、ダンサーたちの相互関係によって個々のダンサーの動きが決定されることになる。

「個人」と「社会」の関係についてのこうした説明は、すでに『文明化の過程』や『宮廷社会』の所々でなされていたことでもあり、特にエリアスの斬新な方法論を示唆するものではないが、それがかなり早い時期に方向づけられていたことは注目に値する。エリアスはさらに、「個人」と「社会」の不可分の関係を示すために、人間社会の中で言語や文化を習得し、成長していく子供と、大人の関係に言及する。未開社会に比べて産業が発達した社会では人間の個人性が一般に強くなるが、それは、感情規制を伴う訓練を経て、つまり文明化の過程を経て子供が、動物にはない精神性を付与され、道徳的な存在へと成長することを意味する。これも単純だが、大人との相互関係がなければ少なくとも子供は人間になれない。純粋な人間性を子供に求めるのは無理である。

したがって、中世と現代の相互に依存する人間関係は違うから、中世の子供と現代の子供は異なった人格構造を持つ。敷衍すれば、個人は全人間の歴史やその相互関係の中で成長する。たとえば、社会の中で大人としての機能の度合いが高まると、本能を抑える力が強くなり、その結果、超自我が形成されて子供と大人の行動の差が大きくなる。子供が大人になる期間は長くなり、現代では子供は学校で特別な技術を習得するのに、多大な時間を費やす。したがって、現代の大人と子供の関係は、騎士と小姓、ギルドの親方と徒弟の関係とは異なり、そこから生まれる人格構造も異質になる。

かくして、子供の「自我」なるものは、その社会のネットワークの機能的変化、相互依存の連鎖の拡大によって大いに影響されることになる。エリアスによれば、どんなに優れた政治家も国王も権力者も、人間の行動を生み出し、人間を巻き込むこのネットワークの自律的法則――それは機械的な自然のメカニズムとは異なる――を個人の自由意思で破ることはできないのである。換言すれば、人々の行動は予想されない方向へ発展し、個々人が期待したり、望んだりしたのではない結果を伴い、さらに個人の道は、個人が決めたにもかかわらず、意図されない、予測されない方向に、つまり人類の歴史へと向かうのである。しかし、一人の権力者が絶対的な権力を持っているとか、大勢の人間の個々が等しく権力を持っているという歴史的見解は根強い。

エリアスはさらに、ルネサンスから近代にかけて西洋社会で支配力を振るう「個人意識」、「個人存在」の絶対性の根源を、あるいはその動向を探る。この問題は第2部「自己意識の問題と人間のイメージ」でさらに深化される。それは哲学において否定し難い、絶対的とも言える地位を占めている「思考する人間」への批判である。エリアスは、社会における人間の行動様式を理解する際に、大きな障害となる認識論の原点をカントやライプニッツやデカルトに代表される、生得観念を与えられた、単子（モナド）のような、考える人間像に見た。しかし、彼はその認識方法をすべて否定したわけではなく、特に本書の第2部におけるデカルトに関する彼の見解はそれを物語っている。エリアスはデカルトの存在価値を概ね次のように捉える。デカルトの偉大さは、「われ思うゆえにわれあり」という定式に至るまで、彼が長い疑惑と疑念に満ちた日々を送り、思考に思考を重ね自己と世界に対するすべての観念を、疑わしいもの、不確実なものとして拒否せざるをえなくなり、かつ「自分とは何かを考え、何かを疑うことができる」という事実以外に、世界には確実なものは何もないことに気づいたことにある。

つまり、デカルトは安易にその言葉を発したのではなく、真理に至るまで大いに苦闘したのである。それは、デカルト個人の思想的格闘であるだけでなく、実際には宗教から非宗教へと推移するデカルトの時代の精神の表明でもあった。それは西洋社会における人間生活と力関係すべてに影響を及ぼす明らかな変化であり、単なる個人の業績ではなかった。それは人間の思考が非宗教的な方向に向かう重要な世界観の変化であった。

デカルトの思考はこの方向への典型的な第一歩を意味するものであった。従来の宗教的世界は消えることはなかったが、少なくとも思想の世界においては中心的な役割を終えたのである。宗教的思考が中心を占めている世界では、人間は、感覚や観察によって捉えられる世界は不確実であり、それを超越する霊的世界、神聖なる支配者が存在し、それがあらゆる存在の意味や目的を決定すると考えていた。ところが、デカルトの思想は宗教的知に支配された権力の弱体化の総和を象徴し、霊的世界の力を借りなくても、自然現象の理解は観察や思考によって可能になるという彼の時代の芽生えを表明していた。いわゆる理性という言葉によって人間の精神活動を活性化させ、人間の認識力を人間自身の自己像の前景へと移すことになった。それは古代ギリシャ・ローマの思想家の世界を再現すること、すなわち、宗教的権威に頼らなくても、人間は観察力によって事実を認識できるということを再発見したのである。しかし、もはや現代の西洋では、デカルトの発見は既成事実化して革新的とは思えなくなり、デカルトの時代に人間が直面した事実は今や西洋人にとって自明の理となり、それを実感するのは難しくなった。

この最後のエリアスの言葉には注目する必要があろう。というのも、この既成事実化されたデカルト的思考方法は、エリアスの言う西洋社会特有の「閉ざされた人間」のイメージにつながるからである。つまり、それは自分たちの思考スタイルとそこから発生する文化的価値観を絶対視し、非西洋圏、およびより古い社会（あるいは文明化されていない社会）の相対物を非現実的で不合理なもの、非科学的で無価値なものと見なす傾向を助長するからである。

デカルト的認識方法の革命性と普遍性、それが近代西洋にもたらした影響力の大きさについてエリアスの説明をもう少し見てみよう。デカルトの論理的思考と観察によって人々は自然を理解するようになり、個人の思考力に確証性があることを知り始めた。それに応じて世界観や人間観が変化し、宗教的権威に代わって、自分の意識や力で人間や世界を観察する新しい自己意識が芽生えた。こうして、デカルトの全体的な認識論がこの新しい人間の自己像の表現となった。かくして、西洋人はルネサンス以降の新しいレベルの自己意識を獲得した。彼らは地球中心から太陽中心の宇宙観を手に入れ、それは、この時代のコペルニクス的革命を反映していた。

しかし、こうした知識は中世以降、徐々に発展してきた、言わば過程的なものであり、最終的な段階ではない。われわれは世代間の知識の伝達を通して、着実に社会的知識を蓄積し、かつ社会生活を変え、新しい知識のレベルにふさわしい視野を持つようになってきたのである。それはいわば多層的なレベルの意識を可能にさせるものでもある。つまり、客体や対象として存在する自然や世界の知識を得るために、考える主体であるわたし自身を孤立させる意識を超えるものである。

その際、エリアスはその例として、子供やより単純な世界の人々の意識を引き合いに出す。原始的な社会では、子供がそうであるように、自分や他者を客観的、対照的に捉える能力を持たない人々がいるとエリアスは言う。彼らは現代的な意味で自らを「個人化」せず、自分自身を集団として認識するのである。こうした自己と他者を距離化しない意識は高度に発達した社会でも起こりうる。人間の発展の他の端にある多層的意識レベルの例をエリアスは文学の領域に見つけようとする。現代では、文学の注意力は、起こった事実を直接読者に伝えることから、それを人々がどう経験するかという問題に移行し、作家は外的風景を描くのみならず、「内的風景」も描かなければならないのである。つまり作家は、人々との出会いを描きながら、同時に人々の「意識の流れ」も描かなければならないのである。このことからエリアスは「作家たちの特別な感受性は、彼らをして、ある種の社会的前衛として、彼らが住む社会のより広い領域で起こりつつある変化を認識させ、表現することを可能にさせた。もしこれが真実でなかったなら、自分たちを理解し、評価する読者を見つけることができなかったであろう」と鋭い指摘をしている[(6)]。

もちろん、これが、カフカやジョイスやR・ムジルなどの前衛的な文学を指すことは容易に理解できるし、多層的なレベルの意識が、たとえば、絵画の分野では原始芸術に触発されたピカソのキュービズムなどにも見られることは言うまでもない。が、この脈絡で最も重要な問題は、人間によるこの意識レベルの多層化という現象が人間社会を——良い意味でも悪い意味でも——昔の社会に生きていた人には予想もできないほど大きく変容させ、発展させ、進化させるということであり、われわれは、人間集団の相互依存の連鎖によって作られる文化的連続体の過程にいるという認識である。

しかし、エリアスによれば、人間社会に起こりつつあるそうした歴史的変化を長期的なレベルで研究する適切な方法や、意識の多層的な発展のモデルがないのが問題なのである。ヘーゲル的な思考が多少その現象を説明するのに役立ちそうであるが、この新しい現象を古い表現で説明すると誤解が生じると、エリアスは言う。デカルトもある意味では新しいレベルの意識の芽生えを発見したのであるが、デカルトの時代では、「観察者」と「観察されるもの」、「認識者」と「認識されるもの」の、この二重の役割を概念化することは難しく、彼は、個人の分離した、孤立した意識を観察者として堅持する態度を普遍化せざるをえなかったのである。距離を保っている認識者、観察者としての立場を鮮明にし、定式化したのである。それは肉体（頭・心・臓器）を持つ対象としての自己と、理性や精神や能力を持つ自己として、換言すれば、心身二元論として距離化されたのである。

主体がいかにして外部の知識を得るかがデカルトの時代以降も哲学の普遍的な、かつ重要な問題であり、経験主義者も、合理主義者も、感覚主義者も、さらに実証主義者もこの基本的な態度（観察者や思考者が言葉や思想の中で物象化される傾向）を数世紀にわたって堅持した、とエリアスは言う。たとえば、バークリーは客観的に何かが起こっているということは、それが心の中で起こっているにすぎないと考えた。ロックなどによって五感による世界認識が主張されたが、それを支えるものは何かという疑問が経験論者の中でも持ち上がった。結局、意識や理性が感覚印象を通して外部世界を受け入れ、容器を知識で満たすという考えが採用された。プラントン以降、この種の概念や観念は、外部の対象によって内面に刻印されるものではなく、人間の理性や精神に備わった一部とされ、それは「神的起源」などと呼ばれた。ライプニッツにとっても、アプリオリに存在する観念のベールを通して人々はいかに外界を経験するか、外界を経験する人々とは分離して存在する観念とは何かという問題が残った。ヒュームは、理性や観念を認めず、それを人間の繰り返される経験や習慣に帰すことになった。カントもこの問題と格闘し、経験的世界と理性的世界の融合を目指したが、結局、生得観念とは別に、分離して存在する外界の対象そのものを、人間には理解できないもの（物自体）という疑問に直面した。

これ以上、これに関連する問題に触れる必要はなかろう。要するに、心身二元論は、人々に人間理解の基本構造を示し、人間や事物の来世における運命に関する問題と関連して、特別な領域で生き残ったのである。さらに、それは自分の肉体の中に精神が独自の空間や認識能力を持っているという信仰、および精神が外界の事物とどれだけ一致するのかという明白な自己認識の枠組みを生み出した。つまり、人々は自分自身を「閉ざされたシステム」として経験することになった。

しかし、よく見ると、この知識の主体である「わたし」、つまり、古典的認識論の主体である哲学人間は、子供であったことがない大人であった。この事実（すべての大人はかつて子供であったということ）はところで、知識をどのように人間が獲得するかという問題とは無関係であるとされた。社会について考える手段としての発展の概念は、19世紀の初め頃まで認識論の論争に従事している哲学の学派には利用されなかった。関係性の概念はまだ適切に発展していなかった。エリアスにとって、この問題は、哲学上の認識論というより、知識社会学における知の発展の歴史、換言すれば、文明化の過程における自己抑制のレベルの上昇と、それに伴う人格構造の変化（超自我の形成）と関連している。

この点について、エリアスは次のように説明するが、それは、西洋の哲学において暗黙の前提であった「閉ざされた人間」、「考える人間」のイメージを打破する契機となり、同時にそれは『諸個人の社会』の結論的な解説である。

理性や悟性が実質的な場を持つかのごとく前提とされる社会は自己抑制を社会規範として強制する特別な社会であり、そこでは人間の動物的な欲望や衝動を抑圧するような自己規制が、大人の社会生活や大人による指導を通じて、若者の心の中で「第二の天性」として組み込まれる。

つまり、親や教師の道徳的、規範的命令が強制的になされることで、子供は衝動的な行動や動作を抑えるようになる。こうした迂回行為が日常化され、衝動的な行為は禁止され、また罰せられる。すると恐怖心、羞恥心、良心の圧力が他者ではなく、その人間の内部に強くなり、自分の内面を外界や他者から隠すために、壁ができる。かくして個人の思考や会話に表わされる自己認識は、特定の社会発展における個人的な自制の発展と密接な関係があり、より厳密で複雑な個人の自己抑制の強制によって自発的な傾向が直接的な行動意欲から遠ざかってしまう。個々の人間の肉体は、たとえそれが人間たちを結びつけるものとして理解されてはいても、目に見えない壁のようなものによって隔てられる。

それはまるで容器のごとく、外界から自己を切り離し、自分の人格を、あるいは、意識、感情、良心を包み込む。このような種類の知識の受容は歴史的なものであり、全社会がそれを経験している。同時に、すべての人間が子供から大人になるときに経験するという意味でそれは個人的なものでもある。文明化された社会では肉体の自由な衝動や活動が抑えられ、実際に世界を手で触れるのではなく、それを目で見ることに重要性が集中する。こうして「考える人間像」の比喩が現実化するのである。

しかし、エリアスによれば、ルネサンスから近代にかけて発展し、現代でもなお自明の理とされているこの西洋社会における認識の方法は、決して普遍的なものではなく、自制の強要とその必然的内面化を達成した、つまり文明化を経験した社会特有のもの（特定の社会における人々の特別な状況や性質の徴候）なのである。それは、人間対人間、個人対社会の関係に関するわれわれの考えに、誤解を生じるようなゆがみをもたらす。17、8世紀の古典的哲学者も現代の実存主義者も、個人としての人間存在の問題が中心であり、複数の人間が存在する社会（「諸個人の諸社会」）、人間の共存性の問題は付加的、偶発的なものであった。

さらに、この点に関連して、エリアスは、「孤独」、「直接経験」、「知」の問題は、真実を求めて主体が客体に対峙している場合、それぞれ密接に関係しているのであり、その根底にある自明の人間像、自己認識の概念は両者とも同じであると指摘する。つまり、哲学者の思考は単独の個人（ライプニッツのモナド）にその中心を置き、自分の目を通して小さな窓から覗くように外界を見るのである。古典的哲学者や実存主義者が提示する個人中心の認識方法は、エリアスにとって、長期の歴史過程を通じてダイナミックに変化する「諸個人の諸社会」を社会学の問題として分析するにはもはや有効ではないのである。それに代わって多層的で多様な意識のレベルに呼応するフィギュレーション理論が有効となる。

さらにエリアスは「社会過程における個人化」という章で、「個人」と「社会」を分離する伝統的な西洋の二分法的な認識のパラダイムがもたらす影響やその変化についても、大人と子供の関係を軸に詳しく論じている。エリアスは文明化の過程をここでは「個人化の過程」と同一視する。かつては自由に表明された肉体的機能や本能的欲望が抑えられると、個人の内部に葛藤が生じ、不安、嫌悪感、羞恥心の高まりによって人間が他者から孤立する。自制が複雑化し、包括的になり、社会における大人の役割や機能を正しく実現することが要求される。本能の抑制が複雑になり、多様化するにつれて子供と大人の行動の差がますます広がる。子供が大人に移行するこの文明化の過程はますます長く、困難になる。中世では子供は早く大人になったが、現代では、教育期間が長くなり、教育も複雑化し、「若者文化」の時代が長引く。恒常的な知識の拡大と長い準備期間が若者をして大人の生活に同化しやすくするが、情緒面ではもっと難しくなる。

つまり、現代人は文明化、教育化によって自己をますます束縛する。社会の専門化の増大が、個人の自己依存、自己決定への道をさらに長く、複雑にする。意識的、無意識的な自制も個人にますます要求され、加えて子供時代と大人時代の間の時間が長くなることで、若者の大人社会への同化が阻まれる。

こうして、その人間が、個人的性向、自分自身の自制、自分の社会的義務との間のバランスを取れなくなる傾向が増える。エリアスはここでも個人化がもたらす社会的圧力や束縛を、文明化の過程の理論に即して、個人と社会の変化する相互関係という観点から論じている。彼は、昔の子供が幸福で現代の子供が不幸であるということやその逆を強調しているのではない。昔の子供はその時代の社会関係によって早く大人にならざるをえなかったという点で現代の子供ほど自由は多くないが、自制を伴う教育レベルの圧力が少ないという点ではより幸福であったかもしれない。逆に現代の子供は大人に保護され、より多くの自由や選択肢を与えられて恵まれているが、その無計画の圧力に耐えなければならないという点でより不幸かもしれない。

また、産業や交通手段の発達、食料生産の拡大によって外部世界は昔ほど神秘に満ちた、危険なものではなくなり、科学的知識による人間の自然支配は当然視される時代なったが、人間と人間、集団と集団の関係はより難しくなっているとエリスは言う。昔に比べて、外的世界である自然はより人間化され、内部世界との距離が縮まっているのに、個人の感情が他者の感情から切り離されている、と現代人は感じている。内面的自我を求める思想家は、社会生活がそれを奪い、社会が人間の内面的真実を否定すると言う。

現代の形而上学者によって社会という言葉がまるで人間に関連しているように使われ、社会が子供から自由を奪うとも言われる。「社会」は人間から「自然な」性質を奪う敵のように見られている。つまり、他者は社会から押し付けられた存在、社会によって定められた「仮面」や「殻」として、人間を疎外する敵と見なされた。この原因についてエリアスは概ね次のように言う。

それは、人間の小さな未分化な地方共同体が複雑な社会、国民国家へと移行したことを意味する。昔、人間は1人になる機会がなく、共同で考え、物事を、対立や協調を伴いながら決定していた。つまり、彼らは「われわれ」の観点から行動し、考えていた。それが現代の産業化された社会では一変した。現代人は自由と独立心を大いに称賛するが、人間生活が社会から切り離され、孤独になったことを嘆く。われわれは社会をまったく相反する価値を持つもの、人間とは無関係なものと見なすようになった。エリアスはこれを現代の文明化された世界の二面性、矛盾と見なす。なぜなら、自由や幸福への機会が増えたのに、現代人は、その選択の幅が広がり過ぎて、リスクを負うようになったからである。

自分とは何かという個人への実存的な問いかけは現代人に相変わらず特徴であるし、自分独自のことをやりたいという現代人の要求も強い。その要求は他者と同じく行動し、他者と同じところに帰属したいという願望を伴うこともある。また現代人は、一方では自然を制御したことに誇りを持ちながらも、他方では、高度なレベルの自制や、衝動の否定を嘆く。国家社会に見られるそのような特別な本能の否定や感情規制、それが課する個人的欲望の断念が、ネットワークの機能的な働きに必要なのか、あるいはどの程度必要とされるのかはだれにも分からない。そのような国々で子供の教育に伝統的に必要とされている方法が目的にかなっているのかどうかも、だれにも分からない。

ここでもエリアスは文明化された社会が抱える問題点や悩みを、権力の問題を示唆しながら、ある種のフーコー的な視点から指摘している。さらに、エリアスは次のような問題を提起している。この文脈で生じてくる全体的な問題を、またさまざまな人間科学における、増大する事実上の知識を参照してみると、「個人」と「社会」の関係の基本的な問題を研究することが、またこの２つの言葉に結びついている容認された概念を吟味することがいかに重要か分かる。

1987年に『諸個人の社会』の第３部として書き加えられた「われわれ―わたしバランスにおける変化」では、これまで議論された「個人」と「社会」の関係が、さらに継続され、部族や国家の変化・発展過程に言及しながら、また同時に今日的なテーマであるグローバル化に伴う個人的意識や社会認識の変容にも連動させながら、深化されている。近年、エリアスのフィギュレーション理論は国際関係論にも応用され、実りある研究の方向性を示している。国際連合、ヨーロッパ連合、その他の国際的組織へのエリアスの言及は、「わたし」という個人レベルの意識から「われわれ」というより集団的な意識レベルへの変化の必然性を議論しているし、環境問題のような今日、世界的な関心を喚起しているテーマにも触れている。

エリアスは、社会発展の段階で、まだ「個人」と「社会」が現代的な意味で使われていなかった時代があり、両者の区別は比較的近代になってなされるようになったことをわれわれは知る必要があると言う。つまり、現代社会では「われわれ認識」よりも「わたし認識」が自明の理とされるが、初期の社会では「われわれ認識」が優先されていたこともあり、発展段階にあるどの社会でも「わたし認識」への強調がなされていたという見解は誤解を生じ、実際、それは間違いであると言う。エリアスは、現代的な形での「個人」と「社会」の区別はヨーロッパの歴史の中で起こった社会運動に由来すると言う。彼はその経緯をだいたい次のように説明する。

古代ローマでは家族・種族・国家への帰属意識が「わたし認識」よりも重要であり、「個人」という言葉は否定的な意味が与えられ、ギリシャ語でも実際、どこにも属さない個人は、無知な人間と見なされた。そのような社会では「われわれ・あなたがた・彼ら認識」があまりに強くて、「個人」という言葉を生み出す必要性がなかった。過程社会学的な観点から見れば、社会的発展の一側面と見なされる概念の発展には説明的機能がある。中世ラテン語でも「個人」という言葉はまだ統合段階の低い言葉であり、「分割できない何か」であった。それは形式論理の問題と関連して使われ、人間だけでなくあらゆる種における個々の事例を表わし、そこからは何も結論が引き出せず、したがって、不明確、曖昧と見なされた。

ところがスコラ哲学がそれを新しい意味に統合させる役割を果たした。教会の哲学者たちはこの世のあらゆるものは個別的で唯一無二であると理解した。スコラ哲学の方法がさらに人間存在にも応用され、さらにルネサンスの時代には、個々の人間同士が相互の意思疎通によって理解し合い、彼らの社会的地位を高めようとした。次に、市役所や中央政府で働いていた人文主義者、同じく芸術家や商人が個人の進歩のための社会的機会を増大させる役割を果たした。

さらに、17世紀には最初はイギリスの清教徒の間で、個人でなされるべきことと、集団でなされるべきことの区別が現れた。19世紀になるとそれは、対立的な社会政治運動や理想の言語的等価物の、増大する社会的必要性に連動して、一方では個人主義、他方では社会主義や集団主義などの造語が生まれた。近年では、「個人」と「社会」という言葉が、まるでそれぞれ対立しているかのごとく使われる状況へと発展した。

異なった社会で使われる言葉の意味の変遷をエリアスの観点から、つまり過程社会学・発展社会学の方法によって分析してみると、さまざまな人間集団の長い相互依存関係を通じて「個人」と「社会」の概念が複雑に変化してきたことが分かる。両者を二分化し、一方を正しい概念、他方を間違った概念と見なすことが、少なくともあまり現実的で、効果的な態度ではないことが分かる。この点では西洋のマナーやエティケットの発展の歴史に関連してエリアスが用いた「昔許されたことが現代では禁じられる」という表現が説得力を持つ。自由・平等・民主主義などの概念そのものを、社会・歴史言語学的な脈絡から引き離して、すべて肯定的に評価する現代中心の社会学的視野は、問題の本質を必ずしも明らかにしない。

エリアスは、個人や社会の問題のみならず、両方の概念と相互に関連する部族・民族・国家などの概念が20世紀にはさらに変化し、従来の社会学の方法論や視野では十分に分析できないと主張する。エリアスによると、たとえば、第1次世界大戦前の社会学者、たとえばマルクスにしても、自動車や飛行機が一般化される前の社会発展を扱い、分析の対象もほぼ一国中心であった。なぜなら、ラジオやテレビなどの遠隔通信手段も普及しておらず、世界旅行や物資の世界的輸送も限られており、国家間の相互依存のネットワークも小さかったからである。が、今日では、コンピュータに代表される先端科学技術は著しく進歩し、国家間の物理的距離はますます狭くなっている。

このような時代にあってグローバルな準拠枠がなければ、こうした複雑な構造的変化は説明できず、新しいレベルの統合へと変化しつつある世界を分析するには、あらゆる面で社会学の方法論に新機軸が必要であることをエリアスは強調する。もはや現在では部族は自律的な「生存単位」ではなく、従来の国民国家さえもその支配力をかなり失いつつある。その逆もありうるが、個々の国家ではなく、今や世界銀行や国連のような国際的機関が支配的な社会単位として人類に奉仕しなければならないのである。そのような状況が、つまり、国家間の新しい相互依存のネットワークが社会学のテーマになり、かくして「個人」と「社会」の関係は以前とは違うテーマを提起するのである。部族から国家へ統合の過程が進めば、個人の権力は減少し、国家レベルの統合からグローバルな社会に統合されればさらにいっそう個人は権力を失うのである。

たとえば、国連や世界銀行などのグローバルな組織に見られる人類の統合は、人類が小さな段階から大きな段階へと分化する無計画な長い過程であったが、こうした長期的な過程が人間と社会の関係を大きく変えているのである。今やさらに複雑な、包括的なタイプの人間組織の形態を促す新機軸に並行して、「個人化」のパターンもさらに異なり、変化している。人間同士のアイデンティティの領域、行動規範も新たな統合団体への推移によって明らかに変化する。この人類の統合はまだ初期の段階ではあるが、その徴候は起こりつつある。世界的な環境保護運動の展開、国際的なスポーツ・文化団体の組織化、政治機構の人類的規模での発展などには新たな集団的アイデンティティ、新たな人間の生存単位が窺われ、政治犯釈放の国際的運動も人類に新たな道徳的責任を課しているのである。

こうした見解からわれわれは当然、「個人」と「社会」の関係が、20世紀以降、人類に起こった、科学・政治・文化・経済の領域での予想もできない出来事によって大きく変化し、社会学のテーマとして違った方向に発展しつつあることを理解できるし、エリアス自身、社会学のテーマが、過去の社会と現在の社会の比較だけではなく、未来における人類の長期的な発展に向けられるべきであると述べていることに留意する必要がある。彼の社会学の視野が未来の人類の社会発展を見据えているということは、その過程分析の幅や枠組みがさらに拡大し、少なくとも人間の文明化に対する消極的で、否定的な評価に傾かないことを物語っている。

そのため彼は常に信頼できる理論の構築を目指して、新しいタイプの研究方法の必要性を提唱する。たとえば、生物学、心理学、社会学のそれぞれ異なった、独立した専門分野をそれぞれ統合することで、相互に織り交ぜられた過程的側面を説明し、さらには伝達可能な概念の助力によって、理論的モデルの中でその相互関係を象徴的に表現することが重要な責務となる。

こうしたエリアスの未来志向の視野は「わたし」中心の国民国家的社会がその合理性を失い、人類の効果的な生存単位がトランスナショナルな国家連合、あるいは全人類的な組織に移行していることを意味する。たとえば、チェルノブイリの悲劇やライン川の環境汚染が国民国家の規模をはるかに超えた問題をヨーロッパの人々に提示ながらも、ヨーロッパの代表的な国々が短期的な自国中心の問題にとらわれて、こうした深刻な問題を長期的な視野で取り組む状況になっていないことを彼は憂慮していた。ヨーロッパは、アメリカに依存するか、伝統的な国民国家を維持するか、あるいは新たな国家連合を形成するか、この3つの選択を迫られるだろうと予測していた（そういう意味では、彼はヨーロッパ連合の成立の可能性を予測していたとも言える）。

その背後には、伝統的なヨーロッパの国民国家が生存単位としての役割を終えたという認識が彼にはあった。アメリカやソビエトに対抗してヨーロッパが新たな生存単位を形成するにはより多くの資源を持った多国家的連合体が必要になるが、無計画のうちに進行する国家連合には、個々の国民国家の「われわれ認識」

が立ちはだかり、後者の圧力が強力になることもある、とエリアスは指摘した（現時点では財政破綻に誘発される経済危機でEU加盟国がそのような行動を取ることもありうる）。

とはいえ、現代では、生存単位がもはやこうしたヨーロッパの連合体の枠を越えてさらにグローバル化し、全人類的規模になりつつあることをエリアスは強調する。もはや現代人の幸福の実現はアメリカにもソビエトにもヨーロッパにも依存するものではなく、よりグローバルな統合体がその役割を担うと彼は予見していた。しかし、そのような連合体が現実に必要であるという差し迫った認識を人々が持っているとは言えず、むしろ、国連を代表とする多くの国際的な文化・医療・金融機関が同じく分解の過程を促す力によって破壊され、両大国間の軍事競争によって世界が再び悪い方向に向かうこともありうるとエリアスは考えていた。

つまり、グローバルな相互依存の現実性の背後に「われわれ像」が忍び寄り、共同の生活空間が特別なグループ（たとえばイスラム原理主義者のようなグループ）によって破壊されることもありうる。同時に、既存の民族や国家を超えたグローバルな統合体の進行に並行して、同族、同国民、同宗教集団の結束が強くなることもありうる。さらに、人類全体が滅びるかもしれないような状況でもまだ古いタイプの外交政策が行われたり、あるいは、国家間の関係が現代段階の軍事開発で否定的な方向に向かったりする傾向があることをエリアスは懸念していた。拡大していく人類規模の生存単位に言及することがきわめて現実的である反面、個人中心、自国中心の人格構造が未だにその認識を阻んでいるのである。とはいえ、伝統的な国家の枠組みを越えて何とか新たなアイデンティティを探ろうとする人々の全人類的な人権運動（たとえば、国際的な政治犯釈放運動）が広がり、人権の概念が重要視されていることにエリアスは人類の希望を見出している。次の引用にはそれが強調されている。

> われわれはすでに、部族や種族から、最も重要な生存単位としての国家への発展よって、個人が、それ以前の終生続いた、前国家的連合から出現したことを理解した。部族や種族に対して国家が優位を占めるように変化したことは、個人化の前進を意味する。人類が支配的な生存単位になるまで上昇したことは、お分かりのように、また個人化の前進を記すものである。人間として、個人は国家でさえその人に否定することができない権利を有するのである。われわれはようやく最も包括的な統合の初期段階に達している。そして、人権によって意味されていることを詳しく説明する段階がちょうど始まっている。しかし、暴力の使用と脅威から逃れることには、権利の

> 1つとして、これまでほとんど注意が払われていない。そうした権利は、時が経過するうちに——また国家の対抗的傾向に反して——人類の名にかけて個人のために主張されなければならなくなるであろう(7)。

人類が新たな統合体を求めてそれにふさわしいアイデンティティを無計画のうちに獲得すれば、その統合体に含まれる個人も人間として新たな意識レベルの人格構造を獲得することになろう。つまり、個人の意義や意味づけは常に集団との相対配置、相互依存によって、換言すれば、全人類的でグローバルなフィギュレーションを通じて新たな段階へと進化するのであろう。それは「個人」と「社会」を分離させる方法ではうまく理解されないのである。

3　「参加」と「距離化」

エリアスの社会学の方法論を理解する上で無視できないもう1つの概念は、「参加」と「距離化」の概念である。両者の関係は、「個人」と「社会」の関係と一見、無縁のようであるが、「参加」と「距離化」を従来の言葉で「主観・主体」と「客観・客体」という形に言い換えれば、「個人」と「社会」の関係は、「主体」と「客体」の関係に近づくかもしれない。が、「参加」と「距離化」を二分法的に切り離し、認識の主体である「わたし」が彼方にある客体（自然）を観察し、分析するという伝統的な認識方法にすり替えると、エリアスの意図を誤解することになる。

つまり、「主観」と「客観」という従来の習慣的な言語の使用法は現実適合的な知識に資することが少ない。「参加」と「距離化」は対立概念ではなく、ある種の連続体であり、その度合いやレベルがどちらに多く、また少なく傾くかという問題が重要である。「参加」への関心がなければ、たとえば、研究や仕事やスポーツに参加していなければ、われわれは、行為者としての意味を失うし、そこから何らかの経験、もしくはそれに基づく知識を得ることもできない。しかし、どれだけそれが現実適合的であるかという問題は、どれだけわれわれが対象に距離を置くことができるかという問題に関係する。さらに、距離の保ち方は人間が生活している時代や環境や社会によって異なる。つまり、それは人間の知識の量や質にも係わる。かくして、エリアスの「参加」と「距離化」の概念は知識社会学の重要な理論的枠組みをわれわれに与えてくれる。

現代人も、中世の人々も、また古代人もある行為に「参加」し、生活上の、あるいは技術上の知恵を得るために「距離化」を行う。しかし、どちらの度合いも、個人というより集団レベルでかなり異なる。科学的な知識に乏しく、生活上、魔術や呪術に頼ることの多い古代の人々は、「参加」の度合いが高く、感情や情緒の起伏が激しく、衝動を抑えることが難しいかもしれない。しかし、科学的知識により恵まれ、産業化された社会に住んでいる現代の人々も、危機が迫れば、冷静さを失って行動が感情的になり、危機を逃れるために魔術を使うカリスマや教祖や政治的独裁者を崇めることもありうる。こうした問題に、他の著書でもエリアスは折りに触れ、言及しているが、『参加と距離化』ではそれはかなり定式化されている。以上のような点を念頭に置いてこの問題に関するエリアスの議論を見てみたい。

「参加」と「距離化」はそれぞれが鮮明に分離しているのではなく、人々の会話や思想の中でさまざまな度合いで見られる現象である。一方に傾き過ぎたり、うまくバランスが取られたり、相互補完的であったりする。産業が高度に発達した現代社会では、人々は社会現象よりもむしろ自然現象を「客観的な態度」で捉えることができる。つまり、そこでは昔の社会よりも自然経験に対する感情が統御されやすい。が、「参加」の度合いがまったく消失するのではない。「参加」と「距離化」のバランスが変化するのである。

したがって、自然科学は「非評価的」、「価値自由」であるという言い方は言葉の誤用である。自然科学研究における一連の価値観や評価方法は、個人が属する社会単位の利益・福祉・苦悩を含む価値観と違っているのである。つまり、自然科学研究は「価値自由」ではなく、個人的、社会的な問題との関連では高度な自律性を保ち、その高度な専門的基準や制度的安全性によって「他律的評価」の侵入を防いでいる。そこでは個人的な価値よりも現象の相互関連に主眼があり、特別な専門的制度性や感情の統御が要求される。したがって、自然科学は個人の特別な世界観から離れた客観的普遍性と自律性が要求され、その言語性も共通化される。

しかし、こうした距離化された思考は人間の認識方法の一層のみを代表するものであり、自然に対するより感情的で、「参加」の形態がなくなるわけではない。科学の発達によって人間は必ずしも感情的に満足させられるわけではないが、客観的観察の集積的結果に同意し、短期的な満足に代わって長期的な満足を得る能力を獲得し、同時に自然の諸力を統御することでより多くの安全性も手に入れる。人間の思考における科学性の増大は、人間の予見能力の増大を伴い、人間は狩猟採集生活から農耕生活へと移行し、この社会生活や自然環境の変化が人間の世界観や行動様式を変えた。

原始社会で自然を理解できなかった人間は長い間、「参加」が多く、「距離化」が少なかったから、感情に左右されざるをえなかった。感情を制御し、自然を理解することがいかに人類にとって困難であったかを理解しなければならない（大津波、大地震、自然災害などから身を守ることが今日でも人類には難しく、人類が自然を支配し、逆に支配されるという状況が科学の発達した社会でも続いていることを思えば、エリアスの指摘は重要である）。しかし、いったん感情の制御に成功すると、人類はさらに予見能力を伸ばすことができた。その反面、社会的緊張、集団間の抗争が人間の抑制能力を減らし、自然現象や社会的現実を把握する能力に幻想性が忍び寄ったことも予測される。

自然への統御能力が徐々に増大する過程で、逆に人間は社会的変化に対する態度や思考において、自分の感情をいかに統御するかという困難に直面した。こうして、人間は社会変化の大きな波に飲み込まれ、自分自身の位置も、社会の全体的な動向も理解できなくなり、かつ予測もできないような変化（自然の諸力にも似た、得体の知れないような外部の力）に支配される。その場合、危険と不安が増大するが、感情を統御することができなくて、事象を理解できず、「参加」の度合いが上がり、「距離化」の度合いが下がる。自然現象を制御する人間の能力は高いのに、社会現象を制御する能力が反比例する。

それは一般的に、今日、自然科学が社会科学よりもさらに確実な方法で研究できることを意味する。しかし、そのことで、社会科学の方法が自然科学のそれよりも不適切になるわけではない、とエリアスは言う。両者はいわゆる「主体」と「客体」の関係において異なっており、「主体」と「客体」の関係が近い社会科学では同等の進歩はもっと困難なのである。社会科学者の責務は人々が共に作り出すパターン、人々を結びつけているあらゆるものの性格と、その変化する相対配置を人々に理解させることであり、社会科学者は内部から参加者として直接、対象に係らなければない。しかし、社会科学者がさらされる緊張と圧力が大きくなればなるほど、すべての科学研究の根底にある「距離化の精神」を維持することが難しくなる。

それでは、19世紀以来、社会科学者たちはこの問題をどう切り抜けようとしてきたのか。それに関するエリアスの議論は、「参加」と「距離化」の関係が彼らの理論構築にどのような影響を与えたのかを例証している点で、また彼自身の社会学、もしくは社会科学の方法論の核心を示唆しているという意味で重要である。エリアスは社会科学者たちが直面した困難について概ね次のように言う。それは彼自身の言葉で語られる社会科学の歴史の概略でもある。

19、20世紀の先駆者たちによって、一定程度の「距離化」の態度が取られてはいたが、十分な効果が挙げられなかった。彼らはさまざまな角度から人類の社会発展の秩序や法則を見つけようとしていた。一方では、彼らは、自分たちにとってみれば、普遍的で包括的、かつ有効な理論的枠組みを構築したが、他方では、自分たちの社会問題に深入りしすぎ、直接的な参加者の立場から、社会発展を、期待と敵意と恐怖でもって、あるいはある種の信仰に支えられて捉えた。そのため「参加」と「距離化」が微妙に入り組み、一方と他方を見分けるのが難しく、彼らがどれだけ有効な理論的体系の構築に貢献したか判断できなかった。

それ以来かなり綿密な、客観的で普遍的な人間科学の理論が提示されたが、あるものは「地球中心的」、他のものは「太陽中心的」、もしくはその中間で揺れている。前者の優勢は、政治や経済の緊張のために自然科学に特徴的な、確実な研究態度を締め出す。社会問題の圧力や複雑な人間関係の中で、社会科学者の目は短期的な問題解決に左右され、より広い理論的枠組みを持つ研究とは疎遠になる。人間生活の社会状況が与える圧力は今でも大きく、「参加」の度合いが高まる。初期の先駆者の時代より大きな社会変化があっても、社会科学の基本は変わっていない。

その理由は、社会科学者は、自分たちの集団が地位を得たり、生き残ったりするための闘争に従事しながら研究しているからである、とエリアスは言う。自己集団との幻想的関係から「参加」の度合いが高まり、彼らのディレンマが深くなるのは、自己集団との関係を断つと、彼らは危険な異端者と見なされることになるからである。いかにその理論に一貫性があり、真実に近いものがあっても彼らには越えられない一線がある。さらにエリアスのこの問題に関する解釈は次のようになる。

ところが、これは必ずしも悪いことではない。問題は政治団体や政党との関係を断てばよい、という形では処理できないからである。むしろ、現状への参加と参与そのものが、社会科学者たちが解決しようとしている問題を包含する条件の１つなのである。自己集団や他集団との内部からの係わりがなければ、つまり積極的な「参加」がなければ、知識は得られない。そういうわけで、参加者であると同時に、一定の距離を置いて研究することが社会科学者に要求されるが、これは非常に難しいものである。つまり、一方には、伝統的に受け継がれ、宗教的に信仰されてきた社会的、政治的理想を研究手段として不可避的と見なす傾向、他方には、そのような非合理的、形而上学的手段ではなく、自然現象の物理学的理解を社会科学の合理的方法と見なす傾向があるからである。

この両方の二分法的な、他律的評価を基盤とする見解を超えることが難しいのである。その際、合理性の名のもとに古典的物理学の方法を社会科学の研究に取り入れることで問題が解決するという見解が支配的になっている。かくして、それに適さない広い領域が排除される危険性が生じる。１つの絶対的規範を科学の方法として定めようとする傾向は、問題を結果的に「真」と「偽」に二分化することになり、「真」と「偽」に二分化することが不適切である実証的科学の目的が、思考手段の固有の秩序にのみ関連する数学や論理学の目的と同一視される。

さらに、エリアスによれば、次のような形で、唯一、合理的であるというふうに神話化されたこの物理学の方法は批判されなければならない。経験的研究に従事する人々は、命題や理論を提示するのであり、その利点は、それがより真実に近いか、より適切であるか、また観察により一致しているかにある。つまり、問題を解決してくれる科学的な研究方法の特徴は、知識の獲得の際に、二つの方向（一方における一般的な着想・理論・モデル、他方における特定の事象の観察と認識）が不断に交流することで問題が生じ、解決されることにある。両方を有機的に結合させながら、科学者は着実に拡大していくモデルや理論の母体を、現実適合的な知識に向かう批判的対決によって発展させるのである。数量的・計量的操作がますます多くなり、それがアプリオリな問題解決として神話化され、あらゆる種類の問題解決が期待されるが、それは真の科学的、経験的な研究にはふさわしくない。

なぜなら、問題の枠組みの性格が、高度に自己調節するシステムや過程に類似すればするほど、また構成要素の関係が切り離せないくらい密接になる機会が多くなればなるほど、研究の手段としての法則は副次的になり、部分結合の規則性を探究するための最高の手段として、部分事象がそれぞれ機能単位の構成要素として結びついているという事実を明らかに表明するシステムや過程のモデルがさらに要求されるからである。

このような連続体を成すモデルを通じて、帰納法や演繹法として知られる由緒ある知的操作も同じ性格をもはや保持しない。高度に組織化されたシステムのモデルを扱う場合、別の手続きが必要になる。高度に構造化された組織体にはその内部にさらに小さな組織体があり、個々の自律性を有しながらも大きな組織体へと発展していく。そこには多様な相関的力や抑止力が作用し、組織体が相互に絡み合い、折り重なる。それを理解するには多層に及ぶ研究が必要とされるが、最も有効と思われている一元的な物理学の方法やモデルでは処理できない。

機械論的なモデルでは、組織体の部分は理解できても、たとえば進化していく生物全体の機能を説明することは、「個人」を寄せ集めても「社会」が成立しないように、無理である。自然科学のモデルがそのまま社会科学に応用されても、それがどれだけ社会科学にとって価値があるのか、恒常的なものなのかが検証されなければ、安全性を求めて既成の権威的手段にすがるだけであり、それは疑似的な「距離化」に帰着するだけである。

こうして、エリアスはこの議論の結論へと向かうが、おそらくここに、自然科学のモデルや理論を金科玉条と見なし、それを社会・人間科学の有効な方法として取り入れることを主張するカール・ポパーに対するエリアスの批判が示唆されているのであろう。エリアスがここで強調しているのは、社会科学者が、自分たちの研究態度やその科学理論により多くの自律性を求めることが難しければ、社会科学のモデルの発展において、自然科学に対して自律性を保つのは同じく難しいということである。人間がそれぞれ危機に遭遇している状況で、社会事象に対して本当に適切な、距離化された、自律性のある思考方法へ向かって前進できるかが決定的な問題なのである。エリアスは次のような問い掛けによってこの議論を終えている。

> 現在の状況で科学の専門家集団が社会事象について考える際に、自律性と適合性の基準をどれほど上げ、より多く距離化された規律をどれだけ自分自身に課することができるのか。経験のみがそれを示すことができる。ましてやわれわれは、人間集団が多くのレベルで相互に作り出す脅威があまりに大きくて、人間集団は、願望や恐怖に潤色されることの少ない、詳細を冷静に観察する相互交流の中でよりいっそう調和しながら形成される包括的自己像に耐えられるのかどうか、またそれに従って行動できるかどうか、前もって分からないのである。とはいえ、われわれは、悪循環の威力

――そこでは思想の感情性の強さ、人々から人々へと伝わる恐怖感を制御する能力の低さが補強される――を他の形でどのように突破できるか[8]。

ここに見られるエリアスの憂慮は、暴力や革命が断続的に続いている今日の世界情勢の中で研究する社会科学者に共通の困難や苦悩を示唆している。冷戦時代における超大国の戦争の脅威、革命集団と反革命集団の暴力の応酬、宗教的原理主義の名の下で正当化されるテロリズム、国家間の領土をめぐる抗争などの例は、いずれも、それらが、自律性のある、距離化された視野を社会科学者から奪う恐れがある。特定のイデオロギーや宗教的信仰に潤色された政治思想、自国の利益や文化的優位を支持する見解や戦略から社会科学者が解放されるのは容易ではない。それらを無視して、自然科学の方法にのみに依存しても、満足のゆく問題解決の道は探せない。

社会科学者が陥りがちなこうしたディレンマは、『参加と距離化』の第2部「大渦の中の漁師」の中で象徴的に例示されている。つまり、エリアスは、ここでアメリカの小説家ポーの短編のエピソードを使って、「参加」と「距離化」の問題を現実に即して再度議論し、それを深化させようとする。この短編では二人の兄弟漁師がある日、海上で大嵐に遭遇する。二人は今にも大渦の中に引き込まれようとしている。兄の方は迫りくる死を前にしてなすすべもなく、脅えてマストにしがみつく。弟は海を見ながら軽い物体が海面に浮き、重いものが沈んでゆくのを知って、体に樽を巻き付け海中に飛び込む。かくして、兄は海の藻屑となるが、弟は助かる。

このエピソードは、恐怖体験を前にして感情的な態度を示す（「参加」の度合いが高い）兄と冷静沈着に自然事象の変化を観察する（「距離化」の度合いが高い）弟を比較しながら、前者を愚かな人間として同情し、後者を聡明な人間として称揚するために使われるべきではない。むしろ、多くの場合、差し迫った危機に際してわれわれが取る態度は兄のそれに近い。あるいは、戦士社会では感情的な反応を示しながら敵に対峙することで生存の機会は増えがちであろう。弟の合理的な判断能力も最初からあったわけでなく、自然現象の過程を観察することでむしろ偶然生まれたと言ってよい。

エリアスがここで示唆しているのは、いかに危機的で絶望的な状況に遭遇しても、束の間であれ、もしわれわれが冷静になれれば、生存の機会が広がり、同じ状況で研究する社会科学者も危険を迂回しながら、何とか問題可決の糸口を見つけられるかもしれない、ということであろう。あるいは、それは、人間の思考形態が歴史的な過程を経て、徐々に「参加」から「距離化」へ、換言すれば、「非合理性」から「合理性」に移行していく道筋を比喩的に表現しているとも言えよう。

しかし、個人の場合ならともかく、集団であれば危機を逃れるための迂回路を探すのは難しかろう。産業や科学が発達した社会でも、長期に及ぶ政治的対立や経済的危機、打ち続く自然災害を前にして、人々が、古代社会や原始社会に特徴的な魔術—神話的世界に逆戻りすることもありうる。そうであれば、われわれは、アニミズムやトーテミズムに支配された原始狩猟社会を野蛮として無視したり、霊媒能力を賦与された魔術師や超能力を備えたカリスマ的指導者に平伏したりする人々を軽蔑できない。事実、20世紀のファシズムや帝国主義の時代にもこれに酷似したことが起こった(9)。

20世紀の２つの世界大戦や冷戦構造は、ある意味では魔術—神話的思考への逆戻りでもある。エリアスの言葉を使えば「国内の暴力は抑えられても、国家間の暴力が抑えられない状態」が続いたのである。エリアスは、たとえば、冷戦時代を例に挙げ、アメリカとソ連がボクシングの「クリンチ」のような状況で「二重拘束」の罠にはまり、長い間、暴力行使の連鎖による負のフィードバックを続けたことを強調する。どちらの主張にもさほど根拠がないのに、一方はアメリカン・ドリームを標榜しながら資本主義を絶対的な善と見なし、他方は万人の平等というユートピア主義の名の下に共産主義を誉め、お互いに誹謗中傷を止めない。これは両陣営が自国に対する「共同幻想」から離れらないことを意味する。つまり、この場合、両陣営では「参加」のレベルが極度に上昇し、逆に「距離化」のレベルが極度に減少したのである。

こうした状態は、多かれ少なかれ国際政治の動向を左右しているように思われる。領土・宗教・文化・政治・経済をめぐる国家間の抗争や対立は、ますますその緊張の度合いを深め、大きな圧力となって個々の国民にのしかかり、彼らをして「参加」の方向に向かわせ、「距離化」から遠ざけているとも言えよう。人間の自然事象への合理的な理解力は、弟の漁師がそうであるように、物理学の応用によって徐々に進歩してきたのに、心理・社会的な問題となると、兄の感情的態度に見られるように、それほど進歩していないのである。この心理・社会レベルでの統御力のなさが国家間の危険な関係、すなわち「二重拘束」のモデルを生み出し、「共同幻想」による軍事的緊張を深め、人類をしてミサイルや大量破壊兵器の使用へと向かわせうる。

が、エリアスが指摘しているように、われわれの時代は、逆に、伝統的な国家概念が世界のあらゆるところで変化し、グローバリズムなどの言葉に象徴されるように人類の新たな統合段階へといやおうなく突き進んでおり、現状を静止した事物のよう固定化できないのである。その変化にはもちろん強い対抗勢力が働くこともありうるが、それが人類にとって和平化に向かう生存単位であるなら、社会科学者は「距離化の精神」を発揮しながら、その方向に問題解決の糸口を見つけられるかもしれない。どの時代でも人間集団間、国家間の対立や緊張はありうる。

たとえば、エリアスがたびたび指摘するように、イギリスの歴史でも17世紀以降、清教徒とカトリック教徒の間で暴力の応酬による「二重拘束」の危険な時代が続いたが、暴力を制止する「文明化の勢い」が議会政治を通じて国家を「和平化」の方向に導き、無計画のうちにそれがイギリス社会の「スポーツ化」と重なった[(10)]。国家間の政治的な対立抗争からもこうした「和平化の勢い」が新たな国際的統合段階として生じるならば、社会学者は検証可能な研究課題としてそのような過程にも配慮すべきであろう。そこにも研究対象への距離化された観察能力が要求されよう。

エリアスがここで注目しているのは人間の知識が世代間の長期におよぶ伝達によって徐々に変化してきたことであり、彼の理論的枠組は知識社会学への大きな貢献でもある。科学的な能力に恵まれた現代人はその特権を当然視し、主観と客観の区別もなく、人間や自然が一体となった世界で暮らす古代人の未分化な知識を低く見る。古代人の非合理性、魔術—神話的思考が野蛮なものに見える。つまり、現代人は、科学的な知識が、それ以前の非科学的な知識から人間集団の習得能力により徐々に進歩したという事実、前の段階がなければ後の段階はないという序列的発展のごく簡単な事実を無視してしまい、先験的な思考能力を、その純粋性を絶対視する。

それゆえ、人間が集団殺戮や民族浄化のような残虐な行為に手を染めれば、その原因がよく分からず、われわれは、人間は元来善良だが、得体の知れない外部の力が突然人間を悪魔のように変えるとか、人間は生まれつき暴力的で、理性の抑止力がなければ世界はその暴力性で破壊されるといった表現によって、人間性をまるで「ヤヌスの顔」のように相矛盾するものと見なしてしまう。

しかし、よく考えてみれば、人間の理性、道徳心、良心、超自我などは、科学的知識と同じく人間集団が習得よって獲得することができた、共同体を安全な生活空間にするための共同遺産であり、まだ完成されたものではなく、発展途上なのである。科学的知識はとりわけ、エリアスが言うように、「参加」の度合いが高い段階（感情や空想が支配的な段階）から「距離化」の度合いが高い段階（合理性や現実適合性が支配的な段階）へと移行する過程で発展したのである。絶対的な「参加」も絶対的な「距離化」もなく、両者は常に相関的であり、バランスがどちらに傾くかが重要である。

したがって、やや安定した科学的な知識に比べ、不安定な人間の社会的・心理的統御能力は、状況次第では、低下することもありうる。これも人間を社会から切り離し、個別化するとあまりよく理解できない。むしろ、物理的暴力の独占と徴税権の独占を伴う国家形成の過程で、外的束縛（法的強制）と内的束縛（自己抑制）の相互関連的メカニズムによってこれらの知識のレベルが変化すると考えるのが妥当であり、エリアスの知識社会学の根幹を成す「参加」と「距離化」の概念がフィギュレーション理論と不可分であることが分かる。

本書の第3部「大進化について」でも、新しい研究のモデルを自然科学と社会科学の緊密な結びつきによって提示しようとする点で、エリアスは「参加」と「距離化」の概念をさらに発展させている。それは学際的研究の提唱というよりはむしろ、複雑な統合体へと発展していく人間社会の構造や機能を総合的に理解するための過程研究の必要性を提示するものである。その目的は、新たな統合体のモデル作りに奉仕しない従来の分析中心の自然科学、社会科学を批判し、フィギュレーション理論を根底にした総合的人間科学を提唱することである。その点では、エリアスは生物学や物理学の新機軸、とりわけワトソンとクリックが発見したDNAの構造モデルに触発されたようである。人間社会や生物の構造全体を個々の分子に分解しても、有機的な、変化する生命体としての構造それ自体を理解することは不可能であり、それは、一歩進んだ、異なったレベルの意識的取り組みを必要とする、というのがエリアスの主張である。

エリアスはここでも、生物学、物理学のみならず人間科学一般が、あらゆる物を構成している極小粒子、すなわち「素粒子」、とその特性を発見すれば、その本質が解明できるというある種の「起源神話」にとらわれていると、批判する。つまり、合成単位の特性を規定すれば、その合成単位の特性を十分説明できるとする考え方が自然科学一般に潜んでおり、この考え方こそ「科学の多様性を理解する上での、そしてとりわけ、物理学、生物科学、人間科学の相違も理解し、また科学の理論を理解する上での最大の障害の一つである」と言う(11)。

さらに、エリアスによると、宇宙の発展、その連続的変化を知るには「不変の法則」に頼るだけでは十分ではなく、継起する事象を象徴的に表示できる過程モデルが必要なのである。哲学や自然科学は「不変の真理」の探究から離れられず、現在の科学者もこの古典物理学の法則に縛られているのである。高次の統合段階へ発展する総合的構造物は、低次段階の部分単位には還元できないのであり、より複雑な形成物の構造的特徴を知るには、全体的な統合様式を知る必要がある。ゆえに、相互に関連し合っている諸科学のモデルを打ち立てるには「参加」と「距離化」の概念が必要となる。前にも触れたように、この問題は、エリアス独自の社会学のモデルの構築と方法論の探求にとって不可欠になる。

4　『社会学とは何か』の重要性

『社会学とは何か』においてもエリアスは、「個人」と「社会」の関係、「参加」と「距離化」の概念について論じながら、自らの社会学理論の本質をさらに追求している。その前年に出版された『文明化の過程』（ドイツ語第2版）と『宮廷社会』で提示された経験的研究と理論的研究の統合には、すでに社会学の方法論の確立が意識されていた。たとえば、前者の序論では主にタルコット・パーソンズの構造・機能主義が批判され、後者のそれでは、歴史学と社会学の有機的な相互関係の重要性が強調されていた(12)。こうした脈絡を念頭に置けば、『社会学とは何か』の出版は、他の社会学理論に対抗して、自身の理論的根拠を公的に提示するという意味で必然的でもあった。本書にはエリアスの理論のほぼ全容が説明されているが、先述したように、『諸個人の社会』や『参加と距離化』と内容的に多少重なっている部分がある。が、それでも本書は、フィギュレーションの概念に立脚した彼独自の過程社会学、発展社会学の真髄を最も簡潔に示しているという点で無視できない。

エリアスは本書の序論でも、「個人」と「社会」の関係を最初に取り上げ、伝統的に受け入れられてきた個人中心の同心円的認識（わたし―家族―学校―産業―国家）とは違う、相互依存する諸個人の「フィギュレーション」（編み合わせの諸関係）を図式化している。前者では、外部世界の認識の主体が相変わらず個人であるのに対して、後者では諸個人が数珠つなぎのようになってお互いに向き合っている[13]。そして、エリアスによれば、これらの人々が多種多様な相互依存（対立や協調）の諸形態を作り、家族・学校・共同体・町・都市などがさまざまな権力バランスによって特徴づけられるのである。

同心円的な自己中心の世界観が一方では、どのような経緯で自然科学のみならず、社会科学においても揺るぎない、絶対的な地位を占めてきたかについてはすでに述べたので、これ以上それには論及しない。ここではエリアスの社会学の方法論を特徴づける２つの問題に限定したい。１つは、社会が到達した発展段階が確認される「基本的統御の３組」であり、もう１つは彼の権力についての見解が引き出される「ゲーム・モデル」である。

19世紀の後半以来、社会発展の原動力がマルクスによって、階級闘争を通じて経済中心的な方向で説明されてきたが、エリアスはそれを十分な分析とは見なさない。彼はマルクスが、貴族階級に代わって商品交換中心の経済機構を発展させたブルジョアの経済思想に影響されて、国家を悪と見なし、あらゆる階級にわたって暴力を独占する国家の重要な機能を理解できなかったと言う[14]。分業や協業に社会発展の重要な機能を見出したデュルケムの社会学理論における経済中心的な分析にもエリアスは賛同しない。彼は長期に及ぶ人間社会の総合的な発展過程を分析する社会理論が未だに確立されていないことを指摘する。

彼にとって重要なのは、人間の、相互依存の連鎖の拡大によって無計画のうちに、かつ盲目的に進行する、あるいは時には逆流さえもする社会的変化をどのようなモデルで説明できるかである。それは、単純な生存単位が複雑化、多層化し、長期に及ぶ文明化の過程が人間に感情規制を要求し、その力学が人々をして階級性を超えて権力配分の平等化に向かわせる過程――それは単線的、直線的ではない――を説明するモデルを必要とする。その枠組みによってわれわれは現在の社会形態が初期のものから出現したことを理解できる。国民国家の構造的特徴は、それがいかに王朝や宮廷から発展したかが分からないと、明らかにされない。それゆえ、長期に及ぶ社会発展がいかに認識され、測定されるかを示す普遍的な概念が要求される。

その際、エリアスは「基本的統御の３組」を以下のように提示する。

（１）人間以外の複雑な事象、つまり自然をどれだけ理解できるか。
（２）人間対人間の関係、つまり社会関係をどれだけ制御できるか。
（３）自分自身を個人としてどれだけ抑えられるか。

（１）と（２）は社会が発展すれば増大するが、両者は同じ割合では増えない。現代社会の特徴は自然事象の統御機会が、人間の社会関係の統御機会よりも増えることである。それは自然科学と社会科学が発展した状況を反映しており、後者は、前者が苦闘の末、抜け出したあの魔術―神話的な悪循環にはまりやすい。端的に言えば、特定の事象認識の統御機会に人間が従うことが少なくなればなるほど、人間の思考は幻想性を帯び、より正確なモデルを獲得する機会が減る。

（１）の統御タイプは、テクノロジーの発展に、（２）の統御タイプはだいたい社会組織の発展に対応する。（３）の統御タイプは、文明化の過程として知られている特別なものである。自制における変化は、（１）と（２）の２つの統御タイプとは違って、必ずしも直線的には進まない。自然を統御する人間の能力は、自制や社会関係の統御能力の変化に相互依存するが、この３つの統御機会は並行して増えるわけではない。

つまり、エリアスは、自然や社会を理解する人間の能力が増大しても、心理的抑制は進まない場合があることを強調している。つまり、国家間の戦争や社会的暴力の長期化によって、和平化が停滞し、人間の思考により多くの幻想性が生じることで非文明化の過程へと人間社会が逆流することを示唆しているのである。

一方、エリアスの「権力論」も、文明化の過程による人間集団の相互依存の連鎖と関係がある。一般に、権力という言葉には否定的なイメージが付きまとう。それはある政治的党派や集団が、自己の権力資源の優位性によって他集団を一方的に支配するというニュアンスを含む。が、エリアスの権力についての見解は、このような二分法的価値判断に由来する負のイメージを含まない。むしろそれはダンスやスポーツの試合における人間集団の相対配置に似ている。エリアスのゲーム・モデルは概ね次のような形をとる。

①　選手Ａが選手Ｂと一対一で戦う場合（ＡとＢの双方の動きで権力配分が変わり、Ａの力がより強くてもＡがＢを絶対に支配できるわけではない）。
②　力の強いＡがＢやＣやＤの個々と戦う（モデル①とあまり変わらない）。

③　AがBCDの連合と戦う（Aの地位はBCDの連合の緊張状態で決まる）。

④　二つの集団BCDEとUVWXが戦う（双方が勝つチャンスを平等に持つ場合、両方ともゲームを支配できない）。

いくつかのレベルで複数の選手が戦う場合には、選手の数が多くなればなるほど個人はゲームの方向を決定できない。そこでは相互依存するネットワークが独自の生命を持つかのごとく機能する。ゲームの形態と、それに応じて選手が取る行動は分離しているようで分離しない。

さらに、エリアスは2つの複雑なゲームのモデルを用意する。1つは「2層のゲーム・モデル（寡頭制のタイプ）」である。すべての選手は相互依存するが、もはや直接に個々は戦わない。この機能はゲームを調整する特別な役員（代表者、リーダー、政府、宮廷、独占的エリートなど）によって果される。選手たちはさらにより小さな2番目の層を形成し、相互に戦うが、1番目の層とも結びついている。1番目の層がなければ、2番目の層もなく、両方が機能的に結合する。両者は相互依存し、異なった権力機会を持つ。その差は広がることもあり、縮まることもある。権力バランスは第1層にも、第2層にも、さらにその下位層にもある。より古い寡頭政治的な2層のゲームでは、上位層に傾く権力バランスは固定的で、安定している。上位層は第2層に対して優位であるが、その相互依存により限界を課せられる。両層のすべての選手が最強の支配者に対抗して組織されれば、支配者の権力は減じられる。が、上位の敵対する集団間の権力バランスが等しくて、大きな差がない場合、支配者はそれを利用して権力を維持できる。

2つ目は、「2つのレベルに基づくゲーム・モデル（より民主化される、簡略化されたタイプ）」である。ここでは、下位レベルの選手の力が上位レベルの選手のそれに対して、徐々に、しかも着実に増大し、不平等が縮まり、さらに権力バランスが柔軟かつ、弾力的である。それが一方か他方に傾く可能性がある。権力の差が縮まり、平等に近くなると、個々の選手やチームの位置からはゲームを支配するのが難しくなる。逆に、ゲームの過程が、大勢の選手の相互依存によって、個々の選手の動きを決定できなくなる。つまり、個々の選手の意図から離れたゲーム過程の相対的自律性を考慮に入れなければならなくなる(15)。

権力に関してエリアスのゲーム・モデルの概念から引き出せる結論は以下の通りである。

権力は個人が支配する軍事的、経済的資源などの客観物ではなく、人間関係の構造的特徴としてどこにでも存在するものであり、状況次第では良くもなるし、悪くもなる。権力は個人の所有物として持ち運ぶことができるようなものではなく、人間と人間が関係するときに配分という形で生じる。すべての人間関係は静的なものではなく、ある種の過程である。この関係は、２人だけのものではなく、さらに多くなり、ますますその形態は複雑になる。さらに、ゲームの比喩から次のようなエリアスの社会学の理論が生まれる。

> 選手はこのフィギュレーションを使って、動作をする前に自分自身の方向を定める。が、編み合わせのこの過程、ゲームの現在の状況やフィギュレーション――それによって個々の選手は自分自身の方位設定をする――が選手自身の秩序を示す。その秩序とは、構造、関係、独特の種類の規則性を備えた現象であり、そのどれもが個人を超えたところに存在しているのではなく、個人の継続的な結合や編み合わせの結果である。われわれが「社会」もしくは「社会的事実」について述べるすべては、この秩序を指すのであり、それは、われわれが述べたように、原初的競争における類型に似た明白なタイプの「無秩序」、加えて恒常的に繰り返すタイプの崩壊もしくは分離の過程を含む[(16)]。

こうしてエリアスはゲーム・モデルを通じて、個人と他者の意図的行為に根ざした相互作用主義や行為理論とは本質的に違うフィギュレーション理論の重要な概念を示唆するが、この場合、「秩序」という言葉の定義に注意すべきである。それをわれわれは、哲学や神学などで使われる万物の生成変化の源を支える、人間を超越した普遍的な法則として解するべきではなく、むしろ「無秩序」の力学をも内包した、人間と社会を常に発展や変化の方向に導く原動力と見なすべきであり、いわゆる構造主義における社会的安定性のシンボルとしての「秩序」とは区別する必要がある。

こうしたエリアスの方法論は、自然科学や社会科学がますます細分化され、研究者の多くが自分の「専門分野」に閉じこもる時代にあって、個別の専門分野の存在意義を否定するのではなく、もっと新しい社会科学のあり方を追求しているという意味で、つまり、人間社会全体の変化や発展を、経験的資料に基づいて総合的に分析し、説明する現実適合的な知識を獲得する必要性を強調しているという意味で、大きな役割を果たしている。それは、彼が、その方向を模索していたフランスの社会学者コントに敬意を払った理由でもある。

注

(1) それぞれのドイツ語の原典とその英訳は次の通りである。*Was ist Soziologie?* (*München:Juventa,* 1970); *What is Sociology?* (Columbia University Press, 1978). *Engagement und Distanzierung* (Frankfurt am Main, Suhrkamp, 1983); *Involvement and Detachment* (Oxford: Blackwell, 1987). *Die Gesellschaft der Individuen* (Frankfurt am Main: Suhrkamp, 1987); *The Society of Individuals* (Oxford: Blackwell, 1987). 日本語訳はそれぞれ『社会学とは何か』(徳安彰訳、法政大学出版局)が1994年、『参加と距離化』(波田節夫・道籏泰三訳、法政大学出版局)が1991年、『諸個人の社会』(右京早苗訳、法政大学出版局)が2000年に出版された。

(2) Johan Goudsblom and Stephen Mennell, eds., *The Norbert Elias Reader* (Oxford: Blackwell, 1998), p. 85.

(3) Figuration/figurationの概念に関連して「図柄」、「関係構造」、「形態」という日本語の訳語が従来使われたが、ここでは「フィギュレーション」に統一した。

(4) エリアスの言う「秩序」(order) もしくは「法則」(law) は、構造主義的な意味ではなく、相互依存の連鎖が生み出す「フィギュレーション」の力学を指す。換言すれば、それは「社会変化の秩序」、「歴史的構造物の形成を支配する法則」である。「階級」(class) もマルクス主義的な意味とは異なり、協調、融合、対立、抗争などを伴う相互依存関係の中で変化する。

(5) Norbert Elias, *The Society of Individuals* (Oxford: Blackwell, 1987), p. 19.

(6) Stephen Mennell and Johan Goudsblom, eds., *Norbert Elias: Civilization, Power and Knowledge* (Chicago: Chicago University Press, 1998), p. 277.

(7) Johan Goudsblom and Stephen Mennell, eds., *The Norbert Elias Reader* (Oxford: Blackwell, 1998), pp. 233.

(8) Stephen Mennell and Johan Goudsblom, eds., *Norbert Elias: Civilization, Power and Knowledge* (Chicago: Chicago University Press, 1998), pp. 244-45.

(9) 魔術—神話的な思考と現代国家の関係については、Ernst Cassirer, *The Myth of the State* (Yale University Press, 1946), pp. 277-98を参照

(10) イギリスにおけるスポーツ化については、Norbert Elias and Eric Dunning, *Quest for Excitement: Sport and Leisure in the Civilizing Process* (Oxford: Blackwell, 1986), pp. 19-40を参照。大平章訳『スポーツと文明化』(法政大学出版局、1995) 27-56頁も参照。

(11) Norbert Elias, *Engagement und Distanzierung* (Frankfurt am Main: Suhrkamp, 1983), p. 189.

(12) パーソンズ批判については、*Über den Prozeß der Zivilisation* (Frankfurt am Main: Suhrkamp, 1969), p. 9-73を参照。社会学と歴史学の関係については、Norbert Elias, *Die höfische Gesellschaft* (Frankfurt am Main: Suhrkamp, 1969), pp. 9-59を参照。

(13) この図については、*What is Sociology?* (New York: Columbia University Press, 1978), pp. 14-15を参照。

(14) エリアスはマルクスが国家による物理的暴力の独占、租税の独占の重要性に気づいていなかったと述べている。詳しくは、Norbert Elias, *Reflections on a Life* (Cambridge: Polity Press, 1994), pp. 144-51を参照。

(15) Stephen Mennell and Johan Goudsblom eds., *Norbert Elias: On Civilization, Power and Knowledge* (Chicago: Chicago University Press, 1998), pp. 121-134; Norbert Elias,*What is Sociology?* (New York: Columbia University Press, 1978), pp. 71-91参照。

(16) Stephen Mennell and Johan Goudsblom eds., *Norbert Elias: On Civilization, Power and Knowledge* (Chicago: Chicago University Press), p. 136.

第4章
『定着者と部外者』における ノルベルト・エリアスの理論的革新性

1　現代における「定着者—部外者関係」

エリアスが『定着者と部外者』の中で分析した共同体の対立と緊張の構造、およびそこから彼が導き出した「定着者—部外者関係」のモデルは、20世紀の後半から今日に至るまでよりいっそう激しく流動し、複雑に変化している人間社会の権力関係を知る上で依然として有効であろう。

ここ数十年の間にわれわれはこうした権力配分に関連する構造上の大きな変化を国内でも国外でも数多く経験してきた。たとえば、国内における金融組織や公共団体や教育機関の急速な統合や再編はたいていわれわれの予想を超えた方向に向かっている。国際的な状況では、もはや軍事上の力関係は対立する政治イデオロギーが惹起する冷戦構造ではなく、巨大な産業資本と軍事力に支えられ、グローバルな経済活動を理想とする国家と、それに対抗するためにテロリズムを正当化する原理主義的な宗教集団との対立関係に移行しつつある。

その場合、優れた科学的知識やテクノロジーに恵まれ、民主主義的な政治機構を備えた支配的な国家は、魔術—神話的な幻想に取りつかれた独裁国家を「悪の枢軸」、「ならず者国家」として、つまり、ある種の部外者として排除する傾向がある。換言すれば、定着者として君臨している、高度に産業化された現代の支配的な超大国は、かつて優位を占めた宗派や民族がその宗教的、文化的価値を正当化するために他の宗派や民族を「悪魔」に仕立てたように、自らの政治的、文化的価値基準から外れる国家や集団を、民主主義を無視する狂信主義的なファシスト集団として、すなわち部外者として排除しがちである。こうした対立関係はこれからも解決の見込みのない泥沼状態に、またエリアスの言葉を借りれば、果てしない「二重拘束」の状態に陥るのかもしれない。あるいはまた、それはベルリンの壁が崩壊したように、突如としてだれも予想もしない形で消え去ることもありえよう[(1)]。

「定着者―部外者関係」におけるこうした変化は、移民問題における政治経済的なレベルだけでなく、スポーツやジェンダー関係のレベルでも見られる。たとえば、プロサッカーにおけるイングランドのプレミアリーグ、プロ野球におけるアメリカのメジャーリーグのような国際的なプロスポーツ組織は、競争に打ち勝つために必然的に優秀な選手を高額な年俸で世界各国から集めることになる。そうすると、かつて国内で人気があった当該プロスポーツが、選手の国外流出によって衰退し、国内における定着者としての地位を失うこともありえよう。次にそれがアマチュア・スポーツに与える影響も無視できないかもしれない。こうして、スポーツの相互依存の連鎖が国際的な規模で拡大することによって、勝者（定着者）と敗者（部外者）の位置関係は微妙に変化することになろう。したがって、スポーツ全体の将来における変化を予想することはもっと困難になる。

こうした状況はさらにジェンダー関係についても言えよう。戦士社会の名残から男性に比べて、肉体的に劣った性として部外者的な立場に縛られていた女性の地位は、産業化や工業化による労働形態の変化によって向上し、女性は少なくとも現在のいわゆる先進国では男性と平等に近い権力機会に接近している。また、各種の国際的なスポーツへの女性の参加には目を見張るものがあり、身体能力の格差を理由にかつては男性に独占されていたラグビーやサッカーのようなスポーツ種目への積極的な女性の参加はその一例である。伝統的な道徳や宗教の圧力によって、女性選手が観衆の前で肌を露出することを禁じられていた時代はもはや過ぎ去り――イスラム教の世界では今なおそうした偏見が支配しているが、一般的に女性のスポーツへの興味や参加は徐々に高まっているようである(2)――スポーツにおける女性の部外者的なイメージは、現代の社会的価値観の中心が労働から余暇活動・健康へと推移するにつれてほぼ払拭されたと言ってもよかろう。

こうした男女間の権力バランスの変化が現代社会固有の現象ではなく、古代ローマの社会にもありえたことを指摘した社会学者はエリアスであった。エリアスは「古代ローマにおける男女間の変化する権力バランス」と題された論文で、初期共和制のローマでは女性は名前も与えられず、家畜に等しい財産として扱われたが、帝政期の全盛時代には一部の上流階級とはいえ、結婚や財産相続において男性とほぼ平等であったという見解を披瀝している(3)。しかし、西洋社会に特有であるこうした両性の平等の背後には、数多くの不平等が、換言すれば定着者と部外者の厳しい格差が、とりわけアジアの歴史には存在していたという前提が示唆されている。実際、エリアスはこの論文の本題に入る前に、西洋の若い男女が人前で抱き合ったり、あるいは西洋のある身分の高い女性が「レディー」と呼ばれて男性から敬意を表されたりするのに、なぜインドの主婦は通りで夫の後を歩かされるのか、なぜヒンドゥー教の僧侶の寡婦は死んだ夫と共に焼かれなければならなかったのかと問い掛ける。

つまり、そこで彼が指摘しようとしたのは、ほぼ同時に進行した人類の生物学的進化とは別個に、人間集団はそれぞれ違った歴史を形成し、その文明化の度合いも一様ではなく、個々の民族や国家によって異なるという認識、つまり、中世から近代にかけて進行した文明化の過程の中で国家による暴力や徴税の独占が比較的早くなされたのは少なくとも西洋の一部の社会であったという前提である。敷衍すれば、人間社会の多くの例では、ある集団の他の集団に対する支配関係は優位性と劣等性という形で長く固定化されるが、宮廷社会や絶対王制を打倒し、市民革命を通じて、エリアスの言う「機能的民主化」を実現した西洋社会では男女の平等性はより進行し、その権力格差はより減少したということに他ならない。

とはいえ、定着者と部外者の関係は常に歴史の新たなはずみによって、たとえば急速な技術革新、大規模な革命や戦争や国家的分裂によって変化する可能性もある。ほとんどの場合、多数派が少数派を支配するが、一部の官僚エリートやテクノクラートおよび独裁的な政治家集団や宗教組織が逆に大勢の人間を支配することもありうる。エリアスが「定着者―部外者関係」の理論を通じて追求しているのは、現代特有のこうした権力構造の分析のみならず、古今東西の人間社会を支配しているあらゆる差別構造の力学の解明でもある。それを可能にするのは、経済的な諸関係、とりわけ生産手段を独占する集団が生産手段を持たない集団を一方的に搾取するというマルクス主義的な唯物史観とは違う、エリアス独自の「形態社会学」の方法である。

2 「集団的カリスマ」と「集団的汚名」

『定着者と部外者』におけるエリアスの発見は、彼自身が対立する2つの社会集団や階層を「集団的カリスマ」(group charisma)と「集団的汚名」(group disgrace)という相補的な概念によって位置づけたことである。現代社会では定着者と部外者の関係はかつてほど固定的ではなく、さまざまな外的要因によって、あるいは複数の集団の出現によってまるでスポーツのリーグ戦やカード・ゲームにも似た複雑な様相を呈し、その相対配置の理解も容易ではない(4)。しかし、共同体の構造を歴史的な視野から眺め、その特徴を長期的な過程の中で捉える方法は、それによって問題が全面的に解決されることはないにしても、少なくとも問題の発生原因の理解を促してくれる。一見すると、イングランドのこうした共同体の事例研究は、イングランド固有の歴史的な階級問題、およびそれが共同体の住民にもたらす精神的影響の度合いをわれわれに認識させているようである。つまり、なぜある地区の人々は別の地区の、「古い」住民から差別的な待遇を受け、それに甘んじているのか、差別される家族の子供たちはなぜ非行に走りがちなのという問題をわれわれに問い掛け、その原因を統計学的根拠から明らかにしているようである。

このような問題はとりわけ産業革命以降、多くの社会改良家や博愛主義者が取り組んだ問題であり、経済的格差やそれに伴う家庭環境の悪化をどう解決するかということに収斂されがちであった。ところが、エリアスの分析ではそうした経済的な要因は第二義的である。それはそれぞれの共同体で生活する人々の職業や収入の違いを比較し、その構造的な特徴を知る上で重要ではあるが、なぜ古い共同体の人間が「われわれ集団」(we-group)として優越感に浸り、新しい共同体の人間が「彼ら集団」(they-group)として劣等性の汚名を着せられ、その罠から逃れられないのかという疑問の最終的な答えにはならない。ここではエリアスの「集団的カリスマ」という社会学的概念がその鍵を握っている。

エリアスはハイデルベルク大学で直接指導を仰いだアルフレート・ウェーバー教授はもとより、その兄である有名なドイツの社会学者マックス・ウェーバーからも自らの社会学的概念を発展させる際に大きな影響を受けた。エリアスの大著『文明化の過程』の下巻「国家形成と文明化」で重要なキーワードとして使用される中央政府の権威の重要性、国家による物理的暴力および徴税の独占などにはマックス・ウェーバーの影響が色濃く反映されている。

エリアスは、ウェーバー生誕百年を記念して1964年にハイデルベルクで開かれたドイツ社会学会に参加し、「定着者―部外者関係」の理論に関連する発表を行った。その際、彼はインドのカースト制の中に見られる、エリートの僧侶から成る支配的カリスマ集団、最下層民から成る部外者集団に着目したウェーバーの研究は意義深いものであり、それが古代インドだけでなく、複雑かつ多様な形となって多くの社会でも見られることを示唆している。そして、彼は「集団カリスマ」から神秘的・超人間的要素を取り除き、ウェーバーが詳しく分析しなかった「集団的汚名」を前者の双子概念として対置することによって、ある程度、普遍的に適応される理論、つまり、より厳密な「定着者—部外者関係」の理論が得られることを力説している(5)。

実際、20世紀の歴史においても支配的集団と被支配的集団の対立・抗争は世界中で頻繁に起こってきた。とりわけナショナリズムと愛国主義という脈絡では自己集団を優れた民族、国家として称揚し、他集団を経済、科学、文化、道徳などのあらゆる点で劣った民族、国家として蔑視する形で表面化した。国家間での領土、領海をめぐる紛争は今でも後を絶たない。民族差別、人種差別も同一国内で複数の言語が話され、肌の色が違う多様な民族がそこに住めば、よりいっそう激しくなる傾向がある。それは産業革命以降、ヨーロッパの主要な国家では階級対立という形で根強く残った。国際的なスポーツ大会では民族主義をめぐる暴力がたびたび噴出した。これらの集団的対立はあるときは緩やかに、またあるときは熾烈に展開されるが、戦いそのものが緊張感を失い、しだいに消滅することもある。つまり、それまで絶対的な優位を保っていた定着者集団の機能が停止し、部外者集団が相互依存の連鎖を通じて前者の権力資源の一部を吸収するのである。

エリアスの基本的な関心はこうした社会現象をいかに厳密で統一された社会学的概念によって普遍化できるかということであり、換言すれば、「集団的カリスマ」、「集団的汚名」の諸要素をともなう「定着者—部外者関係」の理論をウェーバーの言う「理想型」のような形にすることであった。それは共時的であると同時に通時的な社会分析のモデルであり、したがって、現代社会に特有の政治経済的な権力資源をめぐる集団間闘争だけでなく、インドのカースト制から日本の部落差別、南アフリカのアパルトヘイト、アメリカにおける黒人と白人の間の人種差別をも含む。

エリアスの功績は、この総体的法則を、イングランド中部の産業町——『定着者と部外者』ではウィンストン・パーヴァ（Winston Parva）という名称を与えられている——で展開される2つの労働者階級の対立という小世界を支配する法則から導き出したことである。その対立を決定するものは、経済的諸原因ではなく、定着者集団が自らの優位性を保持するために必要とするコミュニケーションのネットワーク（ゴシップのネットワーク）の独占であり、部外者集団を汚名化する共同幻想的作用（たとえば、差別の構造をあたかも超自然的な力による宿命や天罰でもあるかのごとく恒久化することなど）である。世界中で起こってきた、またこれからも起こりうるこのような集団間の対立に関する普遍的な法則を「定着者―部外者関係」の理論として提示できることを、エリアスは1977年に出版された『定着者と部外者』のオランダ語版の序文（1994年英訳）で次のように力説している。

> これは、他の相互に依存する他集団に対して権力配分の点で確実に優越している集団の正常な自己像である。その集団が、農奴に対する封建領主であれ、「黒人」に対する「白人」であれ、ユダヤ教徒に対するキリスト教徒であれ、カトリック教徒に対する清教徒（またその逆）であれ、女性に対する男性（昔の時代の）であれ、小さくて比較的力のない他の国民国家に対する大きくて力のある国民国家であれ、あるいはウィンストン・パーヴァの例で言えば、近隣の新しい労働者階級居住地の成員に対する労働者階級の古い定着者集団といった社会集団であれ、これらいずれの場合でも、より強力な集団は自分たち自身を「優れた」人々と見なす。また、そうした集団は自分たちにはある種の集団的カリスマが授けられているとか、自己集団全員が他の集団が持たない特別な美徳を共有していると考える。その上また、これらいずれの場合でも「優越している」人々は、より劣っている人々に、自分たちには美徳がない――自分たちは人間として劣っている――と感じさせるのかもしれない(6)。

> 小さな共同体の範囲内で普遍的な形態の側面を研究することはその研究にいくつか明確な限界を課することになる。しかし、それには利点もある…（中略）…普遍的だと思われる形態の小規模な説明上のモデル――検証され、拡大され、さらに必要であれば関連する形態への研究によって大規模に修正されようとしているモデル――を築き上げることができるのである。そういう意味では、ウィンストン・パーヴァのような小さな共同体の研究に起因する「定着者―部外者形態」のモデルは「経験的パラダイム」になりうる。それを、尺度として他のより複雑なこの種の形態に応用することによって、それらに共通している構造上の特徴、違った条件の下でそれらが違った方向で機能し、発展する理由をよりよく理解できるのである(7)。

> これらの特徴のいくつかがウィンストン・パーヴァの状況のような小さな状況でも観察できた。小さな共同体である小宇宙に大規模な社会である大宇宙を、あるいはその逆の形で解明させることは有益である。それが、小さな状況を「定着者―部外者関係」の経験的パラダイムとして使うことの背後にある思考方向である。というのは、そうした関係が他の場所で違った規模でしばしば存在しているからである(8)。

「定着者―部外者関係」の理論が社会構造の分析において果たす大きな役割については本書の結論でも繰り返し強調されているが、それは多くの点で、『文明化の過程』や『宮廷社会』を通じてエリアスが作り上げた独自の社会学概念を継承し、さらに発展させるものであった。『定着者と部外者』の初版が出た1965年には上記2作の英訳はまだ出版されておらず、本書は英語圏におけるエリアスの実質的な最初の仕事であった。それまでに発表されたエリアスの英語の論文は、「海軍職の発生の研究」、「参加と距離化の問題」、「伝統主義からの決別」、「職業」の4作であり、それだけでは社会学者として英語圏で名を成すには無理であった(9)。

そういう意味でも、最後の亡命先であるイングランドの町を社会学の分析の対象とし、そこから自分固有の総合的理論を抽出し、英米の社会学者にインパクトを与えることはエリアスにとって重要であった。エリアスのそうした態度は本書の結論部でも反映されている。ここでは、エリアスは自分の社会学の方法にかなり意識的であり、すでに『文明化の過程』や『宮廷社会』で提示した、人間集団がさまざまな形で関係し合う「編み合わせ関係」(*Verflechtungszusammenhänge*)、長期に及ぶ人間集団の「相互依存」(*Interdependentz*)の連鎖を基調とする「形態(図柄＝関係構造)社会学」[figurational sociology]を他の社会学の流派に対置しながらその理論的有効性を示唆している。

そこでエリアスが議論の中心課題としているのはこれまで多くの社会科学者、社会学者、社会理論家を悩ませてきた「個人」と「社会」の問題であり、個人が先か社会が先かというこの問題設定から、あるいは「物質」と「精神」を切り離す伝統的な西洋の二分法的な思考方法から逃れることであった。端的に言えば、エリアスは自由な個人の行為が社会を形成するというタルコット・パーソンズの機能主義、個人が社会の物資的な発展法則に支配されるというマルクスの唯物史観を超えようとしたのである(10)。

さらに別の言い方をすれば、個々の人間を寄せ集めても社会は成り立たないし、社会が辞書的な意味で言葉として存在しても、人間から離れた、別個のものとして存在しているのではないということ、つまり「諸個人による諸社会」、もしくは「人間―社会」という概念にエリアスは到達したのである。そして、それは共時的にも通時的にも独自の力学を持つのである。それゆえ、定着者集団の優越感や部外者集団の劣等感も個人と集団の同時現象であり、個人の自由な意志や行為ではどうにもならないのである。つまり、個人がいくら自分は劣等者でないと主張しても定着者集団が部外者集団に浴びせる非難と中傷の言葉から、換言すればゴシップのネットワークから個人は逃れられないのである。

さらに、エリアスはエミール・デュルケムの「無規範」(anomie) という概念の「評価的」な意味づけに対しても疑問を投げかけている。つまり「無規範」と「規範」、「無秩序」と「秩序」という反対概念の対置から、高度に産業化された社会を「無規範」として、過去の社会をユートピア的に「規範化」することが、現代の社会科学者の陥りやすい思考であると論じている(11)。

たとえば、中世の人々は現代人よりも信仰心が厚かったとか、金銭的報酬など求めず自由にスポーツを楽しんでいたという「評価的」な理想主義にはあまり信憑性がないということである。逆に現代人よりも感情の起伏の激しい中世の人々が、信仰の上で敬虔であるとはいえ、いかに教会の中で騒がしく、お行儀が悪かったか、あるいは彼らのスポーツがいかに暴力的で、残酷であったかという事実を認識することも重要である(12)。

同じ脈絡では『文明化の過程』の上巻でエリアスが分析したマナーの歴史的発展過程も参考になる。つまり、現代人にとって無作法と思われるような食事のマナーや生理的行為が昔の人によって恥じらいもなく実践されていたこと、エラスムスが『少年礼儀作法論』の中で上流階級の青少年のために文明化された模範的なマナーを示したこと、あるいはそれすらもいわゆる今日の文明化された行為の一過程にしかすぎなかったことなどがエリアスにとって文明化された社会の構造、およびその変化を分析する手がかりになった。換言すれば、エリアスは西洋のマナーが中世末期、およびルネッサンス期から宮廷社会を経て国民国家の成立期に至るまでの長期的な過程の中で段階的に発展したことを発見したのである。さらにエリアスは、内的束縛(人間の自己抑制)と外的束縛(外部世界の圧力)によるマナーの発展過程が、国家形成の過程の呼応することを指摘した。

とはいえ、西洋の文明化された社会は最終的な到達点や理想ではなく、それは単なる過程であって、永続する保証はないということもエリアスの重要な指摘であった。これは偶然のはずみで「非文明化の過程」へと向かうこともありうる現代の文明化された社会固有の問題であり、たとえば、資源の枯渇や環境破壊が引き起こす先進工業国の危機とも関連している。世界的な規模で展開されている資源保護・環境保全の運動を契機として、高度な産業力やテクノロジーを持つ国家が批判され、「定着者」としての地位を失って「部外者」に転落する可能性もなくはない。あるいは、人間の自己抑制によって守られていた文明社会の固い鎧が国際的なテロリズムによって、またスポーツをめぐるトラブルによって突然こわれ、国家間の暴力による非文明化の状況を生み出すこともあろう。

エリアスは、自分自身の理論的根拠を明らかにするために、他の社会学者を批判することもあったが、前章でも言及したように、コント、デュルケム、ウェーバー、マルクスなどの古典的な社会学（社会科学）者にはいつも敬意を表し、彼らが残した重要な「産湯」を捨てないように警告していた(13)。『文明化の過程』や『宮廷社会』に見られるように、エリアスは従来、巨視的な立場から歴史社会学的な対象を主に論じていたが、『定着者と部外者』では、一見、現代社会の構造分析という今日的なテーマに優先権を与えたように思われる。

しかし、社会構造の分析は理論的統合への一段階であり、彼の究極の目的は、微視的な立場で現状を統計学的に分析した後に、それを土台にして組み立てられた小宇宙の法則から、小宇宙を超える大宇宙の法則に接近すること、あるいは両者の相補性を追求することであった。『定着者と部外者』におけるエリアスの理論的革新性は、彼が「定着者―部外者関係」のモデルをそのような方向で、しかも異なった民族や種族間の対立ではなく、イングランドの同じ労働者階級同士の対立の中に明示したことにあり、それは古典的な社会学者から彼が受け継いだ遺産の創造的な発展であったと言えよう。

3　ウィンストン・パーヴァの構造分析

『定着者と部外者』で社会学的分析の対象となる小宇宙はウィンストン・パーヴァというごくありふれたイングランド中部の産業町である（町の名前も登場人物もすべて架空）。この町は1880年代にチャールズ・ウィルソンというある産業家によって作られ、最も古い住人は80年間もそこに定住しているという設定になっている。町には工場、学校、教会、店、クラブなどがあり、そこは３つの近隣地帯に分かれていた。そして、それぞれの近隣地帯では住民は、自分たちは異なった部類に属すると思っていた。ウィンストン・パーヴァの第１区域はいわゆる中産階級の居住区であり、そこの住民もそうした観念を抱いていた。第２区域と第３区域は労働者階級の居住区であり、第２区域には地元の工場などが多く建てられていた。２つの区域の労働者階級は職種や収入の点ではさほど違いはなかった。

一般論では、社会階級として同じランクに属する２つの区域の住民には共通性や親近感があり、むしろ両者は第1区域の住民と対立関係にあるはずであった。ところが、第1区域の中産階級と第2域の労働者階級は、自分たちを社会階級の点で第3区域の労働者階級よりも優れていると見なし、2つの労働者階級の間に大きな社会的な壁ができたのである。そして、第3区域の労働階級は悔しい思いをしながらも、またあるいは不承不承、第2区域の労働者階級から浴びせられる社会的地位の劣等性という「集団的汚名」を受け入れざるをえなくなったのである。

社会階級の点で両者の間に雲泥の差があったり、人種や民族の点で異なったりすればまだしも、どうして同じ労働者階級の間に、第1区域の中産階級と第2区域の労働者階級が価値観を共有することによって、隔絶が生じたのか、あるいは「排除の論理」が作用したのか。その原因を社会学的に探求し、より納得できる理論として提示することが『定着者と部外者』におけるエリアスの主要な目的であった。

一般的に仮定される簡単な答えは、第2区域が第3区域よりも「古い」ということであった。つまり、そこの住人のほとんどは、かなり長い間住んでいる家族同士のような間柄であり、古い住人としてそこに定着していて、ある種の帰属意識を抱いていることであった。それに比べて、第3区域の住人のほとんどはウィンストン・パーヴァに長く住んでいない新来者であり、前者との関係では「部外者」的な存在であった。つまり、彼らは急速な都市化、産業化が原因で職を求めて新興団地に移り住んだ人々であった。それでは、両者間の社会的な壁がなぜかくも長く崩れなかったのか、なぜ排除のメカニズムが効果的に機能したのか。エリアスはその原因を実証的な調査を通じて説明する。

第1区域の特徴は職業では会社の理事や経営者、医者や歯医者、事業主や学校の教師などが多くを占め、住居の点でも半分離式家屋ということで文字通り中産階級的であった。第1区域の住人のうち何人かの仲間がウィンストン・パーヴァと密接な関係を持ち、共同体の生活で積極的な役割を果たした。その中で最も突出した人物は、この土地に父親の代から住んでいるドゥルーという州議会議員で、彼は建築請負業でも成功していた。さらに彼は地元の都市地区議会のメンバー、地元の連合体の議長や理事、学務委員会委員なども兼ねていた。いわば彼はウィンストン・パーヴァの顔であり、第3区域の人々には名前は知られていなかったが、選挙を通じて第2区域の住民と結びついていた。無所属であったが、地元の保守連合がいつも彼を後押ししていた。彼の家の周辺にも何人か重要人物がいて、たとえば老人クラブのような地元の連合体の理事に任命されていた。つまり、第1区域の少数のエリートがリーダーとしてウィンストン・パーヴァ全体において、とりわけ第2区域との関係で尽力していた。そして、階級的には異なっても昔からウィンストン・パーヴァに住んでいるという共同体意識が、あるいは人間同士の密着度の強さが両者を引きつけていた。換言すれば、第2区域の労働者階級が新来者である第3区域の同階級を排除できたのは、彼らが常に第1区域と不可分の関係にあったからである。そのことはまた、彼らが自らを定着者と見なし、より優れた美徳や規範の保持者として権力資源を得る大きな要因になった。

第2区域の住人は職業の点ではかなりばらつきがあった。比較的、中産階級に近い職業に従事している人々が住んでいる場所もあれば、労働者階級として位置づけられる仕事をしている人々が住む場所もあった。住居は一般に労働者階級が住む棟続きのテラス・ハウスが主流であった。しかし、彼らの間ではお互いの意思の疎通は第3区域よりもはるかにうまく図られていた。長い間この区域に住んでいるということで連帯感があり、その密着度の強さゆえに第2区域は「村」と呼ばれ、その住人は「村人たち」と呼ばれていた。これは美しい自然に囲まれた典型的なイングランドの村という意味ではなく、そこの住人が「家族」、「親族」としていかに強く結びつき、閉鎖的な空間を形成していたかを意味している。彼らは第1区域のリーダーによって支援される「村」のクラブや教会や連合体を背景にして友情を深め、人生の喜びや悲しみを共有できたのである。また「村人たち」の一部は経済的な成功を収めれば第1区域に移り住むこともでき、実際、ある種の類縁関係がそこに形成されていた。

さらに第2区域には「母親中心の家族」が形成され、それが「村」の重要な「社会規範」になっていた。母親たちは自分の既婚の娘や義理の息子を家の近くに住ませ、夫婦が働きに出ている間に子供たちの世話をした。近隣の目が行き届いているため、第2区域の子供たちは安心して生活でき、第3区域のように子供たちが非行に走る危険はなかった。母親が困ればすぐに娘が、義理の息子が手助けに来た。庭の芝刈りや壁のペンキ塗りなどが相互扶助という形で行われた。要するに、まるで「福祉国家」のような制度が「村」の秩序を形作っていたのである。その1つは「常磐会」のような慈善団体であり、それは老人の福祉のための重要な組織として機能した。そこでは、遠足が行われたり、パーティが開かれたりして州議会議員ドゥルーからの暖かい財政援助もあった。「村人たち」がメンバーとして参加した楽団も昔から「村」の連帯の強さの象徴であった。また「村人たち」は自分たちの馴染みのパブで仲良く酒を飲み、第3区域の労働者がたむろする別のパブは風紀が乱れているとして近寄らなかった。要するに、第2区域の人々は「村」の社会的・道徳的優位性を維持し、かつ高めるために、また、迫ってくる競争相手を排除し、それがもたらす脅威から逃れるためにコミュニケーションの強力なネットワークを張り巡らし、相互依存の輪を拡大したのである。こうして彼らは相手に対して自らの地位を閉ざすことになった。

その際、最も大きな武器となったのはゴシップの独占であった。「村人たち」は第3区域の団地に住む新来者に部外者という固定的なイメージを与えるために、つまり彼らが社会的に劣っており、自分たちが持っている美徳や規範を彼らが欠いていることを強調するために、相手集団への「中傷化」(vilification)、と「汚名化」(stigmatization) を繰り返した。「村人たち」の次の会話にその一端が窺われる。

主　婦:「あのひとたちの基準は同じじゃないのよ。」
主　婦:「あのひとたちは自分の子供を管理できないのよ。」
主　婦:「向こうじゃいつも喧嘩しているのよ。」
主　婦:「あそこは、村とは違うみたいね。」
主　婦:「彼らのモラルは低いのよ。」
主　婦:「ここらあたりの人々は喧嘩なんかしないし、垣根を引っ張ったりしないわよ。」
退職した機械工:「やつらは難民さ。みんな大酒飲みでね。それが事実さ。」
労働者:「ロンドンのイースト・エンドから来た連中さ。昔は何も良かったことなどなかたのさ。」
店　主:「スラムが一掃されたのさ。アイルランド人か、ロンドン住民なのかよく分からないけどね[14]。」

相手に対する根拠のない「非難のゴシップ」(blame gossip) は、次は自己集団の美徳に対する「賞賛のゴシップ」(grace gossip) に転じる。ここでは戦争で夫を失い、働きながら女手一つで3人の小さな娘を育てたクラウチ夫人のエピソードがその代表的な例となる。彼女の家の壁には軍服を着た亡き夫の遺影が掛けられ、彼女は病気の娘を必死で看病し、完治させた。さらに彼女は、他の戦争未亡人を助けるために退役軍人の会に加わり、さまざまな地元の連合体にも身をささげた。彼女はこうして「村」の最も優れた規範を守るお手本として賞賛され、

「ゴシップの回路」（gossip circuit）が慈善委員会の活動に拍車をかけた。

このようにして「非難のゴシップ」と「賞賛のゴシップ」が合体し、第２区域の住民を優れた集団として、第３区域の住民を劣った集団として固定化するメカニズムが作用したのである。「集団的カリスマ」にしろ「集団的汚名」にしろ、この集団の力学に否応なく個人は巻き込まれ、逃れることはできなかった。ここでは両方の労働階級には目立つほどの経済的格差がなかったという事実が再度思い起こされるべきであろう。第３区域の人々と接触しようとする第２区域の住人には厳しい監視の目が光り、掟を破った人間には優越集団からの排除という罰が待っていた。

第３区域の労働者階級が第２区域のそれと違っていた最も大きな点は、前者には後者のような集団の緊密な結びつきがなかったということ、つまり、「古さ」という後者の武器に打ち勝てる集団的密着度が、換言すれば「社会的密着性」（social cohesion）の度合いが前者の場合には低かったということである。したがって、第３区域の住民は第１区域から送られてくる権力資源の一部を受け取ることができなかったのである。その大きな理由は、第３区域の住人のほとんどがイギリスの他の場所から移り住んできたということにあった。調査によると、戦争中、軍需工場がロンドンから当地に疎開したため、かなりの「ロンドン訛りの英語」を話す人々が移住してきた。また産業上の変化によってヨークシャーからも労働者の集団が流れてきた。

そうした現代社会特有の社会的移動性が第３区域にいわゆる新興団地を出現させることになった。「村人たち」は新来者を暖かく迎え、「村」の伝統や習慣を彼らに教えることもできたはずである。またロンドン人の陽気さや人懐（ひとなつ）っこさを理解し、パブで仲良く酒を飲むこともできたはずである。ところが「村人たち」は新来者の出現を「侵入」、「脅威」として受け止めたのである。こうして「村人たち」はウィンストン・パーヴァの教会、礼拝堂、ユースクラブ、慈善協会で新来者を冷遇したのである。古い集団と新しい集団の確執はどこの国でも、どこの社会でも見られるが、ここでは両集団のコミュニケーションがまったく分離しているのが特徴である。「ゴシップの回路」は「村人」たちに独占され、新来者は彼らが示す優越感に憤慨するが、その声には諦めと絶望の響きが入り混じる。

主　婦：「あのひとたちはまったく俗物なのよ。」
技　師（ロンドンからの疎開者）：「おれたちのことなど気にもかけないし、気にかけたこともありゃしないのさ。」
技　師（ロンドンからの疎開者）：「本当に気取ったやつらさ。おれたちのことを理解しようとする気などありゃしないのさ。」
労働者（ヨークシャーの出身者）：「実に高慢なやつらさ。」
主　婦：「ここらへんよりもいい階級みたい。特にあそこの教会のそばはね。」
退役軍人：「やつらはあのちっぽけな場所を自慢しているのさ」
靴下工場の工員：「古い連中さ。あそこを村なんて呼んで、それでおれたちを締め出すのさ(15)。」

詳しい説明を加える必要もないほど、「村人」間、新来者間の会話は、第2区域と第3区域の社会的分裂がかなり深刻であることを伝えている。人々の声の独特な響き、ジェスチャー、顔の豊かな表情（エリアスはそれを、他の動物が持たない、進化の過程で獲得された人類独自の生物学的特質と見なした）などは時として社会科学の使い古された概念よりも現実を鋭く描写することがあり、エリアスはこうした手段を重要視した社会学でもあった。『定着者と部外者』における社会学的分析は文学的には「ウィンストン・パーヴァ物語」に置き換えられると言っても過言ではなかろう。いわれのない社会的差別、およびそれが人間に与える心理的影響は、19世紀リアリズム小説の主要なテーマであり、エリアスの観察は時折そうした文学者の世界を髣髴させる。

第3区域の人々の深刻な問題は、たとえ個々の住人が真面目で勤勉な労働者であっても、第2区域の人々が浴びせる誹謗中傷に反発できず、集団全員の「汚名化」に屈してしまうことであった。調査の結果、判明したのは、経済的条件のみならず他の倫理的、道徳的基準もしくは教育への関心の点でも両者間には大きな差がないということであり、また第3区域に住む一部の「より乱暴な家族」、「最悪の少数者」に向けられた劣等性が「集団的汚名」として第3地区の全員を拘束することになったということである。同じ脈絡からすれば「最高の少数者」のおかげで第2区域の住人は、個人的にさほど注目に値するほどの能力がなくても集団としての優秀性、つまり「集団的カリスマ」を共有することになったのである。

実際、第3区域の評判を下げていたのは、数個の家族であった。その代表として団地に住む肉体労働者のある家族が挙げられた。彼の妻はかなりの酒飲みで、パブで働いていて、さまざまな男性との性的関係が取りざたされていた。彼女の

2人の息子も乱暴者で、1人は後に刑務所に送られた。家の窓ガラスはこわれ、台所は汚く、洗ってない食器類や食べ残しがテーブルに放置されていた。天井からガスの取り付け金具が飛び出し、死んだ蝿の付着した蝿取り紙がぶら下がっていた。

もう1つの家族も家庭の管理という点では失格であった。その家の夫は中部地方の別の場所から当地に移ってきた男で、兵役中にイタリアの少女と結婚した。庭の芝が伸び放題で、家の手入れもほとんどされておらず、妻は家出を繰り返していたようであった。5人の子供がいて、息子たちは学業成績も素行も悪く、第3区域の不良仲間に属していた。さらにこの家をめぐるスキャンダルは地元の新聞に大きく取り上げられた。長女がアイルランド人からプロポーズされ、結婚に反対したアイルランド人の家族が酔った勢いでその家に乱入し、暴力事件に発展した。

一部の「より乱暴な家族」のこうした悪いうわさが「悪循環」となって第3区域の「汚名化」を促進し、団地に住む大部分の住民が差別されるという否定的状況を生み出したのである。かくして「村人たち」は第3区域の住民全体に「台所が汚い、くさい」、「子供の教育がなっていない」、「親が不道徳である」という非難や中傷を浴びせ、劣等者の烙印を押し、共同幻想としての劣等性の神話を自ら創造した。「集団的カリスマ」と「集団的汚名」を支配するこの力学をエリアスは、対立する集団間の普遍的な現象と見なした。さらにこの差別の構造は第3区域の若者たちによって引き継がれ、内面化され、彼らの人格構造（ハビタス）を形成する。自分たちを差別する第2区域の住人に対して若者たちは「村」の規範や価値観に挑戦する形で報復行為をする。その代表が第3区域の不良仲間「ザ・ボーズ」（サッカー・フーリガンやネオナチなどの類似集団）である。彼らはとりわけ地元の青少年のクラブで備品をこわしたり、猥褻な言葉を使ったり、あるいはみだらな行為に耽ったりして、ますます第3区域の評判を悪くする。

しかし、こうした共同体の対立関係も時間の経過と共にあるときには突然、また別のときには徐々に消滅することもありうる。ウィンストン・パーヴァの場合には「最悪の少数者」が、家賃が値上げされたために、あるいは好条件の別の団地が他の場所にできたために移動したことで緊張状態が消えたとされている。今日のように急速に変化する産業社会であれば、共同体の周辺にさらに多くの区域が新たに出現する可能性がある。もしウィンストン・パーヴァの近くに第4区域、第5区域ができていれば、相互依存の形態や方向が微妙に変化して、第2区域は以前ほど権力を維持できなくなり、その伝統的な規範や価値観が新興区域のそれに取って代わられたかもしれない。

エリアスはここでそのことに言及してはいないが、彼が『社会学とは何か』で提示した「ゲーム・モデル」からすれば、こうした意図されない、無計画の社会変化は今日では十分起こりうるはずである[(16)]。

4　「定着者―部外者関係」の理論におけるエリアスの個人的な歴史

『定着者と部外者』の序文や結論でエリアスが強調したのは、階級間・階層間・集団間の対立を人間社会の普遍的な現象として総体的に把握する方法が、「定着者―部外者関係」をモデルにすることで得られるということであった。そして、それは実際、ウィンストン・パーヴァという小さな共同体の経験的な分析を通じて実現されたわけであるが、この社会学的に重要な発見がエリアス自身の個人的な歴史とどのように関わっていたかという問題もまた重要である。エリアスは2度の世界大戦、ワイマール共和国の成立とその挫折、ロシア革命の成功などに象徴される20世紀の激動波乱をすべて経験したという点でも希有な社会学者であった。個人的にも第1次世界大戦ではドイツ軍の通信兵として東部戦線、西部戦線の両方に赴いた。ワイマール共和国時代には左翼と右翼の間で繰り広げられた激しい暴力の応酬も目撃した。ナチスに追われてフランクフルト大学を去り、フランスを経て最終的にはイングランドに亡命するという難民生活に近い体験もした。その中でも母親がアウシュヴィッツで殺されたことはエリアスにとって最大の悲劇であった。イギリスで教職についていた頃には米ソの冷戦構造が深まり、エリアスはそこにイデオロギーの対立によって二極化する世界像を見た。

こうした体験の多くは、彼がヨーロッパの諸国において、支配的な民族集団から宗教的、文化的に異質な集団として、つまり部外者として扱われたユダヤ民族に属していたということとも関係がある。そうした個人の伝記的な側面が『定着者と部外者』を特異な研究として際立たせていることは事実であろう。しかし、ユダヤ人としての出自をそうした個人的な体験のレベルに限定せず、むしろユダヤ人が集団として、あるいは民族としてたどった歴史的過程を社会学的な観点から冷静に見つめることができたことが革新的な理論の発見につながったと言えよう。

エリアスは当時ドイツ領であったポーランドのブレスラウの裕福なユダヤ人家庭で育った。若い頃から自分がドイツ人に軽蔑されるユダヤ人という少数派の文化に属していることを自覚してはいたが、一方ではドイツ国民としての誇りも感じていた。ブレスラウのユダヤ人の大部分も同じような意識を持ち、自分たちが多少差別されてはいても、反ユダヤ主義がホロコーストに至るとは夢にも思っていなかった。しかし、間もなくその悪夢がヒトラーによって現実化されたのである。エリアス自身も国家社会主義の台頭に気づき、その危険性を察知してはいたが、一時はヒトラーの演説に変装して参加する余裕もあった。文明化されているはずの社会でなぜこのような非文明化を促す行為がなされたのか。これは善良なドイツ市民ならだれもが自分自身に尋ねた問いであろう。

エリアスはこの問いの答えを出すために、自分自身の経験に基づき、それを「定着者―部外者関係」の理論に具現しようと考えていたのである。その最終的な結果は彼の大著『ドイツ人論』(*Studien über die Deutschen*, 1989) に集約されている。しかし、そこで展開される理論や方法論の萌芽は『定着者と部外者』の中に見出される。なぜドイツ人はユダヤ人を「汚名化」したのか、なぜドイツ中産階級はフランスの宮廷文化、貴族文化を虚飾として排し、自らの「中産階級的な読書文化」に閉じこもったのかという問いは、なぜウィンストン・パーヴァの第２区域の住民は第３区域の住民を「劣等者」と見なしたのか、なぜ「村人たち」はウィンストン・パーヴァの文化施設や慈善団体を独占したのか、換言すれば、なぜ「村人たち」は自らを「文明化された人々」、新来者たちを「文明化されない人々」と見なしたのかという問いと呼応する。

ここでも注意しなければならないのは、差別される人々の劣等性を個別化しないことである。エリアスは、差別されるユダヤ人、またディアスポラの運命を背負ったユダヤ人を個人として、差別される黒人やジプシーになぞらえたのではない。エリアスは、「集団的カリスマ」とそれに対応する「集団的汚名」が人間集団のどのような相互依存の連鎖や編み合わせ関係を伴って起こるかを、長期的な過程分析に基づいて理解しながら、そうした作業を優先させることによって、集団を支配するメカニズムが個人をも縛っていることを発見したのである。それは研究対象に積極的に係わりながら、そこから距離を置く「参加と距離化」という研究態度の所産に他ならない。

エリアスは『回想録』の中でこの「定着者―部外者関係」の理論的意味についてたびたび貴重な見解を披瀝している。たとえば、部外者が定着者にとって圧倒的に無力である場合――前者が大農園の黒人奴隷やゲットーに住む貧しいユダヤ人であるような場合――両者間の緊張度は比較的低いが、部外者集団が社会的に上昇して、法的、社会的平等を求めるとき高くなり、その場合、両方の集団にとってアイデンティティの難しい問題が生じる。その時、定着集団はそれまで当然視されていた自分たちの秩序が動揺するのを感じ、さらに自分たちの地位を支えていた個人的価値やプライドがすべて奪われるのではないかという脅威を抱く。エリアスが『回想録』で注目したのはこうした点であり、集団の権力関係を決定するそのメカニズムを彼はドイツ人とユダヤ人の対立の大きな要素、反ユダヤ主義の根源と見なしたのである(17)。

エリアスの見解によると、ドイツ帝国では、ユダヤ人の多くはブルジョア社会や貴族社会の高い地位、高級官僚、外交官、大学教授などの地位から排除されていたが、商業・文化活動の領域では比較的自由を与えられ、軽蔑された少数者集団にふさわしい行動はまったく取らず、むしろ法的平等を真面目に捉え、まるでドイツ人のように振舞っていた。20世紀初期のドイツのユダヤ人は、文化的、経済的に抑圧されたジプシーのような集団とはまったく違い、あるいは東欧から流れてきたユダヤ移民とも違い、文化的にドイツに同化し、経済的にも平等であった。こうしたユダヤ人の経済的地位のおかげで、あるいは知的職業を評価する彼らの意識もあって、定着者によって規定された部外者としてのイメージに彼らは反発した(18)。

つまり、エリアスは、こうしたユダヤ人の態度が、国家的な統一が遅れたドイツ市民の劣等感を刺激し、ユダヤ人の存在を脅威と見なす反ユダヤ主義の幻想を増殖させたことを示唆しているのである。「定着者―部外者関係」はナチスの時代に典型的に現れたわけではなく、過去にも存在したし、今日でも起こりうる現象であるがゆえに、そのメカニズムを客観的な立場で知的に分析する必要性をエリアスは力説したのである。

「定着者―部外者関係」のモデル構築にエリアスが初期の頃から関心を寄せていた形跡が窺われるのは、すでに第2章でも取り上げたように、彼が1935年に書いた「ユグノー派のフランスからの追放」という論文である。これは社会学的な研究というより、むしろ特定の歴史的事実のみに焦点を当てながら事件の経緯を説明する短い論評であるが、ここでもルイ14世から追放されるユグノー派の姿が部外者のイメージに重なる。あるいはまた、それはナチス・ドイツから虐待され、放逐されるユダヤ人の惨めな姿を髣髴させる。

16世紀後半、「ナントの勅令」によってプロテスタントはカトリックと共に平等権を与えられたのに、その後、フランス国内で貧困や経済不安が高まると共に、なぜ国外追放の憂き目に遭ったのか。これがこの論文におけるエリアスの根本的な問い掛けである。ここで重要なのは、部外者集団であるユグノー派が、定着者集団であるカトリック派とルイ14世を頂点とするフランス王朝によって、国内に不安や脅威をもたらす悪の根源として、また悪魔として「汚名化」され、いわゆるスケープゴートにされたことである。ユグノー派に加えられた略奪やレイプなどの残虐行為はナチスのホロコーストを髣髴させる(19)。さらに重要な点は、ユグノー派の追放が構造的に、ウィンストン・パーヴァにおいて、第3区域の新来者集団（部外者集団）が、第1、第2区域に住む村人集団（定着者集団）によって排除される状況に似ていることである。つまり、そこには、定着者集団が、自分たちの地位や価値観を無視する部外者集団の存在を脅威と見なすある種の共同幻想が作用しているのである。

部外者集団の存在を脅威と感じた定着者集団が、自らの宗教的、道徳的価値観を称揚し、かつそれを正当化するために部外者集団を迫害したり、追放したりするこうしたパターンは、古代ギリシャ時代における都市国家間の争い、宗教改革以来ヨーロッパの主要な国で起こったカトリックとプロテスタントの確執、十字軍遠征時のキリスト教徒とイスラム教徒の戦いなど、歴史上たびたび見られたことである。複数の民族を抱える現代の国民国家でもこうした問題はいわゆる人種・民族対立として現在でも噴出している。エリアスもユグノー派の迫害の例だけでなく、「定着者―部外者関係」に由来する多くの暴力を社会学の分析対象として、とりわけ文明化された社会で起こりうる現象として取り上げた。

1990年代にはナチスの大量虐殺に匹敵する残虐行為がかつて民族調和の理想的社会主義国と見なされた旧ユーゴスラビアでなされたし、アメリカを中心とした西洋諸国の物質文明や文化的価値観を否定するイスラム原理主義のテロリズムの脅威は今日でも世界中で続いている(20)。暴力を抑える国家の統治機能は疑問視され、エリアスの言う「非文明化の過程」の徴候にわれわれは脅えていると言っても過言ではない。

エリアスは「機能的民主化」を通じて、つまり相互依存関係の拡大によって、部外者集団が定着者集団の権力資源に接近し、両者の位置関係が徐々に変化していく現実を、ヨーロッパ社会における貴族対市民階級、資本家対労働組合、男性対女性の関係の中に見た。しかし、そうした対立関係の多くはまた暴力の発生原因でもあった。文明化された社会であれば、国家の暴力独占によって暴力は当然封じ込められなければならない。しかし、文明化がある種の継続的な過程であれば、文明化された社会が持続する絶対的な保証はない。暴力の私物化によって現代国家の統治機能が、旧社会主義国でも資本主義国でも衰えていく現実をわれわれは体験した。つまり、文明化された社会の背後に「非文明化の過程」が徐々に忍び寄っていることをわれわれは感じているのである。あるいはまた、ハンナ・アレントが警告したように、巨大な独裁国家や全体主義国家の暴力による部外者（少数民族や労働諸団体などを含む）の排除が非文明化を一挙に生み出すこともあろう(21)。

エリアスの「定着者—部外者関係」の理論とそのモデルは、現代世界の集団間の対立構造をすべて明らかにし、解決することを目指しているわけではないが、それが少なくとも経験的な参与観察をともなう長期的な視野によって構築されたという意味では、より信頼度の高いものであると言えよう。実際、前述したように、この方法はエリアスが『文明化の過程』や『宮廷社会』で提示したいわゆる形態社会学の方法論を補強し、さらにそれを発展させたという意味でも重要である。「定着者—部外者関係」の概念は、エリアスが生み出した社会学の方法の中では最も応用範囲が広いものであり、政治組織、スポーツ、文化・文学団体などにおいて権力を行使する側と行使される側の変化する関係を長期的な展望で研究する場合、将来的にも発展の余地が大いにある(22)。

ここでも重要な対象は、個人ではなく、相互依存を繰り返す集団としての人間であり、諸集団の複雑な「編み合わせ」である。「定着者—部外者関係」のモデルを最も有効に使ったのはエリアスの弟子の１人であり、彼と共にスポーツ社会学の分野において数々の業績を残したエリック・ダニングである。彼はそれをアメリカのプロ野球における人種関係のモデルとして応用し、「白人（定着者）—黒人（部外者）関係」という形で、両者の長期に及ぶ変化を豊富な経験的な資料に基づき分析している(23)。

『定着者と部外者』に関連してもう１つ重要なことは、本書がエリアスと、当時大学院生であったJ・L・スコットソンの共同研究の所産として出版されたことである。本書は元来、新来の労働者階級が住む特定の地区でなぜ青少年の非行が多いのかという問題を社会学的に分析することが目的であった。もちろん普遍的な社会現象としての「定着者―部外者関係」の理論に方向性を与えたのはエリアスであった。しかし、いかに優れた理論であろうとも、取材訪問や統計学的な資料の作成などを含む経験的な基礎作業なしには、その正当性を証明することができないことを本書は証明している。

注

(1) 「二重拘束」の過程に関するエリアスの詳しい説明は、ノルベルト・エリアス著、波田節夫他訳『参加と距離化』(法政大学出版局、1991) 125-166頁、およびノルベルト・エリアス、エリック・ダニング著、大平章訳『スポーツと文明化』(法政大学出版局、1995) 20、38、47頁を参照。原典はそれぞれ、Norbert Elias, *Engagement und Distanzierung* (Frankfurt am Main: Suhrkamp, 1983), pp. 137-178; Norbert Elias and Eric Dunning, *Quest for Excitement: Sport and Leisure in the Civilizing Process* (Oxford: Blackwell, 1986), pp. 16, 26, 34を参照。

(2) たとえば、1928年のアムステルダム五輪の女子陸上800メートルで2位に入り、日本人女性初のメダリストになった人見絹江は、17歳のときに綴った日記の中で、女性が人前で脚を見せて走ることに世間の目は冷たく、「それはほんとに冷たいものだった」と書いた。『朝日新聞』(2005年6月18日) を参照。イスラム圏の女性も人前で肌を見せることが禁止されており、女性のスポーツ参加にも従来かなりの制限があった。しかし、最近では、国によって差があるとはいえ、女性が社会に進出するにつれて、健康で美しい肉体への願望もあり、国際的なスポーツ大会への関心が女性の間で一般に高まっている。『朝日新聞』(2005年9月28日) を参照。

(3) Norbert Elias, "The Changing Balance of Power between the Sexes in Ancient Rome" in *Norbert Elias: On Civilization, Power and Knowledge* ed. Stephen Mennell and Johan Goudsblom (Chicago: University of Chicago Press, 1998), pp. 191-92を参照。

(4) 多くの場合、エリアスは自分の社会学の基本的な特徴を表現するためにfiguration (形態＝関係構造＝図柄) というキーワードを使っているが、『定着者と部外者』では、configuration (相対配置) という語を多用している。さまざまな人間集団が複雑に絡み合って形成される可変的構造という意味では両方とも同じ概念であろうが、こうした状況は、彼の社会学を従来の概念で定義することがかなり困難であることを物語っている。なおエリアスはドイツ語でもFigurationという言葉を使っている。これはドイツ語のFigur (図柄、紋様) を連想させる。英語のfiguration や figure もほぼドイツ語と同じ意味を含んでいる。

(5) Norbert Elias, "Group Charisma and Group Disgrace" in *The Norbert Elias Reader* ed. Johan Goudsblom and Stephen Mennell (Oxford: Blackwell, 1998), pp. 105-12参照。

(6) Norbert Elias and John L. Scotson, *The Established and the Outsiders* (London: Sage, 1994), pp. xv-xvi.

(7) Ibid., pp. xvii.

(8) Ibid., pp. li.

(9) これらの論文の英語の題名はそれぞれ、(Studies in the Genesis of the Naval Profession, 1950)、(Problems of Involvement and Detachment, 1956)、(The Break with Traditonalism, 1964)、(Professions, 1964) である。詳しくは、*The Norbert Elias Reader*, p. 277を参照。

(10) Ibid., p. 171参照。

(11) Ibid., pp. 162-63参照。

(12)　『スポーツと文明化』第5章「中世と近世初期のイギリスにおける民衆のフットボール」(251-301頁）を参照。ここでは昔の人々は感情や情緒の安定度が低く、それが、彼らの残酷な娯楽や乱暴なスポーツに反映されていることをエリアスは証明している。

(13)　ノルベルト・エリアス著、徳安彰訳『社会学とは何か』（法政大学出版局、1994）183頁を参照。原典は、Norbert Elias, *Was ist Soziologie?*（München: Juventa, 1986）pp. 157-58を参照。英語版は Norbert Elias, *What is Sociology?* trans. S. Mennell and G. Morrissey（New York: Columbia University Press）pp. 151-52を参照。大平章編著『ノルベルト・エリアスと21世紀』（成文堂、2003）p. xiii も参照。

(14)　Norbert Elias and John L. Scotson, *The Established and the Outsiders*, p. 78.

(15)　Ibid., p. 80.

(16)　Norbert Elias, *Was ist Soziologie?*, pp. 75-83（Kapitel 3 Spiel-Modelle）; *What is Sociology?*, pp. 71-91（Chapter 3 Game models）参照。『社会学とは何か』77-87頁（第3章　ゲーム・モデル）も参照。ここではエリアス独自のゲームの理論が展開されている。集団の数が増えると集団間の関係が複雑となり、個人の力では統御できなくなる過程が、スポーツ・チームやカード・ゲームを例に挙げて詳しく論じられている。

(17)　Norbert Elias, *Reflections on a Life*, trans. Edmund Jephcott（Cambridge: Polity Press, 1990）, pp. 122-25参照。なおこの本は最初に英語のインタビュー記事に基づいて、1987年にオランダ語（*De geschidenis van Norbert Elias*）に訳された。1990年にはドイツ語（*Norbert Elias über sich selbst*）で出版された。さらに、エリアスの伝記については、Robert van Krieken, *Norbert Elias*（London: Routledge, 1998）, pp. 11-41; Stephen Mennell, *Norbert Elias: An Introduction*（Dublin: University College Dublin Press, 1992）, pp. 3-26を参照。なお、邦文献では、大平章編『ノルベルト・エリアスと21世紀』（成文堂、2003）1-13頁、奥村隆『エリアス・暴力への問い』（勁草書房、2001）1-18頁を参照。

(18)　Ibid., p. 124.

(19)　Norbert Elias, “The Expulsion of the Huguenots from France” in *The Norbert Elias Reader*, pp. 19-25を参照。

(20)　2001年9月11日にニューヨークで起きたイスラム原理主義者による自爆テロ事件の前に、イギリスでも白人の若者とイスラム教系（パキスタン、バングラデシュ、カリブ諸国からの移民）の若者との間で暴力事件が頻発した。2001年4月、5月、6月と連続して Bradford, Oldham, Bunley などのイギリス北部の町でこうした人種、民族をめぐる大規模な対立があった。新聞はそこにナショナル・フロントやイギリス国民党などの右翼勢力の介入も示唆している（*The Guardian* June, 26, 2001）。2005年7月にロンドンの地下鉄やバスで同時に起きた自爆テロ事件、およびその後のテロに関連する事件でも移民のイスラム原理主義者が関与していた。

(21)　Denis Smith, *Norbert Elias and Modern Social Theory*（London: Sage, 2001）, p. 64を参照。「非文明化の過程」に関連してエリアスの国家論とハンナ・アレントのそれが比較されている。

(22)　Stephen Mennell, *Norbert Elias: An Introduction*（Dublin: University College Dublin Press, 1998）, pp. 115-39参照。「定着者―部外者関係」について詳しく論じられている。その応用例などにも言及されている。

(23)　Eric Dunning, *Sport Matters*（London: Routledge, 1999）, pp. 179-218参照。アメリカの白人と黒人の野球における人種問題が、「定着者―部外者関係」の理論を使って詳しく論じられている。エリック・ダニング著、大平章訳『問題としてのスポーツ』（法政大学出版局、2004）318-87頁も参照。

第5章
スポーツ社会学者としてのエリアス

1　スポーツと余暇の社会学――興奮の探求

1954年にレスター大学の社会学部の常勤講師に就任したノルベルト・エリアスが最も力を注いだ社会学のテーマの1つは、スポーツの研究であった。今日でこそ、スポーツは、フィギュレーション理論、構造・機能主義、マルクス主義、批判理論、闘争理論、フェミニズムなどの多彩な方法論で研究されているが(1)、それまではもっぱら体育学の分野に属し、正当な社会学のテーマとは見なされていなかった(2)。

こうした状況でエリアスは彼の弟子であるエリック・ダニングと共に、自らの文明化の過程の理論に依拠しながら、スポーツのさまざまな面を分析し、それを1986年に『スポーツと文明化』に統合した(3)。それ以前に2人はすでに共同研究という形でスポーツ関係の論文をいくつか社会学の専門雑誌に掲載しており、『スポーツと文明化』は彼らのほぼ5年間に及ぶ研究の集大成的な著書であった。それまで、エリアスは『文明化の過程』において折りに触れ、芸術や文学と同レベルでスポーツや余暇活動の機能に言及したことがあったが、それはたいてい断片的であり、『スポーツと文明化』におけるほど歴史的な視野や心理学的なアプローチを含むものではなかった。

本書におけるエリアスの貢献は、まずスポーツという現象が人間の心理的な側面と連動しながら変化し、発展してきたという仮説、つまりスポーツの「心理発生」に関して独自の理論を展開したことである。この心理過程は『文明化の過程』においても繰り返し強調されたが、端的に言えば、それは西洋社会のマナーやエティケットを一定の方向に推進した「自制の強制」というある種のフロイト的心理のメカニズムである。

エリアスは基本的には、肉体を行使することで実現されるスポーツ活動を、人間の精神活動と切り離すことなく、つまり肉体と精神を二分化せず、両方が相互に依存しながら長い歴史の過程を経て変化してきたこと、これからも変化しうることを証明しようとしたのである。さらにまた、彼は、労働を価値のある社会的行為、余暇活動を価値のない時間の浪費と見なすのではなく、後者を、とりわけスポーツ活動を現代社会の重要な要素として分析しながら、それを社会学的に理論化しようとしたことでも注目に値する。

こうした問題はいずれも『スポーツと文明化』の英語版の主題である「興奮の探求」という表現と関係する。エリアスによれば、現代の高度に発達した産業社会では、暴力的性向や攻撃的姿勢を直接表すことは一般に反社会的な行為と見なされる。暴力が一定の線を越え、長期化すれば、それは止めどもない内戦や政治革命の予兆になる。また、個人のレベルでも、もしわれわれが職場で憎い同僚や上司に殴りかかったり、異性に対して性的興奮を直接表したりすれば、われわれは刑務所や精神病院に行くことを余儀なくされるであろう。これに関連する事件（人種や宗教の対立による暴動やスポーツにおける暴力行為など）はマスメディアを通じてしばしば報道されてはいるが、それは、一般的には人間社会の正常な状態とは見なされない。

現代社会は、暴力を根絶したわけではないが、少なくとも暴力的な行動を避けるような方向、殺人や殺傷を快く思わない方向、換言すれば、文明化の方向に発展してきたと言えよう。フロイトの言葉で言うなら、「原始的欲望」は「自我」や「超自我」の発達によって抑えられてきたのである（それゆえ、逆にフロイトの『文化への不満』が示すように過度の自制に対する不満が現代人の心に鬱積する）。

実例を挙げれば、エリアスが言うように、現代人は中世の人々が楽しんだ「猫の火あぶり」、「熊攻め」、「罪人の処刑」などをもはや楽しいとは思わない。なぜなら残虐な行為に対するわれわれの嫌悪感のレベルは前進したからである。そういう意味では、人間は生まれつき暴力的ではなく、ある種の否定的な状況の長期的な連鎖が人間をそうさせるのである。とはいえ、現代社会は、古代や中世の社会に比べて、極度の自制により、日常生活のレベルでも、あるときには耐えがたいほどのストレスをわれわれに与える。その圧力は最悪の場合、人間を白昼夢や誇大妄想によるノイローゼの状態に追い込むこともある。エリアスは人間がこうした心的状況に陥らないようにするための対抗手段としてスポーツや余暇活動（芸術やダンスや音楽を含む）を重要視する。

実際、テクノロジーの発展に伴う経済格差の減少によって将来、人間は労働よりも余暇活動に多く時間を費やすこともありうるからである。その場合、重要な点は、スポーツや余暇活動の時間が、労働による疲労を癒し、労働がもたらす緊張から逃れるためではなく、むしろより多くの楽しい興奮を求めるために費やされるということである。この興奮の領域は一定の度合いを越えた危険なものではなく、許された範囲の、「模倣的興奮」であり、たとえば、スポーツは、「社会がもたらす通常楽しくない抑圧による緊張」を相殺し、「楽しい、抑制された、感情の規制解除」を供給することになるのである(4)。それゆえ、スポーツの多くは——全部ではないが——暴力を行使する実際の戦闘ではなく、「模倣的戦闘」、「模擬戦」として行われ、また敵意や憎悪を直接表明するのではなく、それを「別の空間」に移し替えることによって、楽しい興奮が得られるように工夫されてきたのである。

その際、エリアスはアリストテレスの「カタルシス」の概念（元来それは体から不純物を取り去ることを意味したが、同時に浄化的、治癒的効果を持ち、われわれに楽しい興奮を供給することをアリストテレスは指摘した）に言及し、芸術や文学作品の浄化作用をスポーツや娯楽のそれに関連づけ、文明化の過程におけるスポーツと余暇についてより広範な議論を展開する。つまり、スポーツは、探偵小説、スリラー、演劇、音楽などが人間社会で果たしている機能と関連づけられるのである。その際、人間が長期の相互関係の連鎖によって習得した自己抑制という性向は、スポーツそのものを暴力的で危険な状態に導かないで、ルールの設定などを通じて、それをさらに楽しい興奮が得られる度合いにまで高めるという機能を帯びるのである。

したがって、スポーツの研究は、スポーツだけを個別に扱う方法では満足のいく理解は得られず、その心理発生と社会発生の研究が不可欠となる。端的に言えば、前者は西洋社会におけるマナーとエティケットの発展、およびそれに伴う人格構造の変化に関連し、後者はそれと連動する国家形成、とりわけ国家による物理的暴力の独占、徴税権の独占の過程と関連する。こうして、われわれは古代から現代に至るまでのスポーツの変化——スポーツ化の過程——を、文明化の過程の理論に依拠しながら分析する意味を理解できるのである。

2　スポーツ化の過程

エリアスは古代ギリシャ・ローマから中世を経て、近現代へと変化する西洋のスポーツのさまざまな側面を具体的な資料に基づき歴史的に分析する。それは、現代のスポーツを絶対化するのではなく、それがあくまでも過去のスポーツと相互に関連しながら存在しているという「過程」への認識を深めるためになされるのである。この方法はエリアス独自の発展社会学、過程社会学の根幹を成すものであり、彼のフィギュレーション理論が常に経験的な研究に根ざしていることを意味している。

現代でもその基本精神が神聖視されている古代オリンピックとはいったいどのような性格を持っていたのか。ギリシャ人はどのような種類のスポーツ――その時代にはまだスポーツという言葉が存在しなかったが――を行っていたのか。女性も男性もほぼ同じく、このギリシャの神々を称え、かつ死者の霊を慰めるために行われたオリンピアの競技大会に参加したのか。このような基本的な問いを発しながら、その答えを模索することからエリアスのスポーツ社会学は始まる。

エリアスによると、古代ギリシャのスポーツは多くの点で現代のそれとは非常に違っていた。その代表的な例は、パンクラティオン（pancration）と呼ばれる現代のボクシングとレスリングを織り交ぜたような格闘技であり、体重別の組み合わせなどはなく、あるのは大人と子供の違いくらいであった。肉体的な暴力の度合いは高く、参加者は文字通り死闘を繰り広げたのである。この競技において推奨されるべき行為は、勝つことではなく、死をかけて最後まで勇猛果敢に戦うことであった。とりわけスパルタでは強い競技者が輩出した。エリアスは、勇敢に戦った競技者たちの石碑が彼らの故郷に建てられたという事実に言及しながら、ギリシャの男性の戦士としての価値がそこにたどられることを指摘している。肉体的暴力への嫌悪感のレベルは低く、「良心」という言葉さえも、自分の反道徳的な行為を責めるような現代的な意味とは異なり、神聖なる支配者、つまり神に忠実になることを意味していた。

こうした事実は、われわれが古代ギリシャの精神文化や芸術に高い評価を置いていることと一見、矛盾しているように思われるが、エリアスによれば、そうではなく、この戦士の気風は古代ギリシャ特有の文化をむしろ積極的に反映しているものであった。つまり、古代ギリシャでは、肉体的に頑強で勇敢な男性こそが指導者の条件を備え、かつ貴族社会の構成メンバーだったのである。ソクラテスもプラトンもアリストテレスも理想とされるこの戦士の気風を体現しており、彼らは都市国家間の戦争では勇敢に戦い、また常にこうした戦闘に参加していたからこそ、彼らには暇な時間(ギリシャ語では学校を意味する)が貴重であった。

こうした事実から、エリアスは、古代ギリシャでは現代的な意味での国民国家は存在せず、存在していたのは絶えず戦争状態にあるより小さな単位の都市国家であったという結論を引き出し、今日の国家の概念をそのような都市国家に当てはめようとする現代人の認識の誤りを指摘する。さらに、都市国家のこうした状況は、現代的な意味での「和平化」が古代ギリシャでは実現されず、したがって、スポーツにおけるギリシャ人の暴力性や攻撃性の度合いが高くなったことにも関連する。かくして、戦士の気風というギリシャの上流階級の人格構造(心理発生的側面)は、都市国家という国家形成の過程(社会発生的側面)と相関関係にある。古代ギリシャのスポーツの社会学的診断はさしあたりこれで十分であろう。

一方、古代ローマにおいてもスポーツはローマの国家形成の段階に相応していた。ローマは周知のごとく、初期共和制から徐々に帝政へと移行し、ポエニ戦争での勝利を通じて大帝国へと成長した。その勢力はヨーロッパ中心部のみならず、北アフリカやイングランドにも及び、ローマは多くの植民地や奴隷を抱え、それを統治するには軍事力を絶えず強化する機能を国家に求めざるをえなかった。こうした状況をスポーツのレベルで反映しているのは、コロセウムで行われた奴隷出身の剣闘士と野獣の戦い、および剣闘士同士の戦いである。コロセウムでの剣闘士の残酷極まりない殺し合いは、キリスト教徒の殉教死とともにローマ市民に楽しい娯楽を提供した。反面、ローマは、スパルタクスの反乱に見られるように、大規模な奴隷の反抗運動に悩まされ、それを暴力的に抑止せざるをえなかった。また、戦車競走を見物していた民衆もたびたび暴徒化し、今日のフーリガンのように、暴力行為に耽ったことが記録されている(5)。つまり、古代ギリシャと同様、古代ローマでも、現代的な意味での文明化されたスポーツの概念——たとえばフェアープレーの精神やルールを順守する態度——が発展する余地はまだなく、暴力に対する嫌悪感のレベルはまだ低い段階であったということである。さらに国家も、市民を暴力や災害や病気から守り、人権を保証するような近代的な機能を備えてはいなかった(6)。

それでは次に、中世から近代初期にかけてのスポーツの発展過程を概括してみよう。エリアスはこの点についてもかなり信頼度の高い歴史的資料に基づいてその分析を行う。もちろん中世には古代と同様まだ現代的な意味でのスポーツの概念は成立していなかったが、スポーツの形態やルールという点では、より現代に近づいていたことが分かる。エリアスは中世という時代を、人々の生活様式、信仰、余暇活動の面で、他の人類学者や歴史学者にしばしば見られるような形で、理想化したり、ロマン化したりすることはない。つまり、彼は、中世の人々の宗教への信仰は篤く、彼らが満ち足りた農業生活を営んでいたというような捉え方はしない。

エリアスによると、中世の一般人の感情の起伏は激しく、彼らは喜怒哀楽を直接表現し、暴力への嫌悪感や裸体への羞恥心のレベルもさほど前進していなかった。多くの人々は文盲で、聖書なども読めず、科学的な知識が乏しいので迷信を容易に信じたり、突然、敬虔な信者になったりもするが、教会などでは騒がしく、行動も粗野であった。が、それは、彼ら自身の道徳性が低かったのではなく、そのような社会で生活せざるをえない人間集団特有のハビタス（人格構造）を彼らが共有していたからにすぎない。したがって、彼らが行っていたゲームも、現段階から見れば単純で洗練されていないかもしれないが、彼らなりの基準でそれを楽しんでいた。われわれは、ここでも、エリアスがたびたび警告するように、現代のわれわれだけが最も文明化されたスポーツを享受していると考えてはいけないのである。

実際、中世期のイギリスではキリスト教の祝祭日（とりわけ懺悔火曜日）には老若男女を問わず、あるいはあらゆる階層や職業に属している人々が集まって、ボールのような用具を使って大掛かりないわゆる「民衆のフットボール」を楽しんだようである。もちろん人々はこのような機会を利用して日頃の鬱憤を晴らしたり、わだかまりを解消したりするために、あるいは楽しい興奮を味わうためにかなり暴力的な行為に及んだようである。こうした初期のフットボールはケンブリッジなどでは学生と村人の間でも行われ、村人たちが試合の場所に学生たちを呼び出し、隠し持っていた棒で彼らを殴って復讐を果たしたという記録もある。

さらにイギリスでは、兵士や民衆が軍務や仕事を忘れてこの種のフットボールに夢中になるので、国王や市当局がそれを禁止させるためにたびたび勅令やお触れ書き出したが、効果はなく、かなり手を焼いたようである。あるいはフットボールに興じている間に、だれかが蹴られてけがをしたり、死んだりして裁判沙汰になったことにも言及されている。エリアスはここでもそのような具体的な例を経験的な資料としてかなり詳細に示している。

ともかく、この脈絡で重要なことは、先述した「猫の火あぶり」、「熊攻め・牛攻め」などの原始的で残酷なゲームを楽しんでいた中世の人々が、ほぼ同じような感情のレベルで「民衆のフットボール」を楽しんでいたことである。中世後期から近代初期にかけての「スポーツ化の過程」を説明する最も具体的な「民衆のフットボール」の例は、「ハーリング」（hurling）と「ナパン」（knappan）であり、それに言及することでエリアスは、スポーツ社会学の方法論上の有効なモデルを示唆している。

ハーリングはコーンウォル地方で行われたゲームで、東部地区ではゴールの方へ、西部地区では野原に向かってボールが投げられた。最初の種類のハーリングではそれぞれの側に15、20、30人くらいの選手が選ばれた。茂みが競技場として使われ、さらにその中にまた2つの茂みがゴールとして使われた。ゴールを防衛するために最も優れた防衛力のある選手が2、3人割り当てられた。その他の選手は2つのゴールの中間に集まり、そのどちらの側にも関係のない人がボールを投げ、そのボールを取って相手のゴールに入れた人が試合に勝った。さらに試合は次のように進行した。

> ところが、その中にはきわめて困難な作業の1つが含まれている。というのはいったんボールを取った選手も相手の選手に近くで待たれ、捕まえられそうになるからである。相手はその選手の胸を握りこぶしで突き、阻止する…ボールを持っている選手が最初の敵をうまくかわしても、2番目の敵、3番目の敵がその選手を捕まえる…さらに彼が幸運で、きわめて敏捷なため、待ち受けている敵を払いのけ、追い越したとしてもゴールの所には彼を捕まえ、阻止しようとしている別の敵が1人、2人いる…ハーラーたちは以下のような多くの規則を遵守しなければならない。彼らは1対1でボールを投げなければならず、1度に2人が1人を転倒させてはならない。ハーラーはボールに激突してはならないし、相手のベルトの下を押さえてはいけない…自分自身よりもゴールの近くに立っている味方のだれかにボールを投げてはいけない[7]。

この引用を読んだだけでもこのゲームがラグビーの元祖であることが分かるが、それがレスリングにも似ていることも同時に推測できるし、粗雑なルールであるとはいえ、オフサイドのような反則がすでに発展しつつあることも理解できる。しかし、ゴールに向かってボールを投げるハーリングが、たとえば「こぶしを使って」という表現にも見られるように、物理的暴力の行使のレベルでは、とても近代的な競技場で行われるラグビーと同じだとは言えないし、そのような乱暴なゲームを楽しむことは現代人にはできないであろう。

さらに、野原に向かってボールを投げるハーリングでは、ルールにおいてサッカーやラグビーに似ている要素はまったくない。この民衆のゲームは規則に拘束されることが少ないがゆえに、より多様で、その形も雑然としていた。2、3人の紳士がこのゲームを行った。その際、彼らは休日などに東部や南部の教区民を連れてきて、西部や北部の他の教区とハーリングの取り決めをした。そのゴールは紳士たちの家か、3マイルから4マイル離れたどこかの町や村であった。試合の模様は概ね次の通りである。

> 彼らが対戦するときには、数の比較も選手の組み合わせもない。がしかし、銀色のボールが投げられ、それをつかんで力と技でそれを決められた場所まで運んだ集団がボールと勝利を獲得することになる。このボールをつかんだ人は一般に敵の集団に自分が追跡されていることが分かる…ハーラーたちは丘、垣根、溝を越えて一番近い道を進んで行く。実際、茂み、茨のやぶ、ぬかるみ、水たまり、川と何でも越えて行く。というわけで、2、30人の人々がボールをわれ先に奪い取ろうとして水の中でもつれあい、互いに戦いながら横たわっているのを見ることになる。競技は（本当に）乱暴である。がしかし、戦略を必要としているがゆえに、それはいくぶん戦争の作戦に似ている…時々、敵に気づかれないでうまく逃げられる歩兵がこっそりボールを取って、それをずっと後方に運び、それから最後には迂回路を通ってゴールまでもって行く。勝利が知らされると、勝った側は皆、大喜びでそちらに集まる。ゴールが紳士の家であるならば、人々は紳士にトロフィーの代わりにそのボールを与え、その上、彼のビールを飲みつくす(8)。

野原にボールを投げるハーリングは、参加する人々の多さに加え、ゲームそのものがまるで戦争さながらの様相を呈していて、現代人には珍しく見えるかもしれないが、ゴールに向かってボールを投げるハーリングに比べると、ルールの点でも粗雑であり、現代スポーツから味わえるようなスリルや楽しい興奮は期待できない。しかし、エリアスによれば、こうした民衆のゲームは、民衆にとって楽しい興奮として受容できるゲームのレベルが現代のそれと違っているということだけでなく、中世から近代初期にかけてのイギリスの社会の構造を解明するのにも役立つ。エリアスはイギリスの各地で当時行われていた「民衆のフットボール」を通じて、一方では、かつて農奴の状態で暮らしていたイギリスの農民が自由農民から成る田舎の人口に変化し、他方では、土地を所有している貴族階級と並行して、称号のない、単に「紳士」にすぎない地主階級（ジェントリー）が台頭してくる歴史を読み取ろうとする。

つまり、それは、このようなゲーム（支配的エリート層にとっては文明化されたゲームではないが、自分たちの土地では習慣となったゲーム）を主催することで、ジェントリーが農民階級との結束をいっそう強め、国王や貴族の対抗勢力として自らを位置づけようとしたことを意味する。当時の社会構造の点から見て、さらに重要なのは、初期の村落共同体は、しばしばロマン主義者によって美化されるように、真に統合され、強い連帯感で一体化されていたのではなく、それぞれ近隣の共同体と対立しており、その対立を解決する手段としてこうした初期のゲームが地主階級によって組織化されたことである。

次に、「民衆のフットボール」として14世紀から19世頃までウェールズで行われたとされる「ナパン」に触れてみたい。このゲームに参加した人々は時々、2千人を超え、コーンウォルの「ハーリング」のように、参加者の何人かは馬に乗って試合をした。「騎兵」は大きな棍棒を持っていた。ゲームの主な内容は次のように説明されている。

> この競技では個人的な恨みを晴らすことができる。したがって、どんなささいなきっかけでも彼らは喧嘩を始める。２人の間でいったんそれに火がつくと、すべての人間が両方の側で集団を作る。その結果、あなたがたは、500人から600人の男たちが集団でなぐり合う光景を見ることになる…かれらは石を拾い上げ、それをこぶしのなかに入れて相手をなぐる。騎兵が侵入して、歩兵部隊のなかに馬で突き進む。騎兵は手に入れることのできる最も大きな棍棒を選ぶ。それは、樫、トネリコ、サンザシ、野生のリンゴの木などで作られたもので、雄牛や馬をなぐり殺すことができるくらい大きい。騎兵はまたナパンを持っていない人を個人的な恨みでだれでも襲うし、そのひとが自分の方から攻撃を加えれば、その後でそのひとを棍棒でなぐる…このゲームには見物人などはいないのだろう。すべての人間が行為者にならなければならないのである(9)。

「ナパン」が、相手にけがを負わせたり、敵を殺したりする実際の戦争ではなく、あくまでも模擬戦であったとしても、そこで示されているような激しい暴力や、人々が得ることができたと思われる同じレベルの楽しい興奮を、現代人が現代のスポーツの中で味わうことは無理であろう。「ハーリング」と同様に、そこには暴力に対する嫌悪感のレベルが中世期の民衆の生活では進んでいなかったことが少なくとも分かるし、同じくそれが中世期に行われた「民衆のフットボール」（遊戯的闘争）の共通の要素であったことを知る必要がある。が、ここでも中央の統制団体やルール組織がまったくなかったわけではなく、それぞれの地方的特色を残しながらも、徐々に近代的スポーツとしての体裁や統一性を備えていく過程を経つつあったのであり、エリアスが強調するのもこの「過程」という概念なのである。つまり、「ハーリング」や「ナパン」は、現代の文明化された人々が行っている洗練されたフットボールとはまったく異質であり、それを楽しんでいた、あまり文明化されていない、どちらかというと野蛮で残酷な中世の人々と現代人はまったく別の人種であるという「現代中心のイデオロギー」から離れることが重要なのである。

これらの一見、不統一で乱暴な民衆のフットボールの名残が、ラグビーやアメリカン・フットボールのルールの一部にも見られること、したがって、そのようなゲームが少なくとも現代スポーツの原型や祖先の役割を果たしていたことを知ることが重要なのである。つまり両者の間には長い相互依存の連鎖が存在する。こうした2種類のゲームの違いや相関関係を論じる際に、これ以上、中世における民衆のフットボールに言及する必要はなかろう。

「民衆のフットボール」が時を経て、イギリスの名門パブリック・スクールにおいてアマチュア精神という道徳性を帯びながら、紳士階級の重要な肉体や精神の鍛錬の手段として独自の発展を遂げたこと、それがイギリスの教育上、あるいは国家形成上、重要な意味を持っていたことに言及すべきであるが、ここではエリアスのスポーツ社会学の中心概念である「スポーツ化」(sportization) と「議会主義化」(parliamentarization) の関連性に注目したい。

一般にわれわれは、「産業化」を「スポーツ化」の推進力と見なしがちであり、その理由にはかなり根拠があるが、前者は必ずしも後者の絶対的な条件ではない。確かに、産業の発達は都市人口を増大させ、その経済的基盤はスポーツの組織やその管理・運営団体に有利な条件をもたらす。それに加えて、産業化はスポーツ選手や観客の供給源となり、とりわけプロスポーツにとっては、必要不可欠な機構を準備する。またスポーツを支えるマスメディアや医療機関も産業の発達なしにはありえない。その半面、産業都市における極度の分業化や専門化がスポーツのプロ化に拍車をかけ、アマチュアリズムの存在基盤を弱めることで、金銭とは無縁の、真の喜びがスポーツから消えるかもしれない。あるいはまた、マルクス主義者が警告するように、業績中心主義が選手を商品化し、いわゆるスポーツにおける「人間疎外」が起こるかもしれない。

こうした問題は世界でいち早く産業化を成し遂げたイギリスではすでに議論されていたことであるが、産業化、科学技術化がさらに進み、グローバリゼーションを迎えた今日においても、個々のスポーツに栄枯盛衰があるとはいえ、プロスポーツが消滅する気配はない。スポーツを中心とした余暇活動がますます必要とされるようになったのはどうしてなのかという問題は、スポーツ社会学が今後取り組むべき重要な課題の１つであろう。

ともかく、ここで注目されるべきことは、中世後期から近世初期にかけてイギリス各地で行われていた民衆のフットボールが時を経て――あるときはパブリック・スクールの重要なカリキュラムに採用され、また別のときは、産業社会に生きる人々に娯楽もしくは職業を提供しながら――無計画のうちに、個々人の予想をはるかに超えて、近代スポーツの様相を呈してきたことである。長期にわたる人間の相互依存の連鎖によって変化を遂げながら定着していくスポーツのこうした過程を、エリアスは「スポーツ化」と呼んだのである。

エリアスは、たとえば、ドイツのスポーツ評論家の解説を引用しながら、「スポーツ」と「ジェントルマン」という英語が、他国語に訳せないという発言に注目して、「スポーツ化」というこの現象を社会学的に説明している。つまり、フランス語起源の「スポーツ」という言葉が今や完全に英語化されただけでなく、世界の共通語にもなっており、スポーツにおける文明化の過程が、イギリスの国家形成の過程に重なっているのである。イートン校で主に行われたサッカーがたちまちヨーロッパの国々に伝わり、それぞれの国にサッカーリーグが誕生したこともその一例である。

エリアスは「スポーツ化」を、因果的に「産業化」に並行させるのではなく、「議会主義化」との相互依存関係を通じて、その力学を解明しようとする。この「議会主義化」という概念はイギリスの支配層の人格構造を心理発生的に説明するものであり、それは自ずとスポーツの社会発生のメカニズムを具体化する。端的に言えば、「議会主義化」とは議会での討論や議論を重視し、ある程度の妥協を通じて問題解決に至るメンタリティであり、エリアスによれば、それはフランス人やドイツ人とも違うイギリス人独特の気風であり、長い歴史の過程を経て培われたものである。それは、イギリス人が元来、道徳的であり、そのような稟質を備えていたからではなく、彼らがたまたまそれを必要とするような歴史的状況に立たされていたからである。

周知のごとく、国王チャールズの処刑が象徴するように、イギリスは、清教徒革命前後には暴力の悪循環という「二重拘束」に陥っていた(10)。つまり、フランスに先立ってイギリスでは、とりわけカトリックとプロテスタントの間で長い暴力の時代が続いたのであり、それから逃れるのは容易ではなかった。一方が権力を握れば他方は復讐を恐れた。脅迫や恫喝、暴力によるいじめや追放は日常茶飯事であり、国民はこうした暴力の応酬にうんざりしていた。が、徐々に議会での討議や説得を通じて政権交代を行い、政権を取った側は、それを失った側に対して卑怯な方法で復讐しないという方向にイギリス人は国家経営の活路を見出し、いわゆる「和平化」の道を歩み始めた。

こうして「議会主義化」、「和平化」が「スポーツ化」を生み出すことになった。どちらが原因でも結果でもなく、それぞれが同時に進行したのである。「議会主義化」はルールや規範によって「和平化」への道を準備し、それに基づいてスポーツを楽しむという気風が自然にできあがったのである。かくして、多くの球技、たとえば、クリケット、フットボール、テニス、ホッケーなどに細かいルールが設定され、イギリスのみならず世界中に広まったのである。なぜ「スポーツ化」がイギリスで起こり、フランスやドイツで起こらなかったのか、と尋ねるのも興味深いかもしれない。

さらにスポーツの発展はそれを担う支配階級の力を必要とする。その方向をエリアスは、18、19世紀のうちに上流階級の重要な娯楽兼スポーツへと変貌した「狐狩り」にたどる。狐狩りに代表される狩猟は元来、農民やジェントリーが飼育している大事な家禽を害獣から守るために行われ、特に飢饉のときなど農民にはこれらの動物は貴重な食料になることもあった。ところが、「狐狩り」の本質は、火器などを使って人間が狐を殺すのではなく、猟犬が人間の代わりに狐を捕獲してくれることにあった。つまり、人間は馬に乗って、猟犬と一緒に獲物を追跡しながら、そのスリルを楽しい興奮として、ある種のゲームとして追求することができるようになったのである。

このイギリス独特の狩猟形態は、あまり外国人には理解されず、エリアスはその独自性を「確かに、あの狐は、あれほど苦労したなら、捕まえる価値がある。フリカンドーにすればうまかろう」というフランス人の言葉を引用して、示唆している(11)。次の引用には、「和平化」と「スポーツ化」の不可分の関係がイギリスでは狐狩りによって象徴されていることが分かる。

イギリス式の狐狩りの習慣と初期の狩猟形態を比較することによって発見される狩猟方法の変化の方向は、文明化の勢いの一般的な方向を非常に明確に示している。肉体的力の行使、特に獲物を殺すことに対する抑制がますます強化されたこと、さらに、これらの抑制の表現として、暴力を行使する際に得られる快楽を、暴力が行使されるのを見る際に得られる快楽に置き換えることは、人間活動の他の多くの領域における文明化の勢いの徴候として観察される。これまで示されてきたように、それらはすべて、国家の中枢機関の代表による物理的権力の増大、もしくはその増大する有効性、およびその独占に関連する一国家の、より多くの和解を促す動きに結びついている。それらはさらに、国家の内部的和解と文明化の最も重要な側面の1つと結びついている——つまり、これらの中枢機関の支配をめぐって繰り返し行われる闘争から暴力を排除すること、さらにそれに伴って生じる良心の形成と結びついている。獲物を殺すことにひとが直接加わることを禁じたイギリス式の狐狩りの習慣が、その全盛期において、文明化の勢いの表れであったということを考慮に入れるならば、暴力に対する社会的禁止のこのような増大する内面化、および暴力に対する、特にひとや動物を殺したり、さらにそれを見たりすることに対する嫌悪感の限界値の進歩が理解される(12)。

エリアスは、ここで「狐狩り」という、現代人にはあまりなじみがないが、かつてイギリスの上流階級にとって余暇活動やスポーツとして重要な地位を占めていた狐狩りを通して、「和平化」と「スポーツ化」の相互依存関係と相互補完的関係を見事に証明している。両者はどちらが先でも後でもなく、あくまでも並行して前進するのであり、因果関係によって支配されるのではない。が、それがベクトルのような一定の方向性と力を伴うには、「文明化の勢い」を必要とする。つまり、相互依存の長い連鎖が、ある種の社会的行為や習慣を容認できるもの、適切なもの、あるいは不適切で排除すべきものという形で急速に基準化する方向に向かうのである。その一例は、かつて上流階級にとって、その社会的威信と価値観のシンボルとして存在したこの「狐狩り」が、現在のイギリスでは、残酷で非人間的な行為として廃止されていることである。もちろんこれは、動物愛護運動、野生動物保護運動、環境保全運動などを支持する団体の力によって法制化されたわけであるが、これを、現代社会のある種の新しい「文明化の勢い」と見なすこともできよう。

つまり、それは、文明化された生活様式や行動の担い手が、かつてのエリート層から、その下位にいた階層に移り、産業化の波やそれに伴う教育化の進展によって、そこに新しい価値基準が加えられたことを意味する。それゆえ、エリアスの言う「かつて許されていたことが禁止される」という現象が（あるいはその逆の現象も）文明化の過程において起こりうるのである。それでは次に、「スポーツ化」ともう１つの重要な概念である「議会主義化」の相互依存関係に関するエリアスの結論的な見解を見てみよう。

> 国内の激しい闘争と対立の時代が終わった18世紀のイギリスにおいて、多極的な議会制度の機能が比較的円滑に発展したことによって、その問題が解決された。議会制度の漸進的な確立は極めて明白な和解の勢いを表していた。それは、たとえ同意された規則によって、相手方が政権を取り、その成果と権力資源を自分のものにすることができるとしても、もし関係しているすべての集団が暴力の行使を固く否定するとなると、必要になるようなより高いレベルの自制を要求した。比較的より暴力的で、あまりよく調整されていない地主階級の娯楽が「スポーツ」という表現にその現代的な意味を与えるようになった比較的穏やかで、より細かく調整された娯楽に変化し、さらに同じ時期に、同じ社会階級が暴力を否定し、政府を規制したり、また特に政府を交代させたりする議会の方法に高度な自制の形態を習得したことは決して偶然ではない。実際、議会の競争それ自体はスポーツの特徴をまったく欠いていたわけではなかった。さらにまた、これらの主として口頭による、非暴力的な議会の戦いは、楽しい緊張の興奮の機会を欠いてはいなかった。言い換えれば、18世紀のイギリスの政治制度の発展と構造と、同じ時期のイギリスの上流階級の娯楽のスポーツ化との間には明らかな類似点があった(13)。

「議会主義化」と「スポーツ化」のこうした類似点は18世紀以降のイギリスの国家形成の過程全体を支配するものであり、イギリスの文化や芸術、イギリス人の行動様式を決定する大きな要因となり、さらに、帝国主義的な侵略を継続しながらも、その文化的影響力を植民地にも伝えるという方向をたどったのである。エリアスは、ドイツの国家形成がイギリスのそれとは違ったコースをたどったことを他の著書で度々強調している。つまり、彼によると、ドイツ人は議会での討論を無意味な、単なる「おしゃべり」と見なし、ワイマール共和国以降も強力な指導者に政治的実権を委ねようとしたことで、最終的にはファシズムの方向に向かったのである。イギリスの歴史において「議会主義化」が果たした大きな役割をエリアスはさらに次のように分析する。

> 17世紀の終わり、および18世紀の初頭からずっと続いた変化と同じく、18世紀における上流階級の娯楽の変化は、国家全体の構造の中で起こっていた全体的変化に特徴的な特殊な問題を反映していた。それは、和解が進行し、特に政治的に最も強力なイギリスの地主階級に課せられた自己抑制が増大し、放逸な暴力を阻止する社会機構、つまり大部分はこのような階級そのものに属する人々によって支配される機構がいくぶん効果的になるにつれて、ますます注目されるようになった問題であった。このよ

うな形で増大した安全性がなければ、また国内の和解の前進がなければ、経済成長やますます成長する商業化はあまり効果を発揮しなかったであろう。彼らの間で進んだ和解と商業化は、人々の個人的な行動のよりいっそうの規則性に貢献し、かつそれを要求した。それは単に彼らの職業上の問題だけに係わることではなかった。生活上の行為のなおいっそうの規則性を促すこの傾向は、外的な規制だけによるものではなく、社会的に引き起こされた自制によっても支えられていた[14]。

エリアスがここで言及している「議会主義化」、すなわち議会政治における規則化された政治上の手続きや戦術は政治的レベルの変化だけではなかった。この引用でも分かるように、議会主義の発展、経済の成長、商業上の成功が、人間の行動の規則性、自制の必然性を促したということであり、さらにまたその逆もありうるということでもあり、とどのつまりは、その合理的関係の意味が今やほぼ自動的に内面化される段階になったということである。これはスポーツのルールの合理性を理解することと、ルールの順守によって得られる利点を納得して受け入れることの両方に関連する。このようなエトスがなければ、どのようなスポーツが発明されてもあまり意味はない。エリアスの言う「議会主義化」はこのように近代におけるイギリス人の人格構造の全体的な変化に関連しているのである。それはつまり、ルールのないスポーツは楽しめないという精神の出現であり、それは「和平化」をともなう「議会主義化」との長期にわたる相互依存関係の所産である。

たとえば、それは、卑怯な手段で相手をだましたり、相手の肉体を傷つけたりして勝利しても、真の喜びが得られないという精神であり、ある時期には名門パブック・スクールのアマチュア精神やフェアープレーの精神と重なったのかもしれない。競馬、ボクシング、ゴルフ、ポロなどの他にもイギリス人が発明したスポーツは枚挙にいとまがない。また、ラグビーを始めたとされるW・B・エリス少年、ボクシングのグローブを発明し、自分の作ったルールを採用したジャック・ブロートン、近代ボクシングの基本ルールの規定に貢献したクィーンズベリー侯爵などのエピソードも発祥地はイギリスである。あるいは、国際的なスポーツで使用されるルールのほとんどが英語であるという問題も上記の問題と何らかの係わりがあるかもしれない。が、ともかく、文明化の過程との関連でエリアスが社会学の課題として取り上げたイギリスのスポーツのさまざまな側面は以上のような例とその説明で十分であろう。

3　スポーツと暴力

人間の自己抑制の習得が長い相互依存の連鎖を通じて、近代イギリスの歴史においてどのように「和平化」、「議会主義化」、「スポーツ化」に向かって共同歩調を取りながら、数多くのスポーツの創発的な出現を可能にしたのか、さらにそれがいかにして制度化され、基準化されたスポーツの世界的な普及に貢献したのかという問題、つまり、スポーツにおける文明化の過程をわれわれは、エリアスの経験的資料に基づいた理論的統合によって具体的に理解することになった。スポーツにおける「文明化の勢い」は、今日ではグローバリゼーションの名の下で、「機能的民主化」（減少する差異と増大する多様性）を伴い、オリンピックやワールド・カップなどに見られるように、国際的なゲームという形をとりながら進行している。

が、その反面、スポーツの国際化におけるこのような発展的な方向の中にも、さまざまな政治的、民族的、文化的対立が生み出す、観客同士での、あるいは選手と観客の間での暴力行為が表面化していることも事実である。

その最も顕著な例は、1980年代から90年代初期に、とりわけイギリスの若いサッカーファンの間で吹き荒れたサッカー・フーリガニズムであり、それは1985年にベルギーのヘーゼル・スタジアムの悲劇で最悪の事態に至った。ファン同士の乱闘によって多くの死人が出たこの悲劇は、当時のイギリスのサッチャー首相をして、国家的な恥と言わしめたほどであり、まさにスポーツ文化におけるある種の「非文明化の過程」を示唆するものであった。フーリガニズムに関連するこうした事実を念頭に置くと、エリアスの文明化の過程の理論が果たして正当であるのかどうかという疑問が提起されても当然かもしれない。が、フーリガニズムをどう解釈するかは別にしても、エリアス自身は、絶対的に文明化された人間社会やスポーツについて論じているわけではないということを念頭に置く必要がある。

エリアスによれば、人間社会において文明化は直線的に進行するのではない。それはあるときは遅く、緩やかに、曲線を描くように進み、また別のときは急激に、勢いよく（「文明化の勢い」という概念がそれを証明する）進行するのである。したがって、それは暴力の時代が長く続き、社会的異変によって急激に人々の脅威や不安が増大すれば、元に戻ることもありうるのである（非文明化の過程）。要するに、文明化の「零度」がないように、完全な文明化の段階もないのであり、実際、人間社会はそのバランスの中で存在しているのである。

したがって、われわれは「より多く文明化されている状態」か「より少なく文明化されている状態」の間を推移するのである。この点では、われわれはユートピア主義を捨てる必要がある。人間社会には完全な自由や平等があるわけではない。あるのは両方の概念の量的多寡であり、その際、言語上の比較級が決め手となる。

さらに、暴力と文明化の問題について言えば、「国家内部の暴力は抑制できても、国家間の暴力を抑制するのは難しい」というエリアスの見解を思い出すことも必要であろう。この定義もいささか疑問は残るが、暴力の多くが国際的なスポーツ大会において、自国のファンや選手ではなく、たいてい外国のファンや選手に向けられることを思えば、あながち間違いとは言えない。

政治や外交に不満を持つ国民や、スポーツの試合での判定を不服とするファンが、その腹いせに外国人が経営するレストランや商店を破壊したり、大使館を襲撃したりすることはマスメディアでしばしば報道されている。そのような暴力の噴出を抑えるのは国家当局にとっても容易ではない。しかし、こうした事実から「人間は生まれつき暴力的である」という定義を容認し、人々が暴力のはけ口を、戦闘的なスポーツやスリリングな余暇活動にのみ求めることを肯定するのは正しい見解とは言えない。

ここで思い起こさなければならないのは、エリアスが指摘しているように、人間にとって自制を習得するには長い時間が必要であり、人間集団での長期に及ぶ相互依存関係がなければ、良心の形成（フロイトの言う自我や超自我）はありえないということである。したがって、ピューリタンとカトリックの間の暴力の応酬と、それに伴う彼らの相互不信感の増大を食い止め、両集団を「和平化」に向かわせるには相当な時間を要したことをエリアスがイギリスの歴史を通じて証明しているのは注目に値するのである。つまり、暴力の行使が「和平化」と「議会主義化」によって違反行為と見なされ、徐々に「スポーツ化」という形で楽しい興奮の追求に変容したことに注目しなければならないのである。

こうした歴史的な視点から見れば、サッカー・フーリガンたちは、行使される暴力と表明される感情のレベルの高さにおいて、民衆のフットボールの参加者に似ているし、フーリガニズムという現象そのものが、国家による物理的暴力独占の支配領域からはずれた、あるいは文明化の対抗勢力として、ある種の飛び地を形成していると言えよう。そのように解釈すれば、少なくともフーリガニズムを若者の異常で、常軌を逸した行動として捉える必要はなくなるかもしれない。

とはいえ、それまでイギリス人は他の国民に比べて一般的に性格が穏やかで、おとなしいと思われたこともあって、多くのイギリス人は、それを国家の恥と見なしたサッチャー首相に同調する傾向があった。フーリガニズムの原因についても、失業率の高いイギリスの若年労働者の国家や社会に対する不満や反感、もしくは、60年代の「寛容な社会」によって蔓延した若者のエゴイズムや道徳的無関心などが挙げられたが、どれもあまり信憑性が高くはなかった。

こうした状況で、サッカー・フーリガニズムの根源や背景を社会学的にさらに深く分析したのは、むしろエリアスの弟子であり、共同研究者でもあったエリック・ダニングであった。エリアスの文明化の過程の理論は、西ヨーロッパの人々が中世後期より現代に至るまで、自制の度合いを高めながらいかに暴力を排除し、基準化されたマナーやエティケットを受け入れざるをえなくなったかという問題に関心が向けられていたこともあって、スポーツにおける暴力の問題に取り組んだエリック・ダニングは、エリアスの重要な研究テーマを受け継いだと言えよう。

実際、『スポーツと文明化』の最後の3つの章（「スポーツにおける社会的結合と暴力」、「フットボールにおける観客の暴力」、「男性の領域としてのスポーツ」）は、ほぼ彼の単独の研究に属するものである。エリック・ダニングのスポーツ社会学への貢献に関する詳しい言及は他の場に譲らなければならないが、ここではエリアスが彼独自のスポーツ社会学を展開するために使った方法論に関係のある課題だけに限定したい。

まずサッカー・フーリガニズム特有の暴力の形態と方法であるが、それは、最終的には、ドイツの貴族がその伝統的な地位と威信の象徴として共有した「決闘申し込み・受諾能力」（後にこれはドイツの一般市民にも受け継がれ、ナチズムの興隆を支え、さらに1936年に開催されたベルリン・オリンピックで強調された民族純血主義的な精神とも関連しているようである）のような集団内部の結束を高める儀式的暴力性に帰着する(15)。

それは、階級の高低に関係なく、自分たちの集団の存在意義や価値観を――それが脅かされればなお激しく——守るために表明される。フーリガンの主力部隊は地位の低い労働者階級の若者（そうでない場合もあるが）であり、彼らは、急激な産業化やフェミニズムの台頭で、男性中心的な規範が脅かされ、暴力的な自己表現の場がなくなることを恐れているし、それを多くの人の前で誇示するには、サッカー競技場は最適の場所だと考える。

実際、フーリガンに似た観客集団は、20世紀の初頭からたびたび競技場で暴力行為に及び、警官隊と衝突を繰り返していたこともあり（ダニングは新聞などで報じられた観客の暴力の例をいくつか示している）、決して最近のフーリガンだけが暴力的であったわけではない。たとえば、1960年代の初期にも、テディ・ボーイズやモズのような不良集団の暴力的な行為への関与が、サッカー競技場以外とはいえ、取り沙汰されていた(16)。

さらに、イギリスのパブリック・スクールでも、初期の頃はたびたび学生が反乱を起こし、学校当局は警官隊を出動させてそれを抑えるのに苦慮していた。また競技場での上級生の下級生に対する肉体的いじめもあり、ラグビーなどでも相手側の選手にけがをさせるほどの乱暴なプレーも容認されていた（ダニングはこの点で今日のスポーツでは、暴力はゲームに勝つために手段化されすぎ、そのため瞬間的に自制できなくなり、選手が暴力をふるう場合もあると言う）。

もちろん、これによってフーリガンの暴力が正当化されるわけではない。ともかく、フーリガンの場合、競技場の中だけでなく、競技場の外でも、たとえば電車やパブの中でも敵のファン集団がいれば、戦闘行為に及ぶのである。つまり彼らは、スポーツの試合にではなく、暴力行為そのものに、普通の人ならあまり味わうことのない「楽しい興奮」を味わうのである。次の引用は代表的なフーリガンの１人の発言である。

> おれが試合に行くのは、たった１つの理由があるからさ。喧嘩さ。そいつがいつも頭から離れなくてね、やめられないんだ。喧嘩しているときにゃ、いい気持ちになってパンツが濡れそうになるんだ…そいつを求めてイギリス全国を駆け巡るのさ…おれたちはその週は毎晩のように争いを求めて町をうろつくんだ。試合の前にはちゃんとした感じでうろつくのさ…それから、敵のような感じのするやつを見たら、時間を尋ねるのさ。そいつが金でももってりゃ、金も巻きあげてやるのさ(17)。

そのような暴力集団がどうして、どのように、どこで編成されるのかを社会学的に分析（部分的結合による戦闘的な男性的規範の確立過程の分析）することがダニングの重要な作業となる。そのため、彼はエリアスの文明化の過程の理論に沿って、デュルケムが「機械的連帯」から「有機的連帯」への移行と見なした社会結合のパターンの変化に着目する。2つの概念は対極的というより、むしろ相互依存的な形で前者から後者に移行する。ダニングは前者を「部分的結合」、後者を「機能的結合」と定義する。その主な特色は次のように要約される。

① 「部分的結合」（自己充足的・原始国家制度的な共同体／権力バランスが支配者に大きく傾く／職業の範囲が狭い／狭い範囲での地縁や血縁による一体感／地理的移動性が少ない／肉体的暴力に対する自制が弱い／直接的な興奮を求める／暴力が日常生活で公然と表される／母親中心の家族・権威的な父親／男性優位／両親の子供への規制がゆるい／地元の諸団体が戦い合い、攻撃的男性性が強調される／スポーツは民衆的形態をとり、暴力のレベルが高い）

② 「機能的結合」（国家的に統合された、相互依存の広範な共同体／権力が平等化される／機能的相互依存による人々の結合／職業の範囲が広い／肉体的暴力への自制が強い／感情の抑制が強く、もっと静かに興奮を追求する／模倣的暴力によって代替的快楽が得られ、暴力が舞台裏に隠される／平等主義的な家族／男女平等／非暴力的手段によって子供が社会化される／人間関係が選択によって行われ、地位は、職業、教育、芸能、スポーツなどの能力によって決められる／スポーツは暴力の抑制された近代的な形態をとり、暴力は手段的に使われる[18]）。

「部分的結合」と「機能的結合」のこうした特徴は、普遍的でも絶対的なものないが、少なくとも、一方は非常に情緒的、感情的な内容を持つ暴力の発生源となり、他方は個人的にも社会的にも暴力が厳しく規制され、かつ手段化、合理化される傾向を示す。フーリガニズムとの関係から見れば、「部分的結合」が重要な役割を果たすが、それは、「機能的結合」への急速な社会変化がなければ、さほど目立たないかもしれない。そういう意味では、むしろ、フーリガニズムは、現代産業やテクノロジーの発展で急速に分業化し、平等化（文明化）する社会にあって、失われつつある古い男性的な価値観（男性性の規範）を回復しようとする抵抗運動と見なすこともできよう。それはスポーツにおける暴力の問題を分析する上で重要なヒントになりうる。

それはまた、性質こそ違えども、ドイツ国民が自国の失われた栄光を回復するために、ドイツ貴族の伝統的な「決闘申し込み・受諾能力」というエトスに依存したこととも重なるかもしれない。というのも、フーリガンの男性性の規範は、今日のそれとは違って、あるいは今日では受け入れられる可能性の低い、男性の頑強さや闘争能力に強調が置かれており、決闘の習慣に近いものだからである。それは、ライバル集団間の闘争（われわれ集団と彼ら集団の反目や対立）、復讐的な措置、帰属集団への一体感などいずれも戦士的な価値観を含んでいる。

さらに、フーリガンの中核部隊が労働者階級の「乱暴な層」によって占められていることも、フーリガニズムの注目すべき点である。なぜなら、それは、彼らが政治・経済的不満から、自分たちを抑圧している一部の特権集団や政府に対して階級闘争として展開している反抗運動には見えないからである。エリアスはこの問題について、労働者階級全体をプロレタリアとして一括し、プロレタリアとブルジョアの階級闘争を歴史的必然と見なすことの危険性に触れている。エリアスによれば、労働者階級にも、自分の子供の教育に関心を抱き、生活の改善に努力を惜しまない「良い層」もいるが、文明化された生活様式には縁のない層、つまり、「乱暴な層」がいて、後者が「最悪の少数者」となって労働者の居住区全体のイメージを悪くし、ひいては定着者集団による「汚名化」に屈するのである。このような層の多くは、産業社会の激しい変化にさらされ、生きるために各地を移動し、自分の共同体に一体感を持てない状況の中で、さらにその乱暴な性格が次の世代にも伝わって悪循環を繰り返す、とエリアスは『定着者と部外者』の中で述べている(19)。

ダニング自身は、『問題としてのスポーツ』において、フーリガニズムが世界的に拡大し、文明化された（機能的分化・民主化の進んだ）現代社会に対する反抗として、その暴力的な行動様式をますますエスカレートさせることを懸念しながら、宗教、文化、政治の対立によって引き起こされるフーリガニズムの複雑な闘争（「われわれ集団」と「彼ら集団」の複雑な対立・抗争）のメカニズムが、エリアスの「定着者―部外者関係」の理論によって明確になりうると論じている(20)。ダニングはまた、北米のスポーツ（アメリカン・フットボールや野球）を例に挙げながら、スポーツと暴力の根深い関係を歴史的に探り、同時に、この理論をアメリカのスポーツにおける黒人対白人の変化する社会関係の分析、および現代スポーツにおいて重要な問題と見なされているジェンダー関係の分析にも応用している(21)。

4　結　語

冒頭でも述べたように、エリアスは、スポーツ社会学がまだそれほど定着した分野として確立されていない時期に、その重要な研究のモデルを示し、理論的発展の基礎を築いたことで多大な貢献をした。その最も重要な方法は、『文明化の過程』や『宮廷社会』でも示されたように、社会学の理論構築に当たって歴史的な事象を経験的な資料にすることで、理論それ自体をより信頼度の高いものにすることであった。マナーの発展と国家形成の関係や、フランス宮廷社会の構造的特徴について触れるとき――その場合、もちろん文明化の過程の理論が常にその基本を成すものであるが――彼はある歴史時代の出来事や事象を、唯一無二性として個別に扱うのではなく、それをあくまでも人間社会全体との相互関連、相互依存を通じて多元的機能へと発展するものと見なした。

同じことが『スポーツと文明化』についても言えるのであり、エリアスの社会学の方法論はさらにその一貫性を堅持し、具体化されている。その妥当性を示すには、すべての歴史的事実を扱うのではなく、いくつか選択された例を利用しながら、理論的統合に至るまでの診断や調査を、形而上的仮説に頼らず、経験的な資料に基づいて綿密に行うことが重要なのである。

たとえば、スポーツの発展を扱う場合でも、古代ギリシャ、中世、近現代の枠組みの中で個々のモデルが段階的、発展的視野を伴って比較されていれば十分である。問題は分析の対象や研究の視野を現代だけに限定しないことである。これが彼の言うフィギュレーション理論の中心的な要素である。

エリアスは、時代的、時間的経過を通じて変化するスポーツと暴力の関係をこのような方法論に従って分析したのであり、暴力の抑止法を具体的に提示するというよりも、むしろ、暴力は人間個人や人間社会固有のものではなく、暴力を容認し、必要とする人間集団の諸関係に関連していること、それが自制を伴う人間社会の「和平化」に向かう動向によっていかに変わりうるかを証明しようとしたのである。その道筋は、古代の暴力的なスポーツ、乱暴な中世の「民衆のフットボール」、イギリスの紳士が自ら考案した規則に基づいて行われた「狐狩り」、イギリスのパブリック・スクールのより規則化されたサッカーやラグビーにたどられるのであり、同時にそれは、暴力を独占する国家組織の発展に連動するのである。

『スポーツと文明化』はそのようなスポーツの発展過程を具体的に検証する書として古典的な地位を獲得してきたし、そこで開示された方法論は、スポーツ社会学の有効なパラダイムとして多くの社会学者たちによって継承され、さらに発展の方向をたどっている。先述したように、その代表者はエリック・ダニングである。彼は、スポーツ社会学の分野では『スポーツと文明化』のみならず、その他多くの論文や著書を通じて、エリアスの方法論を具体的に説明するだけでなく、それを応用し、とりわけ、スポーツと暴力の問題に直結するフーリガニズムの構造とその歴史を独自の観点から解明しようとしてきた。こうして、エリアスが先鞭をつけたスポーツ研究におけるフィギュレーション理論は、レスター大学で彼の薫陶を受けた研究者を中心に、いわゆるレスター学派を形成し、今日に至るまでスポーツのさまざまな側面に新しいアプローチを試みている[22]。

もちろん、エリアスの方法論は絶対ではないし、すでにそれに対する批判も他の社会学者から寄せられている[23]。それを金科玉条として固守することは、むしろその理論的後退を意味する。重要な問題はエリアスが示した方法論を将来いかにスポーツの新たな局面に応用するかということであろう。たとえば、問題の焦点が、国際的なスポーツ大会であるオリンピックやサッカーのワールド・カップだけでなく、パラリンピックのような身体障害者のためのスポーツ大会の歴史やその発展過程にも当てられるべきであろう。

注

(1) スポーツ社会学の方法論については、Jay Coakely, *Sport in Society* (New York: McGrow-Hill, 2001), pp. 47-51を参照。フィギュレーション理論についての解説は同書 pp. 47-49を参照。同じく、Jay Coakely and Eric Dunning, eds., *Handbook of Sports Studies* (London: Sage, 2002), pp. 92-105も参照。

(2) スポーツ社会学の従来の地位については、N・エリアス、E・ダニング著、大平章訳『スポーツと文明化——興奮の探求』(法政大学出版局、1995) 2頁を参照。同じく Stephen Mennell, *Norbert Elias: An Introduction* (Dublin: University College Dublin Press, 1992), p. 140も参照。

(3) 原典は Norbert Elias and Eric Dunning, *Quest for Excitement: Sport and Leisure in the Civilizing Process* (Oxford: Blackwell, 1986) であるが、日本語訳では、原典の主題が副題になっていることに注目。

(4) 「楽しい、抑制された、感情の規制解除」(enjoyable and controlled de-controlling of emotions) という表現については、*Quest for Excitement*, p. 44を参照。S. Mennell, *Norbert Elias*, p. 142, p. 158も参照。

(5) フーリガン (hooligan) という言葉は、19世紀の変わり目にロンドンに住んでいた乱暴なアイルランド出身の家族の名前に因んでつけられた。同じような暴力行為は古代ローマでも頻発していた。詳しくはエリック・ダニング著、大平章訳『問題としてのスポーツ』(法政大学出版局、2004) 83-84頁を参照。原典は Eric Dunning, *Sport Matters* (London: Routledge, 1999), pp. 47-48.

(6)　このエピソードについては、ヨハン・ハウツブロム著、大平章訳『火と文明化』(法政大学出版局、1999) 148-50頁を参照。原典は、Johan Goudsblom, *Fire and Civilization* (London: Penguin Press, 1992), pp. 117-18.

(7)　『スポーツと文明化』(法政大学出版局、1995) 269-70頁。

(8)　前掲書270-72頁。

(9)　前掲書335-36頁。

(10)　「二重拘束」(double bind) の概念については、Stephen Mennell and Johan Goudsblom, ed., *Norbert Elias: On Civilization, Power and Knowledge* (Chicago University Press, 1998), p. 23, p. 30; Norbert Elias, *Engagement und Distanzierung* (Frankfurt am Main: Suhrkamp), p. 73-184を参照。

(11)　『スポーツと文明化』(法政大学出版局、1995) 232頁。

(12)　前掲書236頁。

(13)　前掲書250頁。

(14)　前掲書251頁。

(15)　「決闘申し込み・受諾能力」(Satisfaktionsfähigkeit) については Norbert Elias, *The Germans* (New York: Columbia University Press, 1996), pp. 44-119; *Studien über die Deutschen* (Frankfurt am Main Suhrkam, 1989), S. 61-158を参照。

(16)　「テディ・ボーイズ」(teddy boys) は、エドワード7世の時代の華美な服装を愛用する1950年代、および60年代初めの英国の非行少年を指す。「モズ」(mods) は1963年頃から現れた英国の若いビート族のこと。エドワード朝の衣装を着た10代の少年少女。

(17)　『スポーツと文明化』(法政大学出版局、1995) 359-60頁。

(18)　前掲書342-43頁。

(19)　ノルベルト・エリアス、J・L・スコットソン、大平章訳『定着者と部外者』(法政大学出版局、2009) を参照。原典は Norbert Elias and J. L. Scotson, *The Established and the Outsiders* (London: Sage, 1994).

(20)　『問題としてのスポーツ』(法政大学出版局、2004) 229-281頁を参照。

(21)　前掲書179-218頁を参照。

(22)　スポーツ社会学におけるレスター学派の研究は、スポーツと暴力 (サッカー・フーリガニズム) やスポーツにおけるドーピング関連など多岐にわたっている。主な研究書には以下のようなものが挙げられる。Patrick Murphy, John Williams and Eric Dunning, *Football on Trial* (London: Routledge, 1990); Eric Dunning, Patrick Murphy, Antonios E. Astrinakis, ed., *Fighting Fans* (London: Routledge, 2002); Eric Dunning, Dominic Malcolm and Ivan Waddington, ed., *Sport Histories: Figurational Studies of Modern Sports* (London: Routledge, 2004); Ivan Waddington and Andy Smith, *An Introduction to Drugs in Sport* (London: Routledge, 2009).

(23)　フィギュレーション理論への批判や弱点については、Jay Coakely, *Sports in Society*, p. 47-49の他に Ellis Cashmore, *Sports Culture: An A-Z Guide*, (London: Routledge, 2000), pp. 107-109も参照。

第6章
ノルベルト・エリアスとモーツァルト
――若き音楽家の肖像

1 エリアスと芸術

エリアスは93年に及ぶその波乱に満ちた人生を通じて文学や芸術に多大な興味を抱き、自らの社会理論を構築する際にその経験を有機的に活用した稀有な社会学者であった。こうした成果は、彼が若い頃よりゲーテやシラーなどのドイツ古典主義、ロマン主義文学に傾倒したり、古代芸術の発生過程や現代芸術の歴史的変化に関する論文を書いたりしていたという事実から生じたものであろうが、むしろ、彼が人間社会総体の研究の方向を、自然科学・社会科学・人文科学という従来の区分化された狭い専門領域を超えた次元に求めていたことに起因すると言ってよい[(1)]。想像力を駆使して小説を書いたり、絵を描いたり、あるいは曲を作ったりすることは、ある種の重要な社会的行為であり、社会における人間関係一般から遊離した空想的な出来事のみを扱うことではない。政治や経済の専門家がわれわれの直面する現実的な問題を分析し、それに対して一定の答えを提示するように、芸術家もまた同じレベルの人間的諸問題を社会科学者とは別の手段や方法で――音や色彩や素材を媒介として――表現するのである。エリアスのこうした関心は、政治や経済も文学や芸術と密接な関係があり、両者を切り離すべきでないというような陳腐な教養主義的議論に向けられたものではない。

端的に言えば、それは、芸術的な創造性も宗教的な預言性もまた自然科学の合理性も元来同じような人間の思考能力から発生したということを強調しているのである。むしろ、人間の知識を機械的に合理性と非合理性という形で二分法的に分離するところに現代人の誤りがあるのであり、そのことをエリアスは繰り返し指摘した[(2)]。

確かに自然科学者がその数学的な処理能力によって信頼度の高い答えを常に用意し、社会科学者がグラフや統計を駆使して現実の動向をより具体的に説明してくれるという意味では、両者は、神話や宗教の幻想的知識に比べて、より「現実適合的」な知識をわれわれに提供してくれる[3]。とはいえ、現代人はその合理的な知識によって必ずしも幸福な境地にいるとは言えない。今日の地球の温暖化による異常気象、および地震の頻発などは再び人間の科学技術能力への懐疑を増幅しているし、高度に発展した現代の産業社会も、より多くの自制を強いることで人間生活をより単調かつ機械的な方向に導いている（だからこそ、逆に音楽や小説やスポーツが提供する楽しい興奮の探求は、その非日常化機能によってそうしたストレスの多い現代社会に潤いをもたらすのである）。また、科学的知識を前提としている現代人は、科学が発展していない、より単純な社会の知識がどのようなものであったかを問うことは少ない。そうした社会に住む人々の知識が魔術―神話的であり、より宗教的色彩が強いものであったとしても、それは彼らにとっては、彼らの時間概念と同様、ある程度「現実適合的」であったことを現代人は知る必要がある。

したがって、ホメロスの神話的世界は、ギリシャ人にとっては合理的な知識であり、偶像崇拝を禁止する旧約聖書の倫理性も古代ヘブライ人には現実的な教養であったと言えよう。非合理的とされる魔術―神話的な知識は古代人や中世の人々にのみ限定されていたわけではない。そうした幻想に現代の国民国家が陥りやすいことは、ナチズムの成立を通じて、エリアスのみならずＥ・カッシーラーも指摘していることである[4]。したがって、文学や芸術を社会科学とは無縁であるとする発想は正鵠を得てはいない。

とはいえ、エリアスは反映論的な立場から文学を単に社会学の客観的な資料と見なしているわけではない。むしろ両者を、同じ人間社会の構造や変化をそれぞれ違った次元や空間で説明する相互補完的なものと見なしたところにエリアスの独自性がある。もちろんこのことは、彼自身がイギリスの詩人の模倣詩とはいえ、実験的な詩作を試みていたという事実とも関連する。たとえば、詩集『人間の運命』に収録されている「哀れなヤーコプの物語」は、彼の第２次世界大戦中における厳しい社会経験と、歴史に翻弄される芸術家の悲劇的な運命がユーモアを交えながら語られているという点で、社会学的認識と文学的表現の相互浸透として評価に値するものである[5]。

しかし、こうしたエリアス自身の創作家としての経験は、彼の、音楽家モーツァルトへの感情的な「参加」の密度をより高くする上で重要ではあるが、これから論じる『モーツァルト』（*Mozart: Zur Soziologie eines Genies*, 1991）では、エリアスとモーツァルトの間には一定の「距離」が保たれているため、モーツァルトの音楽的、人間的成長とその社会的背景との関係が芸術社会学のテーマとしてより具体的な方向を示している。そういう意味では、このエッセイは一般的な音楽家の伝記ではなく、内容的にはむしろエリアスが若い頃に書いた芸術論「キッチュの様式とキッチュの時代」の方向を目指すものである(6)。

ここでの中心テーマは、因習的な芸術制度や様式を乗り越え、新しい社会にふさわしい芸術を創造しようとする新興の作家、画家、音楽家が直面する苦悩と努力を、個々の芸術家に固有の生活史の一局面として捉えることではなく、特定の時代に生きた芸術家の創造活動全体に課せられる歴史的運命と見なすことである。権力や特権を持つ旧時代の芸術家集団から見れば、新興芸術家の自由な芸術品は、「まがい物」、「贋作」＝「キッチュ」（専門的芸術家の技術と大衆レベルの技術との格差や乖離に起因する過渡期的現象）と見なされ、その集団全体も「汚名化」、「中傷化」され「部外者」扱いをされる。しかし、社会の変動に伴い、こうした新種の芸術を理解する一般読者や支持者、およびそれを商品として販売してくれる、出版社や販売店や仲介業者が徐々に増大するにつれて、新興芸術家集団はやがて真正なる「定着者」として扱われ、かつその芸術品もいわゆる純粋なものとして評価され始める。社会の権力構造や権力バランスが変化するとき、その芸術制度や方法もダイナミックな変化を遂げるのである。

文学の歴史を例に挙げれば、古典主義からロマン主義、ロマン主義からリアリズム、リアリズムからモダニズム（その変種としてのダダイズムやシュールリアリズムや未来主義など）やポストモダニズムへの変化がそうである。いわばそれは、エリアスの言葉で語るなら「文明化の過程」で起こりうる芸術の必然的な変遷であり、個々の芸術家の多くは、そうした長期に及ぶ総体的な変化にはあまり気づかず、旧制度に対してまともに孤独な挑戦を試みる。そうして、ここに新興芸術の先駆者が直面せざるをえない悲劇が存在することになる。エリアスにとって音楽家モーツァルトはまさにその典型的な例なのである。

したがって、この場合、モーツァルトは音楽家の伝記の対象としてではなく、芸術社会学の分析・診断対象として存在することになる。もちろんこのことによってエリアスはモーツァルトにまつわる従来の音楽的な評価や魅力を否定したり、モーツァルトへの個人的な愛情を失ったりしたのではない。彼はモーツァルトを一人の人間として評価することによって逆にその音楽的魅力を再発見したのである。つまり、そこには、人間としてのモーツァルトを「未熟」であるとし、その音楽を「天才」の成せる業と見なす一般的な見方への警告がある。換言すれば、エリアスは「才能」や「天才」という言葉をまるで辞書の定義のごとく、生きた人間から遊離した、普遍的で神業的な（変化せず静的な）アプリオリな特質として理解する人間の言語的習性を批判したのである。

エリアスはその著作でヨーロッパの近世初期やフランスの宮廷社会時代の行動様式やマナーを一定の方向に導く際に大きな役割を果たしたと思われるような人物、たとえばエラスムスやルイ14世の業績に言及することはあったが、彼らは――そこに個人の、いわば自発的な社会的行為者としての存在意義があるとはいえ――歴史や社会の重大な変化を生み出す決定要因として位置づけられることはなかった。つまり、個人は、最終的には歴史のダイナミズム――彼の言葉で言えば、「相互依存の連鎖」、「編み合わせ関係」や「社会的ネットワークやウェブ」――に否応なく組み込まれ、その存在を民族集団や国家などのより大きな生存単位に吸収され、支配される存在であった。

こうした前提を考慮に入れれば、個人としての音楽家モーツァルトの伝記的事実をなぜエリアスは取り上げたのかという疑問が生じるかもしれない。しかし、ここでも、先に述べたように、変化の激しい時代に生きる個々の芸術家の苦悩や葛藤を描きながら、それを一時代の芸術家全体が直面する運命として、総合的に分析するというエリアスの基本的な社会学的意図に留意すれば、『モーツァルト』が、音楽家の単なる個人的な伝記上の事実に言及した本ではないことが分かる。本書がこれまでエリアスの社会学理論を語る上で重要な位置を占めるものとして注目されなかったのは、こうした事実への認識が欠けていたことに起因するように思われる。

S・メネルは、エリアスのモーツァルト論がドイツにおける文明化の問題――宮廷社会に代表されるフランス的な文明化を虚飾、虚偽と見なし、読書や学問による自己啓発に自らの「文化」(*Kultur*) の源泉を求めたドイツ中産階級の人格構造が惹起した政治的悲劇（ナチズム）――との係わりで彼の『ドイツ人論』に関連していることを示唆している[(7)]。それが正しい指摘であるかどうかは別にしても、こうした見方は、エリアスのモーツァルト論を「個人の伝記」に還元しないで、より広い視野で捉え、エリアスの統合的な理論化作業への可能性を探る上で有益であろう。

確かに、晩年のエリアスの著作のいくつかは、たとえば『シンボルの理論』

（*The Symbol Theory*, 1991; *Symboltheorie*, 2001）や『時間について』（*Über die Zeit*, 1984; *Time: An Essay*, 1992）がそうであるように、内容的にも繰り返しが多く、一見、未完の書であるという感を免れない。おそらく『モーツァルト』を含むこれらの著書の編者もこうした事実に気づいていたであろう(8)。またそれはエリアスの晩年の肉体的な衰えという事実からすれば、避けられないことであった。とはいえ、従来の社会学の一般的な研究対象だけでなく、言語、芸術、時間などを社会学の重要なテーマとして――知識社会学の一環として――新たな理論に統合しようとするエリアスの姿勢は高く評価されなければならない。が、いずれにせよそれは彼自身にとっても不満の残る作業であったに違いない。

しかし、そうした状況にあっても、少なくともわれわれは、エリアスが社会学の研究において常に目指していた姿勢を垣間見ることができるのである。それは一方では、小さな現実の生活の中に隠れている大きな理論を探すこと、他方では大きな理論に含まれている小さな経験的世界を見ることであり、換言すれば、巨視的世界と微視的世界の相互性と相補性によって実現されるのである。少なくとも『モーツァルト』は社会学のそのような方向をわれわれに示唆しようとする書である。それはモーツァルトの伝記的な事実に沿いながら、かつそれをいかに一定の理論に統合するかという作業、つまり経験的作業と理論化作業を伴う。

本書の第１部は伝記のそうした経験的な世界に基づく分析であり、第２部では芸術社会学としての統合性に向かう理論的作業が優先される。前者の中心は、宮廷社会の桎梏から逃れ、音楽家モーツァルトがより自立した、自由な音楽家として、開かれた市民社会に創造活動の原点を求めようとして直面する苦悩、葛藤、衝突、決断の世界であり、後者は、息子と父親との対立というごく日常的な、またあまりもありふれた人生の背後に隠された重要な事実、つまり芸術家の新たな進化と飛躍、またそれに伴う断絶と孤独の世界である。本書は、端的に言えば、天才と仰ぎ称された一音楽家が新たな成長を目指して求めた「自由への挑戦」であり、同時に激しい格闘の末にたどり着かざるをえなかった芸術家一般の悲劇的運命、自らの「レクイエム」への道に他ならない。

2　人間としての音楽家モーツァルト

1791年35歳の若さでその生涯を終えたヴォルフガング・アマデーウス・モー

ツァルトは、純然たる音楽の世界では、魔術的な創造力を持った天才であり、彼の死は、現実生活とは係わりのない超人間的な能力の突然の、惜しむべき消失と見なされる。つまり、音楽愛好家の多くは、この夭折した音楽家の生活のどこに挫折と失望があったのか、あったとすればそれが彼の美しい音楽とどのように関連していたのかをあまり真剣に考えることはない。ところが、エリアスは、未完成とはいえ絶妙な音楽を作ることができたモーツァルトが、妻に裏切られ、ウィーンでの音楽家としての成功の夢を失い、人生を意味のない無価値なものとして考えざるをえなくなる道化のような男になった結末を、音楽家としての彼の死と結びつける。

つまり、モーツァルトの人生が悲劇であればあるほど、彼の音楽はその反作用としていっそう美しい音を奏でる、とエリアスは考えるのである。天賦の音楽的才能、実人生での人間的未熟さや子供っぽさ、愛への異常な渇望、自分への道化的な冷笑、こうした両面価値的な要素が彼の音楽生活の根底に潜んでいることをエリアスは強調するのである。そうした音楽家の人生の断念と放棄にエリアスは社会学的な診断を加える。しかし、そのような作業は、われわれにとってモーツァルトの音楽の限界を探ることではなく、逆にその偉大さを再発見する手段なのである。エリアスはモーツァルト論の最初の章ですでにその作業の重要性を次のように示唆している。

> モーツァルトの悲劇はいくぶんこの種のものであり、それは、彼の魅惑的な音楽によって、後の時代の聴衆からあまりに容易に隠されている。このことが彼への係わりを鈍らせる。このような形で、過去を振り返りながら、芸術家を人間から分離することは必ずしも正しいとは言えない。結局、芸術を作った人間に少しばかり愛を感じることなくして、モーツァルトの音楽を愛することは難しいかもしれない(9)。

こうした立場でエリアスは音楽家としてのモーツァルトの実像に迫ろうとする。それでは次に、モーツァルトという音楽家はどのような時代で育ち、どのような社会的変化を経験し、どのようにして父親レオポルトに反抗したのかをエリアスの視点で捉えることにする。それはまさしく社会的変化のダイナミズムに支配される芸術家の普遍的な運命であると同時にまた、個々の芸術家固有の特殊性でもある。またそれは、１人の芸術家の小さな世界、つまり小宇宙を反映するものであり、同時に多くの芸術家に共通する大きな世界の法則、つまり大宇宙の真理（理論的統合性）へと発展していくものでもある。

エリアスはまずモーツァルトを宮廷社会におけるブルジョア音楽家として位置づけ、その社会学的診断に取りかかる。その際、モーツァルトの悲劇的運命は古い階級から新しい階級に移り変わる過渡期の、宮廷に仕えるブルジョア音楽家のパラダイムと見なされる。その時期は宮廷の音楽や建築の趣味が芸術の支配的規範であり、それが徐々に終わりにさしかかる頃であった。ということは、モーツァルトが音楽で成功するには依然として宮廷社会のネットワーク内で働かざるをえなかったことを意味する。

王侯の宮廷は王侯自身の家族のようなものであり、音楽はそこでは付属の礼拝堂のために不可欠であったため、音楽家は料理人や小姓などと同じく宮廷のヒエラルキーの中では、使用人として扱われていた。多くの音楽家は他の宮廷内ブルジョア階級と同じく、当時そのような状況に甘んじており、モーツァルトの父親も、その音楽仲間もそれを逃れられない運命と見なしていた。宮廷社会に依存せざるをえないモーツァルトの固有の運命が宮廷社会の構造と深く係わっていたという前提は、エリアスにとって、歴史的叙述ではなく、信頼できる社会学的な理論モデルを精巧に構築することによって根拠づけられるべきであった。

つまりそれは、個人がその他の人々と社会的に相互依存しているという状況である。この時代の社会構造のモデルを作ることなくして、モーツァルトの音楽家としての、また人間としての発展は理解できず、またこのモデルなくして個人の運命が語られるとしたら、モーツァルトの全体像は捉えられない、とエリアスはわれわれに警告する(10)。

そうしたモデルの枠組みの中でモーツァルトは、何ができ、何ができなかったのかが理解されるのである。したがって、エリアスはモーツァルトの悲劇の理由を、一方ではモーツァルトが「自分の力で社会権力の構造を打破しようとしたこと」、他方では、彼の音楽的想像力と良心が「古い社会と不可分であったこと」から生じる矛盾や葛藤に求める(11)。これはある種の時代的な階級分析ではあるが、マルクス主義特有の上部構造／下部構造の議論、および経済主義的決定論に収斂するものではない。むしろここではモーツァルト個人の、内面的対立や葛藤を、その時代の、宮廷社会とは対立するブルジョア全体の精神風土の延長として、あるいはその一変種として捉えることが重要である。それでは次にモーツァルトは音楽家としてどのような人格構造を担わされ、逆にその変化にさらされたのかをエリアスの分析に沿って見てみよう。

モーツァルトの父親レオポルトはザルツブルクの大司教に雇われた使用人、役人のような地位に就いていた。大司教は当時、小国の支配者的王侯、絶対的な君主であり、オーケストラの支配者であった。レオポルトは指揮者代理を務めていたが、19世紀の社会では今日における会社の従業員のような形で給料が支払われていた。しかし、従者と支配者との間には大きな権力格差があった。つまり、モーツァルトの時代の音楽家は、宮廷の召使的な存在であり、身分の高い人々からの注文に応じて作曲していた。とはいえ、この社会には例外もあり、優れた音楽家の名声は地方を越えてより身分が高い人々の耳に届き、ブルジョア音楽家が有力者の家に招待されたり、皇帝や国王に賞賛されたりするようなこともあった。こうして彼らは貴族の生活様式や趣味に接することができた。

エリアスによれば、父親レオポルトは、音楽家として出世したいという願望や意欲を持ちながらも、ザルツブルクの小さな宮廷社会で中産階級の生活を営むことにある程度満足していたのに対し、息子のモーツァルトは宮廷社会の貴族的趣味に同一性を感じつつも、その軽蔑的な態度に反感を抱いており、こうした彼の「両面価値的」な態度が音楽家を違った運命に導くことになった[(12)]。モーツァルトはパリでの貴族の高慢な態度に怒りを感じ、自分の音楽を支配しようとしている貴族のお偉方に自分が依存している状況から脱したいと思った。

さらに、エリアスは、モーツァルトの貴族社会への反抗は、その古い体制を否定しようとしない父親への怒りにつながったと解釈する[(13)]。レオポルトは息子を宮廷音楽家として教育したが、それは古い職人の世界の価値観を反映していた。つまり、レオポルトはこの社会制度の枠内で親方としての役割を果たし、息子に音楽教育を施したのである。17世紀、18世紀には依然として音楽は工芸家や職人の「芸」であり、宮廷内の主人と職人の間には大きな身分格差があった。このような世界で生きていたレオポルトは息子のパリでの不成功に失望し、息子をザルツブルクにもどし、息子がそこで宮廷音楽家として立派な地位（体制の範囲内での）を築くことを望んだ。

こうしてレオポルトは息子を音楽家としてザルツブルクで成功させるためにあらゆる手を尽くしたが、息子は地元のパトロンに自分を解雇するよう願い出た。これはレオポルトから見れば信じがたい行為であり、息子の音楽家としての成功の断念、放棄に等しかった。父親は息子が、生涯の仕事を失い、宮廷音楽家として名を成すという将来の夢をつぶしたように見えたが、これは、エリアスによれば、支配者であるザルツブルクの大司教、およびその従属者の地位に甘んじている宮廷ブルジョア音楽家としての父親への反抗に他ならなかった。

ここで重要な問題は、エリアスが、モーツァルトに代表される芸術家の旧体制批判を経済的な要因に還元するのではなく、過程・発展社会学的な視点から論じようとしていることである。

つまり、エリアスはここで、経済的な原因によって音楽の構造が変化するのではなく、そうした社会構造全体（相互依存の連鎖）の中で音楽や芸術、およびその担い手の運命が変わることを示唆しているのである[(14)]。エリアスはさらにここで、とりわけドイツ語圏ではフランス革命があったにもかかわらず、絶対君主や貴族の権力が大きく、それが19世紀、20世紀初期まで続き、貴族の社会的・文化的規範として存続したことを、モーツァルトの音楽の方向性との関連で指摘している。それは、ヨーロッパにおける現代音楽の発展が、一様ではなくさまざまな異形、変形を伴って多少複雑な経路をたどったということを意味し、換言すれば、エリアスが『文明化の過程』の冒頭の章（上巻）で指摘した英・仏・独の文明化の微妙な違いやずれ――特にドイツにあっては「文明化」と「文化」の差異――とも重なる。

それは同時に、音楽という文化の形成や発展がヨーロッパの各国で必ずしも同時進行的ではなく、かなり異なるということとも関連するのかもしれない。おそらくモーツァルトが直面したある種の「自己分裂」、「両面価値」はドイツ語圏（さらに厳密に言えばオーストリア）特有の現象であり、イギリスやフランスではそれは違った形をとりえたか、まったくありえなかったかもしれない。

エリアスはこの点でもかなり興味深い、またある意味では貴重な意見を披瀝している。彼によれば、ドイツやイタリアは大きな宮廷や貴族社会のあるフランスやイギリスと違って、貴族が分裂し、ゆえに音楽がパリやロンドンなどのような大都会に独占されず、音楽家にも成功のチャンスがあった。つまり、イギリスやフランスでは大きな独占貴族が実権を握り、音楽家を支配したため、音楽家の運命はそこから逃れることができなかった。ところが、エリアスはドイツ社会の分裂をドイツ各地で音楽が発展した理由と見なすのである。なぜなら、そこではたとえ音楽家が貴族社会の支配者と対立しても別の貴族のところで成功のチャンスを見つけられたからである。つまりそこには違った社会の相互依存関係が見られたとエリアスは言う。こうした例を、彼はドイツにおけるJ・S・バッハ、同じくイタリアにおけるミケランジェロのような音楽家や芸術家の誕生に見るのである[(15)]。

かくして、モーツァルトは貴族の庇護を受ける受動的な音楽家から、自発的で独立した自由な音楽家として開かれた市民社会の中で創造活動を行う決意をするが、そうしたモーツァルトの人格構造の変化をエリアスはどのように捉えているのであろうか。エリアスはモーツァルトの「両面価値」的な態度を、社会構造の違いを理由に、ベートーヴェンの音楽家気質とは異なるものと見なす。その大きな違いは、モーツァルトの場合、権力を持たない部外者（従属的な宮廷音楽家）が権力を持つ定着者（支配者的な宮廷人）に対して抱く反感の度合いに見られる、とエリアスは推察する。つまり、自分は社会的地位の点では貴族に支配されているが、内面的には（あるいは音楽を作る技術では）貴族よりも勝っているという意識や自負心がモーツァルトに芽生えていたことになる[(16)]。一方、ベートーヴェンの場合、そうした古い貴族への階級的なある種の劣等感はすでに超えられていたとエリアスは捉える。

つまり、権力バランスの点では、ベートーヴェンは、貴族から市民へと社会構造の中枢が移り変わった時代の価値観をすでに共有していたのである。モーツァルトの時代には、個人的に知っている貴族のために音楽を作曲することから、無数の、無名の人々に音楽を提供するという社会構造の変化が生まれつつあったが、まだそれに取り組んだ前任者もいないし、その前例もなく、すべて自分の手でやらなければならないという厳しい現実があった。

エリアスはここでもこうした変化を経済的要因に還元しない。彼は、あくまでもそれを権力バランスの変化として、すなわち、宮廷貴族ではなく、創造者としての音楽家、および音楽家とその作品を享受する公衆へと権力が移った状況として捉える。それは同時に職人の芸術から芸術家の芸術へと時代が推移したことを意味する。そうした社会構造の変化は、人格構造の変化を、つまり心理的変化を生み出す。それは多くの葛藤を伴いながらも、芸術家を独立不羈の気風、自主独立の精神へと駆り立てる。職人的音楽家はパトロンの要求に合わせて音楽を作ったが、芸術家の音楽は、芸術品を享受し、購入する人との「社会的平等関係」に基づいて制作されることになる。ここに新しい、自立した音楽家、芸術家が誕生するのである。同時にそれは数々の社会機能の分化や個別化をともない、芸術を享受する集団は、宮廷人から都市ブルジョアへと推移する。

その際、エリアスは、天才芸術家と称されるモーツァルトの運命を、こうした「無計画の社会発展」に支配される人々の運命と同一視し、それをモーツァルト１人の問題としては捉えない。このような変化は、エリアスによれば、宮廷社会の貴族に対抗する新興ブルジョアによる芸術の生産と享受という新たな変化や傾向を指すものである。ところが、モーツァルトの父はこのような新たな波に飲み込まれることもなく、伝統的な規範に甘んじ、自分の運命を宮廷音楽家として受け入れざるをえなかった。モーツアルトはこれに反し、音楽が古い制度から新しい制度に移り変わる世代に属していた。つまり「出口は近いが自立はかなり難しいという時代に遭遇する世代」にモーツァルトは属していた(17)。

こうしてエリアスは、芸術のパトロンとして権力を有していた古い宮廷社会から脱出し、出現しつつある新しい社会のために芸術を創造しようとして苦悩する過渡期の芸術家の姿を、音楽家モーツァルトに対象化しようとするが、そこには19世紀後半から20世紀初期にかけて起こる革新的な芸術の変化についてもいくつか有益な見解が示されている。

なぜなら20世紀の前衛的な文学や絵画も旧来の狭い地域社会や特定集団の圧力から離れ、真に自立の道を歩むには、芸術品そのものが多くの都会人口を対象として作られなければならないし、また博物館や図書館や画廊に支援される必要があるからである。さらにまた、新しい芸術家集団の誕生はそれに共感を示す、新しい芸術規範を備えた公衆を必要とするからである。こうした芸術の変遷過程は、古い文学制度である19世紀のリアリズムを否定し、「意識の流れ」や「内的独白」などの表現上の新機軸を導入しようとしたモダニズムの文学運動にその具体的な例を見ることができよう。

前にも触れたように、エリアスはさらに、芸術家としてのモーツァルトと人間としてのモーツァルトを分離し、人間的に未熟だが音楽家としては天才であるというさほど合理的ではない従来の神話的な言説に反対する。すなわち、音楽家としてモーツァルトを評価することは人間としてのモーツァルトを評価することと矛盾しないからである。その際、基本的な問題は、汚物について平気で話し、動物的欲望や衝動を持ち、肉体的性愛を求めていたように見えるモーツァルトがなぜ「美しい音楽」を作りえたかという問題として、あるいは、動物的欲望を持つ人類がその衝動を抑え、他者と共存する過程はどのようにして起こったかという「文明化の過程」に関連する問題として提示される。あるいは、それは、さらに別の言い方をすれば、文明社会とその進歩の問題、とりわけ芸術による「昇華と美化」の問題に発展する。エリアスは未だに解明されてはいないこの芸術的「昇華」という困難な問題をフロイトの理論を援用して説明しようとする。

芸術家の内なる声、もしくは人格の抑制的要素、言い換えれば、制作者の芸術的良心はどのようにして生み出されるのであろうか、とエリアスは尋ねる。つまりそれは、「イド＝原我」から「自我」を経て「超自我」へと発展する良心がどのようにして形成されるのか、不適切な動物的欲望が消され、芸術が社会性を帯びるために必要とされる個人の心理的戦いはどのように展開されるのかという問題である。すべての人間が生まれつきそのような能力を持っているわけではない。芸術家であれば、その想像力を形式に当てはめ、それを一般的に伝達可能なものにするために努力しなければならない。人間が良心形成の可能性を生来持っているとしても、その潜在力が明確な構造へと活性化されるには、個人の人間としての生活がなければならい。

つまり個人の良心は社会特有なものである、とエリアスは言う[18]。そして彼は、そこにモーツァルトの芸術家的良心の発展を見ようとする。それが具体的にどのようにしてなされたのかを知るために、エリアスはモーツァルトと父親の関係に言及する。次にその点に少し触れておく必要があろう。なぜなら、それは、18世紀末の職人的音楽家の家族に特有なものであるとはいえ、多くの点で現代社会の親子関係の複雑な問題がそこに凝縮されているからである。

父親レオポルトは、音楽の才能に恵まれ、異常とも思われるほど愛に渇望し、大人になっても「自分が愛されているかどうか」気がかりであったモーツァルト——皮肉なことに、彼は、成功を間近にしながらも、愛の成就の不可能性を知り、人生の無意味を感じながら死んだ——へ並々ならぬ愛情を注ぎ、自分が果たせなかった、優れた宮廷音楽家になるという夢をモーツァルトに託した。音楽教育は言うまでもなく、文化や言語に関する教育も父は息子に施した。そこには息子を独占する「父」——フロイト的な意味での「母」とは違って——のイメージがあり、父親こそ音楽家としてのヴォルフガング・アマデーウス・モーツァルトを作り上げた、とエリアスは見る。

本の装丁の仕事に従事していた祖父を持つレオポルトは職人階級からザルツブルクの宮廷音楽家になったが、代理指揮者の地位には満足せず、宮廷内のより高い地位を求めていた。彼は啓蒙主義の影響範囲にあって、政治にも興味を持ち、自分の知的能力にも自信があった。22歳のとき、モーツアルトは17歳の少女と恋に落ちたが、父親は息子の将来を悲観した。父親の息子への音楽教育は優れたものであったが、モーツァルト自身もロンドンやパリでヘンデルやJ・C・バッハなど当時一流の音楽家の作品に触れていた。が、父親が息子に施した厳格な音楽教育はモーツァルトの良心形成に最も強く影響した。

当時、優れた音楽家を得ようとする競争がヨーロッパ宮廷内部であった。有閑階級として貴族は、娯楽を必要とし、オペラやコンサートを開催した。そのため旅する演奏家も必要であった。モーツァルトはヴァイオリニスト、オルガニストとしてその要求に答えた[(19)]。音楽はその頃まだ個人のものではなく、支配者階級である貴族を満足させるために存在し、音楽家たちは貴族の要求に応じなければならなかった。つまり、音楽家の地位は他律的であった。

ルソーは年上の女性パトロンを持つことで、上流階級とその風習に接することができ、少なくとも自分の影響力をそこで拡大できたが、モーツァルトの場合それは違っていた。モーツァルトの音楽には貴族の趣味・傾向・規範があったが、彼の行動様式は貴族のそれとは異なり、彼は自分が思いつくままに下品で猥褻な言葉を使っていた。

エリアスはこのモーツァルトの二律背反的な態度を、自分を社会的に劣った者と見なす貴族社会に反抗し、自分は音楽の点では貴族よりも優れていることを示す行為と捉える。その直接の所産をエリアスは『フィガロの結婚』や『ドン・ジョバンニ』などの反貴族的なオペラに見る[(20)]。もう1つの問題、つまり、モーツァルトの音楽は「昇華的」であるのに、彼の言葉遣い（特に自分の階級に近い女性に対する）はなぜ下品で、態度も道化的であるのかという問題に対して、エリアスは、動物的欲望への言語的表現は、当時、とりわけモーツァルトの家庭環境（非宮廷的環境）ではタブーではなく、ある程度許された行為であり、現代の道徳水準で捉えるべきではない（それはむしろ文明化の過程で起こりつつある変化を示すもの）という答えを用意する[(21)]。また、エリアスはモーツァルトが、比較的身分の低いブルジョア階級では許されるこうした性的な言及や冗談が、上流の貴族社会では許容されないことをよく心得ていたと解釈する[(22)]。

つまり、エリアスは、一方では非貴族的な小ブルジョア社会で両親と共に生き、他方では、ドイツやイタリアの権力者であり、間もなくフランス革命で倒されるこの貴族社会で音楽を作るという、この2つの分裂した世界に、モーツァルトの「人格構造」が反映されていること強調する(23)。その葛藤はやがて新しい音楽家の自己像をモーツァルトに追求させることになる。つまり、伝統的な貴族の音楽に全面的に自分の良心を譲り渡したくないという気持ちが、自分自身の新しい音楽の創造、ひいては自分の音楽を受容してくれる新しい音楽市場の開拓へとモーツァルトを導くことになるのである。そして、それは当然ある種のパラドックス、つまり生前ではなく死後その音楽が評価されるという運命をモーツァルトは担うことになる。

ここでエリアスは、一方では、階級や社会制度が変化し、それに伴って芸術上の規範や価値も流動かつ変容する時代の中で展開される、芸術家の――岐路に立つ音楽家モーツァルトの――意図的、意識的な創造意欲を評価しつつ、また他方では、その個人的努力が歴史のダイナミズムに飲み込まれていく過程の重要性をわれわれに示唆している。

3　モーツアルトの反逆におけるエリアスの社会学的診断

ザルツブルクの音楽上のパトロンである大司教コロレド伯爵に対するモーツァルトの反抗は、最終的には、あらゆる面で音楽家として世に出るためのお膳立てをしてくれた父親レオポルトへの反抗として表面化する。それと同時にその二重の反抗は古い職人的芸術とそれを庇護する宮廷社会からの離脱であり、モーツァルトの自由で独立した音楽家への変貌を象徴するものであった。つまり、モーツァルトはザルツブルクの狭い世界では自分独自の仕事が完成されないこと、ザルツブルクにもどれば屈辱と苛立ちの生活が再び始まることが分かっていた。彼の上司であり料理長でもあるアルコ伯もそしてレオポルトも、ウィーンでの成功は一時的なものにすぎず、ザルツブルクでの安定した職を辞してウィーンに留まることがいかに誤りであるかをモーツァルトに説明した。

エリアスは、こうしたモーツァルトの一連の反抗を、依怙地で自分勝手な子供のような態度としてではなく、モーツァルトの「成熟」と「文明化の過程」を示す例と見なし、「芸術家の発展は人間の発展でもある」と述べる(24)。そして、モーツァルトの人間的成長を通じてエリアスは「音楽の専門家は音楽についてはよく知っているが、人間については理解せず、自動機械のような天才的虚像を作り、そしてその虚像が音楽そのもの誤解の原因となる」という社会学的診断を下すのである[24]。

20年もの間レオポルトはモーツァルトの音楽教師であり、監督、友人、医者、案内人、仲介者として自分の子供に尽くしたが、レオポルトの観点からすればそれは報われなかった。しかし、これは息子であるモーツァルトの立場から見れば、自分が成長するための必然的なステップであり、文明化の過程における不可避的な行為でもあった。

エリアスはここでモーツァルトの父親への反抗を「モーツァルトの成長の徴候は人間生活のサイクルの通常の要素である」と捉えているが、これは、モーツァルトの親子関係を特殊な例とせず、文明化の過程において親と子が直面せざるをえない葛藤、闘争、離反の普遍的な例と見なそうとする、エリアスの優れた社会学的診断である。そして、これは現代でも絶対的な解決策も有効な指針も示されていない文明化特有の問題である。エリアスが「親の文明化」（The Civilizing of Parents）という論文でも示唆しているように、古代や中世ではごく簡単に解決された親子関係は、現代のような産業社会ではわれわれが意図したわけでもないのに、ますます複雑になっているのである[25]。端的に言えば、単純な社会では子供は比較的早く大人になるのに、現代社会では、子供の成長はたいてい長い時間を要し、親子が双方で文明化の圧力を掛け合うことになる。

現代の、多くのいわゆる文明化された社会では、親は子供に狩猟や農耕のやり方を自然に習得させればそれでよし、というわけにはいかない。古代社会の子供たちにある程度許された動物的で性的な衝動は現代の子供たちには許されず、その代わりに彼らには長い教育期間とそれにともなう衝動規制が課せられる。したがって、文明化されてはいるが双方とも幸福感がさほど得られないという状況に直面する。現代のような科学技術が発達した高度な産業社会に暮らす親はさまざまな面で長期間、子供の面倒を見なければならない。親は、子供が教育の機会を奪われたり、就職で差別されたり、あるいは財産を失ったりして人生の辛酸をなめないようにするために、防御策を講じなければならない。

そのためたいてい親は子供に自分の価値観を押しつけ、必要以上に子供の生活に干渉することになる。ところが、そうした古い価値観は、さらに変化の激しい時代に生きる子供にはあまり有効ではなく、最終的には子供自身の選択が優先されざるをえなくなる。つまり、親の時代に有効であった教育・職業・結婚の規範や価値観は自分の子供が大人になる時代には徐々にその正当性を失い、生活上の指針そのものが不安定になるのである。

モーツァルトの例は、音楽一家の親子関係という特殊性があるとはいえ、現代におけるそうした不安定で流動的な親子関係の1つの具体的な例と言えよう。したがって、エリアスが言うように、一見、未成熟で風変わりだと思われるモーツァルトの行動を現代の常識で捉えることは間違いであり、またそれにこだわりすぎて、現代人はモーツァルトの人間的努力と成長を見過ごしてしまうのかもしれない。われわれの道徳的固定観念を、少し距離を置いて見れば、モーツァルトの行動が衝動的なものではなく、ザルツブルクおよび父への反抗（父の望む結婚の拒否も含む）も、新しい音楽を聴く大衆のいるウィーンでの音楽的再出発の象徴であったと考えることもできよう。もしモーツァルトが大司教の命令に従い、雇用者の言いなりになっていれば、彼は伝統的な音楽の範囲内に留まり、宮廷音楽の領域を広げることができなかったはずである。自分の心から湧き上がる音楽的想像力を自由に表現する意志があったからこそ、モーツァルトは新しい音楽を作ることができたのである。

こうしてわれわれは、2つの音楽概念の対立から新しい音楽が生まれる過程、つまり宮廷社会の他律的音楽から新しい市民社会の自律的音楽の成長過程を、エリアスの社会学的診断を通じて理解することができるのである。そしてそれは、エリアスの言うように、超時間的概念としての「天才」ではなく、文明化の過程の中で展開される人間的成長（芸術家の苦悩）を伴っていたことを知る必要がある。モーツァルトの音楽を解説する一般的な書物ではこうした視点はたいてい欠落している。たとえば、次の2つの引用にもそれが窺える。

> モーツァルトのオペラのアリアには、およそ芸術によって創造された、あらゆる恋愛感情の、もっとも集約的な、説得力に富む、効果的な表現があり、あらゆる文学作品をひとまとめにしても、それには到底及ばない…もし仮に、モーツァルトの音楽が失われるとすれば、世界は取り返しのつかないものを、失うことになるだろう。モーツァルト的な香り、抒情的な表現力、率直的ではあるがつつましやかな魂の告白、神聖な優雅さ、そして生き生きとした愛らしさは、ハイドンにも、ベートーヴェンにも、シューベルト、シューマン、ヴァグナー、ブラームスにも、およそモーツァルト以外にはどこを探しても見当たらないものである。ウォルフガング・アマデーウス・モーツァルトのいたましく、しかも明るい、輝かしい生涯と芸術ほど、若々しい天才を語るものはない(26)。

> モーツアルトのみが協奏曲を交響曲的表現の最高レベルまで高めた。彼の偉大な最初の道標――それはモーツアルトの『英雄』と呼ばれてきた――は、1777年ザルツブルクで作曲された変ホ長調（k271）のピアノ協奏曲である。それに似たいかなるものも以前、耳にされたことはなかった。ピアノの音部が威厳に満ちた天才的なものになっている。そこには顕著な形式上の刷新があり、全体的な意図は空間的に拡大する交響曲のようである。これ以降、モーツァルトのどのピアノ協奏曲も軽々しく見過ごせなくなっている。そこにはとてつもなく多様な処方や気分がある。これに比べると、ベートーヴェンでさえ、1つの大雑把なタイプに限定されるように思われる。直ちに深い感銘を覚えるのは、最初の楽章の構造的自由と独創性である(27)。

両方とも音楽の専門家によって書かれたものであるが、モーツァルトの音楽の解説としては必要十分な条件を備えている。特に前者のモーツァルトへの賛美は申し分のない感動的な言葉で綴られている。後者もモーツァルトのオペラの意義を述べた後で、それに勝るとも劣らないモーツァルトのピアノ協奏曲の素晴らしさを説得力のある分析的方法を駆使して力説している。しかし、ここで両者が、一度だけではあるが、くしくも「天才」、「天才的」（下線筆者）という表現を使っていることに注意する必要がある。それは、つまり音楽の専門家でさえ、モーツァルトの音楽は、空前絶後の、神憑り的な音楽的資質の賜物として考えられていることを示している。

われわれは美術や文学や芸能やスポーツの分野で前人未踏の偉業を達成した人を同じく「天才」と呼ぶ。それは、凡人にはこうした能力はなく、「天才」にはそれが先験的に賦与されているという二分法的な響きを伝えている。そこには「天才」もまた生身の人間である以上、一般の人間と生活を共にしなければならないという認識が欠落している。

エリアスは「人間である」という事実が「芸術家である」という事実と矛盾しないこと、むしろ人間として現実の社会変化にいやおうなく「参加」させられることによって、別の言い方をすれば、相互依存の連鎖に巻き込まれることによって、芸術家は、芸術上の微妙な変化を作品に体現することができるという重要な事実をわれわれに教えているのである。したがって、モーツァルトの人間的成長は彼の音楽家としての成長と相互補完的なのである。

モーツァルトに代表される芸術家の人格構造の形成や変化が社会学的にどのように説明されるべきかという問題に関連して、エリアスは『モーツァルト』の巻末で、「覚え書き」としてその骨子を提示しているが、これはエリアスの芸術社会学の基本的な構想を知る上で重要である。それが本書でどれだけ実現されたかは別としても、この点でエリアスが少なくともアドルノやベンヤミンなどと、芸術に関する同時代的な興味や関心をある程度共有していたことが分かる。その最も早い時期の異形は前述したように、エリアスの「キッチュの時代とキッチュの様式」に窺われる。

したがって、この「覚え書き」はそうしたエリアスの初期の構想をさらに理論化、定式化する方向を示唆しているという意味で重要である。その中でも重要な課題は、職人芸術から芸術家の芸術への変化、および芸術家の自主独立の問題をどう社会学的に説明するかということである。エリアスの社会学的分析の特徴は、一方を宮廷社会の古い芸術、他方を市民社会の新しい芸術という形で機械的に分離するのではなく、芸術品の形態と価値、その消費と市場形態などの点で、一方から他方への変化が相互依存的に、あるいは段階的かつ過程的に起こったという長期的な分析方法であり、それは社会発生と心理発生の同時的説明を必要とした。

こうした彼の分析方法には、もちろんマルクス、ウェーバー、デュルケム、フロイトなど古典的社会学者や心理学者からの影響が窺われる。とはいえ、エリアスは社会現象の説明を一元的な要素に還元したり（原子論的認識）、人間の生活や意識を上部構造と下部構造に二分化したりする方法（経済中心主義的決定論）も避けた。エリアスはあくまでも芸術の進化や発展をより広い多元的な要因の編み合わせによって捉えようとしたのである。それは、彼が、階級社会の変化、暴力や徴税を独占する国民国家の成立、男女の権力バランスの変化、文学や芸術を支える諸組織の拡大、興奮の探求に必要な娯楽形態の変容、自制の増大など、あらゆる社会生活の相対配置の時間的変化を前提として、ある１つの社会事象が説明可能になるという立場を貫いたことを証明するものである。

とはいえ、職人的芸術から芸術家の芸術への移行が（言い換えるならモーツァルトが経験した音楽規範の変化が）ある意味ではドイツ語圏特有の現象――現代ドイツ文学が宮廷文化ではなく、むしろそれを虚飾として排斥した中産階級の「読書文化」によって形成されたように[28]――であり、なぜ同時に他の社会や国でも起こらなかったのかという問題は重要である。それは、人間の社会変化は生物学的変化とは異なり、あるときは急激に同時進行する場合（文明化の勢い）もあるが、別のときにはまた、一様ではなくきわめて不規則、不連続であるという、エリアスが文明化の過程の理論で提示した重要な見解を示唆しているのである。

4 社会学のテキストとしての『モーツァルト』

前述したように、エリアスの『モーツァルト』はいくつかの点で必ずしも満足できるものではないかもしれない。モーツァルトの音楽に造詣の深い読者であれば、はたして本書では細かい部分での経験的な検証が十分なされているのかどうかという疑問を発するかもしれない。実際、本書が刊行される前にもモーツァルトに関する研究書が数多く刊行されているのに、本書でエリアスが挙げている研究資料はそれほど多くはない[29]。説得力のある結論が導き出されるには先行研究への言及や資料への十分な検討がなされるのが普通であるが、この点では、エリアスは彼固有の複雑な問題をいくつか抱えていた。本書が刊行されていたときにはエリアスはすでにこの世の人でなく、しかも出版の計画を最初から彼自身が積極的に立てていたわけではないというのがその1つである。

もちろん彼は若いときから芸術の社会的機能と時代的変化に伴う芸術家全体の運命に関心を抱いていたが、ユダヤ系ドイツ人であるがゆえに、ヒトラー政権下でフランス、およびイギリスでの亡命生活を余儀なくされ（ナチスの犠牲者という点ではアドルノもベンヤミンも同じであるが）、しかも母親がアウシュヴィッツで殺されるという悲劇を味わったのである。イギリスに渡ってからも長い間、大学での常勤職はなく、加えて母親の悲劇的な死がもたらした精神的ショックによって、彼は書物を刊行できるような状態ではなかったのである。

したがって、本書は厳密に言うなら、編集者であるミヒャエル・シュレーターの協力なしには刊行不可能であった。シュレーターはエリアスが講義用に残したいくつかのタイプ原稿、それに付随する手書きのメモ、およびラジオ放送用に作られた録音テープなどを頼りに、しかも本書の刊行にためらいがちなエリアスを説得しながら、編集作業を試みたのである[30]。こうした事情を察すれば、エリアスのモーツァルト論がいささか断片的であり、未完成であるという印象を免れないのは当然である。

実際、ここには伝記上の重要な事実としてしばしば挙げられているモーツァルトと友愛秘密結社フリーメイソンとの関係、および『フィガロの結婚』や『ドン・ジョバンニ』の制作においてモーツァルトに協力した台本作者ロレンゾ・ダ・ポンテへの言及はない。最近刊行されたモーツァルトに関連するいくつかの本はこの点でもより詳しいし、しかも信頼性の高い資料に立脚してこの音楽家の内面的なドラマを描いている[31]。それに比べると、確かにエリアスは晩年のモーツァルトの人生をあまりにも悲劇的に捉えすぎたのかもしれない。

しかし、総じてどの伝記も晩年のモーツァルトの経済的困窮とそれに起因する彼の敗北感や喪失感については、同じような見方をしているのも事実である。確かに、ザルツブルクからウィーンに移ったモーツァルトに音楽のよき理解者であるヨセフ2世から年間6百グルデンが支給されてはいるが、先輩作曲家グルックの年間2千グルデンに比べれば、かなりの差である。上記のオペラの成功によってモーツァルトは経済上、一時的に潤うが、オペラの人気は長続きせず、晩年の大半は借金に苦しんだようである。彼の妻コンスタンツェについても、教養はないが、家政に腕を振るい、彼を助けたという記述もあれば、逆に浮気っぽくて、経済的観念がないという見方もある[32]。

しかし、こうした伝記にまつわる詳細それ自体、およびその真偽をめぐる議論そのものは、芸術家全体の運命の社会学的診断というエリアスの観点からすればそれほど意味があるとは思えない。したがって、個々の事実に対してエリアスの意見が多少偏っていたとしても、いかなる伝記にも絶対的な信憑性があるわけではないということを前提にすれば、さほど批判されるべきことでもなかろう。

この点で参考になるのはイギリスの現代作家D・H・ロレンスの伝記である。これまでおびただしい伝記がロレンスについて書かれてきた。近年刊行された浩瀚な伝記や書簡集のいくつかはいずれもロレンスの文学全体を理解する上で重要な文献であることは否めない。豊富なデータと情報に依拠して書かれた新しい伝記が古いものを量的にも質的にも凌駕しているのは確かである。

しかし、そのことがロレンスの文学的評価にどれほど影響するかという点では、伝記が占める地位は必ずしも絶対的とは言えない。現代批評理論の古典とも言えるルネ・ウェレックの『文学の理論』でも伝記は文学研究の非本質的な方法として最初に挙げられている[33]。これが正しい見解であるかどうかは別にしても、文学のみならず、音楽や美術においても具体的な作品への言及や関心がなければ、伝記の効果はさほど大きくはない。

もちろん優れた伝記が作品の成立過程を解明し、その因果関係に何らかの根拠を提示することはありうる。が、たとえば、これまで定説とされたロレンスの両親の階級的イメージ――つまり、教養のない生粋の労働者階級の父親と、没落してはいるが教育を受けた中産階級の母親という固定観念――を変えるような伝記が書かれたとしても、『息子と恋人』でロレンスが提示したフロイトの「エディプス的図式」とそれに象徴される文学的意味はそれほど変るわけではない[34]。また、ロレンスの妻フリーダが、その自由奔放な行動と、複数の男性との性的関係でロレンスを悩ませたということを強調すれば、彼女はいわゆる「悪妻」として位置づけられるかもしれない。しかし、逆に、オットー・グロスの影響による彼女のフロイト左派的な思想が、後年のロレンスの文学的飛躍の原動力になったとすれば、彼女は「良妻」ということにもなる。

つまり、それは、「悪妻」と「良妻」の二分法的評価が間違いであり、生身の人間である以上、女性も状況次第ではどちらにも変化しうるのであり、固定的な人間像を作るのは正しくない、ということになる。敷衍すれば、エリアスのモーツァルト像に多少誤解があったとしても、それは彼の音楽的価値そのものに直接影響を与えているわけではないので、決定的な誤謬にはつながらないということになる。

もう1つの重要な問題は、エリアスの芸術論がアドルノやベンヤミンのそれと比べてどれほどの価値や意味を持つかということである。エリアスが若いときから文学や音楽などに少なからぬ興味を抱いていたことにはすでに触れたが、それは、端的に言うなら、彼の社会学的分析によって得られる理論を補強し、より信頼度の高いものにするという目的に限定されていたように思われる。つまり、彼は社会発生と心理発生の相互補完的な関係を社会学の重要な研究方法として定着させようとしていたのである。彼が『文明化の過程』の上巻の前半でドイツ中産階級の独特の文化形成（それはシェイクスピアを情熱的に評価するドイツ市民階級の文学的感性と、シェイクスピアよりもフランスの古典的劇作家を正統と見なすフリードリヒ国王の文学趣味との対立として現れる）と、『宮廷社会』で貴族的ロマン主義の社会発生に触れたのは、同じ理由によるものである。

つまり、エリアスにとって文学や芸術は、変化する人間の行動様式や人格構造、もしくは人間社会全体と有機的に係わるものであり、個別の独立した研究分野として論じられるべきものではないことを意味している。アドルノの包括的で膨大な音楽・芸術に関する業績と比べると、エリアスのそれは一見、付随的で末梢的な印象を与えるかもしれないが、彼自身の「形態・関係構造・過程社会学」の概念からすればそれなりに自己完結していると言えよう。

実際エリアスとアドルノの縁は深い。エリアスがフランクフルト大学でカール・マンハイムの助手として勤務していたとき、その研究室は、いわゆるフランクフルト学派の社会研究所と同じ建物を共有しており、ナチスがユダヤ系学者を追放する前には、エリアスはアドルノやホルクハイマーたちと親しい間柄にあった。その仲間には後に経済学、心理学、宗教学の分野で活躍する多くの有望な学者が含まれていた。

エリアス自身は、フランクフルト学派の一員ではなかったが、こうした環境が、彼独自の社会学の方法論を発展させる際に大いに役立ったことは事実である(35)。というわけで、彼がアドルノ賞を受賞したのもまったく偶然というわけではない。エリアスとアドルノの芸術論を比較するのは本稿の目的ではないが、１つだけ興味深い論題を挙げるなら、くしくも両者が「天才」の概念について類似した見解を披瀝していることである。すでに指摘したように、エリアスは生活者としての具体的な人生経験を欠いた超人としての「天才」に異議を唱えた。アドルノも「天才」の概念がカントによって絶対化され、それがシラーによってゲーテのような理想人間に形象化され、かくして卑俗なブルジョア的労働倫理を生み出す過程を指摘し、「偉大な芸術の生産者は神格化された英雄的人物ではなく、しばしばノイローゼ気味の、傷ついた人格を持った誤りやすい人間である」と述べる(36)。

一方、ベンヤミンの「機械的複製時代の芸術作品」にはエリアスの「キッチュの様式」を髣髴させる議論がいくつか含まれているが、前者は基本的には、儀式化された純粋芸術の真正性が複製によって失われ、芸術の主体が労働者大衆に移行することを主張するある種の政治学に基づいている(37)。エリアスは『文明化の過程』の書評の担当者としてベンヤミンを想定していたらしいが、ベンヤミンはそれを、階級的視点を持たない単なる文化史の本と見なし、書評を断ったと伝えられている(38)。

エリアスは常々、長期に及ぶダイナミックな人間社会の歴史的変化を分析するマルクスの方法を評価していた。しかし、一方ではその経済中心主義的思想や非現実的な国家消滅論には批判的であった。また、人間の長い歴史の中では、資本主義社会における労働者の疎外、および資本家と労働者の政治・経済的対立関係は少なくとも永続的なものではないとエリアスは考えていた。こうした事情を考慮に入れれば、両者の芸術に対する見解にはそれほど多くの接点はなかったかもしれない。

エリアスは元来、社会学の分析対象として歴史的に有名な個人を単独に扱うことはなかった。行為者としての個人の意欲や努力はそれなりの意味を持つが、それは社会の全体的な動向を決定する独特のベクトルや力学に支配され、予測不可能な、無計画の発展に組み込まれるのである。それゆえ、『モーツァルト』の「覚え書き」に見られる「宮廷社会に使える職人的芸術家からブルジョア社会の自由契約的芸術家への機能的変化と心理的変化」という基本構想には、たとえそれが本書で十分満足できるような形で展開されなかったとしても、大きな意味がある。

なぜなら、そうした見解は、いわゆるヨーロッパの古典音楽を、完成された絶対的な規範として、また空前絶後の完璧な芸術として分離するのではなく、それを歴史的な発展過程にある、変化する音楽として捉える手がかりを与えてくれるからである。ヨーロッパの古典音楽や近代芸術の形式を絶対化する「定着者」的な集団は、原始的で未分化な古代の音楽や芸術をあまり省みることはなく、ポップスやジャズやポップ・アートなどの新種の芸術形式を「部外者」的集団の周縁的文化として軽視するもしれない。しかし、コンピュータや電子工学を利用した未来における芸術の可能性を考えるとき、こうした現在中心の考え方が少なくともあまり根拠がないことが分かる。エリアスが言うように、未来の人々が現代芸術を「後期の野蛮人」の芸術と呼ぶことさえもありうる[39]。

とはいえ、2つの対立する芸術概念が交差するとき、その圧力や軋轢は新興の芸術家集団を悲劇へと駆り立て、彼らがその陥穽から逃れるのは容易ではないのかもしれない。音楽的な成功を間近にしながらも、膨大な借金を抱え、病魔に苦しむ晩年のモーツァルトの姿はエリアスにとってそうした悲劇的イメージを助長したに違いない。しかし、エリアスの重要な課題は、モーツァルトの個人的な悲劇に介入することではなく、そのような状況に陥りやすい芸術家全体の運命を分析し、そこから逃れるにはどうすべきであるかという問題を解明し、そのための社会学的診断を優先させることであった[40]。

確かに『モーツァルト』には、一音楽家であるモーツァルトの生活史への、エリアス自身の個人的な思い入れという危険な側面もなくはないが、逆にそこからどのように距離を置くかという問題、換言すれば、モーツァルトと彼の父親や妻、ザルツブルクの大司教やウィーンの皇帝たちの間で織り成される「形態・図柄・関係構造」――要するに、社会的ネットワークやフィギュレーション――をどのように有効に提示できるかという問題が示唆されているように思われる。このような観点から見れば、エリアスの最終的な目標は、岐路に立つ現代音楽家の社会発生と心理発生の問題をいかにして「社会学のテキスト」として編み出すことができるかという問いに向けられていたと言えよう。それが成功したか失敗したかは読者の判断に委ねるしかなかろう。

注

(1) Norbert Elias, "On Primitive Art" in *The Norbert Elias Reader,* ed. Johan Goudsblom and Stephen Mennell (Oxford: Blackwell, 1998), p. 9-10. ここでは原始人と現代人の芸術概念の違いに関するエリアスの関心が示されている。ギムナジウム時代のエリアスのドイツ古典文学への関心については、Norbert Elias, *Reflection on a Life,* trans. Edmund Jephcott (Cambridge: Polity Press, 1994), pp. 15-9を参照。エリアスの文学的関心と彼の社会学理論との関係に言及している論文としては、Helmut Kuzmics, "On the Relationship between Literature and Sociology in the Work of Norbert Elias" in *Norbert Elias and Human Interdependencies,* ed. Thomas Salumets (Montreal: McGill-Queen's University Press, 2001), pp. 116-136を参照。

(2) Norbert Elias and Eric Dunning, *Quest for Excitement: Sport and Leisure in the Civilizing Process* (Oxford: Blackwell, 1986), p. 4 を参照。この問題への言及は、Norbert Elias, *The Society of Individuals,* trans. Edmund. Jephcott (Oxford: Blackwell, 1991), pp. 114-19を参照。

(3) Norbert Elias, *The Symbol Theory,* ed. R. Kilminster (London: Sage, 1991), pp. 128-47では幻想的知識と現実適合的知識の関係が論じられている。

(4) Ernst Cassirer, *The Myth of the State* (New Haven: Yale University Press), pp. 3-15参照。

(5) Norbert Elias, *Los der Menschen: Gedichte/Nachdichitung* (Frankfurt am Main: Suhrkamp, 1987), pp. 88-98 [Die Ballade vom armen Jakob] 参照。

(6) Norbert Elias, "The Kitsch Style and the Age of Kitsch" in *The Norbert Elias Reader,* pp. 26-35参照。

(7) Stephen Mennell, *Norbert Elias: An Introduction* (Dublin: University College Dublin Press, 1992), pp. 271-72参照。

(8) Norbert Elias, *The Symbol Theory,* pp. vii-viii 参照。

(9) Norbert Elias, *Mozart: Portrait of a Genius,* trans. E. Jephcott (Cambridge: Polity Press, 1993), p. 9 ; Norbert Elias, *Mozart: Zur Soziologie eines Genies* (Frankfurt am Main, Suhrkamp, 1991), p. 17.

(10) Norbert Elias, *Mozart: Portrait of a Genius,* p. 14 を参照。

(11)-(25) についてはそれぞれ前掲書 p. 15, 19, 23, 24, 26, 35, 44-5, 63, 88, 95, 102, 104, 105, 122, 122 を参照。なお邦訳として『モーツァルト――ある天才の社会学』(青木隆嘉訳、法政大学出版局、1991) がある。

(26) H・ライヒヒラントリット、服部幸三訳『音楽の歴史と思想』(音楽之友社、1973) 216頁。本文との関係で一部送り仮名を訂正。なお下線は筆者が付した。

(27) Alec Robertson and Denis Stevens, ed., *The Pelican History of Music* (Harmondsworth: Penguin, 1968), p. 84. 下線は同じく筆者が付した。

(28) Norbert Elias, The *Civilizing Process,* trans. Edmund Jephcott, ed. E. Dunning, Johan Goudsblom and Stephen. Mennell (Oxford: Blackwell, 2000), pp. 6-15. ここではドイツにおける「文明化」(*Zivilisation*) と「文化」(*Kultur*) の違いが詳しく論じられている。

(29) エリアスは『モーツァルト』を執筆する際に次のような文献を使用している。Wolfgang Hildesheimer, *Mozart* (Frankfurt am Main, 1977 [Marion Faber, trans., *Mozart,* 1983]; Arthur

Hutching, *Mozart:der Mensch* (Baar, 1976); Alfred Einstein, *Mozart: Sein Charakter. Sein Werke.* 3. Aufl (Zürich/Stuttgart, 1953) [Mendel and N. Broder, *Mozart: his Character and his Work*, 1946]; *Mozart: Die Dokumente seines Lebens.* Gesamelt und erläutert von Otto Erich Deutsch (Basel/London/New York; 1961); Erich Schenk, *Mozart; sein Leben-seine Welt.* 2. Aufl (Wein/München, 1975); Wilhelm Zentner, *Der junge Mozart* (Altötting, 1946). それ以外のモーツァルト文献をエリアスが読んだかどうか定かではない。エリアスの生前に出版された主な英語のモーツァルト文献には次のようなものがある。E. Anderson, *The Letters of Mozart and His Family* (1986); E. Blom, *Mozart* (1985); H.C.R. Landon, *Mozart's Last Year* (1988); P. Netti, *Mozart and Freemasonry* (1987).

(30)　Norbert Elias, *Mozart: Portrait of a Genius*, pp. 142-43; *Mozart: Zur Soziologie eines Genies*, pp. 183-84参照。

(31)　Arthur Holden, *The Man Who Wrote Mozart: The Extraordinary Life of Lorenzo Da Ponte* (London: Phoenix, 2007), pp. 67-102; David Cairns, *Mozart and His Operas* (London: Penguin, 2007), pp. 95-135をそれぞれ参照。

(32)　*Glorier International Encyclopedia* (1993), pp. 628-29; *The Encyclopedia Americana* (1959), pp. 544-45; *The New Encyclopaedis Britannica* (1974), pp. 600-603をそれぞれ参照（Mozartの項目）。

(33)　René Wellek and Austin Warren, *Theory of Literature* (Harmondsworth: Penguin, 1963), pp. 75-80参照。

(34)　労働者階級の父親、中産階級の母親という一般的なロレンスの両親の階級性についてやや違った視点で捉えている代表的な文献としてRoy Spencer, *D.H. Lawrence Country* (London: Cecil Woolf, 1980）がある。

(35)　Norbert Elias, *Reflection of a Life* (Cambridge: Polity Press, 1994), p 42 ; Robert van Krieken, *Norbert Elias* (London: Routledge, 1998), pp. 18-9をそれぞれ参照。なお、エリアスに関する詳しい伝記的記述については、同じく第4章の注（17）に挙げられた文献を参照。

(36)　Theodor Adorno, *Aesthetic Theory*, trans. C. Lenhardt, ed. G. Adorno and R. Tiedemann (New York: Routledge & Kegan Paul, 1984), p. 245参照。

(37)　J. Munns and G. Rajan, ed., *A Cultural Studies Reader* (New York: Longman, 1995), pp. 88-91参照。

(38)　Robert van Krieken, *Norbert Elias*, p. 31参照。

(39)　Norbert Elias, *The Symbol Theory*, pp. 146-47参照。

(40)　Norbert Elias, *Mozart: Zur Soziologie eines Genies,* p. 22; *Mozart: Portrait of a Genius,* p. 14をそれぞれ参照。

第7章
『シンボルの理論』の社会学的意義
――時間・言語・知識・芸術・科学

1 『シンボルの理論』と『時間について』の関係

エリアスは共著を含め生涯、3冊の本を英語で書いたが、『シンボルの理論』はそのうちの1つである。最初に英語で上梓されたのは、エリアスとJ・L・スコットソンの共同作業の所産である『定着者と部外者』であり、それは、古今東西の階級・階層社会や対立する諸集団を社会学的に分析する上で重要なキーワードになったいわゆる「定着者―部外者関係」の概念を提示した。エリアスとエリック・ダニングの共作『スポーツと文明化――興奮の探究』が英語で書かれた2番目の書であり、それは、これまで社会学の主要な研究対象としてあまり取り上げられることのなかったスポーツの諸相を長期的な過程分析によって理論的に解明したという点で、画期的であった。一方、エリアスが他界した翌年に出版された『シンボルの理論』の方は、上記2冊と比べると、エリアスの明確な理論的方向性が一般読者には捉えにくいということもあって、これまでさほど高い評価を下されなかったと言えよう。この書も他のエリアスの著書同様、多少複雑な経緯をたどっているので、そのことに簡単に触れておく必要がある。

エリアスは、若いときのスキー事故が原因で片方の目の視力を失っていたが、さらに後年、もう一方の視力も衰え、ほぼ失明に近い状態であった。というわけで、エリアスはその頃、定期的にアシスタントに口述筆記を依頼していた。最終的には、編集者であるリチャード・キルミンスターがエリアスの指示を仰ぎながら膨大な量の原稿を整理し、1991年にそれを出版にこぎつけた。本書の序論は3回に分けて1989年に社会学の専門雑誌に発表されたが、新しい序論が完成する前にエリアスは帰らぬ人となった。未完のまま掲載された序論が『シンボルの理論』のこれまでの複雑ないきさつを物語っている(1)。

本書は、全体が9章に区分けされ、一連のテーマが段階的に提示されているが、編者が述べているように、全体的に繰り返しが多く、発言内容に重複が目立つことは否めない。しかし、だからといって本書においてエリアスの斬新な試み、つまり、古生物学や人類学の知識を社会学のテーマに融合させ、新たな知識の理論を構築しようとする作業の意味が失われているわけではない。むしろ彼の文体は独特の熱気を孕み、知識に関連する総合的な理論を徹底的に読者の心に刻み込もうとするその姿勢は感動的でもある。

本書におけるエリアスの最大の関心は言語をシンボルと見なし、人類が長期に及ぶ歴史的過程の中でそれをいかに伝達してきたか、そしてそれが人類独自の文化として、科学、文学、芸術などの多様な分野でどのように関連してきたかという問題に焦点を当てることであった。端的に言えばそれは、個人ではなく、世代間の知の伝達によってのみ可能になる人間の、自然や社会や文化に対する認識であり、狭義の言語論ではない。

エリアスはすでに『時間について』においても同様の関心を示している。エリアスはここでも、時間を普遍的に存在する客観的な事物としてではなく、社会により、また時代によりその意味が変化する人間集団独特のシンボルと見なし、その同様の性質を言語にも投影している。つまり、時間も言語も人間個人が作る記号ではなく、人間社会全体のコミュニケーションの手段として機能する共通のシンボルなのである。エリアスの言葉を借りれば、時間と言語は人類の「５次元の世界」を表象するものであり、動物社会には存在しない人間社会独自の認識手段なのである(2)。時間の観念をほぼ日常化し、時計や暦を普遍的な時間測定手段として共有している現代人は「時間とは何か」という問題を自明の理と見なし、その発展過程をもはや真剣に問うことはない。

エリアスはこの問題を古代社会における時間概念に立ち返って検証しようとする。またこれは、彼にとって、アメリカ・インディアンには時間観念がない、アフリカの原住民の時間概念は西洋人のそれとは違うといった素朴な比較文化論の盲点を指摘することにもなる。本当に彼らはいわゆる「時間」を持たなかったのか、という問いには実は、「時間」を「山」や「川」などの実名詞と同等に扱い、それを永久不変の客観的存在物と見なす現代人の認識上の誤りがある、とエリアスは言う(3)。

つまり、これはエリアスの指摘する「状態還元」(*Zustandsreduktion*) であり、現代人、とりわけ社会科学者や自然科学者にとってさえも未だに支配的な認識方法なのである。エリアスがしばしば使う「状態還元」の例は、「川は流れる」である。つまり、現代人の多くは、「流れない川」などないのに、「川」という名詞と「流れる」という動詞を切り離し、流動変化している現象をまるで変化しないものとして静的に捉える習慣から抜け切れないのである。簡単に言えば、われわれは「時間」を「川」と同じく実名詞として固定化してしまうのである。実際には「時間」とは「時間調節」(英語の time はこの点でドイツ語の *Zeit* と違って動詞的な意味を含む)のことであり、変化する時間をどのような手段で測定するかという人間固有の疑問であった。とういうわけで、時代と社会が異なれば人間の「時間測定」(timing) の方法はさまざまに変わるのである。

それゆえ、エリアスにとって、古代社会において、あるいはより単純な社会において神官や僧侶が使う時間観測的技術はそれなりの意味を持つ。つまり、種蒔きや穀物の収穫の時期を知らせる太陽の運行に関する神話的、預言的な彼らの知識は共同社会において一定の価値を、つまり現実的な意味を持つ。この幻想的な知識に彩られた彼らの時間概念が中世から、近世を経て現代に至るまでどのように変化したか、もしくはどのようにしてより現実適合的な知識に取って代わられたかを詳しく説明する必要はなかろう。

ここでは、天動説から地動説への変化、ニュートン、ガリレイ、コペルニクス、ケプラー、アインシュタインなどの優れた科学者や物理学者や天文学者などのより現実適合的な知識が、人間の共同社会の時間概念に大きな影響を与えたという指摘に留めておきたい。あるいはまた、その間、人間の社会が、より単純な部族社会や氏族社会から、宗教的共同体を経て、市民社会、産業社会、国民国家というより大きな単位に無計画のうちに統合されたことも時間概念の変化と関連があろう。ところが、現代人にとって暦や時計に象徴される現代特有の時間認識はもはや既成事実化し、まるで「第二の天性」のごとく内面化されている。しかし、これは実は時間概念の大きな変化であり、ある意味では現代の産業社会特有の「異常な現象」なのである。そのことを思い出させてくれるのは、エリアスが指摘しているように、秒針の付いた大時計をドイツの駅で見たときの南米の女性の驚きである。

現代人の多くは――これもエリアスがたびたび指摘することではあるが――生活に不可欠な時間測定手段として時計を携帯する。現代人にとって数分の時間的な遅れでも生活上の損失につながるのである。とりわけ入学試験に遅れたり、会社の大事な取引の時間を間違えたりすれば、それが個人の一生に大きな打撃を与えることにもなりかねない。１秒の違いでさも現代スポーツにおいては勝利を失うことになろう。いったいだれが時間への強迫観念に駆り立てられるような人間社会を予測したであろうか。個人では時間や言葉を変えることは不可能である。相互依存する人間集団の長期に及ぶ変化がこのような事態を招来したのである。そのような急激な変化を経験する前に何百年、あるいは何千年もの間、人類は魔術―神話的、あるいは幻想的な知識を支えとして、神官や巫女や僧侶の預言的な時間概念を信奉していたのかもしれない。

現代人は科学的な知識、およびより合理的な時間概念を獲得することで生存の機会を大いに広げたのであるが、逆にその利便性に支配され、あるいは強制され、感情的な触れ合いや空想の喜びの多くを失いかねない。太陽の運行を金色の馬車に乗った神の移動と見た古代人の神話的な発想よりも、太陽を燃えるヘリウムの塊と見なす現代人の科学的な世界観の方が現実適合的な知識という点でより進歩的であるが、D・H・ロレンスも指摘するように、現代人は詩的想像力によって可能になる宇宙との感情的なつながりを失ったとも言える。当然エリアスもこのことに気づいていた。

エリアスは、一般に宗教に無関心な社会学者であると批判されるが、それがいかに誤りであるかがこうしたことから理解されよう。実際、エリアスからすれば、宗教的知識と科学的知識は分離されるべきものではなく、前者から後者への段階的、過程的な変化、もしくは両者の共存、あるいはまた後者から前者への逆行が人間社会を特徴づけるものなのである。したがって、噴火する火山の底に火を吐く竜が住んでいるという古代の魔術―神話的な幻想性を帯びた想像力を現代人は必ずしも一笑に付すことはできない。なぜなら、どのように科学が進歩し、優れたテクノロジーが実用化されても、自然の異変をすべて人類が克服することは不可能だからである。巨大な津波やハリケーンや地震が今日でも現代人の生活をいたるところで脅かしているし、地球の温暖化による人類全体の危機もある種の不気味な終末観さえ惹起している。現代文明がそうした古代の魔術―神話的世界に逆行するはずはないという確信はない。民主主義が政治的な潮流となっている産業の発達した現代国家でも政治家が精霊や英霊にとりつかれることもありうる。

したがって、われわれはここでエリアスが、現代人が絶対的に幸福であるとか、古代人が不幸であるという「評価的」な判断を避けていることに注意する必要がある。つまり、彼は、時間概念の変化や発展は長期に及ぶ世代間の知の伝達の所産であり、個人ではなく相互に依存する人間集団が習得を繰り返し、より生存に適した単位へと統合される過程で無計画のうちに進行したものと考え、かつその方向は一般に幻想的知識から科学的知識へと向かうとはいえ、それぞれが自律した世界を構築していると見なしているのである。ここでは、『文明化の過程』の中でエリアスが提示した社会学的仮説、つまり長期的な相互依存の連鎖による文明化への方向が、シンボルとしての時間概念の発展に呼応しているし、さらに、文明化の安定性には絶対的な保証はないといったいわば「非文明化」の概念も示唆されている。

こうして見ると、エリアスの『時間について』はある程度、彼自身の一貫した意図の下で書かれたものと言えよう。時間が人間社会総体のシンボルであり、個人的な時間概念である過去・現在・未来という直線的な方向性を超越し、相対化する機能を持ちうるという意味では、言語も同じく集団的強制力を備えた人間社会総体のシンボルなのである。言語は人間社会においては時間と同様、柔軟であり、可変的であり、したがって、それは個人の主観性を超越する。換言すれば、言語における個人の発話は他者もしくは人間集団の発話がなければ意味がない。

エリアスにとって、フッサールやベルグソンやハイデガーなどの現象学者や実存主義者に代表される「純粋意識」や「世界内存在」という観念はいずれもこうした理由で批判されるべき対象となる。エリアスは「疎外」という人生経験の非伝達性の原因となる人間の孤独を作家ヴァージニア・ウルフの思考にも感じ取っている。思考する人間としての「主体」と思考される対象としての「客体」に世界を分離する古典物理学のモデルを社会科学に応用する還元主義的態度（たとえばカール・ポパーの科学的事実の理念）も同じくエリアスの批判の対象となる。そして、それは突き詰めれば、理性をアプリオリな人間の認識能力、生得観念として肯定するカントやデカルトの認識論（「われわれ」意識の欠如した「わたし」意識の絶対性）への批判に行き着く。

『時間について』と『シンボルの理論』はこのように、時間と言語をそれぞれ集団的人間の重要なシンボルとして、また自然・社会・文化を融合させる不可分の手段として位置づけようとする点で共通している。こうした類似点を前提としてようやく両書におけるエリアスの意図を理解できるが、前述したように、そのような予備知識がなければ、両書は捉えどころのないものであり、実際その真価を理解することは難しいかもしれない。

S・メネルは『時間について』をまるでジェームズ・ジョイスの『ユリシーズ』を特徴づける「意識の流れ」を感じさせる本であると評している[4]。それを適切な比喩だとすれば、『シンボルの理論』はむしろポストモダンの文学にたとえられよう。終わりから読んでも最初から読んでも、あるいは途中から読んでも、読者はある程度エリアスの核心的な議論に参加できるし、会話体と散文のスタイルを織り交ぜたような独特な筆致が彼の本質的なメッセージを繰り返し伝える。しかも、そのようなある種の独特な雰囲気がかえってエリアス自身の本書に託した思いを強く印象づける。

確かに、参考文献がジュリアン・ハクスリーの『人間の特異性』(*The Uniqueness of Man,* 1941) 1冊のみということでは、『シンボルの理論』はアカデミックな論文としての体裁を整えているとは言いがたい。とはいえ、ダーウィンの進化論を土台にした生物学の議論に、コント、デュルケム、ウェーバーの社会学的遺産を絡ませ、さらにはカントやヘーゲルの哲学の方法を踏まえながら、人間の知識の源泉であるシンボルとしての言語の意義を問うエリアスの姿勢は十分学問的であり、本書の価値も彼の他の書と比べて何ら遜色はない。

2　シンボルとしての言語

エリアスはシンボルとしての言語の特質に言及する際に、音韻論、統語論、語形論などのいわゆる伝統的な言語学のカテゴリーを踏襲しない。彼の議論は、なぜ「星」が英語では「スター」(star)、フランス語では「エトワール」(étoile)、ドイツ語では「シュテルン」(Stern) という異なった音声パターによって表現されるのかという素朴な問題から始まる。もちろんその問題は未解決である。それぞれの国語の音声には夜空に輝く星を意味する要素が内在するのか、あるいはそれは星という実在物とはまったく無関係の単なる人為的な記号なのか、という議論はここではさほど重要ではない。

エリアスがソシュールの構造言語学の定式に従って、「意味するもの」と「意味されるもの」は違うと言ったとしても、さほど議論は進展しない。むしろ、この困難な問題の本質に迫る手がかりは、理解不可能な言葉が話されている国への訪問者は第3言語がないかぎり、そこの国の人々と言語によるコミュニケーションができない、というエリアスの指摘——だれでも経験的に理解できる事実——

にある。これは、言語が人間同士のコミュニケーションの主要な形態であり、人間社会には数多くの言語があるということを意味する。ところが、動物には、お互いに危険を知らせ合う鳴き声のような手段はあっても、音声パターンを複雑に組み合わせたコミュニケーションの手段はない。

言語によるコミュニケーションは人間社会の際立った特徴であり、人間という種のみが保持しているものなのである。そして、その形態は人間の歴史的、文化的差異によってさまざまに変化してきたのである。そうした事実はまた、人間の言語や文化や思想を人類の普遍的な統一体として捉えようとするとき、われわれに常に困難な課題を課する。

それゆえ、エリアスがいつも語るように、自然科学者に比べて社会科学者はあまり満足のいく研究成果を得られないのである。おそらくそれは「バベルの塔」という神話の現実的認識なのかもしれない。とはいえ、産業の発達した今日の主要な国家ではテクノロジーの発展によって地理的隔絶性が減少し、方言の標準語への統一化が進んだり、グローバリズムにより「世界の共通語」への需要がますます高まったりすることもありうる。ここでは、進化の過程で人間が獲得した独特の言語能力が、時間概念の変化と同じく、人間の長い歴史の過程でさらに変化したという事実に注目する必要がある。

もちろん、こうした言語の変遷には、外的要因、つまり戦争による他民族の征服、多数民族の少数民族への圧迫、帝国主義による植民地支配などの政治的圧力が作用しうることも事実であるが、人間集団や部族集団の文化や宗教に関連する内的要因も含まれていることも否定できない。また、文法的な性や格変化を保持していた言語がそうした機能を失うこともある。古代英語から中世英語を経て近代英語へと進化した英語はその端的な例であり、ゲルマン語やロマンス語の祖語として、言語学者がインド・ヨーロッパ語というより大きな言語単位を上位概念として用いるのも、もう１つの例である。

こうした発見はいずれも言語学者たちの骨の折れる経験的な作業に基づいて理論化されたものであるが、その因果関係を突き詰めてもあまり意味はない。むしろエリアスの言葉を借りて、それを「意図せざる無計画の発展」と言い換えるほうが賢明かもしれない。あるいは、そうした言語上の変化を部族社会、僧侶社会、戦士社会、宮廷社会、産業社会という人間社会の継続的な変化の連鎖の編み合わせとして捉えることも可能かもしれない。要するに、ここでは、言語はこのように人間の集団社会において、まさに文明化の過程において、あるときは緩慢に、また別のときは急激にさまざまな形態へと変化してきたし、これからも変化する可能性があるということ、つまり、コミュニケーションの手段としての言語は人間の知識のシンボルとして可変的、流動的であるということに注目すればよい。

そのことはまた、エリアスにとって、人間を社会から切り離し、他の動物との関連で「生物」としてのみ扱う生物学と、人間を動物とは異なる精神的な存在として、自然から遊離させ、もっぱら社会空間のみで生存する「社会人間」として研究する社会学（あるいは社会科学）の不幸な分離を意味する。人間はとりわけ言語をシンボルとして独特の文化を形成するが、同時に、それ以前の長い進化の過程で動物とは異なる資質や潜在能力を身につけたのであり、この２つの世界は、それぞれが自律した領域でありながらも、相互に関連している、とエリアスは考える。

したがって、エリアスは直線的な進化論も社会ダーウィニズム的な発想も、また、先天的に理性を備えたあのカントやデカルトの「哲学的人間像」も批判するのである。狼に育てられた子供が人間になれないという例がまさにそれを証明している。子供は大人から習得することによって、つまり、大人の集団の中で育てられて初めて人間になるのである。が、一方では人間の赤ん坊の脳にはすでに――若いときに医学を学んだエリアスが実験室で見たように――動物の脳には見られない複雑な構造が備わっているのである。しかし、そうした優れた能力を持つ子供もどのような社会で、どのような大人に育てられるかによって大いに違う精神構造や人格構造を体現することになる。

このことはまた、時間概念が人間の社会構造によって異なることでも示されたように、人格という文化的要素が、長期に及ぶ人間社会の変化において、たとえば僧侶社会、戦士社会、産業社会の中でそれぞれその構造的特質と重なることも意味する。したがって、軍国主義やファシズムのような暴力を容認する制度の中で育った人間はその精神を共有しがちである。さらに、人間の社会的発展は、生物の進化とは逆の方向に進むこともありうる。

産業や科学が発達した文明社会でなぜホロコーストのような悲劇が起こり、異なる人種や民族の間で暴力が行使されるかという問題は、カントやデカルトの理想的人間像からは生まれない。そうした誤りは、エリアスによると、現代人、とりわけ西洋的な理念が浸透した人間が、自然を社会や文化から切り離し、「精神」

と「物質」、「主観」と「客観」などの二分法的思考によって世界を理解することから生じる。その図式は学問の世界にも及び、研究者はそれぞれ「自然科学」、「社会科学」、「人文科学」という人為的に仕切られ境界の中で、「閉ざされた人間」として「自由な個人」になっているのである。また、「自由な個人」の主体的行為を原点とするパーソンズやウェーバーの社会学のモデル――あるいはそのモデルをコミュニケーションによる相互理解の問題に当てはめようとするユルゲン・ハーバーマスの方法――を疑問視し、「他人依存」、「他人志向」的な人間関係のモデルにエリアスがこだわったのは同じ理由によるものであろう。

またほぼ同じ理由で、エリアスは、われわれが自然と社会（および文化）を区別するように、シンボルとしての言語を思考や記憶から切り離す方法を、つまり言語の個別化を批判する。しかし、多くの場合、エリアスが指摘するように、比較的長い時間を要する生物学的進化と、短期間の社会的発展の産物である人間の言語上の変化（つまり、進化的刷新を伴う非進化的過程で起こる音声パターンの変化）は、それぞれ生物学と社会言語学という異なる領域で研究され、シンボルとしての正しい像を得られないのである。

3　人間社会における言語の特殊性

かくして、われわれの多くは、だれが英語を最初に話したのか、という「起源神話的」発想に問題の根本原因をたどろうとする。つまり、そこでは因果性が手がかりとなる。多くの学問分野ではこうした方法はそれなりの説得力を持つし、依然として価値のあるものと見なされる。文学者であれば、リアリズム小説からなぜモダニズムが発生したのか、と尋ねるかもしれない。また歴史家であれば、フランス革命や産業革命はなぜ、どのような条件の下で起こったのかと問うかもしれない。さらに言語学者であれば、なぜ英語が国際的な言語になったのかと問うこともできよう。さらにまたスポーツ社会学者であれば、同じフットボールからなぜサッカーとラグビーが分かれたのか、だれが最初にどのような理由で野球を始めたのかという課題に取り組むこともできよう。

いずれの場合でもその対象を短期間の準拠枠で分析すれば、何らかの納得のいく答えが見つけられよう。しかし、それを少なくとも発展的、過程的な視野で眺めた場合、問題の本質は違ってくることになる。「起源神話的」誤謬の多くは、エリアスが指摘したように、われわれが変化する事象を、変化しない静的なものに還元してしまうことから生まれるのである。しかし、ここでも人間集団が習得行為によってある文化現象を連続的に一定の方向に発展させたという前提に立てば、時間系列の中でその変化の度合いを経験的に認識できることになる。時間認識の例からすれば、時間概念を見かけの太陽の運行や月の位置で認識するより単純な人間集団と、時計やカレンダーで時間を調節できる産業国家の人間集団の比較が参考になる。

エリアスはエリック・ダニングとの共同作業で、同じような過程分析を用いて、古代ギリシャ・ローマから中世を経て、現代に至るまで変化し、発展するスポーツの諸相を見事に捉えた(5)。経験的な事実から検証される1つの結論は、個人は一見するとスポーツ集団の原子的構成要素のようであるが、それ自体はスポーツ全体の変化を引き起こす力学にはなりえないということ、つまり、スポーツは、無計画の、意図されない全体的な形態の相互依存の連鎖によって予想もしない方向へと向かうということである。

言語について言えば、音声装置を備え、一定の音声パターンを作る資質を先験的に与えられた個人がいくら自由に発話行為に参加したとしても、それは言語の全体的な変化にはさほど寄与しないということである。また、換言すれば、言語全体を音素という最小単位に分解し、それを寄せ集めてみても、コミュニケーションの手段として使われる言葉の本質は理解できないということにもなろう。恐竜が進化の過程で鳥類に進化したように、人間の言語が長期的な歴史の過程の中で、――たとえば、格変化を有したある言語が格変化を捨てたように――徐々に、あるいは突然異なる形態へと変化することもありうるが、そうした発展や変化は、二分法的な発想や「状態還元主義的」な方法では理解できないことになる。

その大きな間違いは、言語を人間の相互に関連する諸領域から、つまり、自然・社会・文化などの次元から切り離し、独立した対象として扱うことにある。エリアスのシンボルとしての言語は、このように静態的に理解される言語とは明らかに異なる。彼にとって、言語がシンボルであるのは、言語が本質的に自然や社会や文化と不可分であり、人間の総合的な認識能力の重要な手段だからである。換言すれば、言語は人間の知識や思考と表裏一体であり、世代間の知の伝達によって変化し、発展する文化の源泉なのである。

エリアスの『シンボルの理論』における目的は、「言葉＝知識＝思考」というモデルで理解されるシンボルとしての言語の本質を読者に徹底して教えることであり、そういう意味では、内容に多くの繰り返しがありながらも、その使命を果たしている。端的に言えば、人間集団の音声によるコミュニケーションがなければ、人類は比類のない科学技術も芸術文化も継承することはできなかったということである。しかし、言語による知識の獲得は、個人の資質に還元されるべきではなく、種族として、部族として、あるいは国民（あるいは将来は世界市民）としてその生存単位を維持するために個人がいやおうなしに受け入れる「外的束縛」であり、また習得を通じて、個人が主体的に選択する「内的束縛」でもある。

したがって、それはまた文明化の過程という運動に従って、古代、中世、現代という時間的流れの中で、あるときは急激に、また別のときは徐々に変貌するのである。こうした長期的な相互依存の連鎖による人間社会の変化（僧侶社会・戦士社会・宮廷社会・市民社会・産業社会）は、機能主義的、自己中心的、今日中心的な社会認識モデル、つまりエリアスが批判した「個人—家族—学校—産業—国家」という従来の同心円的な社会像では説明できず、相互依存を繰り返す「諸個人の諸社会」という新しいモデル（形態社会学的モデル）［フィギュレーション・モデル］によってその手がかりが得られるのである[(6)]。

これはいわゆるダーウィンの直進的な進化論の所産ではなく、あくまでも人間社会独自の社会発展であり、だからこそ、「文明化の勢い」の逆現象である「非文明化の勢い」もありうる。したがって、知識の発展は科学文明の発達した現代社会固有の現象ではなく、古代社会から世代間の知の伝達によって漸進的、段階的に進行したものであるという前提が必要となる。同時にそれは、文明化が特定の個人の優れた才能の賜物ではないということ、文明化には明確な出発点、つまり「零度」がないということを意味する。

というわけで、古代社会において、言語を手段とするコミュニケーションからどのような知識が生まれ、人間集団の相互依存のネットワークによってそれがどのように分化し、再生産されて現代にいたったのかという過程分析はエリアスにとって重要な意味を持つ。現代人の時間概念を知るには古代人の時間概念を知る必要があったように、現代人の知識の構造を解明するために、同じくエリアスはシンボルとしての言語が果たす多様な役割を古代人の生活空間にたどることになった。それは現代人の科学的知識が優れていて、古代人のそれが劣っているということ、つまり現代の産業社会に生きる人々は文明化されているが、昔の狩猟採集社会に生きる原始人は文明化されていないという単純な事実を証明することではなく、また機械文明に毒された現代人は、天真爛漫な原始人の純粋な人生の喜びを失ったという悲観的な、たぶんに「評価的」な世界観（高貴な野蛮人という信仰）を表明することでもなかった。

エリアスにとって重要な目的は、人間の知識や思考、ひいては科学や芸術を生み出す人間的資質の芽生えが、言語（音声言語）をシンボルとして使った古代の人間集団の生活にあり、それが習得による世代間の知の伝達によって、現代の形に整えられ、さらに未来においていかに変貌しうるかを指摘することであった。

テクノロジーの恩恵を受けている現代人にとってみれば、言語習得に伴うさまざまな苦労はすっかり忘れられ、人間の言語能力も自明の理とされる。エリアスが『シンボルの理論』の冒頭で例として挙げているように、われわれは、母国語が通じない外国に行って初めて、言語が文化であること思い知らされ、母国語を失うことが自国の文化の喪失につながることを知るのである（実際、われわれは今日、ある少数民族が固有の言語を失い、民族の文学やその他の芸術的伝統を失う現状を見ているし、逆に大国に支配されていた少数民族が分離独立運動を展開し、民族の言葉と宗教と文化を復活させようとしていることも知っている）。

しかし、エリアスの場合むしろ、研究対象へのそうした深い感情的介入を極力避け、対象から距離を取り、観察に必要な経験的な作業を優先させることが重要な社会学的作業なのである。もし少なくとも本書が知識社会学の重要な文献として価値を持っているとしたら、それがそうした条件をいくつかの点で満たしていることの証左であろう。

その１つは、現実適合的な知識とは何かをめぐる、幻想的な知識と科学的な知識のバランスの問題である。彼の言うより単純な社会（原始社会）では、幻想的な知識（それに付随するより感情的な態度や表現）が生活に必要な手段として大きな力を持つが、そこにまったく科学的な知識（それに付随するより理性的な態度や表現）がないわけではない。その場合、現実適合性が前者に大きく傾くのである。

逆に、より高度な社会（産業社会）では科学的な知識が社会の性格上、現実適合的であるが、まったく幻想的な知識がないわけではない。逆に産業社会への信頼が揺らぎ、合理的思考への懐疑が深まれば、幻想的な知識が支配的になることもありうる。あるいは、産業文化への過度の依存は、生活の合理性に中心が傾き、感情的なレベルでの表現力が低下するため、逆の方向への欲求が高まることもある。幻想的な文学や音楽の必要性、娯楽やスポーツにおける限界を越えない程度の興奮の探求がそうである。太陽を光り輝く男神（アポロ）、月を美しい女神（ディアナ）の化身と見なす古代の人々は物理的対象を幻想の世界で解釈する習慣から抜け切れないため、感情表現の振幅が大きくなり、対象に対する距離が取れなくなって危険に遭遇することが多くなる。

しかし、古代人の夢や神秘的な体験は、長い年月を経て、あるいは集団的人間の相互依存が新たな人格構造を生み出すことで、科学的合理性へと転化する。空を飛ぶ夢は飛行機や宇宙ロケットの発明の原動力でもある。もちろん、シンボルとしての言語も、シンボルとしての時間概念がそうであったように、そうした知識の狭間で、あるいは社会集団の権力バランスの中で機能が変わる。

このように、エリアスの言語論は、言語が、幻想的知識と科学的知識との相関関係――もしくはある種の相互依存関係や相補関係――を伴って可変的なシンボルの機能を果たすというところに特徴がある。以下、エリアスのシンボル論の根幹となる見解を挙げてみたい。

実際、幻想は理性の兄弟である。両者は明らかに同じ茎から出る人間の枝である。茎は、言語集団のあらゆる成員にとって、コミュニケーションの同じ対象を象徴的に表示するための音声パターンを形成する人間の能力である。そのような社会的に標準化された音声パターンを相互に送ることによって、また、次にそれをお互いに受け取ることによって、言語集団の成員はお互いに、おそらく世代から世代へと大量の情報――それは成員の行動を個別的に知らせるかもしれないし、知らせないかもしれない――を伝えることが可能になる。もしそれが現実適合的であれば、われわれはそれを合理的と呼ぶことができる。もし幻想が現実適合性を上回れば、われわれはそれを非合理的な願望・恐怖のシンボルとして特徴づけるかもしれない。あるいはそれに関連する多くの表現の１つを使うかもしれない。両方とも、人間が人間の性格によって、知識の届く範囲内であらゆるものの記憶のイメージを形成するために獲得し、特有の音声パターンで強く固定した自由の証拠となる。この自由は、現在の知識からすると、実質的には制限がないのである(7)。

その上、一連の実験的な幻想から生じる現実適合的な発見、それが過程から出現することは、過程としてのシンボルという性格を明らかにするのに役立つ。シンボルの現実適合性の問題を克服しようとする際にわれわれが用いる二分法は、単純化されたものであることが判明する。それは、純粋な発見に近似するというニュアンスや度合いを正当に取り扱うことができない。それはわれわれの想像力を、正解と誤り、真と偽の二元論、同種の他の二元的思考に閉じ込めることによって不毛にする(8)。

こうして、エリアスは、古代人の言語表現とその象徴を非科学的な発想として排除し、現代のテクノロジーとは異質のものとして峻別する二分法的な西洋の思考方法を批判する。なぜなら、こうした信仰は、カントやデカルトの哲学の基本であっただけでなく、自然科学、とりわけ古典物理学的な研究方法のみを真実と見なすカール・ポパーの影響を受けた多くの社会科学者にも浸透していたからである。とりわけ、ポパーの『歴史主義の貧困』は社会科学における客観的真実という観点から歴史主義的な方法を全体論的・預言的なものとして退けた。しかし、生態系の危機がささやかれるようになった現代では、人間中心的、あるいは科学万能主義的な世界像を批判する人類学者、考古学者、環境学者には、エリアスが指摘したような古代人と現代人の知識の相関関係の重要性を再認識する動きがある。

その最も代表的な人物はオランダの社会学者ヨハン・ハウツブロムであり、彼はエリアスの文明化の過程の理論や知識社会学の遺産を、彼独自の視点によって環境社会学の方向に発展させている。ハウツブロムの『火と文明化』は、火の技術を人間集団は古代から現代に至るまでどのように発展させたか（彼の定義ではどのように「慣用化」したか）をめぐる興味深い議論であり、農業革命、産業革命、技術革命という発展過程の中で人類はいかに火の恩恵を受け、逆に火に支配されているかという問題――エリアスの議論では時間という便利な測定手段を見つけながら、現代人はいかに時間に縛られるかという問題に重なる――に言及している(9)。さらに、彼は古代において起こりえたであろう、火を持つ人間集団と火を持たない集団との権力格差を、前者による後者の軍事的征服によって固定化されるものではなく、むしろ、習得による技術や知識の伝達によって徐々に解消されるものと捉える。

火の使用による人類の比類のない技術的進歩と人間社会の変化は、エリアスやハウツブロムとは多少違った観点から、生態学者・環境学者であるＪ・Ａ・リヴィングストンとＳ・パインによっても指摘されている。リヴィングストンにとってホモ・サピエンスは政治的なイデオロギーの推進者としてではなく、自然のあらゆる対象を人間の生存のために効果的に使う「人工補整装置」（prosthetic device）の創造者として位置づけられる。「人工補整的存在」としての人類は、動植物を栽培化、家畜化することによって、自らも家畜となり、自然の征服を重ねてやがて環境破壊の元凶（彼の言う「狂暴な霊長類」）になる、と彼は悲観的な世界像を提示する[10]。

とはいえ、彼自身も最終的には、人間が自然を単なる事物として見るのではなく、自然と人間の間にある本質的な深いきずな、ある種の幻想的な結びつきを見出すことによって、こうした破壊的な状況から自らを救うことができると期待する。一方、S・パインは、大規模な森林火災による環境破壊の原因は、一見、科学的と思われるような現代の消火活動であり、アメリカ・インディアンやオーストラリアの原住民は火を効果的に使うことで、自然を再生し、むしろ環境をうまく保護していたと主張し、古代人の生活の知恵を無視する現代人の態度に批判的である[11]。

科学的な知識への過度の依存によってかえって困難な状況に陥っている現代人——現代人は資源の枯渇や自然破壊を最初から意図したわけではなく、より便利で快適な生活を維持するために天然資源を使い、科学的な知識に依存してきたのではあるが——に対して、『シンボルの理論』の最後でエリアス自身も多少ユーモアを交えながら警告を発している。ここでエリアスは、言語というシンボルによって並外れて現実適合的な知識を獲得してきた、「成功した種」である現代人も、自らを「文明化された存在」として称揚し、逆に過去の人々を「文明化されていない野蛮な人種」として軽蔑していると、同じように未来の世代から「後期の野蛮人」と呼ばれるかもしれない、と警告する。

> 自己破壊と数百万年の未来のどちらを選ぶかという将来を考慮すれば、いわゆる現代に比較的、後期の発展という特徴を帰する支配的な評価は、訂正を必要とする。戦争をいかに防ぐかをわれわれは習得していないという事実、異なる国家の成員を相互に大量に殺戮すること、野蛮と呼ばざるをえないような他の行動形態は、人類の可能な発展という全体的脈絡において、いわゆる現代は、後期の発展段階であるよりもむしろきわめて初期の発展段階を表すといった仮説を裏づけるものである。わたしは、わが子孫は——もし人類が現代の暴力を乗り越えて生きられるとすれば——われわれを後期の野蛮人と見なすかもしれない、という提言が好きである。わたしは好き勝手に非難しているのではない。人間はどのようにしてお互いに平和な生活を送るかを習得する長い過程を経なければならない。われわれが不安定であること、われわれが暴力を取り除けないこと、これは習得の過程の一部である。いかなる教師も身近にはいない。外部から手助けが現れないのも明らかである…われわれは、戦争の排除に真剣

に係わっている政府がまた繁栄する武器産業――それは他の国が戦争に備えるのを助長する――に参加し、かつそれに味方するという状況にはまり込んでいる[12]。

われわれはまだ現代の明らかな矛盾に対抗することを学んでいない。われわれは、人間がより文明化されたやり方でお互いに生きることができるのをすでに知っている。しかし、われわれはお互いに、あるいは少なくとも不規則であれ、われわれの生活の中でどのようにしてそれを実現するかを知らない。多くが自己抑制と自己実現のよりよいバランスの維持に依存していることをわれわれは知っているが、そのようなバランスを保証する安定した秩序は依然としてわれわれには手に入らない。それがわれわれより何千年も先の人類の手に入らないということになって欲しくない[13]。

「後期の野蛮人」というエリアスの現代人への警告は、まさしく彼の文明化の過程の理論が、西洋中心主義ではないこと、これまでそのような見方をしてきた人々の判断が少なくとも誤っていたことを如実に示すものであろう。長い時間を要して築き上げられた現代の文明社会も暴力や戦争によって容易に崩壊の危機に直面しうることが、言い換えるなら、現代文明は――『文明化の過程』の最終章で「文明化はまだ終わってはいない、進行中である[14]」というドルバックの言葉をエリアスが引用しているように――人類の歴史の単なる「一過程」にしかすぎないことが、示唆されているのである。現代人は古代人の野蛮さを批判し、自らの美徳を称揚するかもしれないし、また科学技術や産業の発達した社会に住んでいる人々は、その恩恵に浴することの少ない、いわゆる「発展途上国」の人々に対して優越感を持つかもしれない。しかし、その反面「先進国」の人々も核兵器や生物兵器による破壊的な戦争に脅え、環境問題に苦慮しなければならないのである。

かくして、もし未来の人類がそうした危機を乗り越えて生き残れば、彼らが現代人を「後期の野蛮人」と見なすこともありうる。多くの善良な個々の人間は少なくとも、どのようにすれば他者と平和に暮らすことができるか分かっているのに、民族として、国民として限定された文化や宗教に従属するとき、平和を実現するのは難しいのである。国内の暴力はある程度抑制できても、国家間の暴力は容易に防止できないのである。エリアスが指摘しているように現代の国民国家に住んでいる人々は経済的なグローバリズムは理解できても、ナショナリズムを超えて平和な世界を構築する現実的な方法をまだ「習得」していない。

新ミレニアムになってもこうした状況はあまり変わらなかったと言ってよい。1990年代に旧ユーゴスラビアで起こった民族浄化や大量虐殺の暴力の余波は、国際的なテロリズムという形で拡大し、世界の超大国の軍事支配に対して聖戦を主張するイスラム原理主義と、善良な市民の敵である国際的なテロ組織の暴力を一掃しようとする「アメリカン・デモクラシー」との果てしない世界戦争へと突き進んでいる。かつて世界は資本主義と共産主義の永遠の対立という神話や幻想に駆られ、お互いを「悪魔化」して「二重拘束」の罠にはまっていたが、同様の現象が今日まで無計画のうちに続いてきた。

エリアスは、構成要素である個々の人間を寄せ集めれば社会が成立し、社会全体は個々の原子に分解できるといった従来の方法や、「社会」がまるで独立して存在するかのごとく、それを不変の実名詞として固定化する考え方が間違いであることを指摘し、それに代わって「相互依存のネットワーク」や「編み合わせ関係」を人間社会の力学と見なしたが、そうした示唆は、文明社会が依然として暴力の罠から抜け出せないという事実、いわゆる「非文明化の過程」をわれわれが知る際に、重要な意味を持つ。世代間の知を伝達するシンボルとしての時間や言語が、個人的な認識の手段として永遠に存在するのではなく、人間集団の長期に及ぶ相互依存の連鎖の中で可変的な様相を呈するということを理解しなければ、われわれが直面している、現代のさまざまな困難な状況を分析することはできない。

原始社会の人間の言語は危機を逃れるためにより幻想的な色彩が付与されることになろう。宮廷社会では、言語に政治性よりも芸術的なセンスが優先させられるかもしれない。軍国主義の社会では勇猛果敢な男性性が言語を支配するかもしれない。産業社会では、戦士社会の攻撃性がビジネスの合理性に変わり、言語はより経済的効率性に結びつくであろう。

エリアスはこのように人間集団の特異な社会性と歴史性が言語を発展させる原動力であること、さらに、言語が集団の知識や文化と不可分であり、かつその集団の運命を握っていることを繰り返し『シンボルの理論』で主張した。そしてまた、個々の社会は相対的に自律していると同時に、相互に関連しながら意図されない方向へと変化することも彼は指摘した。

こうした見解には、個人はその自主性や自由を奪われ、社会の客体として永久にそれに隷属することになりはしないかという懸念が生じるが、そもそも「自由」や「個人」という言葉自体も人間の集団性の中でその意味を持つものであり、かつ意味を変えていくものなのである。個人しか存在しない場合、「個人」や「自由」という言葉は意味をなさない。個人の意識や存在が問題の出発点となるフッサールやハイデガーの実存主義的思考にエリアスが反対したのはそうした理由があったからであろう。エリアスの言語論や文化論には個人の、集団への「強制的参加」という意味合いが感じられ、一見すると悲観的な見解のようであるが、逆に、人間集団が習得によって言語に新しい意味を与えたり、文化をも変化させたりすることができるという前提がある以上、大きな希望を含んでいるとも言える。ドイツ人は永遠にナチス的な性格を持っているわけではないし、日本男性もいまだに武士的な「切腹の美学」を信奉しているわけではない。

第２次世界大戦後、産業社会における経済成長を経験した両国民の人格構造がかなり変化したことは事実であり、エリアス自身もそれに何度か言及している(15)。つまり、それは産業社会を契機として、知識が幻想的なものから科学的なものへと現実適合性の度合いを増していく例である。今日の社会は確かに暴力や軍事的脅威を一掃できるほど成長してはいないし、「後期の野蛮人」というエリアスの定義を否定できないような事件にわれわれは直面することもある。しかし、一方では、グローバリズムが経済的な利便性だけではなく、人間のためのよりよい環境作りや生活空間の創造、文化交流による人間の相互理解を推進していることも事実である。かつては狭い、限定された条件下で暮らした人類もコミュニケーションの手段や交通機関の比類のない発展によって、異文化を体験することが多くなった。

こうした生活環境の変化や産業文化の世界的な拡大も、エリアスの「相互依存のネットワーク」という人間集団による知識の変化の賜物である。「相互依存のネットワーク」は確かに敵対関係という負の方向に向かうこともあるが、世界の平和と繁栄により多く貢献することは事実であり、それがなければ、人類は数々の危機を乗り越えて生きながらえることはできなかったであろう。『シンボルの理論』はそうしたエリアスの希望を体現している書でもある。彼は決して人間の暴力や対立や憎悪を助長することを願っていたわけではない。

4　結　語

『シンボルの理論』は先述したように、エリアスの時間論に関する著作と同様、さまざまな意味で知識社会学の新領域を開拓したという点で重要である。またとりわけ言語をシンボルとして、共通の音声パターンを使って人間集団のコミュニケーションを知識にまで高める手段として、あるいは集団独特の文化形成の原動力として、ある程度、包括的に議論したということでも注目に値する。エリアスに、時間、言語、知識、文学、芸術などを個別に扱った本を出版する意図があったかどうかは別にしても、最初からそのような問題意識を彼が持っていたことは確かである。そして、その根底には、文明化・権力・知識の3つの領域が合体されており、彼のほとんどの著書は程度の差こそあれ、それらを重要な議論の対象として関連づけている。文明化とは、どの集団がどのような権力を持っていたか、その知識内容にはどのような傾向があったかに関係する。権力とは常にバランスであり、文明化の過程の中で権力構造は変化し、そこには獲得された知識が関係する。

知識は文明化の方向を決定づけ、それは幻想的知識と科学的知識のない交ぜ状態からより現実適合性を志向しながらも、時折相対的である。それはまた直進的な発展ではなく、むしろ螺旋的な運動である。権力はまた知識を構造化する。こうした思考はマルクスやウェーバーのそれを髣髴させるが、それとも違う。構造主義的な思考によって対象がある程度、類型的に分析されるように見えながらも、同時にそれは変化にさらされる。

前にも触れたように、エリアスの社会学の方法には確かに、どこからでも始まり、終わりがあるようでないといったまさにポスト・モダン的な性格がある。ダーウィンやハクスリーの生物学、E・T・ホールの民俗学や人類学などさまざまな学識への関心を見せるが、個別の事実は常にエリアスによって彼独自の統合的概念へと理論化される。

とはいえ、彼の知識の理論は社会学者としての彼自身の歴史的な経緯や知的伝統との係わりがある。まずハイデルベルクではマックス・ウェーバーの弟であるアルフレート・ウェーバー、それからフランクフルトでは、カール・マンハイムという文化社会学や知識社会学の先達にエリアスは学んだ。イギリスに亡命してからも、エリアスは、モリス・ギンズバーグ、C・P・スノーなどの社会学者や科学者との接触があり、また元来、数学や物理の素養もあって、科学の専門雑誌や定期刊行物に目を通していた。DNAの3次元分子構造の模型を提示したワトソンとクリックの科学上の発見にエリアスは敬意を払い、人間の知識の驚くべき発展や、テクノロジーの進歩によって予想もできないほどの勢いで変貌する人間社会に注目していた。そして、このような変化する科学的世界から自らを隔絶することは、過去の知の歴史性を無視することと同様、社会科学者の「現在への撤退」に結びつくと彼は考えていた。

過去、現在、未来という時間系列の中で、一方では世代から世代と連続的に受け継がれながらも、他方では大きな質的変化を遂げる人間の言語・知識・文化の統一的なモデルを考案することが『シンボルの理論』の最終的なエリアスの目的であったように思われる。前にも指摘したように、本書の参考文献としてエリアスはジュリアン・ハクスリーの『人間の特異性』しか挙げていないが、彼の知識をめぐる理論的作業の背後には以上のような長い経験と歴史があったことを知る必要があろう。

加えて、エリアスはコント、デュルケム、マックス・ウェーバーのような古典的な社会学者の知的遺産をいつも評価していたが、経済的な要因は文化的な特殊性を規定しないというアルフレート・ウェーバーの考え方（下部構造が上部構造を決定するというマルクスの弁証法的唯物論のアンチ・テーゼ）にも影響されていたし、エリートの政治的イデオロギーと一般人の生活上の知識の関係をどう捉えるかという点でもマンハイムの方法を参考にしていた。エリアスの知識社会学の方法は最終的には彼独自の方向をたどることになったが、それでもドイツ系の社会学者の伝統から学んだことは多かった。その点で『シンボルの理論』では、エリアスが、人間社会における知の伝承とその継続的発展のモデルとしてヘーゲルの弁証法を挙げている——エリアスの方法には時折ヘーゲル哲学とイギリス経験主義の両方の影響が感じられることがある——のが注目される。

もちろん、エリアスはヘーゲルの弁証法を今日の有効な学問のモデルとして評価しているわけではない。ニュートンやガリレイが科学思想の連続的な発展に寄与したように、少なくとも人間の知識が無限の可能性を秘めていること、つまり、真実の発見に至るまでの過程が重要であること、あるいはその真実もやがて別の真実へと発展していくことを力説した思想家の代表としてエリアスはヘーゲルを取り上げているのである。カントの人間中心主義的な先験哲学——エリアスはギムナジウムの学生時代にはカント哲学に魅了され、カントの研究班に属していた——が人間社会の分析のモデルとしてある意味で大きな障害になっていることをエリアスはたびたび主張したが、ヘーゲルへの批判的見解がそれほど見られないことは事実である。

エリアスの知識社会学の方法に影響を及ぼしたドイツの思想家として、その他、人間の内面における「超自我」の形成、「集合的無意識」による共通の原始体験という脈絡で、フロイトやユングの名前を挙げることもできようが、幻想的知識と科学的知識の混合性、競合性、排他性という点ではエルンスト・カッシーラーを引き合いに出すことも可能である。エリアス自身、それほど多くカッシーラーの影響について語っているわけではないが、カッシーラーの『国家の神話』や『知識の問題』にはエリアスのテーマと重なるものが多くある。

『国家の神話』の冒頭で、カッシーラーは、現代の政治制度のいくつかにおいて、神話的思考が合理的思考を凌駕し、短期の暴力的な戦いの後で神話的思考が明らかに勝利を収めたことに言及し、それ以前の知的、社会的性格を持った観念が今日の政治的次元でどうして逆転したのか、と問い掛ける(16)。それは、科学や文明が発達し、近代的な思考方法に人間が慣れている時代に、なぜナチズムのような宗教的、神話的幻想性の強いイデオロギーに人間は支配されたのか、という問いと明らかに同じであり、エリアスも『ドイツ人論』でその全面的な答えを用意した。『知識の問題』でもカッシーラーは、従来の哲学的知識が現代では個別的科学によってその地位を奪われ、総合的な知識の理論が消失したことに言及し、新たな知識理論の模索の必要性を強調している(17)。

ハーバーマスのような思想家も、カッシーラーのシンボル形態の哲学が、認識論上の困難な問題を孕むとしても、それを文明化の過程の理論形式として理解することで、そのヒューマニズム的内容が明らかになる、と述べているし、宗教一般やユダヤ教の真の倫理性が根本的に現代の政治的幻想を打破することをカッシーラーは示唆している、とも論じている(18)。

エリアスにとっても社会学の使命は現代の神話を打破することであり、そのために彼は自分にとって最も有効な「参加」と距離化」という方法で社会現象を観察した。「神話的思考」と「合理的思考」、あるいは「哲学的知識」と「科学的知識」というカッシーラーのやや二分法的な見方とは異なり、エリアスの場合、幻想的知識と科学的知識は不可分であり、それが現実適合性を基準としてどちらの側に傾くかという問題が重要であった。

ドイツ系の思想家がエリアスの知識理論に与えた影響に比べて、イギリスの学者からの影響はそれほど大きくないと思われがちであるが、先述したようにそれは正しくない。エリアスのスポーツ研究が示すように、エリアスにとって、イギリスの議会政治の発展とスポーツの発展の相関関係、イギリスにおける海軍の優位性やジェントリーの登場は、大陸の国家とは違うイギリス独特の国家形成の産物であり、そうした文化に接することはさらに彼の研究の幅を広げることになった。

さらに、エリアスの知識の理論は、たとえば、ジェイコブ・ブロノフスキーが『人間の上昇』（*The Ascent of Man*, 1973）で展開した壮大な科学史の世界といくぶん類似しており、芸術思想や日常の生活技術や科学の理論がそれぞれ不可分である、というその趣旨もエリアスに多少影響を与えたように思われる。あるいはまた、C・P・スノーとF・R・リーヴィスの「二つの文化」（人文的教養と科学技術の対立）をめぐる論争を契機として、エリアスはシンボルとしての人間の言語が、本来、不可分であるべき「二つの文化」をこれまでいかに豊かにしてきたか、これからもその無限の発展にどれだけ多く寄与できるかを再認識したのかもしれない(19)。

注

(1)　Norbert Elias, *The Symbol Theory* (London: Sage, 1991), pp. viii-ix 参照。なお、最新の英語版全集では、エリアスがこの序論を完成していたことが判明した。つまり、序論の最終原稿は完成していたが、メモリー媒体の管理ミスが原因でそれが91年版に使用されなかった。

(2)　Norbert Elias, *Über die Zeit* (Frankfurt am Main: Suhrkamp, 1988), pp. xlvi-xlvii 参照。ノルベルト・エリアス著、井本晌二・青木誠之訳『時間について』（法政大学出版局、1996）36-7頁参照。

(3)　Norbert Elias, *Über die Zeit*, pp. 116-22参照。『時間について』146-50頁参照。

(4)　Stephen Mennell, *Norbert Elias: An Introduction* (Dublin: University College Dublin Press, 1992), pp. 210-11参照。

(5)　Norbert Elias and Eric Dunning, *Quest for Excitement: Sport and Leisure in the Civilizing Process* (Oxford: Blackwell, 1986), pp. 126-49 ; pp. 179-190 参照。ノルベルト・エリアス、エリック・ダニング著、大平章訳『スポーツと文明化』（法政大学出版局、1995）181-216頁、253-77頁参照。

(6)　Norbert Elias, *Was is Soziologie?* (München: Juventa, 1970), pp. 10-11; *What is Sociology?* trans. Stephen Mennell and Grace Morrissey (New York: Columbia University Press, 1978), pp. 14-5参照。ノルベルト・エリアス著、徳安彰訳『社会学とは何か』（法政大学出版局、1994）2-4頁参照。

(7)　Norbert Elias, *The Symbol Theory*, p. 75.

(8)　Ibid., pp. 75-6.

(9)　Johan Goudsblom, *Fire and Civilization* (London: Penguin Press, 1992), pp. 1-11参照。ヨハン・ハウツブロム著、大平章訳『火と文明化』（法政大学出版局、1999）1-13頁参照。

(10)　John A. Livingston, *The Rogue Primate* (Toronto: Key Porter, 1994), pp. 10-12 参照。ジョン・A・リヴィングストン著、大平章訳『狂暴なる霊長類』（法政大学出版局、1997）12-15頁参照。

(11) Stephen Pyne, *World Fire* (New York: Henry Holt, 1994), pp. 11-28参照。スティーヴン・パイン著、大平章訳『火——その創造性と破壊性』(法政大学出版局、2003) 12-33頁参照。
(12) Norbert Elias, *The Symbol Theory*, pp. 146-47.
(13) Ibid., p. 147.
(14) Norbert Elias, *Über den Prozeß der Zivilisation* (Frankfurt am Main: Suhrkamp, 1997), p. 465; *The Civilizing Process,* trans. Edmund Jephcott (Oxford: Blackwell, 2000), p. 447. ノルベルト・エリアス著、波田・溝辺・羽田・藤平訳『文明化の過程・下』(法政大学出版局、1978) 475-76頁。
(15) Norbert Elias, "Technization and Civilization" in *The Norbert Elias Reader*, ed. J. Goudsblom and S. Mennell (Oxford: Blackwell, 1998), pp 222参照。
(16) Ernst Cassirer, *The Myth of the State* (New Haven: Yale University Press, 1946), p. 5参照。
(17) Ernst Cassirer, *The Problem of Knowledge*, trans. W.H.Woglom and C.W.Hendel (New Haven: Yale University Press, 1950), pp. 16-19参照。
(18) Jürgen Habermas, *The Liberating Power of Symbols,* trans. P. Dews (Cambridge: Polity Press, 1997), pp. 17-26参照。
(19) 「二つの文化」をめぐる論争については、C.P. Snow, *The Two Cultures,* ed. Stefan Collini (Cambridge: Cambridge University Press, 1998); Lionel Trilling, *Beyond Culture* (Harmondsworth: Penguin Books, 1973) を参照。

第8章 『死にゆく者の孤独』について ——死と老齢化の社会学

1 序 論

ノルベルト・エリアスの文明化の過程の理論を理解する際に、無視できない問題の1つとして、死と老齢化に関する彼の社会学的考察がある。人間が使用する時間概念や言語が、世代間の長期的な知の伝達によってコミュニケーションの共通のシンボルとして変化してきたように、死や老齢化の問題も人間社会の共通現象として個々の社会でそれぞれ違った形で認識されてきた。人間が生物であるかぎり、だれも自然の一過程である老齢化や死という宿命から逃れることはできない。自然のメカニズムをある程度理解し、自然の諸力を利用することによって高度に発展した産業社会に住み、いわゆる文明化された生活を享受している人々にとって、これはとりわけ多くの複雑で困難な問題を生み出す。化石燃料の過度の使用とそれに伴う地球の温暖化や環境破壊によって、人類は解決の難しい問題に直面してきたが、それと同じく、物質的に豊かな生活や、医学の進歩による人間の寿命の延長は、死を人々の日常的な意識から遠ざけることによって、あるいは、エリアスの言葉を使えば、死を「舞台裏」に隠すことによって、ますます死の問題を深刻にしているのである。換言すれば、長すぎる若者時代と同じく、長すぎる老人時代もまた文明化された社会特有の問題を生み出すのである。それは人々が意図したり、計画したりしたことではないので、解決策を見つけるのは容易ではない。

現代のいわゆる文明化された社会では、労働力として無価値になった老女を、人里離れた山中に遺棄したり、あるいはまた飢饉の時期に幼児を間引いたりすることも断じて許されない。人権の概念が深く内面化され、残酷で非人間的な行為に対する嫌悪感のレベルが前進している文明社会では、弱者や身体障害者を差別したり、排除したりする人間は激しく非難される。とりわけ老人は、福祉政策の名の下で国家によって保護され、その多くは養老院や病院で死期を迎えることになる。エリアスによれば、死の問題は、公的な場での過度の感情的表現が禁止され、自制が行き届いた文明社会固有の問題であり、初期の社会でより単純であった社会的行動様式が、後期の社会では、さらに複雑で異なった形をとるようになる顕著な例なのである。

エリアスは死と老齢化に関する上記のような議論を1982年に出版された『死にゆく者の孤独』（*Über die Einsamkeit der Sterbenden*）という小著でミシェル・フーコーを髣髴させるような方法で展開した。さらに、これはドイツでの講演を「後書き」として加えて1985年に英訳されることになった[(1)]。本書は、『シンボルの理論』や『時間について』と同じく、必ずしも完成された著作とは言えないが、今後、社会学が取り組むべき重要な課題、つまり、産業や科学技術が高度に発達した社会における人間の幸福や生き甲斐などに関連する、ある意味では人類共通の、深刻な問題をいくつか提示しているという点で、またそれが今後、社会学の分野でさらに深く研究されるための方向性を示唆しているという点でも重要である。

老齢化とそれに伴う少子化という社会現象は世界のあらゆる産業国家が経験する大きな悩みの１つである。それは、個々の社会学者や経済学者によってある程度予測はされるが、人間社会全体の現象としてはむしろ意図されない無計画の社会変化なのである。

以下、本書におけるエリアスの議論の骨子を紹介し、それに沿って、人間の死が文明化された社会でどのように扱われ、どのような心理的影響を人間の生き方や行動に与えているかという問題に焦点を当ててみたい。エリアスはここでも、該博な知識に基づいて、ヨーロッパの初期の社会、あるいは他の文化圏における人間の死のイメージや、そこから得られる死に対する観念の違いを比較の軸として使い、さらに現代に至るまでのその変化過程に言及しながら、死と老齢化について彼独特の社会学的解釈を披歴している。

2　過去と現在における人間の死のイメージと認識

エリアスによると、より文明化された現代社会で死にゆく者や高齢者が普通の人間から切り離されるということは大きな問題であり、死の社会問題は、生きている人々が死にゆく者を自分の立場で考えないがゆえに、解決が難しい。死の経験は人間集団に特有であり、可変的である。死がいかに自然であり、個々の社会の成員に同じに見えても、死の認識は習得を必要とする。死に対する態度は生得の、物理的なものであるが、人間は死の観念を持ち、それゆえ、死が問題にされる。エリアスは死のイメージや認識に関して、初期社会と現代社会を比較しながら概ね次のように述べる。

たとえば、13世紀の南仏におけるアルビジョア派に対する弾圧は非人間的であり、人間への同情心が希薄で、強い集団が弱い集団を弾圧した。同じく、スペインの異端裁判では、追放、投獄、拷問、火刑などによって異なる信仰を持つ人々が弾圧された。産業や科学が高度に発展した社会に住む人々はそのような恐ろしい虐殺や、病気や死の犠牲になることは少ない。そこでは人々はより高度な自制を要求されるが、人間の生活は予測可能である。13世紀の騎士の世界では40歳の男は老人であったが、産業社会ではまだ若いと見なされる。病気の予防や治癒は現代人には不満であるかもしれないが、以前よりはるかに進んでいる。国家内部の和平化、暴力に対する国家的保護、飢餓への予防策も昔の社会では想像もできないほど進んでいる。もちろん戦争の危機が現在でも個人の生活を脅かしていることは事実であるが、長期的に見れば、昔の社会に比べて、現代社会の安全性の度合いは高い。運命の打撃から身を守ってくれる超自然的な力を信頼し、あの世への信仰を人々が深めるのは、その集団生活が不安定であり、自分たちではそれを統御するのが不可能であるという状況に関連する。逆に、産業社会では人間の死や病気は医学やテクノロジーの発展によってある程度予測できるがゆえに、人々は超自然的な神の力に頼ることは少ない。

したがって、現代社会における死への態度や死のイメージは、個人の生活が予測可能となり、安全になり、寿命が延びているという現状を考慮に入れないと、よく分からないのである。人生が長くなり、死が引き延されると同時に、死にゆく人々や死人を見ることは当たり前ではなくなっている。つまり、日常生活では死を忘れることができるのである[(2)]。

こうして、死にまつわる問題は昔の社会のそれよりも複雑な要素を含むことになるが、それを理解するには、文明化の過程の理論が必要となる。エリアスはさらに次のように議論を展開する。

昔の社会、および別の社会における死の意味と、現代社会のそれとを比較するときのみ、それはより広い視野で捉えられ、説明可能となる。これは、個人にとっても共同体にとっても極めて危険な動物的行動がより規制され、社会的ルールや良心の形成によって自己抑制の強制から逃れられなくなったという文明化の過程の理論によって説明できる。変化する権力バランスの中で、それは羞恥心、嫌悪感、当惑感と結びつき、ヨーロッパの「文明化の勢い」の中で、「舞台裏」に隠されたり、あるいは取り除かれたりしてきたし、死に対する人々の行動の長期的変化も同様の方向をたどっている。死は、人間生活における生物・社会的な危機となっている。これは死にゆく者にとって彼らがますます「舞台裏」に追いやられたり、孤立したりすることを意味する(3)。

さらに死に関連する重要な問題がここで議論されている。それは、中世の人々が安らかに、穏やかに死んだというフィリップ・アリエスの見解に対するエリアスの批判である。エリアスは逆に、初期の時代の人々は自分の苦しみを和らげることができず、苦痛に悶え苦しんで死んだと論じる。したがって、中世ではもっと頻繁に、しかも公然と死や死人について論じられ、彼らは死を恐れていたとエリアスは言う。都市が発達すると人々はペストなどの疫病を恐れた。このように、死が生と背中合わせになっていたからこそ、昔の死にゆく人々は、他人がいることで慰められ、安心したのである。エリアスはその例として、トマス・モアが死にゆく自分の父を抱きしめ、キスをしたという伝聞を挙げる。さらにエリアスはその背景にある社会状況を、同じく文明化の過程の理論に立脚して次のように捉える。

> 中世とは不安定な時代であった。暴力が満ち溢れ、対立感情は熱気を孕み、戦争が頻発し、平和な時代はまれであった。流行病で数えきれない人が悶え苦しんで死んでいった。飢饉や飢餓も日常茶飯であり、物乞いや、身体障害者があちこちにいるのが日常の風景であった。人々は、親切だったと思うと、急に冷淡になったりして感情の起伏が激しく、他人の苦しみを喜んだり、他者の苦痛に無関心でもあった…ピサの教会には死後の人々を待ち受けている恐ろしい絵がある。天使が救われた人々を永遠の生命がある天国へ誘い、恐ろしい悪魔が呪われた人々を地獄で苦しめている(4)。

> 中世の人々は一般に短命であり、危険はあまり防止できなった。死は苦痛を伴い、罪の意識や、死後の罰への恐怖も大きかった。他者の死に人間が立ち入ることは通常であった。現代人は苦しみを和らげる方法を知っているし、教会には地獄の絵など必要ない。が、現代では他者の死に立ち入ることは少なくなった…「よき過去」、「悪い現代」の単純な説明はほとんど目的には適っていない。昔はそれがどのようなものだったのか、なぜそうだったのか、なぜそれが違ったのかが基本的な問いである(5)。

さらにエリアスは、中世の家族生活についても、『文明化の過程』においてなされたのとほぼ同じような手法で分析する。彼の説明をさらに続けよう。人々は共同で暮らしていたので、昔は、死や誕生がもっと一般的であった。プライバシーはなかった。現代では両親は死について子供に語らず、それが個人生活や社会生活では隠される。親はそれを語ることで子供に悪い影響を与えることを恐れる。親が子供に死について語りたがらないのは現段階の文明化のパターンにとって顕著な例である。昔は人が死ぬとき、子供もそこにいた。あらゆることが他者の目の前で起こるところでは、死もまた子供の目の前で起こった。

エリアスは現代とは異なる、昔の社会における死の認識に関する同じような状況を文学作品や芸術の中にも見る。現段階の文明の度合いから、また現代特有の、段階的に進んだ形の羞恥心と嫌悪感のレベルから距離を置く場合のみ、他の文明段階の社会で暮らす人々の行為や作品を正確に評価できる、と彼は言う。

たとえば、エリアスはシレジアの詩人が書いた、死のイメージを連想させる「美のはかなさ」という詩を取り上げ、それは、単に個人的な印象を述べているものではなく、当時のヨーロッパのバロック時代特有の現象であり、貴族の「恋のゲーム」の方法をいくぶんわれわれに伝えてくれる、と指摘する。さらにエリアスは、同様のテーマの異形がロンサールやオピッツ、その他の詩人の作品にも見られ、それは当時の恥や嫌悪感のレベルが現代のレベルとは違っていることを表すものであり、また同時に異なる社会的人格構造をも示すものである、と論じる。これに関連して以下の引用も興味深い

> 死や汚物への言及、死んだ人間への細かい言及は厳しい社会的検閲にも屈することはなかった。死んで腐乱していく人々の光景はより一般的であった。そんなことは子供を含むだれもが知っていた。だれでも知っていることだから社会生活でも詩の中でも比較的自由に表明された。今日では事情は違っている。人間の歴史において、死にゆく人々がかくも社会生活の舞台で、衛生上、取り除かれることはなかった(6)。

さらにエリアスは、死者に対する人間感情が昔と今ではかなり違っていたことに言及し、昔は許された行為が今は禁止される、という文明化に伴う人間の感情表現の変化に言及する。死者を前にして昔は王侯貴族までが直接的な表現を禁じなかったのである。さらにエリアスの議論を続けよう。

現代社会で死者になること、死に瀕していることは、日常社会から隠され、特に子供には説明されない。一般的に、死者に対する過去の礼儀や風習は現代では

あまり効果的ではなく、それを理解するのは難しい。たとえば、プロシアのフリードリヒ2世は、死に瀕している姉に医者を派遣し、その際、最愛の姉に対して手紙で敬意と同情の意を心より表明したが、このような手紙を現代人は書けるだろうか、とエリアスは問い掛け、さらに次のように言う。

フリードリヒ2世の姉に対する敬意の念はこの時代の人間関係をよく表しているが、現代人はそれを、大袈裟で因習的な言葉として理解するだろう。ところが、国王は自分自身の真摯な気持ちを伝えるために自分自身の言葉を使っているのである。手紙を受け取った人は、当時の宮廷社会の習慣から国王の真意を感じ取ることができたが、現代人にはそれができない。17世紀には男は人前で泣くことが許された。現代ではそれは女や子供にしか許されない。強い、激しい感情を死者に表すことがタブーとなる。「非形式化」の勢いが有力である現代では過去の伝統的な表現が信頼されない。今や死者の状況に社会的な枠組みを与えるのは制度化された病院の日課である。しかし、逆に、それは死にゆく人々を孤独にさせ、孤立させる。世俗的な葬儀には感情や意味が大いに失われ、伝統的な世俗的形式には説得力がない。次の引用に凝縮されているように、タブーが強い感情の噴出を禁じるのである。

> 現代では死者の手を握り締め、死者を愛撫し、つきることのない愛情を示すことは難しい。強い感情を示すことに対する文明の過度のタブーがわれわれの口や手を縛ってしまう。生きている人々は半ば無意識のうちに死が感染すること、脅威であることに気づき、思わず死者から遠のく。しかし、自分と最も親しかった人と別れる際に、惜しみない愛情の意を示すことが、死にゆく者への最大の助けになるのである(7)。

さらにエリアスはフロイトの深層心理学に触れながら「死」という言葉が現代ではいかにタブー化されているかを分析し、それを非日常化しようとする現代社会の傾向に警告を発する。産業が高度に発達したこのような社会の普遍的な現象を彼は概ね次のように説明する。

現代では死のイメージが美辞麗句で隠され、「死」という言葉も死亡広告では別の言葉に置き換えられる。墓地は「町の緑の空間」などの婉曲表現によって表される。現代では人々は自分を独立した個人と見なし、自分のためだけの意味を追求することが最も重要視される。人間が死や死人の話題を避けたがるのは、その裏に、それだけ人間は元来それに深く係わり合っていたことが示されているからである。次のエリアスの分析はさらに鋭い。

死や死にゆく老人への嫌悪感やタブーは現代では、性関係に対するそれよりも強い。性的に欲求不満の人間や異常者も、それで死ぬことはないし、その危険性は死の危険性よりも大きくない。性の危険性は部分的であるが、「死」は人間の完全な終わりを意味する。死そのものというより、死のイメージが危険性を喚起する。生きている人間のみがそれを感じ、死者はそれを感じない。性も死も社会的に特殊な方法で認識される経験や現象である。それは人間の発展段階、つまり文明の段階に応じる。かくして死は社会的な問題となる。

さらにエリアスは、死が非日常化していく現代の状況を、ここでもまた国家形成の過程、つまり国家による物理的暴力と徴税権の独占という文明社会に共通の現象と連動させ、それが私的暴力の頻繁な使用によって崩れれば、状況が変わり、大量虐殺やテロによって死の認識が逆に現実化しうることを示唆している。これはきわめて重要な指摘である。たとえば、1990年代に旧ユーゴスラビアで起こった民族浄化の暴力、21世紀にもさらに激しさを増している、イスラム原理主義のテロリズムによって、とりわけその残虐さによって、人々が死の恐怖を再度、現実化することもありうる。したがって、次のエリアスの説明は重要である。

国家が暴力を規制できない社会では戦闘の可能性や他者からの攻撃に備えなければならない機会が増大し、国家は不安定となり、死や殺傷は日常茶飯となる。安らかな死はそういう戦士社会では例外である。文明化の方向への緩やかな変化によってもたらされる社会構造の特質が、非暴力的な社会を当然と見なす概念にも反映される。死者や死を遠ざけ、社会生活の「舞台裏」へとそれを追いやった文明化の過程も、逆の過程、つまり非文明化の方向――国家や集団や組織が殺人や虐殺を強要する方向――に向かえば、文明化は容易に崩れてしまう。「わたしは命令に従っただけです」という陳腐な答えが、人間の良心がいかに国家による外的規制に依存するかを示している[(8)]。

3 個人中心主義と「閉ざされた人間」に見られる孤独な死

社会学の方法論をめぐる「個人」と「社会」の関係でエリアスが問題視した、現代社会（とりわけ現代西洋社会）における「個人」中心主義、「われわれ」意識のない「わたし」や「自我」の崇拝は、現代の深刻な人間的イメージを助長する。かくして「死」は現代哲学でも現代文学でも主人公となり、永遠に解けない謎として、神秘として、さらには普遍的な神話として議論される。この死の個人化はエリアスの言うように現代人の人格構造の深部に根を下ろしている。エリアスはこの問題に関して概ね次のように言う。それはまた、『諸個人の社会』で繰り返し言及されたことである。

産業が高度に発達した社会では人間は個人化される。そのことが死のイメージに重なる。そのような社会では人間は自分を孤立した個人として、主体として「窓のないモナド」として見る。すべての社会は、すべての他者と同じく「外的世界」となる。「内的世界」と「外的世界」が分化される。この「閉ざされた人間」のイメージが現代の「死のイメージ」に重なる。「神秘」、「無」などの概念を伴う唯我論的な実存主義の著書は、疑似唯我論的な人間のイメージを死のイメージに影響させる。「不条理演劇」がその代表的な例である。その提唱者の出発点は、個人の人生であり、それは自分自身と、自己のために意味を持たねばならない。意味の探求は孤立した個人の意味の探求となる。この種の意味がなくなれば、人間の存在は意味を成さなくなるし、幻滅を味わう。こうした意味の喪失は、個々の人間は死ぬという知識に最高の表現を見出す。ほとんどの実存主義的な哲学思想は「意味の問題」を、空白状態にある個人、孤立したモナド、封印された「自己」、孤立した人間、その普遍的な意識を意味の主体として仮定することで、得ようとする[9]。

この種の意味が発見されないと、人間存在は無意味となるが、この種の意味の概念が誤解を生む。「意味」は相互依存する人間集団によって作られるものであり、「意味」は社会的なカテゴリーなのである。それは伝達され、支持され、それに相応する個人は複数の相互依存する人々でもある。彼らが交換するサイン（記号）には共通の意味がある。言語によるコミュニケーションは、人間独自の特徴であり、意味の探求の独自の手段である。いかなる生物もそれをなしえない。他の動物は習得されない種独自のシグナルがコミュニケーションを支配する。それは不変である。人間の場合、ある人間の音声が他者に意味を持つが、発信者と受信者が、一連の特別な音声パターンに、同じ記憶のイメージ、つまり同じ意味を関連させることを習得してのみ、それが可能となる[10]。

第3章でも言及されたように、現代社会特有の「個人化」というこの根深い哲学的思考方法は、一様化された自制の内面化によってますます固定化され、エリアスの言う「閉ざされた」人間像を助長する（文学作品ではカフカの『変身』やカミュの『異邦人』の主人公がその例であろう)。しかし、これはあくまでも現代産業社会の発展に応じて形成された一時的な人間性のモデルであり、普遍的なものではない。それより以前の社会、非西洋圏の社会では、別の人間像があり、死のイメージや認識はまた別の方法で人間集団によって表現され、形作られていたのであり、その理解の糸口をつかむ意味でも、この「個人化」現象はエリアスによって疑問視されざるをえないのである。実存的人間像への批判をさらにエリアスは次のよう展開する。

ある人間の生活について語るとき、「意味がある」、「意味がない」という表現は他者にとっての意味（その人間が何であり、何をするか）ともつながっていることを考えるのは簡単である。自己の思索においてこれは消えてしまう。そこには非常に個人化された人間がいる非常に発展した社会で見られる感情、つまり、人間は独立しているという感情が支配権を持ち、個人にはそれ自体で意味がなければならないという思想が伴う。哲学的な思索では、人間は他者の世界に参入するという実際の事実が排除される。人間は外の動植物に依存し、外の空気を吸い、外の人間を愛し、憎むという日常世界の実際的事実が、発展した社会の、孤立した哲学的人間によって忘れられる。

このゆがめられた個人意識は、孤立感や感情的孤立を表明する。自制が広く行き渡り、それにふさわしい人格構造が作られる。それが壁となり、他者の感情や行動を阻止する。こうして個人が他者から切り離される。死にゆく人々の孤独は、生きている人々の態度にも関連するが、死んでゆく人々にもそれが見られる。これが克服されるべき、エリアスの言う「閉ざされた人間」の哲学的イメージである(11)。

4　死の相対的解釈の可能性

現代の文明化された社会に住んでいる人々、とりわけ、老齢化していく人々が死を前にして陥らざるを得ない孤独感、寂寥感、絶望感の根源がここにある。愛する家族や友人たちに手を握られながら死ぬのではなく、病院のベッドで、あるいは集中治療室で独り寂しく死んでいく運命を多くの現代人は背負わされている。現代人は高度な科学的知識のおかげで古代人には理解できない問題を解くことができるが、逆に古代人が簡単に解決できる問題を現代人は解けないのである。しかし、現代人は時代に逆行することはできず、動物的本能や欲望に訴えてみても問題は解決しない。ここに文明化の皮肉が込められているのであろう。

エリアスはこの問題について概ね次のように述べ、本書の結論としている。そこでは「孤独な死」という考えが人間社会の絶対的で、普遍的な真理ではないということ、換言すれば、それは比較的近代になって有力になった言葉であるということである。自制が支配的になり、本能や欲望や感情的爆発を抑えることが支配的である社会では、階級やその他の違いを超えた人格構造の共通の特徴がある。それは文明の段階が異なる社会との比較で明らかになる。その共通の特徴は本能的、感情的衝動の抑制であり、孤立を絶対視する傾向であり、それが結合して現在に至るまでの人格構造を作っている。生きている人々の死に対する態度に見られる気まずさ、控え目な態度は、死にゆく人々の生きている人々への態度にも重なる。人間は独りで死ななければならないという観念は比較的近代の、個人化の、自己意識の観念が発達した段階であることが分かる。2千年前のシュメール人のギルガメッシュ伝説がそれを物語っている。病院の中では、たとえ死にゆく人々がわれわれに関心を寄せているとしても、機械的になされる診察や治療によって人間的な触れ合いはなくなりがちである。本当に人間的な触れ合いがなくなってしまえば、その人間は本当に孤独な人間である(12)。

5 「後書き」について

冒頭でも触れたように、本書の英訳には、1983年10月にバート・ザルツウフレンでの医学会議で行われた講演（その表題は「老齢化と死ぬこと――いくつかの社会学的問題」）が、「後書き」として付け加えられている(13)。そこでの議論は本論のそれと重なる部分が多いが、そのうちの重要な部分をいくつか取り上げ、それについてこれまでと同じ方向に沿って再度論じてみたい。エリアスはここでも再び中世と現代における老人の生活と死の問題を比較し、老齢化を過程社会学の観点から分析し、さらに掘り下げた議論を展開している。ここでは彼の歴史学的、人類学的な幅広い視野がこの切実な問題を、より距離を保ちながら説明するためのある種の迂回路の役割を果たしている。

エリアスによると、中世や前産業社会などの昔の世界では老人や死にゆく人々は家族が面倒を見ていた。老人や病人は個人の家、もしくはその地域の村か町で死んだので、だれでも知っていた。彼らの面倒を見るのは、当時は国家の責任ではなかった。今日では、老人や死にゆく人々を物理的暴力から守るのは国家である。しかし、同時にますます彼らは社会から孤立し、若い頃は面識のなかった人々と老人養護施設で暮らすことになり、そのことで孤独感が深まる。中世では彼らは後の社会のように孤独ではなかったが、たいてい貧しく、流行病や飢餓が彼らを脅かした。衛生状態も悪く、治療法もほとんどなく、今日の社会よりも中世はその点ではるかに遅れていた。

それゆえ、彼らは不安になりやすく、すぐに興奮して、パニック状態になった。彼らは空想にかられ、流行病に対処するために魔よけ、生贄などに頼った。現代ではこのような「空想的」知識は知識としては認められず、病気の原因、老化の原因も科学的に分析され、「現実適合的」知識の発達が、変化する人間の感情に大きな役割を果たしている。それはウェーバーの言葉を使えば、世界の「脱魅了化」、「合理化」の過程であるが、それによって人間がますます理性化され、前の時代よりも賢くなったと理解したら、それは誤りである。これは、「現実適合的」知識が拡大し、「空想的」知識が少なくなると同時に、人間に役立つ事象の効果的統御が増大する過程なのである。つまり、人間を脅かす危険の効果的統御が増大する過程を意味する。しかし、医学や生物学の知識で人間の寿命は延び、病気の治療が可能になっても、老化と死についてはどうしようもないという知識の限界にも人間は直面することになる。

したがって、自然の出来事が「良い」とか「悪い」とかと言っても無意味である。自然には意図も目的もなく、それに目的を求め、意味を見出すのは人間のみである。それを決定するのは人間である。しかし、そのように考えることは、多くの人間には耐えがたい。その責任を人間はだれかに負わせたいのである。外からやって来た、前もって規定された絶対者にまかせたいのである。人間の習得過程は長く、試行錯誤の連続である。自己破壊や自滅もありうる。だれか他の人が自分たちを守ってくれるという子供のような発想が危険を増大させる。自然に任せれば人間の共同生活もうまくいくという発想がその例である。そのままにしておけば自然には危険が満ち溢れている。人間による自然の利用も大きな危険を伴うが、人間はその失敗から学ぶ。

人間は経験によって、はるかに多くのことを習得し、行動や感情を変える。その能力が人間には異常なくらい多くある。しかし、不死への憧れは、絶対的で、人間自身よりも、人間の共同社会の発展よりも、さらに人間の自然支配よりもはるかに高く、自然が不変の価値を持っているという誤謬に人間を導く。エリアスによれば、これが人間の越えるべき障害なのである。

もうひとつの障害は、彼によれば、長期的で無計画の、しかも明確な構造と方向を持つ社会変化が起こっているのに、人間にはこの無計画の社会発展を理解できず、説明もできないため、それを統御する適切な言葉を人間が持たないことである。エリアスはさらに人間の合理的な能力の発展とそれに伴う自然や文化への理解を次のように捉える。

われわれは、人間以外の自然と人間社会の関係を「自然」と「文化」に二分化するような、あるいはまた自然に価値があるような言いかたをするが、20世紀後期の人間には、自然のそのままの姿が人間社会に役立つわけではないということがよく理解できていない。自然の森が開墾され、恐ろしい野獣や毒蛇やサソリが退治されてようやく都会の人々にとって、自然が美しいものになるとも言える。人間だけがそのような自然の盲目的な、恐ろしい力と戦ってきたと言える。医学においても自然の「良さ」と「悪さ」を判断する能力が必要であり、そのようにして医学と物理学の知識はほぼ並行して発展してきた。人間の社会的関係に対する知識も将来そのように発展することもありうる。人間生活の社会的側面、人間対人間の関係も、老化し、死んでゆく人間には重要である。なぜなら盲目的で統御不可能な自然の過程が人間を支配しているからである。

社会の発展段階に応じて死の構造的意味は変化する。前の時代と後の時代は物理的につながっているが、エリアスはまたその時間的差異による死の構造的違いにも注目する。それは人間の寿命が延びれば延びるほど、逆に死が語られなくなるという逆説であり、彼は現代の死者が直面する深刻な状況を次のように説明する。ここでもまたそれは彼の結論的な意見である。

死ぬことや死への態度は不変なものではなく、特別な社会発展段階に特有のものであり、特別な構造を伴う。今日の社会では、以前の社会よりも死について子供に語ることは少ないであろう。死体を見ないで子供が育つこともある。昔の社会では死体を見ることはもっと頻繁だった。平均寿命が37歳や40歳の社会では、死の思想は若者にもっと現実的である。寿命が長くなった現代社会では死が現実的なものとは見なされにくくなり、「舞台裏」に隠されてしまう。人々が今日ほど静かに、また衛生的に死んだことはこれまでなかった。孤独感をこれほど多く生み出す社会状況で人々がこのようにして死んだこともなかった(14)。

このような状況をもたらすのは人間の相互依存の連鎖のありようが変わるからでもあるが、むしろ、暴力を独占する国家の統治機能が和平化の方向へと発展し、死のイメージを遠ざけるような効果をもたらすからである。しかし、それはますます人間同士の感情的絆を弱めることにもなり、死者の孤立や孤独を助長する。かくして、死のイメージは嫌われ、死者は人間の周囲から遠ざけられ、病院や養護施設が老人の終着駅となる。最後にその文明化の逆説や皮肉を、エリアスは概ね次のように説明し、かつそれを本書の結論として提示する。

母親中心の拡大家族の人々が病人に示す全面的な愛情は、死にゆく人々にとってある意味では重要な手助けになるかもしれない。現代風の集中治療室で死ぬ人々は、最新の医療器具で治療されていても孤独である。人間の生命を引き延ばすような技術の進歩が今日の死にゆく人々を孤独にさせているだけではない。産業国家の和平化が進み、暴力を見ることの嫌悪感が進歩している社会では、死が「暴力」に見える。生きている人々は死にゆく人々に反感を覚える。国内の和平化が高度に上昇している社会では、「死のイメージ」は嫌われる。かくして死者は遠ざけられる。エリアスはその例としてサルトルの死を挙げ、それに関連して次のように言う。

サルトルを看病したボーボワールは、サルトルがたびたび尿を漏らし、尿袋をつけざるをえなかったことについて語っている。人間の死臭はひどいものであり、文明社会はそれを排除しようとするが、その反面、産業が高度に発展した社会では死にゆく人々の問題をうまく片づけることが難しくなる(15)。

現代の人間社会に伴うこの深刻な問題をエリアスはさらに次のように説明する。現代の医療社会学も多くの問題を抱えている。それは人間の生理的な個々の側面を主に治療法と関係させる。心臓・膀胱・動脈などがそうである。この面では現代の医学は進んでいる。もし個人が１人で存在し、他者とは切り離されている人間として扱われているなら、わたしが描いている医者や友人の役目は隠れてしまう。人々と、死にゆく人との関係がここでは重要である。文明化された社会ではそれは特別な形をとる。そこでは死の過程は、初期のそれとは大いに違って、日常生活から切り離される。人々の死に対する経験は、昔の社会では、公的な伝統的制度や幻想によって組織化されていたが、今日の社会では「抑制」によってぼかされてしまう。多くの人は病院で死ぬよりも、たとえ早く死んでも、家で死ぬことを望むであろう。人間のための治療が器官の治療よりしばしば遅くなるのである[16]。

6　結　語

以上が本書に追加された講演の概要と結論である。そのほとんどが本文のそれとほぼ同じであるが、重要な問題は、老齢化と死のテーマが一貫してエリアスの文明化の過程の理論を主軸として追究されていることである。多少繰り返しになるが、産業が高度に発達し、和平化が進んだ社会では人間の直接的で激しい感情の表出が禁じられ、抑えられるため（フロイト的表現によれば「超自我」の作用)、死者との人間的な触れ合いは、以前の社会に比べて減少し、かくして、死は話題から遠ざけられる。死は人間の体に加えられるある種の「暴力」と見なされ、子供との会話では極力避けられる。死は貧困や飢餓などと同様、人間にとって不都合なものとして日常生活の舞台から姿を消す。

したがって、医学が高度に発達した社会では病気が治癒され、寿命が延びる半面、病人や死にゆく人々は孤独にさいなまれるのである。昔の社会では人間の寿命も短く、疫病や飢饉で死は日常化していたが、人々には、それを解決する能力はなかった。だが、彼らはそれを身近なものとして捉え、少なくとも人間的な同情を示すことはできた。昔の人が安らかに死んだわけではないが、現代社会は、この問題をどのように解決するのか、換言すれば、死にゆく人々が安心して人生を終える機会をいかに与えるかという点でまだ多くの人間的努力を必要とする。文明化がわれわれに要求する課題はさらに多くなり、それは、人間社会の近代性、合理性という方向とは逆の経路をたどるがゆえに、解決が困難なのである。

こうして考えてみると、エリアスは現代の高齢化社会にともなって増大する、老人養護施設、ホスピスなどが抱える問題のみならず、医療における安楽死の是非などにもわれわれの注意を喚起してくれる。この問題が世界中で深刻化すれば、死の社会学的議論は、死が自然の問題のみならず、社会的問題にもなるがゆえに、今後さらに重要度を増すことになると思われる。もちろん、エリアスはここでその絶対的な解決策を示してはいないし、死や老齢化に対処する普遍的な方法があるわけでもない。あるのはただ特定の社会や人間集団がそれに対して示す固有の処方や規範である。が、それは少なくとも、人間社会に課せられた問題であるがゆえに、その社会的な意味合いは時代の変化に応じて人間集団によって決定されざるをえないのである。なぜなら、それは愛玩動物や家畜の死を扱ってはいないからである。

さらに、ここでもまた、長期に及ぶ無計画の社会発展に固有の構造がありながらも、人間自身にはそれを捉える能力がまだないというエリアスの指摘は重要である。というのも、それは、自然を人間から切り離し、個人の存在を「絶対的なもの」として崇拝する現代の哲学的傾向への批判を含んでいるからである。その反面、医学や科学の進歩がこの面では大きな役割を果たしてきた。しかし、それでもなお、それは逆に、死にゆく人々を人間社会から孤立させるという負の結果を伴い、依然として、「死」を現代社会の難しい問題にしているのである。前にも触れたように、そこには「閉ざされた人間」へのエリアスの批判が窺われる。個人を社会から切り離し、絶対的な存在として、実存的人間像を信仰する現代社会は、「死」の問題をさらに困難にさせるのである(17)。

現代の社会と昔の社会における、「死」や「病人」のイメージに関する違いに言及するとき、エリアスは常に社会学が取り組むべき重要な課題をわれわれに示唆してくれる。その点に関連して、中世の人間が安らかに死んだという、過去の社会を理想化するような説をエリアスが批判している点は見逃せない。宗教との関連でエリアスがこうした問題に取り組めば、本書での「死」をめぐる議論はさらに発展させられたかもしれないし、また人生の残された時間が彼にもっと多くあれば、それが可能であったかもしれないし。

しかし、さしあたり、文明化との関連では、文明化がもたらすさまざまな圧力によって、「死」の問題を処理することが現代人にはますます難しくなっているというある種の逆説を提示することで、エリアスは彼固有の社会学の重要なテーマの１つ（文明化はまだ終わらず、進行中であるというテーマ）を十分に議論していると言えよう。換言すれば、その議論は、「非文明化の勢い」を伴いながら文明化が必ずしも単線的に進行するのではないというエリアスの重要な認識を、『死にゆく者の孤独』と『文明化の過程』を並行しながら読むことで、あるいは前者を後者の続編として読むことで、さらに深化することができよう。

端的に言えば、それは彼の社会学の方法が、個人の存在や観念を中心とした伝統的な哲学のモデルと違う、あるいはそれをむしろ超える方向を目指しているという事実に関連する。確かに、高度に発達した現代の医学でも解決できない死の問題を、現代の実存哲学は、人間の神秘的な存在性をあらゆる方面で探求しながら、死を克服するために説得力のある論理を提示する。それは、現代の医学や科学技術の限界を指摘することによって、その復権を宣言できるかもしれない。実際、何人もの優れた宗教家や哲学者がすでに、現代人の孤独や死について数多くの本を書き、この問題の深刻さをわれわれに訴えてきた。しかし、エリアスが言うように、それも所詮は、変化し、流動する社会から分離され、孤立した、個々の「考える人間」が行き着く、常に繰り返される不変の真理——「あらゆる人間は必ず死ぬ」という絶望的な結論——から逃れることはできない。個人としての哲学者が死を哲学のテーマとして単独に取り上げる前に、人間は集団的社会生活の中で死を日常的な事実として共通に経験してきたのである。

現代人は、自分たちが昔の社会に戻ることはできないし、たとえ戻ることができても、それが幸福だとはかぎらないことを知っている。つまり、現代人は、自分たちが現代の社会的規範に応じて死を受け入れ、処理するしかないことを知っているのである。「死」や「老齢化」の問題を解決してくれる万能薬はどこにもないのである。自然科学も社会科学も現段階では、その問題を十分に処理することはできず、高度に発達した医療技術に頼る以外には、宗教や哲学にそれを譲らざるをえない。しかし、それも、前述したように、エリアスからすれば、個人の閉ざされた思考の枠内では、新たな脱出口を見つけるのは不可能なのである。唯一の手掛かりは、これまでさまざまな人間集団が日常生活の中で、人間社会に共通する問題として死をどのように捉えてきたかを比べてみることかもしれない。さまざまな人間集団が相互依存を重ねながら、時代や状況に応じてさまざまに変化する死への態度を選択してきたことが分かれば、われわれの心は多少なりとも和らぐのかもしれない。

注

(1)　本稿ではテキストとしてドイツ語版 *Über die Einsamkeit der Sterbenden*（Frankfurt am Main: Suhrkamp, 1982）と英訳 *The Loneliness of the Dying*（London: Continiuum, 1985）を使用した。ドイツ語と英語の最新版はそれぞれ、Norbert Elias, *Über die Einsamkeit der Sterbenden/Humana Conditio*（Frankfurt am Main: Suhrkamp, 2002）Gesammelte Schriften Bd.6, Nobert Elias, *The Loneliness of the Dying and Humana Conditio*（Dublin: UCD Press, 2010, Collected Works of Norbert Elias vol. 6）を参照。後者の序文ではG・ジンメルも死に関するテーマを社会学で扱ったことが言及されている（p. xii）。なおミシェル・フーコーが本書を仏訳したらしいが、これは正式には出版されていない。この経緯については、Robert van Krieken,

Norbert Elias（London: Routledge, 1998）, p. 39を参照。仏訳には、*La solitude des mourants*, traduit de l'allemand par Sibylle Muller, et traduit de L'anglais par Clair Nancy（Paris: Pocket, 1987）がある。なお邦訳として『死にゆく者の孤独』（中居実訳、法政大学出版局、1990）がある。

（2） *The Loneliness of the Dying*, pp. 7-8参照。両世界大戦がありながらも、20世紀の西洋社会は中世と比べると、国家の暴力独占・租税独占の拡大によって、人々の暴力行為、およびそれに伴う死者の数は相対的に少ないというエリアスの見解に賛同する研究者もかなりいる。たとえば以下の文献を参照。Stephen Pinker, *The Better Angels of Our Nature*（London: Penguin Books, 2011）, pp. 59-81.

（3） Ibid., pp. 11-12参照。

（4） Ibid., p. 15（ドイツ語版）p. 27.

（5） Ibid., p. 16（ドイツ語版）p. 28.

（6） Ibid., pp. 22-3（ドイツ語版）pp. 37-8.

（7） Ibid., pp. 28-29（ドイツ語版）pp. 46-7.

（8） Ibid., pp. 50-51参照。さらにこの文脈との関係で、次の文献を参照。Norbert Elias, *The Germans*（New York: Columbia University Press, 1996）, pp. 301-402 [The Breakdown of Civilization].

（9） ライプニッツ、デカルト、カントの個人中心の認識論への批判はエリアスのさまざまな著作に見られるが、パーソンズの社会学の方法論への批判とともに特に『文明化の過程』の序論でまとまって展開されている。それについては次の文献を参照。Norbert Elias, *The Civilizing Process*（Oxford: Blackwell, 2000）, pp. 473-476.

（10） *The Loneliness of the Dying*, pp.52-54参照。

（11） Ibid., pp. 56-58参照。エリアスの社会学理論に見られる反哲学的傾向は、R・キルミンスターによって指摘されている。詳しくは次の文献を参照。Norbert Elias, *The Symbol Theory*（Dublin: UCD Press, 2011［Collected Works, vol. 13］）pp. xi-xxvi.

（12） *The Loneliness of the Dying*, pp.58-59参照。なお、D・H・ロレンスは『エトルリアの遺跡』の中で生と死が一体化した古代エトルリア人の死生観が、古代エジプト、中国、バビロニアの宗教についても言えると指摘している。同様の死生観を彼は『メキシコの朝』ではアメリカ・インディアンの世界観にも見る。詳しくは次の文献を参照。D.H. Lawrence, *Mornings in Mexico/Etruscan Places*（Harmondsworth: Penguin Books, 1960）, pp. 146-49; pp. 75-6.

（13） なおバート・ザルツウフレン（Bad Salzuflen）での講演の英文タイトルは"Ageing and Dying: Some Sociological Problems"である。これは上記1982年のドイツ語版には含まれていない。2002年のドイツ語の最新版（Bd. 6）には、'Altern und Sterben: Einige soziologische Probleme' として収録。英語の最新版（Collected Works, UCD, vol 6）にも収録。

（14） *The Loneliness of the Dying*, pp. 84-85参照。

（15） Ibid., p. 89参照。

（16） Ibid., pp. 90-91参照。

（17） がん患者の手記・報告・著作を紹介しながら、がん患者の心理を、エリアスの『死にゆく者の孤独』の分析に沿って議論した数少ない社会学的な研究があり、そこで著者は、患者が進歩した医療や薬ではなく、エリアスが指摘するように、家族や友人や親戚などに囲まれていることで勇気づけられることを強調している。詳しくは次の文献を参照。Ulrich C. Teucher, 'Writing in the Face of Death: Norbert Elias and Autobiographies of Cancer' in *Norbert Elias and Human Interdependencies*, Thomas Salumets ed.（Montreal & Kingston: McGill-Queen's University Press, 2000）, p. 160; p.174.『死にゆく者の孤独』の解説については Stephen Mennell, *Norbert Elias: An Introduction*（Dublin: UCD Press, 1998）, pp. 51-2も参照。

第9章
『ドイツ人論』におけるエリアスの社会学者としての立場――非文明化の過程とナチズムの出現

1 『ドイツ人論』の出版について

1990年にアムステルダムで93歳の長寿を全うしてこの世を去ったノルベルト・エリアスは、その前年に実質上、最後の大著となる『ドイツ人論』を上梓したが、この本もエリアスの著書の多くがそうであるように、出版に至るまで多少複雑な経路をたどっている。他の章でも繰り返し言及したように、晩年、聴覚や視覚をほとんど失っていたエリアスは、口述筆記に頼らざるをえず、独力で著書を出版することはかなり難しい作業であった。そういう事情もあり、本書の出版には編集者ミヒャエル・シュレーターの尽力が必要であった。シュレーターは、本書を構成する論文や記事の選択や編集に当たってエリアスの承認と同意を得た上で、最終的に自分の責任で出版作業を終えた。

19世紀から20世紀にかけて起こったドイツ社会の大きな変化を分析したこれらの論文の多くは、彼がイギリスに亡命し、当地の大学で教えていた時期から一時的にドイツに戻った時期にかけて書かれたものであり、それを1冊の書物としてテーマに一貫性を持たせるには、この編集作業は重要であった。そうした、編集上の配慮により、本書の各部・章ではいずれもエリアス自身の重要なメッセージが社会学的に方向づけられているが、それを年代順に読むか、あるいはテーマ別に読むかは読者の選択に委ねられている。こうした事情によって内容的に多少重複する部分があるとはいえ、どちらの方法で読み進めても本書には、母国の激動波乱の歴史的変化を冷静に見据えるエリアスの社会学者としての洞察力が窺えることは確かである。

本書の英訳（*The Germans*）が出版されたのは、原典が出版されて7年後の1996年のことであり、英語圏の読者にその内容が理解されるまでかなり時間がかかったことになる。そうした事情もあり、エリアスの社会学理論を研究する上で不可欠となる『ドイツ人論』は研究資料や参考文献として、まだ十分に活用されているとは言えない[(1)]。英訳のもう1つの問題——それは、英語版『文明化の過程』の表題（*The Civilizing Process*）にも当てはまるが——は、原典の表題（*Studien über die Deutschen*）に使われているドイツ語の前置詞（über）が省略されていることである。それを省略すると、本書がまるで異文化研究的なある種の文化論でもあるかのような印象を読者に与え、ドイツ人の性格や国民性が、静的で不変であると解釈される危険性がある。そういう意味では、本書の「19世紀および20世紀における権力闘争とハビタスの発展」という副題の方がエリアスの言う長期的な社会学的視野や枠組みをより具体的に説明しているように思われる[(2)]。なぜなら、エリアスはドイツ人の人格構造を静的で、不変のものとしてではなく、19世紀から20世紀にかけて、あるいはそれ以前から継続的に起こったドイツの歴史的、社会的変化と相互関連的に捉えているし、またそれを、将来も周辺諸国との関係やドイツ自体の国際的な役割によって変わりうる発展的なものと見なしているからである。

実際、本書はベルリンの壁の崩壊によってドイツが国家として再統一され、国際共産主義運動に大きな変化が生じる前年に出版されたため、その論文のいくつかは冷戦構造の継続を前提にしながら書かれてはいるが、その基本的な態度は未来志向的である。したがって、ここで分析の対象とされる国家社会主義の台頭とそのイデオロギーの性格、およびホロコーストに代表されるナチスによる文明の破壊は、あくまでもそうした長期にわたるドイツの国家形成過程、それに連動するドイツ国民のハビタス形成過程の所産として理解されるべきであり、そこにエリアス独自の社会学的診断がある。

周知のごとく、ナチスの破壊的な暴力とアウシュヴィッツ強制収容所におけるユダヤ人への非人間的な行為は、名誉あるドイツ市民の名を永遠に傷つけることになり、しばらくの間、「生来、残酷な民族であるドイツ人」というありがたくない、忌まわしい印象を他の国民心に深く刻み付けることになった。ヒトラーの常識を越えた異常な性格、ナチ親衛隊やゲシュタポの冷酷無比な軍事活動についてこれまで数多くの本が書かれてきたし、これからも書かれ続けるであろう。

たとえば、アンネ・フランク財団が発行した『アンネ・フランクの世界』にはナチスの残虐性を証明する写真がいくつか含まれており、その中の1枚に累々たる死体が埋まった穴の前でナチスの将校によって頭に銃口を向けられている若いユダヤ人男性の姿が映っている[(3)]。まさに背筋が凍りそうな光景である。どうしてあのような残虐行為をナチスは――それはナチスだけではないが――行ったのだろうか。その質問に対して多くのドイツ人は、あのような非人間的なことが自分の周辺でなされていたことなど知らなかった、国家社会主義のユダヤ人政策について国民には何も知らされていなかった、と答えるかもしれない。

そのような答えは、エリアスの言う「人間集団の相互依存の連鎖」という社会学的観点からすれば、個人的な言い訳として成立しても、他の国民や民族に対する説得力を失いかねないかもしれない。つまり、国民対国民の関係において、現代に至るまでわれわれは「われわれ集団」と「彼ら集団」の絡み合いという状況に立たされているのである[(4)]。

したがって、エリアスがたびたび指摘しているように、「われわれ意識のないわたし」(we-less I) という個人中心の存在意識は、哲学の世界では普遍的であっても、人間集団の社会行動を分析する社会学の概念としては、少なくとも「現実適合的」ではない。テクノロジーや情報手段が飛躍的に発展した現代社会でも――あるいは逆にそれだからこそ――国民としてこの「集団意識」は「個人意識」よりも強い場合がある。だからこそ、たとえば、小さな領土をめぐって、あるいは小さな島の領有権をめぐって諸国民がそれぞれ「われわれ集団」と「彼ら集団」に別れて対立することもありうる。その人が個人的にいくら良い人間でも、他の国民はその人を「良い国民」とは見なさないかもしれない。

かくして、個人としては知的で教養があり、善良なドイツ人もナチスの残虐性の責任を国民全体で負わされることもありうる。こうしたある種の連帯責任の名残は、人間が昔から農耕・狩猟生活で「われわれ集団」や「彼ら集団」という意識に基づいて行動してきたことに由来するのかもしれない。そうした集団生活とそこから発生する集団意識が少なくとも今でも「国民的性格」と大雑把に呼ばれるものと関連しているように思われる。ファシズムという点ではドイツのみならず、イタリアもまた第2次大戦中に同じ路線を歩んだが、その特殊な政治形態や指導者としてのムッソリーニのイメージは、ナチスの政策や独裁者としてのヒトラーのイメージがドイツ人の心に深い傷を残したのに比べれば、イタリア国民全体に癒しがたい外傷体験を負わせたようには思われない。イタリア国民の人格構造はむしろ地中海特有の楽天的で享楽的な性格に代表され、イタリアのファシズムも一過性的な政治現象と見なされがちである。

これに反して、ドイツ国民の人格構造は、自己中心的かつ排他的で、部外者をガス室や強制収容所に送り込む危険な暴君的気質と同一視され、ドイツのファシズムはドイツ人だけが有する永遠の、変わることのない民族的性格の反映と見なされがちである。一方は時間の経過とともに忘れ去られる可能性があっても、他方はその罪を永遠に記憶されてしまう。

というわけで、元ナチスの将校であったり、その政策に加担したりした政治家や作家は、その事実が明るみに出れば、これまで自らが築いた名声や地位を失わなければならないのである。なぜドイツ人がこのような国家社会主義に代表される軍事中心の政治形態とその体現者である強力で、超人的な指導者を求めたのか、なぜ彼らがその体制が犯した罪を贖わなければならないのかという問いに対して社会学的な診断を下すのがエリアスの本書における重要な作業である。

こうした状況の背後には、経済・政治次元での単一の因果関係ではなく、長期に及ぶ歴史的過程があり、さまざまな要因が相互依存的に絡み合い、重なり合い、複雑なネットワークが形成されているのである。エリアスによれば、長い宗教戦争で国家統一が遅れたドイツの場合、それは、18世紀頃から徐々に形成され、第1次世界大戦の敗北とワイマール共和国成立の時代に拡大し、第2次世界大戦前の国家社会主義の台頭とヒトラーの登場によってさらにその力を増大させた。それに関連する国民的エトスは、ファシズムへの反動として、またその罪の意識から、戦後もまた、とりわけ1960年代後期から70年代にかけて起こった学生の極左運動の中に命脈を保った、とエリアスは見る。

つまり、国家社会主義運動そのものや独裁者としてのヒトラー個人は、特に異常な現象ではなく、むしろ構造的に絶対主義的体制と専制的国王制度に近いものがあるが、それをドイツ的な形――たとえば、ユダヤ人の大量虐殺や強制収容所やガス室の建設など――にしたのは、ドイツ国民がたどったこの特殊な歴史的過程にあることをエリアスは示唆しているのである。

この問題は『文明化の過程』とも関連する。なぜなら、エリアスはその冒頭ですでにドイツにおける「文明化」(*Zivilisation*)と「文化」(*Kultur*)の違いに言及しているからである。ここで、注意しなければならないのは、ドイツは、『文明化の過程』で分析される西ヨーロッパの文明圏にとって、英仏と並んで重要な役割を果たした国として位置づけられていることである。そこではまだドイツがナチズムの暴力に支配されているという事実――実際この本が出版された1939年にはすでにナチスが権力を奪い、ナチ親衛隊が跳梁していたが――には直接触れられていない。

しかし、エリアスはそこで英仏、特にフランスと比べて、ドイツにはフランス的な「文明化」を支持する貴族と、「文化」を支持する市民階級が分裂し、双方が国家像をめぐって対立してきたことに注目している。ここでは洗練されたマナーやエティケット、服装や言葉遣いなどに代表される貴族の文明化された生活様式を、「虚飾」と見なし、学問や文化を通じて教養を高めることに価値を見出す市民階級の存在が注目されなければならない。上流貴族が官僚や軍隊の要職を占め、社交界を活動拠点にしたのに対して、それにあまり縁のない市民階級の活動の中心は主に大学であった。

ドイツの国家的統合の夢はナショナリズムという形でむしろこうした市民階級の活動から生まれることになるが、歴史が証明するように、国家統一の夢はたびたび打ち砕かれ、ワイマール共和国成立後の混乱期を経て、市民階級の多くは、武力による偉業で国家統一を実現してくれる強力な指導者に幻想を抱くようになった。端的に言えば、このようなドイツ独特の歴史的な過程で、文明化が推進され、皮肉なことに、逆にナチズムの暴力に代表される非文明化的現象が生じたのである。

というわけで、長い平和な時代は、人間社会を文明化の方向に向かわせるが、一度、文明化の「鎧」――人間を外から拘束する力（国家による暴力独占）と人間を内から拘束する力（自己抑制）――が崩れると、人間社会は止めどもない暴力の連鎖に陥りがちである、という認識をエリアスがその段階で持っていたことを知る必要がある。文明化の条件とは、人間がどれだけ社会的、心理的次元で、あるいは自然を理解する際に自己抑制できるか、合理的判断能力を持てるかなのであるが、人間社会ではその3組の基本的な統御能力が同時に進歩するとは限らない(5)。なぜなら、人間の生物的進化は人間の社会的発展とは違うからである。つまり人間は生物として猿やアメーバに戻ることはできないが、暴力の少ない時代から暴力が溢れる時代に逆行することはある。20世紀の数々の大規模な戦争でどれだけ多くの人間が死んだかわれわれは知っているし、宗教対立や国家の内紛による民族浄化やテロリズムで21世紀の現在でも多くの人命が暴力によって奪われている。まさしく人間集団は「ヤヌスの顔」のごとく、求心的な力で和平化（文明化）に向かう場合と遠心的な力で暴力化（非文明化）に向かう場合がある。

こうした人間集団の二面性は、必然的な自然法則によるものではない。エリアスが分析するように、それは相互依存する人間集団の力学の具体的な表れなのである。絶対的に平和な時代も、絶対的に暴力的な時代もあるわけではなく、問題はその相互依存関係の度合いがどちらに傾くかである。和平化には長い時間が必要であり、文明の破壊は短期間に起こるかもしれない。どちらにせよその動向を理解するには長期的な展望や視野が必要であるし、エリアスは『ドイツ人論』でもそれを堅持している。

エリアスが『ドイツ人論』において関心を抱いたのは、どのような歴史的背景で、またどのような歴史的過程と人間のネットワークを通じてドイツ人は長い暴力の連鎖に陥り、文明化の方向から遠ざかったかを分析し、自分なりの答えを見つけることであった。そこで彼は、生まれつきドイツ人が暴力的であり、ヒトラーのような独裁者を求める傾向を有していると言わんとしているのではない。条件が同じであれば、他の国民も同じ状況に陥ることはありうるので、ドイツ人はここでは社会学的な事例研究の一対象であるとも言えよう。

もちろん自分自身ナチスに追われてイギリスに亡命し、母親をアウシュヴィッツで殺されたエリアスにとって、冷静な態度で、つまり彼の言う「距離化された」視点で対象を捉えることは楽ではない。ドイツ人としてまた同時にユダヤ人として祖国ドイツの過去を公平に判断することも難しかろう。が、「参加」しながら同時に「距離」を置くことで彼が現実に適した態度を本書で見せていることは事実である[(6)]。こうしたことを念頭におけば、長い時間を費やして出版された『ドイツ人論』が、『文明化の過程』で提示された問題、つまり、文明化はどこまで続くのか、どのような過程で破壊されうるのかという問題に答えを与えるのにふさわしい書物であることが理解できよう。

2　「非文明化」と「非形式化」の過程

エリアスが『文明化の過程』で方向づけた社会学の概念が文明化の過程の理論であるとすれば、『ドイツ人論』でのそれは非文明化の過程の理論である。両者は相補的である。一方を理解するには他方も理解する必要がある。S・メネルは比較的早くその問題を取り上げ、次のように論じている。

別言すれば、文明化された行動を構築するには長い時間がかかるが、それは、高いレベルの国内的和平化に依存し続けており、むしろ急速に破壊されることもありうる。文明化の過程と非文明化の過程の間にはある種の対称的関係がある。前者は比較的長期的な過程になりうるだけであり、一方、後者は比較的急速に優勢になりうる。われわれは、相反する圧力間の緊張バランスという表現で考える必要がある。非文明化の傾向、非文明化の圧力はいつも存在している、と論じられよう。実際、文明化の過程は（盲目的で無計画な過程として）人々が自分たちの生活の中で非文明化の圧力――たとえば、暴力や不確実性の脅威――によって突きつけられる問題を解決しようとする努力から生じる。だから、われわれは、文明化の過程と非文明化の過程をお互いに排斥し合うものと見なす必要がある。問題は、短期間であれ、長期間であれどちらの力が支配的になるかということである(7)。

メネルはまた非文明化の過程という概念を具体的に説明するために、さらに次のように述べている。

エリアスは、文明化の過程を外的束縛（他者による束縛［*Fremdzwänge*］）と内的束縛（自己による束縛［*Selbstzwänge*］）とのバランスにおける変化を伴うものと見なし、そのバランスは普通の人間では行動規制において後者に傾く。非文明化の過程は、バランスの傾斜が外的束縛に有利にもどることである、と定義づけられるかもしれない。しかし、どちらの場合にも内的束縛の作用は、もし外的束縛（他の人々の行動）のパターン化において変化が起きれば、不変の状態にはならないであろう。外的束縛の予測は、行動設定においていつも役割を演じる。そして、もしその予測が突然、もしくは徐々に違った結果を生み出せば、行動は変わることになろう(8)。

エリアスによれば、文明化の重要な問題は人々がさらされている束縛を分析することであり、その際、４つの束縛、つまり人間の動物的性質によって人間に課せられる束縛（食欲や性欲など）、人間以外の自然環境に依存することで人間に課せられる束縛（食料の獲得や悪天候からの防御）、人々が社会生活においてお互いに行使し合う束縛（人間の相互依存による社会的束縛、経済的束縛）、社会的習得を通じて人々に課せられる束縛（自己抑制の装置としての理性や良心）がある。その中でも文明化との関係で重要な位置を占めるのは、外的束縛（他者束縛）と内的束縛（自己束縛）である(9)。後者、すなわち、内面化される自己抑制は文明化の過程で、つまり、発展段階が違う社会によって変化する。それはまた発展段階の異なる社会における外的束縛と内的束縛の関係についても言える。未発達の農耕社会よりも分化が進んだ産業社会では内的束縛、すなわち自己抑制の度合いが高くなる。

たとえば、族長、トーテム、先祖、霊媒、神々などが発展段階の低い社会では外的束縛を保つ圧力になる。父親に体罰を与えられる子供は自制に欠け、敵意や憎悪の衝動で行動し、成長すれば同じく自分の子供を暴力的に扱いやすいが、説得による教育は子供に内的抑制を教える。また政治と暴力にも相関関係があり、人間の自制の習得率が政治機構に影響を与える。かくして、絶対主義体制では人々は外部の規制によって支配され、逆に、民主主義の発展した多数政党社会では、自己抑制の度合いが高くなる。より多く自制を内面化する人格構造への変化には長い時間が必要である(10)。

こうしたエリアスの説明を念頭に置くと、文明化の過程と非文明化の過程の関係がより分かりやすくなる。つまり、長い時間を要する文明化された社会（自制の発達した社会）も、比較的、短期間の非文明化の圧力にさらされれば、崩壊しやすいということが理解されよう。非文明化の圧力を生み出すものが何であるかについては、ここでは詳しく論じないが、それが、長引く経済不況、政治革命や宗教的対立や国家の内紛による暴力の応酬、連続して起こる自然災害などによって社会不安を増大させるということが分かればさしあたり十分であろう。

したがって、ナチズムの暴力は、ドイツ人固有の国民的性格によるものではなく、むしろドイツの歴史において非文明化の圧力や勢いを生み出すような複合的な人間の相互依存の連鎖と関係があったのであり、そうした状況は、先述したように、条件さえ同じであれば、ドイツ以外の国でも起こりうることが理解されるべきなのである。

さらに「非形式化」（*Informalisierung*/informalization）の概念がこれに連動しており、エリアスがこの重要な概念を『ドイツ人論』において文明化の過程との関係で定義づけていることにも注目する必要がある(11)。その具体的な内容と事例については後で詳しく論じるが、それが、「分化」と文明化の度合いが進んだ現代の産業社会における内的束縛の増大、つまり自制のさらなる拡大と強化に関連していることが理解されなければならない。端的に言えば、非形式化の傾向は特に1960年代から70年代かけていわゆる先進国で進行した現象である。現代産業社会の画一的な文化や生活様式に反対するアメリカの「カウンター・カルチャー」や「ヒッピー文化」などがその例である。

若者の間では服装・男女関係・婚姻・人間関係などにおいて伝統的な基準化や制度化に反対する風潮が顕著になった。文明化の過程を比喩的に描写する「かつて許されたことが現在では禁じられる」というエリアスの表現が、「かつて禁じられたことが現在では許される」という表現に置き換えられ、それが現代社会の「野蛮化」、つまり文明化の逆行を示唆するものと解され、少なくとも、文明化の過程の理論を疑問視する声が上がった(12)。が、エリアスは、伝統的な道徳や制度へのアンチテーゼは現代社会の「野蛮化」ではなく、新しい制度を自ら創造することで若者自身がその責任をますます負わなければならなくなる現象、換言すれば、彼らがよりいっそう厳しい自制を要求される現象であると論じる。

要するに、エリアスにとって非形式化の過程は文明化の過程と矛盾するものではないのである。われわれは一般に古い制度に則って結婚したり、就職したりする方が楽なのである。それを否定して非形式化を選べば、それだけ人生における圧力、緊張、葛藤の度合いは高まる。

エリアスは、非文明化の過程や非形式化の過程について、他の論文や著書でも間接的に論じてはいるが、具体的な例を示しながらそれらの概念を詳しく説明したのは『ドイツ人論』においてであり、その意味でも本書は『文明化の過程』と相補的な関係にあり、あるいは、『文明化の過程』で提示されたさまざまな疑問に答えるという形で重要な役割を果たしているのである。

その答えの1つは西洋の文明化は、絶対的でもないし、直線的に進行したわけでもなく、常に非文明化の圧力と共存していたということであり、それは「文明の衝突」という表現ではなく、むしろ「文明化の挫折」という表現によって理解されるかもしれない。しかし、それは否定的で、運命論的な人間社会の帰結としてではなく、その逆の方向に向かうベクトルとして、つまり創造的で、発展的な未来志向の運動にも転化しうる力学として認識されなければならない。少なくともその可能性は1990年代以降、再び統一国家として生れ変わったドイツとドイツ国民に委ねられているのである。それでは、次に『ドイツ人論』に付け加えられたエリアス自身の序論に依拠して本書の目的や趣旨を再定位してみたい。

そこには国家社会主義が台頭する以前と以後のドイツの国民性が相互関連的に、社会発生と心理発生の観点から簡潔に論じられ、本書の中心的テーマとして浮き彫りにされている。この間、彼らが個人としてではなく、国民として受けた内面的衝撃や「恥」の観念はドイツ人独特であり、エリアスはそれが彼らの行動様式や価値観にどのように反映されているかについてだいたい次のように見る。

ドイツ人にとって1918年の戦争の敗北は予期せぬほど大きな外傷体験となった。それはドイツ国民のハビタスの中核に打撃を与えるものだった。それは、ドイツ人の弱さの時代、外国軍の侵入の時代、偉大な栄光の陰で暮らす時代への回帰であった。ドイツの復興は危機的であり、ドイツの上・中流階級はこのような恥を忍んで生きることはもはやできないと感じていた。ワイマール共和国を支えたのは社会民主主義的な労働者階級であり、ユダヤ人を含むリベラルな中産階級の数は限られていた。ヒトラーを支持した大部分の人間は上流や中流階級に属していた。しかし、彼らだけではベルサイユ条約を破棄し、復讐戦争をするのは無理で、圧倒的多数の大衆を引きつける指導者とその戦術が必要であった。彼らはヒトラーにそのチャンスを与えた。神聖ローマ帝国と、戦争で崩壊したビスマルクのドイツ帝国の後に、ヒトラーの下で第3帝国が出現するという希望があった（それもつぶれたが）。

なぜドイツ人はこうした偉大な帝国に幻想を持つようになったのか。その問いに対する答えを引き出すために、エリアスは、『文明化の過程』でもそうであったように、ドイツの社会発展（文明化への）を、イギリスやフランスのそれと比較する。たとえば、イギリスの首都ロンドンは、ウィリアム征服王の時代から政治経済の中心地として重要な機能を果たし、パリもフランスの首都として、フランス革命でその貴族的な伝統が断たれたとはいえ、芸術や文化の模範となり、宮廷貴族が残したフランス語の伝統もその後、ブルジョアが権力集団を形成するときにはモデルになった。一方、新興国ドイツでは、17、18世紀の政治・外交上の勝利によってベルリンが第2帝国の首都として建設されたが、この若い首都よりも、ハプスブルク家の古い町ウィーンの方が重要視されることもあった。つまり、総じて中世に登場したドイツの他の町や都市の生活様式や業績はヨーロッパの国家発展の重要な要素にならなかったのである。

さらにエリアスは、ドイツの都市とオランダの都市を比較しながら、両国の国家形成と国民のハビタス形成に関して重要な指摘をしている。民族・言語・文化の面で類似性を共有しているのに、両国は文明化の過程で、かなり違った方向に向かったのであり、それは、国家形成の過程と個人の人格形成の過程が不可分であるというエリアスの見解を裏づける。ここでは、オランダやスイスの富裕な市民階級の一部が社会的ヒエラルキーの最高位につき、自分自身の住む都市だけでなく、共和国全体を支配し、かくして中世の伝統を市民に継承させたという点が、ドイツの都市の発展に比べて、重要である。エリアスはオランダがたどった文明化の特殊な方向を次のように捉える。

オランダの連合諸州は議会政治の一形態であり、人々は武器よりも言葉の力を重要視した。アムステルダムやユトレヒトの市民はその伝統をオランダ国民のハビタスに注入した。交渉や妥協に支えられた統治技術が都市から国家へと移り、ドイツとは逆に、それが命令と服従の軍事的モデルに取って代わった。それは親子関係にも影響し、オランダの子供はドイツの子供よりより多くの自由が与えられた。そうした風土はまた、たとえばユダヤ人やカトリック教などの他民族、他宗教も寛大に扱うオランダ人の気質を生んだ。彼らは、軍人貴族や宮廷貴族と競争し、下の階級にも偏見を抱くドイツのブルジョア的中産階級とも異なることになった。それに比べるとドイツの事情は非常に異なり、エリアスはそれをさらに強調する。

哲学や文学の古典期はドイツの社会発展のある段階を示すもので、その時期に宮廷貴族と中産階級の反目が高まった。中産階級は軍事的行動や価値を拒絶し、その大分部は政治・軍事活動から遠ざけられ、両者の対立はドイツでは階級闘争に近かった。今日では、ブルジョアとプロレタリアの経済対立が注目されるので、そうした反目は目立たないが、18世紀の絶対王制の時代は、こうした対立が文化・文明的であると同時に経済的でもあった。概して、ゲーテ以外のドイツ古典文学運動の代表者は政界で要職に就くことを拒否され、彼らの部外者的地位が彼らのロマン主義に反映された。それは非常に自由主義的、理想主義的な傾向と、国家主義的な傾向とに二分された。

とりわけ分裂状態にあるドイツの国家的統一は彼らにとって重要であった。が、これらの計画はいずれも挫折し、その敗北感や劣等感が中産階級に深く残った。普仏戦争の勝利も市民のものではなく、ビスマルクを顧問官とするプロシア国王の勝利であった。かくして、ドイツ市民の多くは軍事的エリートに支配される第2級の、従属的階級として帝国の社会秩序に組み込まれた。自分たちでは国家統一が果たせなかったこと、それが軍事的貴族によってなされたことが彼らにコンプレックスを与えた。その反動として、彼らは、古典的理想主義から明白な権力のリアリズムへの決定的変身を遂げた。

ここでエリアスは、どのような過程を経てドイツ国民が非文明化の方向へ、つまりナチズムの破壊的な暴力支配へと誘われたかを間接的に語りながら、非形式化と非文明化の過程との関連性をも示唆している。ドイツの中産階級の貴族的ハビタスへの変身には誤解があり、彼らは本来、軍人に要求される節度のある自制心や適応能力ではなく、権力や暴力の行使を支持したのである。それはつまり、彼らが貴族や軍人の真のエトスを歪曲し、権力の神話にすり替えたこと、言い換えればそれを非形式化したことを意味する。

例を挙げれば、武士階級でない人間が武士道の精神を皮相的に解釈し、それを「強さ」の象徴として崇めることに似ている。こうした危険な錯覚や幻想が戦争の敗北による政治的・経済的危機を通じてさらに膨らみ、強いリーダーを求める背景ができたのである。それは個人ではなく集団的な行為であるがゆえに、戦争が終わってもドイツ人の「われわれ像」として、今度はナチスの蛮行に加担した共同責任という形で、彼らの罪の意識を倍加するのである。

こうした状況からエリアスは、われわれが完全に個人であるという認識が嘘であり、われわれは好むと好まざるにかかわらず、集団の一員である、という結論に達する（それはまた彼の社会学理論の根幹でもある）。ドイツ人の場合、昔からあったドイツ人としての意味や価値への懐疑は、今もさらに大きくなり、この問題が公然と語られないがゆえに、解決を難しくさせているとエリアスは言う。ここでは個人の心理的コンプレックスが集団のそれに置き換えられる（実際、エリアスの社会学理論には、集団心理学への応用という形でフロイトの心理学が深く係わる）。

さらに、ここでエリアスは国民のアイデンティティや国家的プライドとは何かという重要な問題に言及している。植民地を失ったり、過去の栄光がなくなったりする国家には過去の栄光を懐かしむ傾向があり、それが国民の人格構造に浸透するという表現で彼はそれについて論じるが、現段階ではこれを解決してくれる有効な社会科学の方法はないかもしれない。それゆえ、少なくともマルクスやレーニンの言う国家の消滅、国家の廃止という予言が幻想に過ぎないことも分かる(13)。国民が栄光とプライドを喪失し、屈辱感を内面化すれば、それを治癒するには長い時間が必要となる。

たとえば、第2次大戦後のドイツや日本のように経済活動に邁進すれば、こうした屈辱感が一時的に忘れられるかもしれない。国家が暴力独占によって和平化に到達するには時間がかかるが、国家間の対立・抗争でそれが壊れるのは早い。こうした状況はまた、国内の暴力は取り締まることが可能でも、国家間の暴力を規制するのは難しい、というエリアスの表現が、単に冷戦時代だけでなく、今日の国際関係にも当てはまることを示唆している。些細な問題で国家同士が止めどもない暴力を誘発する感情の「二重拘束」に陥ることもある。その場合、経済的な利害関係ではなく、むしろプライドと恥の観念がそのような集団行動を支える大きな要因にもなりうる。『ドイツ人論』の理解はこの問題と関連しており、エリアスが示す事例はそれを探究する手がかりになる。それに関してエリアスはさらに次のように論じる。

決闘は中世ではヨーロッパの貴族の国際的文化に遡る制度であったが、ドイツ以外の国では、中産階級の隆盛によって段々重要ではなくなった。しかし、ドイツでは非貴族的な学生の間でも人気のある制度であった。年配の大学の教師にも顔に決闘の傷跡があった。学生や将校はヒエラルキーの社会で生きており、人間の不平等に慣れていた。社会的に許される暴力の形態、社会的不平等の蔓延はヒトラー政権到来の必須条件であった。

決闘の習慣そのものはそれほど驚くべきことではない。それは日本の武士の果たし合いのような習慣を髣髴させる。問題は人間の不平等を助長するような制度が現代の国民国家が成立した、より文明化された時代にも残存し、それがドイツの国家像、ひいては国民の人格構造を形成したということである。国民の人格構造の形成過程を、国民の歴史に、つまり国家形成の過程に対応させる方法は一般的ではないが、今日の問題はずっと昔から起こった歴史的事件と係わっているがゆえに、エリアスはその方法に準拠するのである。それはまた、現在とつながっている未来において、原子力問題や環境問題など人類が抱えている大きな課題にわれわれがうまく対処する方法を示唆するのである。そのためにも過去の歴史に遡ることが必要なのである。

エリアスによれば、国家の運命は、国民個々の人格構造に沈澱しているので、社会学者にはフロイトが取り組んだような診断が必要であり、個人の発展における葛藤に満ちた衝動規制の人格構造への影響をフロイトが分析したように、国家と国民全体の関係が論じられなければならないのである。非形式化の過程をさらにドイツの歴史に遡って明らかにしてみよう。

エリアスは非形式化の傾向に関連して男女間の関係、若者と年配者などの関係に注目し、第１次大戦以前のドイツの大学では、中産階級出身の学生が決闘団体(*satisfaktionsfähige Gesellschaft*)に属し、「決闘申し込み・受諾能力」を与えられ、決闘の訓練をしていたと言う。彼らには２種類の女性がいて、一方は同じ階級に属し、公式的な方法以外には手を出すことが許されない女性であり、他方は、自由に性的関係の持てる売春婦や労働者階級の女性であった。ドイツでは上級公務員や軍人が金持の商人や銀行家よりも地位が高く、帝国時代には父母や先祖の家柄も高い地位につける条件であり、それに属する収入の高い親が息子を大学に入れるのは当然であった。皇帝の時代には商人や産業家は上流社会から身分の卑しい者として軽蔑されていた。学生の結婚相手も当然上流階級の令嬢の方がふさわしく、戦闘的な学生団体に入ることはドイツ社会の「定着者」として社会から認定され、名誉を与えられた。イギリスのようにモデルを提供する都市の上流階級もいないし、パブリック・スクールの教育規範もないドイツでは、この戦闘的な学生団体が上流階級のモデルになり、「決闘申し込み・受諾能力」がそのシンボルになった。

産業が発達し、国家権力による暴力独占が進んだ他のヨーロッパの国では、決闘という戦士の気風は無用となったが、近代化と国家統一の遅れたドイツではそれが残った。国家の定める法と秩序に対抗し、自分たちの規範や価値、自分たちの階級的優位を誇示するために、決闘が象徴的な役割を果たした。帝国の法によって個人的な決闘は禁じられたが、国家機構の中枢部はそうした能力を持つエリートに握られていたので、決闘は見て見ぬふりをされていた。

ここで興味深いのはエリアスが、この戦闘的な学生団体の規範が有力となる時代のドイツ社会のメカニズムを、「宮廷社会」の権力構造を支えるそれと比べていることである。つまり、マナーやエティケットが支配的な規範となったフランス宮廷社会が、武人的能力に代表されるエリート層の規範が支配する帝政時代のドイツ社会と、構造と機能の点で比べられているのである。したがって、市民階級がフランス宮廷社会で「部外者」扱いされたように、軍人や官僚が支配するドイツ社会では、商業や産業や実業に従事する階級が二流扱いされたのである。

さらに、ここでは、文明化の過程の理論、つまり、文明化が直線的には進まないというエリアスの見方が、産業社会と戦士社会が奇妙な混交となって存在しているドイツ社会を例として、具体的に示されていることが注目されるべきである。宮廷社会の頂点に立つフランス国王（太陽王ルイ14世）と国王を支えるさまざまな種類の宮廷貴族、およびその外に位置しながら上昇の機会を窺う市民階級（あるいは農民階級）が織り成す相互依存のネットワークが、最高位に立つドイツ皇帝（ヴィルヘルム２世）と国王を支える軍人や官僚、これらのエリート層に軽蔑されるが、戦争時代にやがて同じハビタスを持つことになる産業・商業階級（あるいは労働者階級）が織り成す相互依存のネットワークと社会学的に一致するのである。

さらに、エリアスによると、この自己抑制の規範を持つ学生の決闘クラブは軍事部門と公務員部門に分かれ、ドイツ皇帝の人格を頂点としてドイツ政府のピラミッドの上部を形成していた。地位の安定性や国家組織の安全性はないが、儀式の厳格さ、祝祭の儀式性、結婚式の服装などの点で、フランス宮廷社会に類似していた。以前は貴族的価値観に反対していたドイツの中産階級も、反抗を持続するというより、むしろ同じ貴族的規範に染まるようになり、戦士的気風を吸収したり、人間の不平等を是認したり、弱者に対する強者の優位を受け入れたりするようになった。こうして、中産階級と貴族の間に行動様式の点で共通性が生れ、それがドイツの学生の名誉や決闘の規範を基準化した。

かくして、階級の異なる、対立的な社会集団の間に価値観や行動規範の混合や融合がエリアスの言う非形式化の傾向を生み、後には労働者もそれに参入することになる。同時に貴族の方もその行動パターンを市民階級のそれに合わせ、それが、ドイツ人の国民的気質に発展したのである。ここでは行動様式や感情表現の規範の非形式化が「ブルジョア化」という形で進行したことに注目すべきである。一方、またエリアスによれば、国法や法廷に頼らず自分たちの名誉規範に基づき武力を行使して国家の暴力独占に対抗しようとする貴族の決断は、自己集団が社会的高位者であるという自負心のみならず、国家機能の権化であるという誇りを助長した。つまり、彼らは国家の暴力独占という公式の制度に対抗することによって、それを非形式化したのである。

他のヨーロッパの産業国では廃れていた決闘の習慣がドイツに残り、それが貴族ばかりでなく将校団や中産階級の学生決闘団体によって受け継がれたのである。ドイツではそれは、肉体的強靭さ、戦いを潔く受け入れる勇気などの男性的価値規範を生み出し、より平和的な競争や社会的戦術、議会での舌戦などの説得技術は軽蔑に値するものという考えを普及させた（エリアスはここでもドイツ人の国民的気質とイギリス人のそれの違いが、両国の国家形成と文明化の方向性を変えたことを示唆している）。

ここでは貴族の名誉の規範が司法当局よりも優位に立ち、国王さえもそれを容認せざるをえなくなったという状況に注意が喚起されなければならない。なぜなら、それはさらに決闘の習慣に価値を置く学生団体の男性的規範を助長し、こうした上流貴族の規範の非形式化を通して、国家の暴力独占の機能が奪われるからである。加えて、絶対主義的な専制政治が長く続き、命令と服従の伝統的規範が支配したドイツでは、国民の人格構造が独裁的で、ヒエラルキー的な社会秩序に合致することになった。つまり、個々の人間の人格構造にもそれが反映され、かくして、こうした社会規範で社会問題を解決する風土が生れたのである。さらに、非形式化の心理発生的な側面を、エリアスの視点から分析してみたい。

こうした上流貴族の形式化された決闘の習慣は、ある種の社会機能であり、自分の階級を低い階級と区別するシンボルになる。それぞれの成員は規範を守るための自己規制、自己抑制を求められ、その代償として個人的価値の感情が高められる。こうした自尊心が幼少期より習得され、この戦略の実行によって、上流階級の自尊心を継続的に再確認することが必要になり、同時にそれが彼らの団結力を高める。こうした状態は、上流階級の「定着者」としての権力が崩れ始めるときにさらに明確になる。上流階級の若い世代は伝統的な価値観やそれを守るために要求される自己犠牲を疑問視し始める。かくして、上流階級の規範に従う能力、それが課する圧力に耐える能力が減退し、非形式化が始まる。

このような非形式化の過程は、植民地化によって、未開社会の人々の生活を支えていた共通の信仰や儀式の意味が破壊されるときにも起こる。同じことは伝統社会の集団の価値観が他集団の侵略よって全面的に失われるときにも起こるのである。その場合、外傷体験から受けた精神的なショックから人々が立ち直り、彼らの心の傷が治癒されるまで長い時間を要する。

プロテスタントの布教活動によってこうした例がメラネシアで起こったことが、イギリスの人類学者によって報告されており、それに基づいてエリアスは、その場合に活気を失うのは個人ではなく、集団全体であると述べ、ヨーロッパの歴史でも同じような例がありながらも、現実の歴史は勝者の側で書かれ、敗者の観点が反映されていないことを指摘する。また同様に、生活様式の多様化に伴い、上流階級の生活様式が中流階級、下層階級に取り込まれたり、逆に中流階級と下層階級の行動様式や感情表現が上流階級にも及び、社会構造が変化したりすることがあるが、こうした社会変化を研究する方法はまだ十分に探求されていないと論じながら、現代社会が抱えている社会学上の重要な問題をエリアスは提起する。つまり、ここでは一方的で、直線的な非形式化の傾向にのみ焦点を合わせるのではなく、非形式化と形式化の二つの勢いがそれぞれ作用していることに注目しなければならない。

さらにエリアスはドイツ社会のあらゆる領域でこうした非形式の傾向が進行したことを例証する。マナーやエティケットの厳しい規定がウィルヘルム２世の時代に上流宮廷貴族の間で強くなり、それは競馬、狩猟などのスポーツにも及んだ。そして、それを実現するのは「決闘申し込み・受諾能力」を持つ有力な宮廷社会であり、こうした習慣が中産階級の上層部に引き継がれ、やがてそれは、国家社会主義者が粗雑化された形で推奨する「アーリア的精神」を具現する貴族的人間像と共に、ドイツ国民全体の規範の一部を成す。一方、帝国の終わりごろには女性の服装にも非形式化の波が押し寄せた。宮廷社会ではだいたい上流階級は服装やモラルなどあらゆる点で普通の人と違っていたが、現代の産業国家では、軍人や貴族の体制が成立した時代よりも、それがますます非形式化し、戦いはむしろ中産階級と労働者階級の間に移る。

こうした非形式化の過程は産業の発達した現代の先進国ではどこでも、科学的知識やテクノロジーの普及によって急速に進行し、封建社会や宮廷社会に比べれば、生活様式や生活規範のレベルで上流階級、中産階級、労働者階級の間に差がなくなり、その影響力の方向を認識するのは難しい。

しかし、エリアスは、ドイツにおける非形式化の過程を示す際に、マナーやエティケットなど日常生活の行為から生じる人格構造の変化が、国家を支える国民全体のイデオロギーの変化と同時に進行する相互依存的な側面を強調する。そうしたネットワークの中で、かつては学問と教養を重んじ、上流階級から排除されていた18世紀のドイツの人文主義的な中産階級は、20世紀の初期には、決闘の習慣に価値を求めるエリート貴族の規範に従うことで、自らの立場を変え、かつその政治的な方向を、世界や人類の進歩という普遍的な平和主義（カントの哲学）から、個人や自国民の名誉と栄光を重んじる偏狭なナショナリストに変貌したのである。

中産階級が初期に信奉した人間主義的な道徳規範はこうした非形式化の過程を通じて、社会的に身分の低い、劣った人間の弱さを代弁するものと見なされ、弱者や失敗者は滅びるべきであり、それに加担するキリスト教は悪である、というニーチェの哲学に取って代わられた。つまり、ニーチェが称揚した武人的貴族の行動規範は皮肉なことに、プロシア時代の実践的軍事技術として貴族の虚飾に満ちた文明化の規範を拒否し、自らの創造的文化概念に閉じこもった中産階級によって実用化され、支持された。そして、後にはこの非形式化の過程に労働者階級も組み込まれ、「弱さは悪であり、力は善である」という結論が、幻想的武人気質とあいまってドイツの国威発揚を推進し、やがて国家社会主義への道を用意したのである。

3　ナショナリズム、ファシズム、文明化の挫折

『ドイツ人論』の第2部は「ナショナリズムに関する論争」と題され、「文化の歴史と政治史」、「人文主義者からナショナリストに変貌する中産階級エリート」、「国民国家の標準規範の二重性」という比較的短い3つの章から成っている。いずれも1960年代後期に書かれたもので、分析の対象は違うが、ナチズムの悲劇を生み出したドイツの歴史的経緯を説明するという点では、第1部とつながりがある。エリアスは文化史と政治史の対立を、普遍的な価値のある文化に意味を求めるドイツ中産階級と、政治外交の戦術や技術を重要視する貴族階級の構造的対立と見なし、文化史の概念をドイツ中産階級の理想主義が体現されたもの、政治史の概念を、洗練されたマナーを武器とするドイツ貴族の政治的現実主義の表れと解釈する。ヨーロッパにおける両者の競合関係をエリアスはだいたい次のように解釈する。

18世紀の中産階級に属する知的エリートは、マナーの点で宮廷社会に同化しながらも、文化的理想の実現をより良き未来に、つまり進歩の概念に求めた。18世紀の啓蒙主義者の進歩の概念に国家の理想化されたイメージが投影されたが、ヨーロッパの中産階級が支配者階級になると、他の支配者階級同様、彼らは未来よりも過去を志向し、理想化した。未来志向から得られる感情的満足が、過去を志向することで得られる満足に取って代わられ、共同幻想としてのナショナリズムが生れた。貴族たちが家名や決闘に誇りを抱いたように、彼らは、あるときは上昇してくる労働者階級と力を合わせて、理想的な「われわれ像」をナショナリズムに求めた。

その像はヨーロッパの国々で多少違えども、「ドイツ文化」、「フランス文化」などの永遠の国家的特性に言及しているかぎりでは同じであった。ところが、産業化、都市化を経て権力の座についた彼らのナショナリズムが、宮廷社会の独占的な名誉の規範に対置されなければ、国民国家における社会変化は理解されないのである。つまり、中産階級の広義の政治・経済・文化的権力、道徳規範が宮廷

社会の伝統に吸収されるのである。

エリアスは、こうしてナショナリズムの発生過程を見る際にも宮廷社会と市民社会を完全に対立するものとは捉えないで、両者の相互依存関係を重視する。2つの階級はさまざまな点で一見、異質であるように思われるが、行動規範や思考における自制や合理性を受け継ぐ。同じことは20世紀の高度に発達した産業社会の中でも中産階級と労働者階級の間で起こるのであり、再びそこに非形式化への文化的変化が生じ、国民国家におけるナショナリズムの発生にとってそれが重要な手がかりになる。

エリアスが言うように、中産階級は独立した、単純な単位ではなく、いくつもの下位集団に囲まれ、労働者階級の台頭で変化にさらされる。こうした中で国民的感情をアピールすることは社会の主導権を握る階級にとっては重要である。さらに、高度に発達した産業国家、生活レベルの高い国民国家では、国家主義的信仰と価値システムが、たいてい過去に向かう、とエリアスが言うとき、それはロマン主義文学の発生、国民的神話や伝説の系統的研究の登場などについて考える場合、説得力がある(14)。

したがって、哲学や思想の歴史もそれを国家の存在から切り離すとうまく理解できない。それゆえ「ナショナリズムは19、20世紀の最も強力な社会的信仰である」という彼の発言も正しい。それだからこそ、テクノロジーの発達した社会でも国家の神話性、宗教性が存在し、ドイツのファシズムのみならず、数多くの疑似宗教的国家主義が発生し、さらにはある国民が別の国民に暴力を行使して自らの「恥」を雪ぐことにもなる。

エリアスによれば、ナショナリズムの問題に取り組む際に、個人と国家の問題を、今日の心理学や社会学がそうであるように、「アイデンティティ」という概念を使うと現状を誤解する恐れがある。なぜなら、その言葉は国家と個人を切り離して考えるからである。それは母と子供のように分離した関係ではなく個人が「自己像」を持つと同時に「われわれ像」、「われわれの理想」を持つからである。二つは不分離、不可分の関係であり、それが今日の産業が発達した国民国家に見られるのである。

したがって、ナショナリズムはコミュニズム、ソーシャリズム、リベラリズムとは異なる特徴を持ち、それは国家間の関係を主軸とする。それは他の主義や思想とも交わるが、政治におけるその影響力は決定的であり、エトスや感情の国家主義化は、19世紀、20世紀の産業国家で起こる。その場合、国民国家の規範が、平等主義的な人間主義と、マキアヴェリ的君主政治、非平等主義的な貴族の規範との間で衝突する。したがって、嘘つきや偽善者になることがナショナリストの政治技術には求められる。

こうした状況を背景に、エリアスは、ナショナリズムの解釈に当たって、近代市民社会の理想主義的な道徳規範が、旧貴族の戦士の気風と同居し、ある種の二律背反的な状態を生み出すことを指摘している。つまり、国内では人間主義的な道徳律が支配し、対国家関係では絶対主義的な貴族の精神が支配するのである。エリアスはその事実を、王朝や貴族政体からより民主主義的な国民国家に変化した国家では、二重の相矛盾する道徳規範が特徴的である、という表現で指摘する。こうした政治の変化過程は英独仏などの多くのヨーロッパの国で起こったことであり、それが理解されなければ、国家社会主義とヒトラーの登場は、先にも触れたように政治史の異常現象として、歴史の唯一無二的な事件として扱われることになる。それがきわめてドイツ的な様相を呈したのは、ドイツの国家形成の過程が英仏のそれとは違っていたこと、さらに、非文明化や非形式化の傾向も過去の歴史的経緯からドイツ的なものにならざるをえなかったことを示唆するのであろう。

その違いをエリアスは――その他の著書でもそうであるが――イギリスの文明化の過程との比較で説明する。端的に言えば、この矛盾する規範をイギリスはさまざまな方法と技術――文化面での貴族と市民の間の交わりなど――によって矛盾がないかのごとく切り抜け、ドイツはそれができなかっただけである。ドイツは一方の方向に極端に傾きすぎたのである。

第3部「文明化と暴力――物理的暴力の国家独占とその逸脱」では、エリアスはナチスが国民的エトスを助長することで現代国民国家の理想そのものをくつがえしてしまったという最も重要な問題を扱い、さらにそれが第2次大戦後のドイツ連邦共和国においても、世代間の対立を通して、国民を解決の難しい状況に直面させたことに注目する。ここでも中産階級の理想的道徳律とナショナリズムの底流にある貴族の武人的エトスとの対立は、非形式化、非文明化というキーワードに連動する。エリアスは、まず国家の和平化による「外的束縛」が自己規制としての「内的束縛」を促し、一方で、文明化された国家内部で暴力独占が行われ、他方ではまだその暴力規制が、国家間では十分でないという前提から議論を開始する。つまり、国家内部の暴力は法によってある程度規制されても、国家間の暴力規制は難しいという、両世界大戦や冷戦時代の政治状況から彼が引きだしたと思われる教訓がここでも大きな位置を占める。

これはグローバリゼーションを迎えた今日の国際関係や国際政治においてもなお慎重に議論されるべき問題であるが、1990年代から21世紀の初めにかけて頻発した政治や宗教の対立めぐる国家間の暴力の応酬、テロリズム、異民族間の大量虐殺や民族浄化という忌まわしい事件を念頭におけば、それほど非現実的とは言えない。が、エリアスはここで国家によって規制される暴力と規制されない暴力の２種類を分離し、二分法的に扱っているのではない。ここでも２つの傾向が相互に依存し合い、葛藤や分裂を生み出すのである。人類が個人と集団の両レベルで、国際平和のために多大な貢献をし、そのための世界的な規模の組織や機関を設立してきたことは事実である。問題はエリアスが強調するように、個人の努力が意図されない、無計画の結果を生み出すことであろう。

エリアスによると、ドイツでは統一国家としての自信や誇りが他国民ほどなく、その国民総体の弱体意識が戦争に勝つことで、つまり暴力を対外関係に向けることで優越感に変わりやすかったが、ドイツの中産階級の政治的立場は弱く、貴族の武力的優位性に依存せざるをえなかった。つまり、彼らはかつての理想主義的道徳律を捨て、貴族の戦士的エトスや規範に拝跪し、貴族本来の責任感や威厳ではなく、単なる権力に魅せられた。政治的手段として暴力の行使は正しいという結論に彼らは達した。権謀術数という貴族の外交手段が権力の模範としてロマン化され、普仏戦争で看護兵として志願したニーチェはそれを『権力の意志』において表明した。

一代では貴族になれない上流中産階級に貴族の戦士的エトスが浸透し、ヴィルヘルム皇帝時代に書かれた、決闘を助長する多くの小説にもそうした好戦的傾向――敵の兵士は人間でなく、動物であり、味方の兵士のみが人間として扱われる傾向（シラーの小説）――が現れていた。ところが、アメリカの参戦によりドイツは第一次世界大戦で惨めな敗北を喫し、貴族的な伝統も終わり、皇帝も廃位され、大きな外傷体験が残った（だからこそ失われた昔の栄光を取り戻そうとする共同幻想が強くなる）。戦争に負けたとはいえ、貴族の伝統である「決闘申し込み・受諾能力」はかつて除外されていた商人や実業家にもすでに浸透しており、この国内外の敗北を受け止める用意はなされていなかった。加えて、旧支配者階級の権威の失墜は、部外者であった労働者階級の台頭によって、さらに激しい、非現実的な抵抗を生み出した。経済的な理由だけでなく、かつて見下していた階級と同じ地位に格下げされることが彼らの威信を傷つけたからである。

こうした状況はワイマール共和国における極右グループ——退役軍人から成る「義勇兵団」(*Freikorps*) がその1つ——のテロリズムに代表される暴力の時代の到来を知る上で重要である[15]。「義勇兵団」とその傘下にある学生組織によって多くの人々が殺された。その代表者は周知のごとく有名な共産主義者であったカール・リープクネヒトとローザ・ルクセンブルクである。「決闘申し込み・受諾能力」という戦士の気風を体現する「義勇兵団」と学生の決闘クラブは、一方では、ワイマール共和国の民主主義的な議会主義を、妥協や単なるおしゃべりによる政治、他方では共産主義者を弱虫、社会的敗北者、もしくは敵のスパイと見なし、自らの戦士的規範である「権力への意志」に従って、暴力による政治に走ったのである。彼らの武人的な行動様式と暴力を手段とする政治方針が第3帝国とその指導者の道を用意したことは言うまでもない。

ここで注目すべきことは、文明化された人間社会が、短期間の暴力によって野蛮な時代へと逆行することがありうるというエリアスの社会学的な洞察力である。つまり、直線的に進行する生物学的進化の過程は、人間社会を理解する上では応用できないということ、また少なくともエリアスの社会学理論は社会進化論的な発想とは無縁であるということである。換言すれば、人間が自然を理解する能力、社会的関係を理解する能力、自己抑制を行う能力は、必ずしも同時に進行しないということである。たとえば、ナチスの例に見られるように、人間の自然理解の能力が高くても、社会関係における文明化が遅れたり、逆行したりすることもありうる。

したがって、エリアスが指摘するように、文明化された行動様式や人間の良心が崩壊する方向を見据えることが重要である。それは「野蛮化」と「非人間化」の過程であり、文明化された社会ではそれはかなりの時間を要する。またそれは短期的で、静態的な分析や主意主義的な説明では十分に理解できない。ワイマール共和国時代の、国家的規制を越えたテロリストの暴力行為、さらにまた、ヒトラー時代の国家的暴力行為にもつながるあの「義勇兵団」の発展過程をもしわれわれが理解するなら、あの大いに野蛮な行為よりも前に、長期にわたって築き上げられた時代を、われわれはある程度理解できる。

エリアスはさらに、「文明化と暴力」という同じ脈絡で1960年代、70年代のドイツの左翼学生運動が直面した問題を、国家社会主義の成立と崩壊がもたらしたドイツ人の複雑な心理的状況との関連で論じている。そこには中産階級の青年の未来への不安、自分の将来への危惧、意味のある生活を送ろうとする期待感などが入り混じっているとエリアスは言う。そこで彼は、極右グループがテロリズムに訴えたワイマール共和国の時代背景と、同じく暴力的な極左的学生運動が起こったドイツ連邦共和国のそれを比較し、両者とも孤立した運動ではなく、一方が独裁的産業社会で、他方が非独裁的産業社会で起こった運動であり、それぞれ構造的に関連していると見なす。さらに、ドイツ連邦共和国におけるテロリズムを伴う若者の反体制運動は、ヒトラーの時代のファシズムへの反動と重なるものであるが、それは同時に若い世代の人生における意味の喪失に関連し、そのことが結果的には、右派であれ、左派であれ未来の都市ゲリラや急進的運動に賛同者を送り込む領域を生み出すとエリアスは言う。

現代ドイツの若者が直面する人生の意味をめぐるこの問題は、ワイマール共和国時代の前後、およびナチズムの時代の若者が直面した同様の問題と比較され、第３部の補遺５の中で「ドイツ連邦共和国のテロリズム――世代間の社会的葛藤の表現」という表題で本格的に議論されており、それはドイツのみならず、急速に変化する世界の産業国が抱える共通の問題、つまり世代間の対立というテーマを扱っている。

端的に言えば、それは「若者の反抗・反乱」であり、今でも解決の難しい社会心理的、あるいは社会文化的な問題である。エリアスは現代ドイツの若者が支持する反体制運動の根拠とそのイデオロギー的な方向性、およびそれが彼らに与えるさまざまな圧力や葛藤について鋭い分析を披歴している。

エリアスによると、旧世代が犯した罪から解放され、新しい意味を持つ社会を建設する夢を若者はマルクス主義に託した。マルクス主義の機能は60、70年代でも同じであり、抑圧のない平等な社会を建設するという夢は学生運動でマルクス主義が果たした決定的な役割であった。旧ドイツの罪はすべてファシズムによって代表され、70年代の若者の政治運動は、それに加担し、ドイツのナショナリズムに価値を見出した自分たちの親の世代に反抗することであった。すべての抑圧と束縛は旧世代に由来するものであった。マルクスの教義の中心は資本を独占する資本家とそれから排除される産業労働者との対立であった。

しかし、社会的不平等や抑圧の多くの形態はこの図式では適切に説明されるものではなく、特に中産階級の若い世代がマルクス主義を採用したとき、この理論的限界がある種の混乱をきたした。彼らの闘争は労働者がさらされる経済的抑圧に言及することで正当化されたが、若い世代の生活体験は産業労働者のそれとは異なり、ゆえに彼らは労働者が直面する問題を熟知していなかった。

問題は、彼らがプロレタリア独裁を迂回して、社会的不平等の超越を予言する理論的装置を得て、自分たちの方向を設定しようとしたことであった。現場で働く労働者にはテロリストの暴力は珍しくはないが、暴力を行使することのタブーが内面化されている中産階級の若者にとってそれを打破するには容易ではない。マルクスの理論は抑圧された人々を解放する理論としてはある程度、有効になりうるが、一定の限界を伴って、現実適合的であるにしかすぎない。資本家と労働者のモデルとして、また両者の矛盾を乗り越える救済の理論として、「定着者」と「部外者」の関係に適用されるとき、それは有効なイデオロギー的武器になるが、同時に方向設定の武器としては空想的にもなる。

抑圧された人々を解放するという理想を現代の若者が全面的にマルクス主義に求めようとするとき、彼らが直面する問題をエリアスは鋭く指摘している。工場労働者としての経験がない彼らが自らの存在を、経済社会で資本家によって疎外されている労働者の立場と同一視すれば当然矛盾が生じ、その矛盾が彼らを苦しめる。その解決が無理であればあるほど、彼らをそのような状況に追いやっている古い世代や現体制への不信感や憎悪が募り、現実的な解決を阻んでいる敵を暴力によって全面的に破壊したいという衝動に彼らはかられやすい。極端な場合、暴力へのタブーが越えられ、テロリズムによって世界を破壊することが正当化されるのであり、それはマルクス主義の問題解決とは少なくとも違う——それが暴力革命であれば共通性もありうる——方向を示唆する。新しい意味を求めていた運動が、意味の自己破壊という結果に終わる。

こうした危険な徴候をエリアスは現代ドイツの極左運動に見出したのである(それは日本の連合赤軍のたどった運命にも似ている)。しかし、それは短期的な原因から生じたものではなく、ドイツの過去の歴史に端を発するさまざまな要素の相互依存関係の所産であった。ワイマール共和国時代の極右グループに属していた若者もドイツ人を抑圧から解放してくれる「ドイツ帝国」に失われた夢とその意味を復活させようとしていたのである。が、彼らもまた最終的には暴力による破壊とテロリズムという負の連鎖、悪循環に陥ったのである。これもまた、非形式化の過程を伴う世代間の、行動様式や道徳規範や価値観における対立と関連する。

かくして、ナチズムへの徹底した批判を避け、ドイツのナショナリズムを共有している親の世代に反抗し、支配者集団の古い体質を改革しようとした戦後の若者が改革の手段としてマルクス主義を掲げたことは当時の世界情勢やドイツの状況からしてさらなる恐怖を当局側に与え、民主主義的な改革を目指していた政府に権威的な態度を取らせることになった。若者からすればかつて猛威を振るったファシズムの体質が連邦政府にも残っており、それを明るみに出したいという願望があった。彼らも抑圧、不平等、束縛のない人間社会の建設を夢見ていたが、その可能性をナショナリズムではなくマルクス主義に見出した。こうして、彼らは父親の世代が犯した罪の意識を持ち、古い世代の帝国主義的、国家主義的な権力意識に反抗した。

こうした世代間のギャップは、植民地を持っていた他の古いヨーロッパの国々でも、あるいは日本でも見られる現象であり、ファシズムとの関係で特にドイツで明確になった。ドイツの若者は妥協せずこの古い世代が犯した罪を追及し、自分たちに着せられた汚名を完全に拭い去りたかった。それではなぜ、イギリスではなくドイツで反体制運動が暴力を伴って起こったのか。

エリアスによると、その理由は、イギリス人やフランス人の「われわれ像」が戦争時代にはすでに固まっており、彼らの心の奥底に染み込んでいる自尊心も変わらず、特にイギリスではそれが長い国家の形成過程で蓄積されてきたからである。つまり、彼らのこうした人格構造、もしくは国民的エトスは国家による暴力独占を伴う長い文明化の過程で育まれたものであり、テロなどの暴力でそれを破壊することに価値を見出さなかったからである。逆に、ドイツ人にはそのような経験が乏しく、とどのつまりは、ドイツ連邦の国家や文明はあらゆる手段によって破壊される以外に価値を持たない、とテロリストをして言わしめ、彼らは暴力を手段とするだけで十分であると信じたのである。皮肉なことに、暴力を権力資源とするナチズムの亡霊から逃れようとして、自ら暴力に訴えることになった。

ドイツも高度に産業が発達した国民国家であり、大人の行動にも文明化された要素が窺われるのに、自分が国民の一員であるという自尊心がイギリスほど発展せず、限界を伴ったのである。エリアスはそれに関連して「この点でドイツは不幸である。この国の能力をはるかに超えた２つの運命的なナショナリズムの波、さらに２つの決定的な敗北によって、混乱という遺産となって残り、それは多くの点で否定的な国民的感情であった」と述べている[(16)]。かくして、「文明化」と「暴力」という言葉は一般的には相反する意味を持つが、皮肉なことにドイツではそれは最終的には破壊を意味する同じ方向に向かうことになった。

ワイマール共和国時代の国家による暴力独占の遅れが、労働者の極左グループと、旧支配者の貴族的政治を支持する極右グループとの暴力の応酬を防止できず、その結果、テロリズムに訴える「義勇兵団」やその学生下部組織の暗躍と跳梁のみならず、より組織的な暴力統治機構を持つ国家社会主義の支配を許すことで、ドイツ社会の不安をますます増大させたことについてはすでに言及したが、エリアスはさらに暴力の時代を反映し、かつそれを体現する文学作品にも言及する。そうした傾向の作家の１人としてエリアスは、エルンスト・ユンガーを挙げ、それを明確なプロパガンダとイデオロギー的機能を持つ時代の文学ジャンルに属するものと見なしている。

エリアスによると、ユンガーの小説は戦争を肯定的に描くことで反戦文学に対抗し、たとえばレマルクの『西部戦線異状なし』のような反戦文学と対立構造を成していた。そして、彼のような作家が属する親戦争文学は反戦文学を裏切り行為と見なし、戦争を賛美し、兵士の戦意を高揚させようとした。この２つの文学はワイマール共和国時代の政治的対立集団とそれがもたらす不安な状況を象徴していた。反戦文学を支持する人々は軍備拡張をしなくても、国家機構が整備されればドイツの復興再生はありうると考えていた労働者やリベラルな知識人の世界観を反映し、一方、親戦争文学の支持者は、前時代の支配者とそれに賛同する人々――彼らはドイツの敗戦を二重の失敗、つまりヨーロッパの外交をめぐる覇権争いと国内の政治闘争での敗北と見なした――の世界観を表していた。

こうして、エリアスは、暴力による政治機構を容認するドイツ国民のファシズムへの傾斜を、つまり、非文明化へと向かうドイツ国民感情の構造を、文学作品を通して立証しようとする。国家社会主義とその指導者を希求するドイツの道筋は、文明化の挫折を示唆する。

その中でも今日の人類の脳裏に深く刻み込まれているのは言うまでもなく、ナチスによる残虐極まりないユダヤ人大量虐殺の恐怖、いわゆるホロコーストの悪夢である。エリアスは第４部「文明化の挫折」においてこの歴史的な悲劇の社会発生と心理発生を冷静に分析する。それは、『我が闘争』の著者の精神異常を個別化することではなく、ドイツの過去の歴史に由来する国民的ハビタスを検証することでその病理現象全体を理論化することである。

残虐非道な行為は、今日のようなテクノロジーの発達した文明社会では起こりえないと思いながらも、20世紀の両世界大戦や冷戦は、人類が依然として非人間的行為の悪循環を断ち切れないという不安や疑念をわれわれに抱かせ続けた。組織的にユダヤ人を絶滅させる計画を立てたナチスの将校アイヒマンの裁判はまさに、人類の現代文明へのそうした失望を象徴するものであるとエリアスは言う。が、ヒトラーの残虐行為が明らかになっても、一般に、ヒトラーのユダヤ人虐殺は例外的な出来事であり、文明社会の癌のようなものであり、それは精神的に狂った人間の行動であると解されてきた。

つまり、それは彼個人のユダヤ人への非道徳的で、常識を欠いた憎悪から生じたものであり、その一部はドイツ人の伝統的な性格を受け継いでいる、という考えが支配的であった。そうした見方は、一方では、高度に発達した現代の産業社会では一般にホロコーストは起こりえないことであり、ユダヤ人になされた蛮行は突発的な事件であったという短絡的な結論を導き、他方では、同じ条件さえあれば現代の産業社会でもそれが起こりうるという事実をわれわれに気づかせないようにしがちである。

ここでわれわれは、ユダヤ人をアウシュヴィッツ強制収容所に送り込み、ガス室で殺すというこの未曽有の計画がすぐに実行されたのではなく、徐々に進行したことを念頭に置く必要がある。エリアスが言うように、原爆を広島や長崎に投下したのは、日本がアメリカの敵国だったからであるが、ユダヤ人はドイツ人にとって敵国に属する民族ではなかった。

実際、ポーランドにあったドイツ領の都市ブレスラウ（エリアスの生れ故郷で、現在のヴロツワフ）では、多くのユダヤ人は自分をドイツ人とほぼ同一視し、ナチスの残虐行為など予想もしていなかったのである。ドイツではユダヤ人はその当時、高級官僚や大学教授や将校にはなれなかったが、経済活動や文化活動にはほぼ自由に参加できた。エリアスも記憶しているように彼の父親はドイツ皇帝を尊敬しており、その時代のドイツ人の精神を体現した人間であった。つまり、多くのユダヤ人はドイツに同化し、ドイツ人に危害を加えるようなことは考えてはいなかったのである(17)。ところが戦争による危機の時代が到来すると、逆に、ドイツ人は、ユダヤ人がドイツの経済やドイツ人の精神を破壊し、ドイツを没落に導こうとしているといった被害妄想的、あるいは誇大妄想的な思考の罠にはまってしまった。

科学や産業の恵みを受けていた人々が、自分たちの苦痛を和らげ、自分たちの自尊心を守ってくれる宗教の教祖や神話の創造者に急に耳を傾け始めたのである。こうした状況ではうわさやゴシップは、科学的な知識よりも力を持つ。エリアスが言うように、ここでは、こうした状況に立たされたドイツ人が自分たちの夢をかなえるために共同幻想にしがみついたのである。つまり、そこにはドイツ固有の長い歴史的過程と人間集団の相互依存関係が、換言すれば、共同幻想を現実化するネットワークがあった。同じ条件があれば、ドイツ国民のみならず、他の国民（たとえば日本人）もこうした悪循環から抜け出せなくなるのである。それでは、どのような過程を経てドイツはユダヤ人虐殺という非現実的な状況に追い込まれたのかをさらにエリアスの説明に即して見てみよう。

ユダヤ人大量虐殺は1939年にヒトラーとナチ党に属する彼の側近によって最終的に決定された。1930年にナチスが政権を奪取したときも、このような大虐殺が起きようとはヨーロッパでも、アメリカでも予想されていなかった。ナチスのエリートの決定事項は秘密であり、ユダヤ人問題を担当するアドルフ・アイヒマン中佐にこの件は任されていた。ナチスの東西ヨーロッパ侵攻によって多くのユダヤ人が拘束され、その処理に当局は苦慮していた。大量虐殺のモデルはなく、それをめぐって議論が沸騰し、決定に至るまで時間を要した。ナチスの中心メンバーの間でも意見が分かれ、第3帝国内の権力バランスはきわめて不安定であった。党内の敵同士を戦わせてヒトラーは地位の安定を保っていた。

ついにヒトラーが決定したユダヤ人大量虐殺はナチ親衛隊にも支持され、かくしてポグロムが再開されたが、ナチスの東方侵攻で拘禁されるユダヤ人の数が膨大になり、ポグロムは大量虐殺の手段として適切ではなくなった。ゲシュタポはリスクの少ない効果的な方法としてボタンを押すだけで大量のユダヤ人を殺すことができるガス室を考案し、ユダヤ人を収容する強制収容所が必要とされた。最後にだれをユダヤ人と見なすかという困難な問題もあった。1942年にヒムラーの代理によってそれが中心メンバーの会議で決定され、ユダヤ人大量虐殺のガイドラインが策定された。アイヒマン当局の責任も明確にされ、強化され、それは1944年まで続けられた。連合軍の勝利が濃厚になり、ヒムラーは連合軍の今後の柔軟な対応策も期待して、中止命令も出したが、結局、約500万人のユダヤ人が殺された[18]。

大量虐殺に関するこうした事実は、他の多くの文献でも示されているし、ナチスによる権力把握を可能にさせ、ドイツ国民をして、その指導者であるヒトラーへの忠誠と崇拝に向かわせた原因の多くが、ドイツ固有の歴史的状況から発生したことも非形式化と非文明化の概念との関連ですでに言及された。その際、ドイツ国民の人格構造が国家形成の過程でフランスやイギリスのそれとはかなり違ったことも社会学的な視点で説明された。

その中でも、国家統一が遅れ、第１次大戦前後にたびたび政治的危機に見舞われたドイツ国民が、その解決策の１つとして、決闘の習慣を持つプロシア時代の戦士貴族の気風に染まり、上からの統治を、つまり偉大な指導者の命令や指示に無批判的に服従する支配体制をよしとして、民主主義的政治を低く評価したことも繰り返し強調された。が、問題はなぜドイツ国民がユダヤ人の大量虐殺を許してしまったのか、あるいは少なくともそのような悲劇を黙認したのかということである。もちろん、それはフランスのような国でもかなり起こっていたことであるから、ドイツ人だけがその罪を背負い、罪の意識にさいなまれる必要はない。

とはいえ、実際その外傷体験と罪悪感はドイツ国民全体に払拭できないほど深い精神的衝撃を残すことになった。さらにそれが第２次世界大戦後も続き、若い世代とのギャップを生み出しただけでなく、若者の心にも重圧となって受け継がれたということから考えれば、この問題は集団心理的次元の分析を必要とする。つまり、大量虐殺のような非人間的な行為は、自分の仲間や家族が殺された側も、殺人に手を貸し、それを黙認していた側も癒されがたい精神的な傷を負い、それから解放されるまで長い時間がかかるということである。この問題に対するエリアスの心理学的、社会的分析は鋭い。

指導者に対して絶対的に服従しなければならないという「服従への欲望」は指導者に反抗できなくなると、弱い者、劣った者への攻撃となって表面化する。ユダヤ人への敵意はまさにこの種のタイプであった。1933年以前にすでにユダヤ人は社会的に劣った集団だとドイツ人は見なしていた。ユダヤ人の多くがそれに気づかずに行動していたことが彼らの敵意を煽った。ユダヤ人は、上からの圧力を感じながら生活していたドイツ人の、格好の憎悪の対象になった。

つまり、国家主義的信仰体系を通して上流階級と同一感を持っているが、自分たちの劣等感への苛立ちを鎮めてくれる、適当なはけ口を見つけることができなかったから、ドイツ人はそれを社会的に弱い人々に求めた。収容所の看守も教養がなく、そのほとんどが若い小作人であり、彼らは昔から上からの厳しい命令に服従していた。彼らの劣等感が自分より劣っている人間に向かって爆発した。国家社会主義が出現する前は、ドイツが法治国家であり、裁判官も相当高い自主的判断力を持っているかぎり、個人も国家を支えるために要求される良心の機能を果たしていたが、国家の機能がそうした基準を持たない人々の手に渡ったとき、つまりドイツの官僚が反社会的、犯罪的な行為を奨励したとき、ドイツの大衆は個人の良心の機能を失った。

個人の良心の呵責が何であれ、ユダヤ人が収容所で残酷に扱われ、殺されたことを耳にしたとき、それは抑えられ、忘れられたのである。国家の代表者に良心の強化を任せることに慣れていた人々は、国家の規制と個人の良心の葛藤を煩わしいと見なすようになり、その圧力を拭い去ろうとした。かくして、ドイツ国民の多くは、強制収容所で何が起こっているかと聞かれても、再三再四「わたしは知らなかった」と答えたのである。

エリアスはここで強力な国家規制、国家の政治的圧力が、ドイツ市民個人の良心を越えて行く過程、つまり「外的束縛」があまりに強くなり、個人的領域の「内的束縛」を凌駕する、いわゆる非文明化の過程の心理的条件とその結果を日常的なレベルできわめて明確に分析している。大衆を非文明化の方向に、つまり非人間的な行為に駆り立てる社会的、心理的要因が、短期的に起こることも、あるいは長い歴史過程の蓄積として起こることもありえようが、ともかくここでは「わたしは知らなかった」、「上からの命令に従わざるをえなかった」という反応が、今日でも起こりうる大量虐殺の悲劇の心理的メカニズムを象徴している。それは外部の圧力よって、脆くも人間の良心が崩れ去る状況を示唆している。かつては人間の良心や理性、知性を求めたドイツ中産階級の努力も、国家社会主義の世界制覇の侵略主義的イデオロギーに取って代わられたのである。それでは、ドイツの民衆とヒトラーの間にはどのような心理的紐帯が形成されていたのかという問題をエリアスの解釈に沿って考えてみたい。

ヒトラーはドイツ人の多くが持っていた自分自身の良心を完成させ、代表する存在として、またドイツ人自身の「われわれの理想」を象徴的に体現する存在として、人々に受け入れられた。ドイツ人にとってますます必要となる人物は、盲目的に服従するドイツ人の重荷を魔術によって取り除き、自分の肩に背負ってくれる人間、国民の希望や願望を請け負ってくれる人間、ドイツ人が被った「恥」を雪いでくれる人間、新たな偉大さ、新たな権力を国民に保証してくれる人間であった。そのような人物はワイマール共和国にはいなかった。ヒトラーは、新しい自尊心やプライドを求めているドイツ人にそれを約束できる能力に自信があった。全知全能の指導者としてそれを国民に約束できる忠誠心を、ヒトラーは持っており、いかに欺瞞的であれドイツのプライドを取り戻し、ヨーロッパを征服するために自分が必要とされていることを知っていた。

現代のように高度に発展した社会でも、自然現象の制御は可能であれ、「社会を制御できる能力の度合い」は低い。人々は今でもこのレベルでは、魔術的な手段で社会事象が制御できると考えており、その場合、指導者の社会事象に対する統御能力は人々の態度に左右される。最も進歩した国でも、特に危機的な状況では、人々は自分に危機が差し迫っていると感じ、ちょうど原始的な部族社会で人々が天災や病気を理解しないのと同じく、その性質が分からないのである。戦争がいかにショックであっても、ドイツ人の戦争への熱意は、高揚し、彼らは最高の魔術師や助言者と心がつながったのである。

それゆえ、魔術的儀式や神話的信仰は、彼らを保護し、彼らを無意味や無価値や無力の感覚から救ってくれる薬となった。神話や魔術は感情を満足させる緩和剤となるが、人間を脅かしている社会現象を現実的（理性的）に解決する道を断つ。これがドイツ人をして、ナチスのイデオロギーの罠に陥らせたのであり、その悪循環によって彼らの行動や思考はより幻想性の強いものになった。ドイツの民衆にはナチスを支持する思想が根本的にあったとか、本来彼らはナチスに反対する民主主義の信奉者であったというような知的な議論によって、問題の本質がぼかされがちである。それは基本的に単純な結論であった。

つまり、ドイツ人は世界政治の大きな出来事に直面し、絶望的な状況で後光のさす、ドイツ人のイメージに合った救世主——あらゆる犠牲を払っても戦争を遂行する命令を彼らに下し、彼らの弱さや依存性をこわすことなく、彼らの夢をかなえてくれるシャーマンのような指導者——を求めたのである。

ドイツ人を文明化の挫折に導きながらも、ドイツ人のイメージに合致した指導者をなぜ多くのドイツ人は選んだのかという問題に絡むエリアスの議論をこれ以上説明する必要はなかろう。興味深いのは、戦時中にドイツ市民が抱いた複雑な心境を彼らの手紙を通じてエリアスが紹介していることである。戦地の息子に宛てた母親のある手紙は、ヒトラーの暗殺未遂に触れて「神が総統をお守りになった」と言いながらヒトラーの安否を気遣い、昨年、麦を刈ってくれた息子の思い出を綴っている。別の手紙はヒトラーの無事を喜びながらも、毎晩空襲があり、友人の家が焼かれ、自宅近くのホテルの駐車場が直撃されたが、食料は十分あるので、ドイツが勝つまで強い気持ちで最後まで自分は頑張る、と同じく戦地の息子に伝えている。

さらにまた別の手紙は、敵機の襲来である家が焼かれてかなりの人が死亡したり、燃料を作る化学工場が全焼したり、あるいは自分の会社が閉鎖されたりして、自分は今困っているが、仕事のことなど取るに足りないと伝えている。それは、いずれも、ドイツ市民が日常生活の不安にさらされながらも、いかにドイツの勝利を信じ、自分たちの指導者に深い信頼を寄せていたかを伝えている[(19)]。

政治的危機の際に抱く共同幻想が大きければ大きいほど幻滅によるショックは大きい。確信していた自国の勝利の夢が潰え去り、神として崇めていた教祖の神通力が消失したとき、国民は拠って立つ価値観をすべて失い、無気力状態になり、その傷の治癒には長い時間を要する。そのような場合、フロイトの心理療法が集団的なレベルで必要とされるのかもしれない。戦後のドイツ政府は、ナチスが犯した罪を償うために犠牲になったユダヤ人や周辺国への経済的な補償に務めたが、エリアスも言うように、その議論が公的に十分になされたとは言えない。そのため、金銭的な賠償がなされ、ナチスの罪が軽減されても、特にドイツの若者は、自分たちもその罪に加担した国民と見なされるかもしれないという不安でアイデンティティの危機に陥り、古いドイツの価値観を依然として保持している自分の親の世代や国家当局に不信感を持つ。それから解放されるために若者の一部はマルクス主義に走る。

しかし、それは、当時の東独のイデオロギーの一部であり、ドイツの現状にふさわしくないので、当然、旧世代は警察力でもってそれを強硬に抑え込む。国民の理解を得られず、周辺社会からも孤立した左翼学生集団はますます過激になり、テロリズムに訴えようとする。これが70年代にドイツ連邦共和国が直面した深刻な社会問題であり、エリアスはそれを本書の第3部ですでに取り上げ、さらに第4部「連邦共和国に関する意見」でもかなり掘り下げて議論している。

そこでも彼は、極左グループのテロリズムを個別化して、それをドイツ人固有の性格、ナチスの暴力の再発と見なすのではなく、ドイツ人の外傷体験の長い余韻として、つまり、長期的な相互依存の連鎖を通じて理解することで初めて社会学的な意味を持つと警告する。とはいえ、この2つの論文はいずれも1970年代の終わりに書かれたものであり、ベルリンの壁が崩れ、ドイツが再統一される10年前の社会状況を反映し、それに依拠している。したがって、まだ冷戦構造の余韻が残っており、エリアスはその後ソビエトや東欧の社会主義国で起こった大きな社会的変化も、もちろんドイツの再統一も予想していなかったと思われる。が、前にも触れたように、エリアスは本書を通じて、ドイツとドイツ国民が過去に犯した罪を責めたり、彼らの人間的欠陥を暴いたりしているわけではない。

どの国も多かれ少なかれ暗い歴史的過去を背負っているが、新しい世代は思考錯誤を繰り返しながらも、それを未来の社会建設という明るい希望に変えることもできるのである。エリアスの社会学理論は宿命論やペシミズムを助長するものではなく、また個人の努力の無意味を強調するものでもなく、その相互依存の連鎖の拡大によって、人類が和平化、つまり文明化への道を模索できることを示唆しているのである。実際、その後、再統一されたドイツは、さまざまな難局に直面しているとはいえ、ヨーロッパ連合の中心的なメンバーとしてその歴史的使命を果たしているのである。

4 結語――『ドイツ人論』が意味するもの

『ドイツ人論』は、それを構成する論文が1960年代から1980年までの20年にわたって書かれたとはいえ、エリアスの実質的な最後の書であり、『文明化の過程』の出版から50年を経て完成された記念碑的な出版物である。その間、エリアスは第1次世界大戦後のヨーロッパの混乱期に加えて、第2次世界大戦後の冷戦時代、それに伴うさまざまな政治的事件を見聞してきたし、また人生の約3分の1をイギリスですごすという運命も味わった。『文明化の過程』がエリアスのドイツ時代の経験に基づいて書かれたのに対して、『ドイツ人論』には、それ以後の彼のこうした経験が反映されているという点で重要である。その中でも、『文明化の過程』の冒頭で彼が扱ったドイツにおける「文明化」と「文化」の対立が、少なくともナチズムという結果となって表面化し、その影響がさらに戦後もドイツ人の精神に深く刻み込まれていく過程を、彼が『ドイツ人論』で分析できたことに意味がある。

それは、「文明化はまだ続いている」という前者における最後の、ドルバックの言葉が、後者において、文明化の逆流現象、つまり非文明化の過程の概念としてある程度裏づけられたことを意味する。それは同時に、彼の文明化の過程の理論を、直線的に進行するヨーロッパ中心の文明観と見なしてきた一部の社会学者への反論でもあり、『文明化の過程』で発せられた問いに対する彼自身の実質的な答えでもあった。

その最終的な答えに到達する際に、エリアスは自分がユダヤ人であり同時にドイツ人でもあるという問題、すなわちヨーロッパにおける現代の国民国家に共通するある種の文化的、民族的二重性という困難に直面した。ドイツ市民であることを捨象し、ユダヤ人の立場だけからナチズム成立の歴史的過程を分析すれば、固定的な観念やイデオロギーが先行する他律的評価、つまり、現実適合的ではない評価が支配的になりやすいし、自分のユダヤ性を無視してドイツの政治や文化について語れば、一見、普遍的に見えるが、ドイツにおけるユダヤ人の文化的特殊性が欠落した、自律的視点を含まない因果関係中心の評価になりがちである。

分析対象に積極的に係わりながら、いかにそれから距離を置き、現実適合的な知識に到達できるかという、社会学の重要な問題をエリアスは、すでに本書第3章で詳説したように、「参加」と「距離化」という概念で具体化した。『ドイツ人論』においてエリアスがそのような知識に到達することに成功したかどうかを判定するには、さらに議論の余地があるが、少なくとも彼がそうした方向を目指したことは事実である。その点でも『ドイツ人論』は重要である。

周知のごとく、ナチズムの歴史については、枚挙にいとまがないほど数多くの本が書かれてきたし、これからも書かれるであろう。その多くが豊富な資料に基づき、また学問的な方法を駆使してナチズムの政治的構造やそれを支える大衆の心理的要因を客観的に分析してきたことは事実である。その中でも、「非政治的人間」を代表するトマス・マンが、ナチズムによって破壊された祖国ドイツの文化的復興を願って亡命先のアメリカで「ドイツとドイツ人」に関する演説を、ラジオ放送を通じて行ったことは有名である。

偉大な詩人や哲学者が輩出したドイツは不幸なことに異常な政治的イデオロギーの犠牲になっているが、それは本来のドイツ人の姿ではなく、ドイツ人は世界の平和を愛し、ゲーテに見られるようなコスモポリタニズムを理想としてきたことをマンは強調し、加えて、若い国ドイツはロマン主義的な若者にありがちな過ちを犯したが、その罪と破滅の中から人類の進歩に貢献する真のドイツ精神が甦って欲しいと訴えている(20)。

さらに、社会科学の方面からもナチズムへの鋭い批判や分析がなされ、エーリヒ・フロムの『自由からの逃走』はこの分野では古典的名著となり、現代産業社会で疎外された人間が自由の意義を放棄していかにヒトラーのような権威的、家父長的人間像を崇め、それに拝跪するようになるのかを心理学的に分析している(21)。フロムのみならず、アドルノ、ベンヤミン、マルクーゼ、ハーバーマスへと連なるフランクフルト学派の業績はファシズムの分析とその克服の手がかりを示唆するという点では今もなお大きな影響力を持っている。

また『全体主義の起源』で有名な女性政治学者ハンナ・アレントは膨大な資料に基づいて、現代社会を蝕むファシズムの起源やその歴史をヨーロッパ的な規模で追求し、その非人間的な政治学や哲学を助長する体制を鋭く批判している。同時にまた、『暴力論』では、彼女は現代アメリカの官僚主義のみならずソビエトの官僚主義的な社会主義にも潜む、管理主義体制による人間の暴力性の根源を追求する(22)。

またそれより少し遡れば、カッシーラーの『国家の神話』でもこれに関連する問題が議論されている。そこではプラトンからヘーゲルに至るまでの国家観に宗教的・神話的発想が見られ、それが共同幻想的な信仰体系を生み出すナチズムへと発展し、神話性、宗教性の克服が現代政治の課題であることが指摘されている(23)。加えて、21世紀になって刊行された『オクシデンタリズム』の著者は、サイードの『オリエンタリズム』を意識しながら、西洋の産業・物質文明とそれに由来する資本主義的文化を悪の根源として否定し、敵視する東洋のいわゆる「反西洋主義」の系譜をたどり、それをイスラム原理主義のテロリズムとの関係で論じている(24)。

問題はファシズム、ナチズム、全体主義などの言葉によってこれらの著者が提示している非合理的で暴力的な政治形態に絡む問題意識を、エリアスが『ドイツ人論』でどれだけ共有しているかである。もちろん、エリアスは彼らが指摘する国家社会主義の政治に潜む暴力性を否定的に捉えていることは事実である。しかし、繰り返し言及したように、彼がナチズムをドイツ固有の異常な政治現象ではなく、条件さえ整えば現代の他の国民国家でも起こりうると見なしていることに注目しなければならない。

たとえば、権力者が体制内部の反対勢力をお互いに戦わせながら、自らの権力を維持し続けるという構造が、ナチズムだけでなく宮廷社会にも見られることをエリアスが指摘しているように、彼の主要な関心は、そこに共通する社会学的な問題にあり、『ドイツ人論』が社会学の重要な文献として扱われる所以は、その視点が本書でも維持されているからであろう(25)。

さらにまた、『ドイツ人論』でエリアスが分析の対象としたファシズムの構造、それを支えるドイツ人のハビタス、彼らの理想を体現するヒトラーの人間像との相互関係が、日本の軍国主義の構造、それに合致する日本人のハビタス、神格化された天皇の人間像との相互関係にいくつかの点で類似していると言えるかもしれない。あるいは、その間、日本がたどった過程を同じく「文明化の挫折」という表現でたとえることができるかもしれない。

周知のごとく、ドイツと同じく、日本も近代国家の成立過程でさまざまな困難に直面した。ヨーロッパの文明とその国家制度をモデルとしながら、日本の後進性をどう克服するかが明治維新以降、支配的エリート層にとって大きな課題であった。その間さまざまな民主主義的改革もあったが、最終的には天皇を頂点とする上意下達的な支配体制を維持することで、国家の産業化や軍事化が図られてきたし、そのような図式が日本人のハビタスを形成し、その結果、独立国家を維持するための手段として軍事的成功が第一義的と見なされた。

天皇制イデオロギーは日本人の戦士（武士）の気風とあいまって軍国主義の温床となり、それは戦局の悪化と共に神話的発想と集団幻想に支えられた世界制覇の夢を助長し、最後は「人間魚雷」や「神風特攻隊」といった非合理主義的なある種の自爆テロを正当化した。戦争末期になっても天皇崇拝は――ドイツにおけるヒトラーへの盲目的な服従のように――続いた。

戦後、日本はアメリカの民主主義的な憲法によって戦争を永久に放棄し、「一億総懺悔」という言葉にも象徴されるように、その軍国主義や植民地侵略主義を大いに反省することになった。60年代から70年代にかけて日本はドイツと同じく好景気に支えられ、この高度成長期に日本人は「もはや戦後ではない」という表現によって戦争体験を忘れようとしていた。ところが、日本の若い世代はドイツの若者と同じく、親の世代が犯した罪の呪縛から逃れることができず、その多くが左翼的反体制運動に共感し、その主張が支持されなくなると、少数の過激派が「連合赤軍」の名の下にテロリズムを容認し、世界を震撼させた。

こうして日本が戦前から戦後にかけてたどった道筋を見ると、それがドイツの歴史的過程にかなり類似していることが分かる。したがって、ある意味では『ドイツ人論』を「日本人論」として読み替えることも可能であろう[26]。

実際、これまでにもおびただしい「日本人論」が書かれてきた。あるものは日本経済の飛躍的な発展を賛美し、別のものはテクノロジーや産業は発達していても、日本の政治の仕組や集団中心の社会習慣は外国人には謎であると批判する。ある意味ではどれも正しいかもしれないし、正しくないかもしれない。エリアスの方法論が絶対に正しいわけでないが、少なくとも彼が『ドイツ人論』で駆使した長期的な社会学的分析がこれらの「日本人論」にはあまり見られないことは事実である。そいうわけで、その多くは現段階では厳密な意味での社会学的視野に欠け、しかも、個人の恣意的な価値判断に左右されがちになり、状況や時代が変われば、社会学的に応用可能な知識として役立たなくなる可能性が高い。そういう意味でも『ドイツ人論』でエリアスが駆使した分析方法は、社会学的により距離化された新たな「日本人論」の可能性を示唆する有益な模範と言えよう。

注

(1) 『ドイツ人論』については以下の文献を参照。Robert van Krieken, *Norbert Elias* (London: Routledge, 1998), pp. 107-134; Stephen Mennell, *Norbert Elias: An Introduction* (Dublin: University College of Dublin Press, 1998), pp. 273-35; Dennis Smith, *Norbert Elias and Modern Social Theory* (London: Routledge, 2001), pp. 54-6.

(2) 本稿では主にテキストとして、Norbert Elias, *The Germans* (Columbia University Press, 1996); Norbert Elias, *Studien über die Deutschen* (Frankfurt am Main: Suhrkamp, 1989) を使用した。最新の英訳では、*Studies on the Germans* というタイトルが使われている。邦訳は『ドイツ人論』(青木隆嘉訳、法政大学出版局、1996)。

(3) Anne Frank Stichting, *Die Weld der Anne Frank* (Amsterdam,1985), p. 184.

(4) 「われわれ集団」の概念については以下の文献を参照。Norbert Elias, *The Society of Individuals* (New York: Continuum, 2001), pp. 153-233; Johan Goudsblom and Stephen Mennell, ed., *The Norbert Elias Reader* (Oxford: Blackwell, 1998), pp. 92-95, pp. 230-34.

(5) この概念については次の文献を参照。*What is Sociology?* (New York: Columbia University Press, 1970), p. 156.

(6) 「参加」と「距離化」の概念については以下の文献を参照。Johan Goudsblom and Stephen Mennell ed., *The Norbert Elias Reader*, pp. 84-91; Stephen Mennell and Johan Goudsblom, ed., *Norbert Elias: On Civilization, Power and Knowledge* (Chicago University Press, 1998), pp. 217-48.

(7) Johan Goudsblom, Eric Jones, Stehen Mennell, *The Course of Human History* (New York: N.E. Sharpe, 1996), p. 109.

(8) Thomas Salumets, ed., *Norbert Elias and Human Interdependencies* (Montreal: McGill-Queen's University Press, 2001), p. 38.

(9) 「外的束縛」と「内的束縛」の概念については次の文献を参照。*The Norbert Elias Reader*,

pp. 236-37.

(10) *The Norbert Elias Reader*, pp. 235-39.

(11) 「非形式化」の概念については次の文献を参照。*The Norbert Elias Reader*, pp. 235-45; Robert van Krieken, *Norbert Elias*, p. 114. なお、「非形式」について詳しく論じた文献として次のものが挙げられる。Cas Wouters, *Informalization: Manners and Emotions since 1890* (London: Sage, 2007).

(12) Johan Goudsbolm and Stephen Mennell, ed., *The Norbert Elias Reader*, pp. 235-36.

(13) V. I. Lenin, *The State and Revolution* (Tokyo: Kyokuto Shoten, 1968), pp. 47-9; pp. 70-80, pp. 109-124.

(14) Norbert Elias. *The Court Society* (Oxford: Blackwell, 1983), Chap. VII 参照。

(15) 「義勇兵団」の名称や規模やリーダーの名前は次の文献に詳しい。Nigel Jones, *A Brief History of the Birth of the Nazis* (London: Robinson, 2004), pp. 282-296.

(16) Norbert Elias, *The Germans*, p. 281.

(17) Norbert Elias, *Reflections on a Life* (Cambridge: Polity Press, 1994), p. 5-6, p. 11, p. 127参照。

(18) Norbert Elias, *The Germans*, pp. 304-308.

(19) これらの手紙については *The Germans*, 391-98を参照。

(20) トマス・マンの演説については以下の文献を参照。Thomas Mann, 'Deutschland und die Deutschen' 1938-1945 in *Thomas Mann-Essay*, Band 5 (Frankfurt am Main: S. Ficher, 1996), pp. 260-281.

(21) Erich Fromm, *Escape from Freedom* (New York: Avon Books, 1969), pp. 163-201参照。

(22) Hannah Arendt, *On Violence* (New York: Hartcourt, 1969), pp. 79-87参照。*The Origins of Totalitarianism* (New York: Hartcourt, 1968), pp. 341-459も参照。

(23) Ernst Cassirer, *The Myth of the State* (Yale University Press, 1946), pp. 277-296参照。また文明化と非文明化（ホロコースト）の関係では次の文献を参照。Zygmunt Bauman, *Modernity and the Holocaust* (Columbia University Press, 1989), pp. 12-18, 27-30.

(24) Ian Buruma and Avishai Margalit, *Occidentalism: A Short History of Anti-Westernism* (London: Atlantic Books, 2005), pp. 13-47参照。

(25) Norbert Elias, *The Court Society*, pp. 276-83参照。

(26) 「日本人論」に言及し、日本における日系ブラジル人と地元民の対立を、エリアスの「定着者」と「部外者」の関係から捉えた文献として Julian Manning, "The Established and the Outsiders in a Japanese Town" in *Norbert Elias and Globalization*, ed. Akira Ohira (Tokyo: DTP Publishing, 2009), pp. 91-128を参照。日本における文明化の過程と、非文明化の過程との関係をエリアスの『ドイツ人論』での議論に沿って言及した論文として"On the Japanese Civilizing Process: The Antithesis between *Zivilisation* and *Kultur*" in *Norbert Elias as Social Theorist*, ed. Akira Ohira (Tokyo: DTP Publishing, 2014) を参照。

補　遺

1　エリアスの初期論文について

エリアスは、1939年に『文明化の過程』を出版する前にも、1921年から1935年にかけてドイツの雑誌や新聞に短い論文や記事などをいくつか掲載している。それらはいずれもエリアスの思想の萌芽ともいうべきものであり、徐々に結実していくエリアス独自の方法論を理解する上で重要な役割を果たしている。すでに本論でもそれぞれの章のテーマとの関係で折りに触れ、それに言及されてはいるが、多少の重複があるとはいえ、その骨子をここで再度まとめてみたい。

1921年には「自然観察について」、29年には「ドイツの反ユダヤ主義の社会学的考察」、35年には「キッチュの様式とキッチュの時代」および「ユグノー派のフランスからの追放」を書いている。1922年に提出した博士論文「観念と個人」、1928年にチューリヒで開かれたドイツ社会学会の会報に載せられたコメントなども、エリアスの関心が過程社会学的な発想に支えられ、いわゆるフィギュレーション理論として展開される彼固有の方法論の萌芽になっていることが窺われる[(1)]。

まず「自然観察について」であるが、ここでは自然風景や風景画について論じながら、エリアスは、古代ギリシャ人の全体的認識を支える「コスモス」や「宇宙」の概念に着目しつつ、人間の内的思考と外的観察が分離されるものではなく、それを一体化したものとして捉えることの意義を強調している。さらに、このような考え方の基本となるプラトンの哲学の重要性も指摘している。こうした思考はまた教育においても普遍的な価値を有するものであり、エリアスはさらにゲーテをその体現者として称賛する。

「ドイツの反ユダヤ主義の社会学的考察」も短い論文とはいえ、特に、『ドイツ人論』の関係で、とりわけナチスのホロコーストによるユダヤ人の悲劇の分析との関係で重要かもしれない。ここで重要なのは、エリアスが、ドイツにおける反ユダヤ主義を、ドイツ人個人のユダヤ人への不信感や憎悪や敵意からではなく、あくまでも政治・経済・階級関係などドイツの社会構造全体との係わりで分析すべきであると論じていることである。

さらに、エリアスがこの論文の最後で、こうした民族的抑圧から逃れるには、ユダヤ人はイスラエルに独自の国家を建設せざるをえない、と述べている事実も注目されるべきであろう。こうした発言の背後には、彼が若いころ、シオニズムを提唱する団体（「ブラウ－ヴァイス」［Blau-Weiß］と呼ばれる団体）の熱心なメンバーであったという事実が窺われるかもしれない。加えて、この論文は内容的に「ユグノー派のフランスからの追放」とも関連が深い。いずれにせよ、ルイ14世の体制下で、竜騎兵の暴力にさらされるユグノー派の運命が、国家社会主義者やゲシュタポによって収容所に送られるユダヤ人のそれと重なる。

エリアスは医学から哲学へと自分の専門を変えてからも、人間の生得観念やアプリオリな認識能力を認めるカントの先験哲学に反対したため、指導教授のリヒャルト・ヘーニヒスヴァルトと対立した。その原因になったのが「観念と個人」というエリアスの博士論文であり、この論文において彼は、すべての社会的事実を歴史的事実と捉え、それが独立した個人の能力ではなく、人間集団全体との相互関係によって知識として発展させられる方向を模索している。換言すれば、個々の事象は、全体的事象との関係で初めてその本質が解明されることが論じられている。そこにはヘーゲル哲学の弁証法的思考やゲシュタルト心理学の認識方法とも関連する要素がある。

とりわけ、エリアスが「単一の歴史的出来事の意味を理解しようとすればするほど、歴史家は、その出来事に関連する時代の人々が持っている、神・真実・道徳・美・国家・法律の概念を、要するにその時代の観念をよりいっそう明確に示すべきである」と言うとき、個と全体の有機的統合による、歴史や社会の理解が重要であるという認識を、彼が初期の頃から持っていたことが分かる。

「原始芸術について」（On Primitive Art）と題されたドイツ社会学会の会報でも知の発展が歴史的なものであり、それゆえ、現代人が、原始人や原始芸術を理解するのは容易ではないことが説明される(2)。ここでは北アフリカで軍隊を指揮するフランス人の将軍が、土着民の兵士に日食を理論的に説明しても理解されず、日食を悪霊の仕業と見なして、兵士が前進できない例が挙げられている。そこでエリアスはなぜ現代人は木を「霊」として見ないのかと問い、芸術・自然・経済・法律などの分化は現代人には自明の理であるが、原始社会の部族にはそうではないという結論を提示する。そこには、現代人と古代人の相互理解の困難のみならず、違った時代に生きている人間集団同士の相互理解、同じ時代でも違った地域や文化圏に住む人間集団同士の相互理解が困難になりうることも示唆されている。そして、その背後には「分化の過程」という長期の相互依存的関係があることをエリアスは指摘する。

また、ここでもエリアスは個と全体の関係が重要であること、つまり個々の人間は、その全体性において理解されなければならないという見解（これもゲシュタルト心理学やヘーゲル哲学の方法を髣髴させる）を披歴する。さらに、人間の研究に際して、その手がかりをつかむには、可能な限り過去に遡ればよいのであるが、その場合、絶対的な「始まり」などはないことを強調し、同時に『文明化の過程』における研究の手順にもすでに言及している。

「キッチュの様式とキッチュの時代」はエリアスの芸術理論への強い関心を示すものであり、アドルノやベンヤミンの方法論を髣髴させるが、芸術の支配構造をマルクス主義的な上部構造として捉えるのではなく、それを権力配分の変化に伴う芸術の発展過程の理論として位置づけようとするところにエリアス独自の発想があり、後年それは『モーツァルト』において継承される。権力構造の変化に伴う芸術理論の変化は、エリアスの社会学理論の根幹とも言うべきものであり、その全容を理解することは重要である。エリアスはキッチュの様式とその時代を概ね次のように分析する。

18世紀と19世紀の特徴的な形式の間に存在するより深い区分は、新たな社会層である資本主義的ブルジョア階級が権力の座についたことの表れである。宮廷のスタイルや趣味が資本主義的なブルジョア階級のそれに取って代わられた。しかし、ブルジョア社会における芸術上の形式は宮廷社会のそれに比べると曖昧であり、産業社会におけるこうした芸術上の不安定で未発達な様式は「キッチュの様式」と呼ばれる。構造化と崩壊の絶え間ない相互浸透が産業社会で見られる永続的な規則性の一特徴であり、それは19世紀にも20世紀にも、バルザック、ジッド、ピカソの作品に表明された。最も偉大な現代の芸術家に特徴的な、あの力感あふれる強調、とりわけ人工的で、時折、発作的とも言えるような形式上の厳しさこそが基本的に、こうした不安定性を、また無定形性や崩壊へのこの徹底した戦い（今日、最も完成された芸術家でさえこの戦いをしなければならない）を表明する。肯定的概念としての「キッチュ」の再評価はこの時点で始まり、崩壊が構成要素となる。

フランス革命でパリの宮廷社会が崩壊すると、それにより伝統に守られた芸術家とそうでない芸術家が分かれた。文学でも同じであり、フランスではヴォルテールとバルザック、ドイツではゲーテとハイネがその代表である。ヴォルテールとゲーテはともに宮廷社会の周辺にいた人物であり、特にヴォルテールには宮廷社会的伝統とブルジョア的産業社会の特徴が折り混ざり、折衷されていた。ドイツではゲーテがそのような役割を果たした。しかし、プロシア的ドイツではフランス流の「アンシャン・レジーム」が続いていた。フランスでも革命によって王制は倒れたが、宮廷社会の芸術的伝統は残り、その形式を個人が変えることは困難であった。そうした軋轢はドイツでは少なかったので、新しい芸術形式の要求は強く、とりわけ中産階級がその担い手となり、ドイツ・ロマン派や「シュトゥルム・ウント・ドラング」の芸術家たちがそれに参加した。古典的であると同時に個人的なスタイルを持つゲーテも例外ではなく、彼は宮廷文化と官僚文化とブルジョア文化の中間に位置し、そこにゲーテの文学的特質があった。

ゲーテもヴォルテールも、音楽ではモーツァルトも規定された芸術の形式や方法を打破できず、そこに彼らがキッチュの芸術家と異なる面があった。古典主義が終わると、キッチュの様式が、ベートーヴェン、シューベルト、シューマン、ハイネ、バルザックの時代と共に始まった。彼らの時代には、明確な指針がなくなり、非常に成功した完璧な形式を持つ作品と並んで、とほうもない感情の爆発や趣味の逸脱がそこに見られる。つまり、明らかに新しい偉大さと卑小さを兼ね備えたキッチュの様式が到来したのである。ブルジョア的産業社会において社会での芸術家の地位や芸術の機能が変化したのである。さらにエリアスは、キッチュの様式の本質をについて次のように論じる。

> 「キッチュ」という言葉は高度な形式を持った専門家の趣味と、大衆社会の未発達で不確定な趣味との間にある緊張状態を表明するもの以外の何物でもない。「キッチュ」という言葉はおそらく、20世紀の初期のミュンヘンの芸術家や画商の特別な環境に起源があったのであろう。それは、アメリカ人の旅行客の間でよく売れる何らかの「スケッチ」を指すのに最初は使われた。「キッチュ」という言葉は、したがって、「スケッチ」に起源があった。売ることを目的とする物は何でも、「スケッチに変える」（verkitschen）ために、作られると言われた。「キッチュ」という言葉のこの元来の意味には、専門家による、資本主義社会の無教養な趣味への全体的な軽蔑が表明されているのである。また同様にそこには、芸術家であれ画商であれ、あるいは出版社であ

> れ、経済的な理由で専門家が、自分たち自身が軽蔑している制作物を作り、売らざるをえなくなった、この相対配置の悲劇的な側面も表明されている。公衆は、それが持つあらゆる経済力や社会的力によって必然的に芸術家と芸術家の趣味に影響を及ぼす。徐々に、またしばしば長いタイムラグを伴って、専門家が公衆の趣味の発展に影響を及ぼす(3)。

両者の間には緊張があったが、やがて、専門家の趣味と大衆の趣味が相互に依存し、さらにそれが（たとえば印象主義やキュービズムの専門家の形式が）変形されて宣伝ポスターやコーヒーハウスの建物に使われるようになる。この全体的な規則性が最終的には断片化された社会の表現形式に、非常に明確な均一性を与えるようになる。そのスタイルは、それを支える社会の構造と一致して、初期のスタイルよりもっと自由で、もっと異なり、コントラストにおいてもさらに豊かになる。一方、職業生活によって産業人の余暇活動が特定の方向に限定されるという状況に対して、個々の芸術専門家は無力であり、その場合、芸術家は労働の圧力でゆがめられた人々の余暇の夢や趣味を「キッチュ」として嘲り、労働の圧力で傷ついた感情が表明される「感傷的」な手法を馬鹿にするかもしれない。しかし、キッチュそれ自体は、その言葉の消極的な意味で、産業社会が生み出す精神状態の忠実な反映でありながらも、ここで「キッチュ」と呼ばれているようなものの必要性が社会的に課せられるのである。このために、キッチュの問題には、通常ではそれに値しない深刻さが伴うのである。

さらに、エリアスはキッチュの様式の特徴を、音楽や絵画における強烈な感情表現、個人的感情の解放に見る。エリアスの見解によると、少なくとも印象派以降、絵画では、客観的な世界ではなく、個人によって経験される特別な感情的価値を持った自然が提示される。この個人的な感情は、否定的なケースでのキッチュの様式では絵葉書やポップソングに表れ、その表現形式がわざとらしく、あるいはばかげて見えたりするとはいえ、その背後にある感情の要求は純粋である。この論文の最後でエリアスはキッチュの様式の進歩的、および保守的傾向を取り上げ、その２つを比較している。産業社会ではそれが対照を成す。

保守的な芸術家の作品では半ば伝統的な「形式」が「内容」圧倒し、特定の経験や観念や状況を排除する。一方、進歩的な芸術家の作品は「内容」が「形式」をくつがえす。そこでは基本的な強調は、内容や観念、つまり表示されるべきものに置かれる。支配的な集団にとって下から上昇してくる社会層を遠ざけるには「形式」が重要となる。進歩的集団にとって重要なのは「形式」ではなく「内容」である。不安が増大し、家族がもっと急速に興隆し、かつ衰退する。社会も比較的アトム化し、美学上の影響は徐々に固定化された社会集団から、独立した個々の趣味の専門家とその学派に移る。テクノロジーの変化、その他の要因とあいまって、こうしたことすべてが原因となり、美的生産物のメカニズムが産業社会ではそれ以前の初期の社会と比べると、違った作用する。

こうした理由により、キッチュの様式と初期のスタイルとの間にある分裂は特に深い。エリアスがここで関心を持っているのは「キッチュ」という言葉の定義ではなく、「キッチュの様式」を生み出す諸条件である。それが初期の時代にも存在したのかという問いは、これから解明されることになる、とエリアスは述べている。同じような生産条件が初期の時代に存在していたら、それは明らかに起こりえたであろう、とエリアスは言う。

エリアスの社会学理論を特徴づけるもう１つの初期論文は「ユグノー派のフランスからの追放」である。ここで議論されている暴力の問題は、まだ理論的方向性が明らかではないが、スポーツ、戦争、国際関係、男女間の関係などを扱ったエリアスの多くの著作でも論じられ、さらにそれは後年『ドイツ人論』でより詳しく分析される、非文明化の過程における暴力のメカニズムとも重なる。この論文については第２章でもすでに言及されているが、ここではその内容をさらに詳しく説明してみたい。そこでのエリアスの重要な指摘は概ね次の通りである。

16世紀の後半ナントの勅令によってフランスのプロテスタントは、カトリックと共に平等権を保証された。しかし、1680年代には大勢のプロテスタントはフランスから追放された。ルイ14世は王位につくとユグノー派に信仰の自由を与え、すべての権利を認めた。しかし、貧困が増大すると、経済的実権を握っていたが少数派であるプロテスタントは、多数派であり、王朝の政治的実権を支配していたカトリックに圧力をかけられた。ルイ14世は国内の緊張や貧困の原因を外部の敵ではなく、内部の敵に目を向けさせるために、プロテスタントをある種の部外者としてスケープゴートにした。国王はプロテスタントに悪の根源、「悪魔」という汚名を着せようとした。

かくして、少数者集団であるプロテスタントの礼拝堂は焼き払われ、彼らはフランスから追放された。それだけではなく、プロテスタントであるユグノー派は公職から締め出され、結婚や出版や職業の自由も奪われた。宗旨を変えることでは問題は解決せず、カトリックはプロテスタントを「悪魔化」し、多数派対少数派の宗教戦争に発展した。戦争から帰還した兵士がユグノー派への残虐行為、略奪行為を始め、とりわけ竜騎兵を使ったユグノー派への残酷極まりない弾圧はルイ14世の名誉を傷つけるほどであった。兵士はナチスのホロコーストにも似た残虐行為を繰り返し、当局も見て見ぬふりをした。

1685年国王は国家的統一を目指してナントの勅令を撤回し、平等権も否定した。ユグノー派の苦境は続き、すべての僧侶が追放され、教会も破壊され、大量の国外脱出の原因となった。国王は経済的富の流失を恐れて弾圧を中断したが、ユグノー派の国外脱出によってフランスは経済的困難に陥り、ルイ14世の政策はフランスを苦境に立たせることになった。

エリアスは、ここで史実に即してユグノー派の追放を分析し、かつ説明しているだけで、特に際立った社会学的枠組みや範疇によってそれを理論化しているわけではないが、暴力を取り締まる国家の役割が弱体化（たとえば、ワイマール共和国時代に見られた国家による暴力独占の弱体化）すると、いかに人間社会が留まるところ知らない暴力行使の連鎖に陥るかを示しているように思われる。それは後には、『ドイツ人論』に見られるように、ナチスの暴力的な国家支配やユダヤ人の大量虐殺の社会学的分析につながることになるし、あるいはまた、敷衍すれば1990年代に旧ユーゴで起こった民族浄化の凄まじい暴力の噴出、欧米諸国のみならず、アジアの国々をも震撼させたイスラム原理主義者のテロリズムの恐怖の根源を示唆しているようにも思われる。

それは同時に、「文明化の勢い」と背中合わせに存在する「非文明化の勢い」（ルイ14世の国家統一に伴う和平化と宗教弾圧に伴う暴力化）の例証であり、かつエリアスのもう１つの重要な概念である「定着者―部外者関係」のモデルを提供していると言えよう。あるいは、こうした脈絡から見れば、エリアスが宗教的な問題を社会学の分析対象としてかなり重要視していた――一般にエリアスは宗教に無関心であったと言われているが――ことも理解されよう。

ここで論じられている問題は、いずれも民族間・国家間の対立と、その脅威がもたらす暴力の応酬という否定的状況に直面している21世紀のグローバル化された社会に警鐘を鳴らすものであり、「文明化された社会」に逆行する、暴力の時代のメカニズムである「非文明化の勢い」というエリアスの重要な社会学的概念を示唆するものでもある。

2　エリアスのその他の論文について

エリアスは、単行本として上梓された著作の他にも社会学に関する数多くの論文を英独の学会誌や専門誌に発表した。社会学者としての名前がヨーロッパ諸国や英語圏で知られるようになった1980年代には、彼の執筆活動はとりわけ旺盛であった。その内容の一部は独立したテーマとして本の形式をとったものもあり、そうでないものもあった。が、その多くはエリアス自身の社会学理論を強化したり、発展させたり、あるいはそれに基づいて新たな社会学のテーマを示唆したりするという点で無視できないものである。実際、レスター大学に職を得てイギリスに定住して以来、彼は精力的に論文を発表しており、それは彼の関心が社会学のみならず、芸術や文学や人類学や心理学など幅広い学問領域に及んでいることを示している。

まず、50年代から70年にかけての研究活動を見てみると、エリアスは、スポーツ社会学、「定着者―部外者関係」の理論、文明化の過程の理論に関連するテーマ以外にも、イギリスの海軍、社会学と精神医学、アフリカの芸術、科学の理論、日常生活の概念などを中心としたユニークなテーマに取り組んでおり、それらはいずれも彼の社会学理論に直結する有益な議論を展開している。

80年代になるとほぼ毎年のように論文を書き、マスメディアのインタビュー記事を含めると彼の仕事は相当な量に及ぶ。その中でも社会学のテーマとして完結した論文では、「社会学者の現代への撤退」、「古代ローマにおける男女間の変化する権力バランス」、「技術化と文明化」、「親の文明化」などが注目に値する。

1950年の「海軍職」や1969年の「社会学と精神医学」はそれぞれ彼の社会学理論が、特殊な社会における人間集団の諸関係に焦点を当てたり、多様な研究分野と共同作業をしたりすることでさらに強固な土台を形成する過程を示している。「海軍職」では、英国海軍の歴史がかなり詳しく論じられているが、ここでのエリアスの基本的な目的は、そうした個別の歴史的分析ではなく、海軍内部の階級を異にする2つの対立集団の相互依存関係、および対立から調和へと向かうその過程が、社会組織を作り上げるためのある種の普遍的なモデルとして役立つことを証明することである。その場合、そうした過程は人間同士の個人的な対立や緊張、および個人の内面的葛藤から生み出されるものではない。それゆえ「そういう意味では、海軍の歴史における兵士や水夫の、また紳士と船員の緊張と対立は、人類の歴史における他のもっと複雑な緊張と対立の簡単なモデルとして役立つかもしれない。それは集団の緊張、制度的対立、つまり、これらの男たちの集団的状況に固有なものであり、その関係や機能の制度的パターンによって引き起こされる」とエリアスは言い[(4)]、それを理解するにはフィギュレーション理論が必要であることを示唆する。

1969年に書かれた「社会学と精神医学」でのエリアスの議論には、後に『社会学とは何か』や『諸個人の社会』で徹底して展開される、「個人」と「社会」を切り離す二元論的思考への批判が見られる。ここでもエリアスはまず1つの狭い視野で人間を捉えようとする傾向を、社会科学における「経済的人間像」、精神医学における「精神分析的人間像」に見る。そこでは他の要素が排除され、特定の目的だけが選ばれることによって、たとえば、個人の患者のみが分析の対象にされてしまう。また同時に共同体の構造分析でも研究対象である個人が社会的背景から切り離されてしまう。精神病的人間では、診断対象を説明する言葉が、強迫観念、シンドローム、倒錯、性格障害などに固定化され、かくして現代産業社会の支配的な人間像である「閉ざされた人間」が生まれる。その内面的な過程は、高度に独立したものと認識され、外部的なもの、もしくは社会的な要素から切り離される。つまり、エリアスはここでもいつものように、個人から独立した、ある種の外部的な「壁」のように捉えられる「社会」という従来の概念が間違いであること、それが、個人中心の宇宙観、地球中心の自然観の現代的遺物であることを指摘する。

1970年に書かれた「アフリカの芸術」――エリアスがアフリカで収集した工芸品がレスター市の美術館に展示された際に、彼はそれについて解説するエッセイを書いた――には、彼が終生持ち続けた人類学的関心が、彼の社会学の重要な方法論の一部を支えていることを示している。現代人の知識や芸術概念が古代人の未発達なものから段階的に発展したこと、あるいは、両者の比較から得られるさまざまな思考レベルの差異が過程社会学の重要な認識になりうることは、すでに初期の論文「原始芸術について」でも示唆されている。

「アフリカの芸術」では個々の工芸品への分析が現代芸術との関連でなされているという点でも興味深い。エリアスはここで儀式や祭祀のために使われる工芸品が今や産業化の波によってアフリカでも失われつつあり、同じような運命がヨーロッパの国々の間でも起こったことを指摘する。しかし、それを保存することで、それが何のために、またたれのために作られたのかを理解することは可能であり、それが理解できなければ、現代芸術は理解されないと彼は言う。そして彼は、現代社会とは違う単純で未分化な社会で作られた芸術品が、それとは違う状況で生きている現代人に関心を抱かせるのはどうしてなのか、昔は低く見られていたアフリカの伝統芸術が現代人に、さらには現代芸術の巨匠たちになぜ感情的共感を呼び起こすのかを問う。

エリアスによれば、未開社会の芸術が現代社会のそれと違うのは、後者が芸術家の強い自己意識によって、換言すれば、個性的な資質によって表現されるのに対して、前者には個人の特別な芸術性への意欲はなく、共同体の儀式的要求に強く根ざした感情が込められた伝統規範があるからである。したがって、アフリカの芸術家はそうした共同体的志向から過去の伝統に沿って同じような芸術品を作ろうとする。また彼らには、現代社会に見られるような裸に対する羞恥心や、罪の意識、あるいはタブーがないがゆえに、裸の像が何の抵抗もなく描かれる。

さらに、エリアスによれば、自己意識の強い現代社会で生活している人々には、それが逆に芸術的興味や関心を喚起するのである。もちろんアフリカの社会は産業化され、こうした面でも多くの変化を経験しつつあるが、アフリカの芸術は、現代社会では見られない現実と空想の混在を表示している。逆に、現代ヨーロッパ社会では子供でさえそのような意識は消失し、合理性が支配している。逆に、アフリカ社会では夢と現実が交差する。つまりアフリカの芸術には霊が宿っており、さらにそれが人々を治癒し、脅し、罰し、かつ報いるのである。エリアスによると、努力を強要しない、夢と現実のより自由な混在がまさに、この種の芸術の魅力を生む手助けとなる。

元来、医者を志し、数学や生物学にも造詣が深かったエリアスは科学に関する論文も数多く発表しており、それが彼の社会学理論とも深く係わっているという点を強調する必要があろう。この点で注目されるのは、1974年に出版された「諸科学」である。

科学の発展的なモデル構築において、従来の分析的主義、原子論的方法がもはや十分ではなく、また古典物理学の方法をそのまま社会科学に当てはめても、より高度な統合体として別の次元へと変化する人間社会の理解には役立たないというのがその趣旨であり、それに変わる新機軸としての「過程的モデル」をエリアスは概ね以下のように説明する。

相対配置、その機能的相互依存、もしくは合成単位構造の属性は、その属性の決定因子として個別化される構成要素の属性よりもずっと重要である。したがって、統合レベルが高いほど、また機能的相互依存が大きいほど「法則的理想型」のモデルは合致しなくなる。また共時的であれ通時的であれ相対配置的、もしくは構造的モデルのような他のタイプの抽象化が、諸関係とその規則性の象徴的表現としてより適切となる。統合体の科学的探究における「秩序」、「無秩序」の二分化された従来の反対概念も不十分である。人間の社会経験では「秩序」は「法則」という言葉に結びつくが、「秩序」、「無秩序」は特定の人間や人間集団の「わたし」もしくは「われわれ」の視点、自己中心的な価値観にすぎない。自然におけるカオス、「無秩序」は、自然における「秩序」の反対でなく、それは人間社会の場合も同じである。「わたし」および「われわれ」から見たとき、「秩序」が「無秩序」になるにすぎない。これが法則的な二分法の誤謬である。

統合体内部の個々の事象の位置や機能は、検証や改良を自由に受け入れることがふさわしい概念、モデル、理論によって象徴的に表現される。あらゆる事象は物事の相互関係の中で起こり、それは説明可能である。したがって、科学は前の世代の知識に依存し、事象の諸関連が前の結合体の知識によって分からなくても、それは人間によって発見されるという予測に依存する。それは超人間的な存在によって組み立てられた法則や秩序によって支配されるのではない。さらに単一の科学の理論ではなく、多様化した複数の科学、およびその諸関係の理論が現在では中心課題になっている。

その点でエリアスは、この問題に直面し、それを予見したスペンサーやコントの役割を重要視する。特に、個々の研究分野の成長、その違いや諸関係を説明しようとしたコントが評価される。どのような原子が、またいくつの原子が分子を構成しているかを知るだけでは分子の特質を十分に説明することにはならない。量的には同じ元素でも、その個々の原子の結びつきや空間的相対配置は異なる。エリアスはそれを示すために、伝統的な科学の方法（原子論的解釈を根強く残している哲学、生物学、物理学、社会学の方法）への批判として、DNAの二重螺旋の形をした分子構造の発見を例に挙げる。つまり、エリアスは、問題の答えは法則の発見ではなく、また複雑系がその構造によって決定されるのではなく、構成要素の相対配置によって決まることを主張しているのである。

エリアスはそうした方法がDNAの分子構造の発見のみならず、結晶学や生化学の分野でも有効であることを主張する。1つの方法や理論のみを科学的とする見解（原子論的還元主義）をエリアスは批判し、この点で、長期に及ぶ経験的データに基づく理論統合を進化論で実践したダーウィンや、それを社会理論に応用したマルクスを評価する。かくして、科学者は絶対的に普遍妥当性を持つ法則を発見しなければならないという神話が打破されるのである。それは「法則的な理論」から「過程的な理論」への移行を意味する。

1978年に書かれた「日常生活の概念について」もエリアスの社会学理論が、『文明化の過程』で提示されたマナーやエティケットの発展史と不可分の関係にあることをわれわれに再認識させる点で重要である。ここでは社会構造の長期に及ぶ無目的な変化が日常生活との関係で議論され、宮廷社会における貴族の家の構造とそこで暮らす人々の日常生活との相互関係のネットワークがその一例として挙げられる。その場合、日常生活は、その他の高級と思われている精神生活よりも劣っているのではなく、マナーやエティケットの変化に見られるように、その中にこそ人間社会の本質があるということが強調される。

より社会学的な観点からすれば、日常生活の構造はそれ自体で存在する自律的なものではなく、社会層の全構成要素、つまり社会の権力構造全体の構成要素なのである。感情表明・行儀作法・食事のマナーなどの日常生活の諸側面は、国家形成の過程と連動する。社会生活の変化、それに伴う感情抑制の変化、および人格構造の変化はそれぞれ、社会構造全体の変化、つまりそれを生み出す相互依存の連鎖の長期化、国家の中央集権化、社会組織の強化と不可分の関係にある。エリアスによれば、この2つの方法（心理発生と社会発生の研究）がなければ、社会学の学問としての価値は問題を孕むことになる。

エリアスはここでも日常の経験的世界と理論との統合を目指し、経験のない理論、理論のない経験がいかに誤った社会科学の認識を生み出してきたかを力説する。日常生活と非日常生活の対比がなければ、日常生活の問題は真に解明されることはなく、それを解明するには哲学的認識と社会学的認識が区別されなければならない。日常生活の概念は永久に変わらない、普遍的なものではなく、人々が暮らす社会によってその意味が変化し（ヴェトナムの農民やマサイ族や中世の騎士や中国の宮廷官僚の生活はそれぞれ違う）、それは同時に社会や国家の構造的変化と連動するという見解をエリアスは強調する。

1980年にはエリアスは、持ち前の人類学的知識や発想を駆使して、「親の文明化」という興味深い論文を発表し、文明化の過程における親子関係に言及した。死者の孤独や老齢化社会の問題のみならず、親子関係においてもエリアスは、フィリップ・アリエス等の考えに反対し、それを概ね次のように説明する。

子供は小さな大人ではなく、社会の文明化の度合いで決まる。普遍的な子供や大人はいなくて、両者の関係は今でも不十分である。それを決定してくれるのは、人間の集団行為、特別な社会的コードであり、個人的な役割では決定されない。「権力機会」、「権力配分」が子供時代には一方的に親に傾いていたが、現在はそれが平等になる過渡期である。ギリシャ・ローマ時代では子供殺しや、子供の性的虐待は日常的であった。昔の人間の羞恥心のレベルは今日とは違っており、男女差別もひどかった。18、19世紀には子供は性について無知な天使というイメージがあった。子供の動物的衝動への抑制が生れ、現実との乖離が生じた。科学の発展で産児制限ができる社会と、それをしない社会は異なる。昔は親が年を取って捨てられたこともあり、昔の親は子供に残酷であった。その代わり、子供の自制の制限はなく、子供は親の性行為を見たこともあった。昔は親と子供が一緒であり、性的な秘密もなかった。

近代になり、子供は自分の部屋を持つようになり、学校にも行くようになった。かくして、子供から自由を奪い、子供を隔離する教育が生まれた。中世は暴力的で、病人や子供には厳しい社会であった（これについては、『文明化の過程』でも言及されており、中世へのロマン主義的な解釈が批判されている）。子供が自分の部屋を持つようになると生理的行為への羞恥心の度合いが高まり、生理的行為を見たり、見られたりすることが恥ずかしいと教わるようになった。かくして、エリアスは子供の扱いの変化を心理発生と社会発生の両面から説明する。

エリアスによると、自制の少ない未開社会では、子供は早く大人になるが、文明化の進んだ社会では子供が大人になるには時間がかかる。産業が高度に発達した文明社会では長期的展望能力や自制能力が要求され、それは生物学的能力には限定されない。人間には生得の生物学的な自制能力はなく、社会的抑制能力を他者から学ばなければならない。産業化された先進工業国では、エスキモーの社会とは違って、子供が大人になるには時間がかかる。大学などの現代社会の教育機関でも、その学問の多くは産業に直接役立つわけではないが、そこでは現実適応能力が養われ、学生たちは思考能力や自制の重要性を学ぶ。たとえ彼らがドロップアウトしても、大学はそのような学業を課することで将来の救済方法を提示できる。

これもまた、エリアスによれば、個々の偉大な思想家によって始められた行為ではないし、法則的な自然過程から生じたものではない。「社会の強制」と「自然の強制」は異なり、前者は相互依存する人間集団が行使する強制であり、それは無計画のうちに社会単位を発展させる。その形態は時代によって、また社会の発展段階によってさまざまである。

たとえば、ブルジョアの時代には、自慰行為の禁止などに見られるように、それにふさわしい道徳律がある。それがブルジョアの子供への支配を強化する。が、二つの世界大戦を経てその圧力は弱まり、その結果、「性の解放」が始まって、予想もしない方向に性のモラルが変化する。かくして、前の時代のタブーが打ち破られ、もはやヴィクトリア朝時代の性のモラルは人間を縛ることはない（「寛容な社会」の出現）。親の権威的シンボリズムは後退し、親の子供への暴力も禁止される（昔、許されたことが禁止される過程の例）。子供の自由な行為の幅は広くなるが、その反面、以前よりも分化した自制が要求される。

ここに、エリアスの言う親子関係の「非形式化」（informalization）が始まる。親子関係における暴力の禁止は、親と子供の両方に高度な自制を強いる。親子関係におけるこうした変化（権力配分の変化）は夫婦関係にも及び、さらに都市や国家へと広がる。さらにそれは農耕社会でも産業社会でも親子関係の支配的な傾向となる。

社会は多産型から少子化型に変化し、それによって子供の価値が高まる。昔の社会では病人や老人や子供の世話は家庭に任されたが、現代では都市や国家の福祉政策に委ねられる。さらに失業保険や老人福祉が国家の大きな政策を占める。これにより家族や親子関係にはさらに文明化が進行し、男女間の権力バランスが変化する。ところが、エリアスが指摘するように、われわれは、とりわけ現代の社会学者は、家族の概念が変化しているのに、依然として「普遍的な家族像」を追い求めている。現代の「核家族」の概念ですら絶対的ではなく、それは可変的なのである。かくして、伝統的な親子の概念が時代錯誤的になり、結婚や葬儀などさまざまな面で、家族生活の大きな障害になりうる。

一般に家族関係や親子関係はどの社会でも固定化されるが、その均衡が崩れるとき、社会は大きく変わる。「永遠の家族」という概念（「永遠の人間社会」という構造主義的概念）がその理解を阻む。すべての家族関係は「過程」であり、常に変化する。固定的な家族などない。エリアスがこうした見解を披歴するとき、この論文はその役割を十分果たしている。

つまり、エリアスは、『文明化の過程』においてもそうであったように、ここでもまた、親子関係、家族関係の変遷過程、それに伴う日常生活のモラルの変化や発展に焦点を当てながら、自らの「過程社会学」の方法論を明確に提示しているのである。それは、現代の親子関係、家族関係、男女関係のみを分析の対象にし、その調査結果から抽出される理論のみを正しいとする、現代中心主義的な、もしくは構造・機能主義の社会学への批判でもある。

1987年に社会学の専門雑誌に掲載された「古代ローマにおける男女間の変化する権力バランス」はエリアスの過程社会学の方法をジェンダー論に応用した最も興味深く、かつ特異な論文であり、その洞察力は称賛に値する。イギリスでは、ジェンダー論は20世紀の初期、とりわけ第一次世界大戦前の女権拡張運動を起点として、今日に至るまで政治や文化や文学の次元で注目されてきたが、エリアスは、男女間の権力のバランスは、いわゆる、男性固有の肉体的力をさほど必要としないような、高度に発達した現代の産業社会で女性に有利に傾いたのではなく、国家の和平化と並行して文明化の度合いが進めば、時代や産業構造に関係なくどこでもそのような現象が起こりうる、と論じる。そして、その例を、近現代のヨーロッパではなく、はるか昔の古代ローマの社会に求めたことに、この論文の事例研究としての意義がある。

エリアスは、ローマの共和制時代から帝政時代に至るまで、ローマの女性が、とりわけ上流階級の女性がどのようにして平等権を獲得したかをさまざまな経験的資料を頼りに綿密に説明する。政治的平等のみならず、財産権や離婚権まで獲得した上流階級の女性たちの社会的地位の変化は、ローマの文学や哲学の変化にも波及し、エリアスはその象徴的位相をローマ時代の恋愛詩の中に見出す。

エリアスによると、ローマの勢力が、ゲルマン人の侵略で衰退すると、ゲルマン部族の戦士社会的性格によって再び女性は劣った存在となるが、女性の社会的地位の向上はローマ法に大きな影響を与えた。たとえば、ローマ法には協議離婚の制度があり、女性に不利になることはなかった。また、キリスト教を公認するコンスタンティヌス皇帝の時代に離婚を制限する法律が発せられたが、毒殺や暴力が増えたためそれが撤回されたりして、男性の一方的な宣告によって女性が離婚させられる可能性は少なくなった。こうしてローマの離婚法では夫と妻の平等は維持され、ローマの遺産はキリスト教世界にも受け継がれ、さらにローマ法は中央集権国家成立時において復活した。ローマ法の精神はやがて教会法に導入され、男女の合意に基づく結婚の理念を支えた。

こうして、エリアスは、現在の男女平等の問題から距離を置き、過去の例を見ることの重要性、つまり過程の概念を有効な比較研究の手段として導入することを主張する。男女平等をめぐって現実に生じている政治的軋轢だけではなく、社会発展全体をも考慮に入れないと、男女間の権力バランスの変化の問題は正確に捉えられないこと、換言すれば、過程社会学的視点の重要性を彼は示唆しているのである。

そこから引き出される共通の特徴は、物理的暴力を独占する機構としての国家の機能である。それは、個々の人間を暴力から守るだけでなく、女性の収入や財産をも保証し、そのことが男女間の権力バランスに変化をもたらす。国家による暴力独占、およびそれに伴う徴税権の独占がなければ、権力バランスが女性に傾くことはない。つまり、暴力が一方的に男性集団に独占される戦士社会ではそれは起こらない。物理的暴力が中央組織、その中枢である国家組織によって独占されて初めて、それが実現することをエリアスはここで立証している。したがって、逆に周辺の暴力的な異民族であるゲルマン人によってそれがいかに浸食され、破壊されたかを知ることも重要なのである。エリアスによれば、古代ローマの例は、男女間の平等関係がいかに文明の発展段階と結びついていたかを示すものであり、「文明化の勢い」によって洗練される感情表現やマナーが、またその高度な自制の習得が、いかに男女間の平等に寄与するかを物語っているのである。

さらに同年に発表された「社会学者の現在への撤退」もエリアスの社会学の方法論の根幹と結びついているということで、無視できない論文である。エリアスはここで、第２次世界大戦後、多くの社会学は、過去を捨てて、現在へと撤退したが、ウェーバーやマルクスは、自分自身の社会の現在と過去のみならず、他国の社会の初期段階をも知っており、現在、過去、未来の相互関係を重要視したと言う。社会学者は、統計学などを駆使して短期的な問題を扱い、その知識はますます現実的なものになった。ウェーバーが気づいていたように数多くの経験的研究と、社会学の理論として提示できる研究が分裂する状態になった。

エリアスは、現在ではパーソンズ主義とネオ・マルクス主義の理論が社会学を二分化しており、それは、科学的というより政治的である、と言う。つまり、そこには、保守主義とリベラリズム、社会主義、共産主義という社会分裂が社会科学に投影されているのである。その結果、経験的作業が理論と関係を持たず、逆に理論の構築が経験的な研究なしになされることになる。科学的な研究だと思われるものが、特殊な政治的上部構造を支持するようなものにすり替えられており、社会学におけるこうした支配的傾向は科学的ではない、とエリアスは言う。つまり、静的類型学、静的な構造と機能の概念から社会学を切り離さないと、人間社会の本質的な力学は理解されないのである。

換言すれば、現代の産業社会を永遠で普遍的なものと見なす態度は間違いを生じやすく、発展的視野のない社会学がその例とされる。それゆえ、長期的な社会過程の構造と方向を検証できる理論的モデルがそれに取って代わられなければならない。その際、イデオロギーに粉飾されない、バラ色の未来を絶対化しないような、統一的な発展的準拠枠が社会学だけではなく、他の人間科学にも必要とされる。それは初期の社会が存在し、未来の社会も存在しうるという発展的な立場に立たないと説明不十分なのである。この問題に関連してエリアスは概ね次のように論じる。

こうした観点から人間社会の発展モデル、すなわち過程のモデルが研究の中心になる。そのため、すべての社会に共通する普遍的特質や概念が必要になるが、それは時間を超越した法則とは違う。人間は生存集団としてどこかの集団に属さないと生きられないので、相互依存の編み合わせという普遍性がそこには見られる。そうした生存集団を不可欠とする人間社会を分析する上でマルクスの概念は重要ではあるが、その経済的機能は分化した現代産業社会と、原始社会とでは違う。生存集団の次の機能は、集団内部での暴力の抑制であり、それは社会の発展段階によって異なる。文明化が進めば暴力は国家によって規制される。

かくして、暴力の独占機構として国家が重要な役割を果たすが、それは良し悪しの価値判断とは無関係である。ただそれは経済レベルの高い段階での社会的事実である。初期の社会では僧侶階級による宗教の定着化が起こる。経済力の上昇と共に生産手段の独占をめぐる競争がしだいに激化する。産業社会の出現と国家の成立は相互に関係するが、戦士階級と僧侶階級が出現し、その下に商人階級が来ることもあり、現代産業社会のモデルはすべてに当てはまるわけではない。短期的展望によって社会発展のすべてを経済的諸力に帰することは危険である。

したがって、暴力や知の独占（僧侶による魔術—神話的知の独占）も重要であり、それは経済的範疇では証明できない。換言すれば、「知」はマルクスの規定する上部構造ではない。「知」を持たず、「知」を伝達できない集団のことを考えればそれがよく分かる。知識は人間集団の中で重要な役割を果たすのであり、知識がなければ人間集団は生き延びられず、それゆえ、「知」は人間の食料でもある。「知」は独占され、その集団は権力の不平等な配分の基本となる。集団内で生き延びるには欲望や感情の自己抑制が要求されるが、人間はそれを生まれつき持っているわけではなく、集団内の「習得」を必要とする。

自己抑制の社会的パターンは文明化の過程で変化するが、それは人間社会の基本的な生存機能である。分化の度合いの高低によってそれは異なるが、集団内の圧力はますます強くなる。マルクスは経済手段の所有者として、戦士階級とブルジョアを同一視し、権力の独占集団が一方では貴族的戦士階級であり、他方ではブルジョアであるのがなぜなのかを尋ねなかった。つまり、マルクスは封建社会の戦士も産業社会の企業家もすべて支配階級と見なし、経済力を「階級」に頼る戦士と、「資本」に頼るブルジョアを区別できなった。換言すれば、マルクスは権力手段の違いを認識できなかったのである。

ここでは、エリアスのマルクス主義への批判はそれほど重要ではない。そうした批判は、多かれ少なかれ他の社会科学者によってこれまで何度となく繰り返されてきた。ここで重要なのは、マルクスの経済中心主義や、上部構造と下部構造の二分法的思考への批判よりも、エリアスが彼独自の社会学の方法論である過程社会学のモデルを具体的に示していることであり、それは現在の社会機構だけを分析し、そこに究極的な価値を見出そうとする、現在中心的な社会学者への間接的な批判に通じる。

エリアスは、それに関連して、社会学者は、支配者階級の歴史的、社会的な違い——僧侶社会・戦士社会・宮廷社会が果たした個々の重要な歴史的役割り——を無視するとその目的を果たせない、と述べている。もちろんその例外もあり、エリアスはそれを古代ギリシャ、フェニキア、オランダ、イタリアなどの都市国家、ヨーロッパ大陸に見られるような陸軍中心国家とは違うイギリス独自の海軍中心国家に見る。さらに、エリアスはこの点に関連して、中国の国家形成の過程も引き合いに出す。その際、彼は、戦士階級に代わって早くから支配権を握った、土地を所有する行政的な中国の官僚が、自らの文化的伝統、階級的優越性を伴ったヒエラルキーのネットワークを作ったことを強調し、そこに中国独自の宮廷社会の形成、ひいては国家形成を見る。

ここで銘記されるべきことは、国王や僧侶や戦士の支配権が長く続き、市民階級の権力は、ヨーロッパでも近代までさほど強くなく、ようやく19世紀になってブルジョアが実権を握ったことである。さらに19世紀の後半から20世紀にかけて中産階級の企業家や経営者に続き、労働者階級の代表者も権力の座に迫ってきて、以前の身分制議会から国会を基盤とした政党政治が政治の中心になる。経済専門家である中産階級の企業家や経営者、あるいは労働組織の代表者に代わり、近年では専門的な政治家が国家権力の独占に近づいている。そうした政治家集団が軍事的・宗教的・経済的専門家集団と権力機会をめぐって戦っている。

こうした長期にわたる権力構造の変化は、現在から過去へと遡れば容易に理解されるが、現代中心の社会科学者はそれを重要視せず、もっぱら現在の政治制度や社会制度を分析するのみならず、それを実際には普遍化し、かつ絶対化するのであり、エリアスはこうした現状から離れない構造・機能主義を繰り返し批判する。したがって、エリアスによれば、国家機構の変化は、国家の生存集団と係わる政治集団が、過去から現在を経て未来へと変化することを意味し、それゆえ、社会学や社会科学はそこに研究の視座を置かなければならないのである。それはすでに『文明化の過程』で議論された権力や物理的暴力の独占過程をより広い観点から理解することになる。

さらに、エリアスが死んでから5年後の1995年に発表された「技術化と文明化」も、彼が終生、科学やテクノロジーに興味を持ち、日進月歩で発展する科学技術の知識を社会学に不可欠なテーマと見なしている点で注目すべきである。ここで彼は再び、知識社会学が扱う重要なテーマについて議論をしている。換言すれば、彼は科学史で扱われる分野を知識社会学の議論へと発展させ、それに一定の理論的枠組みを与えようとしている。ここで展開される彼の議論の特徴は、「技術化」と「文明化」はどちらが先でも後でもなく、同時に進行し、その時代の人間社会全体の知識として、あるいは生存集団の武器として共有されるということである。かくして、「技術化」の心理発生と社会発生の相互関係が、さらにその複雑な編み合わせが重要なテーマとなる。

その問題に関連してエリアスはいつものように日常生活の諸相を取り上げる。

彼の議論に沿えば、たとえば、20世紀の運輸技術は均一化した自制を伴う高度な訓練を必要とし、パイロットやモータリストに代表されるように、そこでは自制の産物である社会的時間への適応や調節が前提とされる。したがって、初期の自動車や航空機の発明家は、技術的能力のみならず、実験を継続する意志や自制や自己規律を必要とした。その場合、因果関係は適応できない。そこには、技術化、つまり文明化を促す集団的人間がいることを社会学者は知る必要がある。「技術化の勢い」も「文明化の勢い」も同時に起こり、また逆の方向（非文明化とそれに伴う非技術化の過程）も同時に起こるのである。たとえば、自動車の技術が成熟の域に達すると、道路も都市もほぼ同時に改善され、技術革新を伴う。かくして、自動車の発明は運転手や車のデザイナーに新技術への適応を要求する。

エリアスによると、「技術化の勢い」と「文明化の勢い」が同時に起こり、法定速度が制定されて、ドライバーは自己規制を余儀なくされるが、その過程はまだ学習段階なのである。便利さの裏には自動車事故という不利益もある。個人の自己抑制という「文明化の勢い」が生じると同時に、それは事故による重症や死亡という形で「非文明化の勢い」も伴う。事故を防止するために禁酒が要求され、自己規制の役割は大きくなる。ところが、先進国と発展途上国の間にはこの点で較差があり、そこから事故の増大は国民性だけでなく、自己抑制の度合いが国家によって違うことに起因することが分かる（エリアスはこの相関関係を国連の統計を用いて証明する）。

かくして、自己抑制が「第二の天性」となり、法定規則を順守しないドライバーは危険視される。総じて事故の発生率は途上国で高くなるが、エリアスによると、それはドライバーの自己規制、自己抑制の度合いの低下と関係する。逆に道路が改善され交通のネットワークが拡大する先進国では自己抑制のレベルが上がる。さらに国家当局の介入が先進国ではドライバーの自制の度合いを高める（エリアスはその例として、第2次世界大戦後の日本の状況を例に挙げている）。

エリアスは、第2次世界大戦の敗戦国である日独伊での自動車の事故数が1982年までに徐々に低下していることをこのような脈絡で説明する。とりわけ彼は、非西洋圏の日本が経済の高度成長を遂げて先進国へと上昇し、同時に日本人の自制能力が前進したことを強調する。なぜなら、そこではハイテク化と自制の度合いの上昇が並行するからである。

逆に途上国ではそうした相互関係が見られず、人々は自制の度合が低いために乱暴な運転をして、事故率や死亡率が上がる。悪い運転マナーは因果関係によって説明されるものではなく、それは社会発展の低い段階で暮らす人間集団の共通の徴候であり、彼らの人格構造は、産業が発展した、富の増大する社会に住む人々のそれは異なる。それは人々の生まれつきの性格によって説明されるものではなく、優れた高速道路の建設とそれに伴う経済的効率が自然によい運転マナーを促しただけであり、エリアスの文明化の過程の理論で強調されるように、無計画で非意図的な変化なのである。

さらにエリアスは、日本人の人格構造が、戦前の軍国主義的精神から戦後の産業主義的エトスへと変化する過程をこのような脈絡で説明し、日本人の自制の度合いの高さと、日本社会における「技術化」の進行速度の上昇との相互依存関係に言及する。つまり、自己抑制の上昇カーブのパターンが近代化・技術化・自動車化との結合関係によって示され、同時にそれが人格構造の変化につながることを、エリアスは日本を例にして説明しようとする。その際、エリアスはそれが国家による物理的暴力の独占と関係するのかどうかという問題を提起する。つまり、エリアスは、技術化、文明化、国家による物理的暴力の独占、自動車化、法制化などの一連の社会現象の変化が、人格構造の変化とどのように相互依存しているかがさらに詳しく論じられる必要があることを強調する。

20世紀における交通機関の飛躍的な発展とそれに伴う人間の相互依存の連鎖の拡大は、15世紀の人格構造や人間性とは違う性格を現代人に与える。ラジオ、テレビ、電話、飛行機などを生み出したハイテク産業が人間社会や人格構造に及ぼす影響は大きいが、まだそれがどの程度の変化なのかについては明確な答えはない。比類のない経済発展に伴う人類の和平化を信じる楽観主義者もいるし、環境破壊や地球の温暖化による人類の危機を唱え、伝統社会のモラルの低下や価値観の消失を嘆く悲観主義者もいる。どちらも正しいかもしれないし、正しくないかもしれない。これに対するエリアスの見解は、概ね次のようなものであり、いずれも今後の社会学や社会科学における研究課題を示唆している点でも重要である。

「技術化」によって人類は統合の度合いを高めるが、個々の民族の違いも目立ってくる。世界銀行や国連などの世界組織の発展（いわゆるグローバル化）によってハイテク化が進み、人間の相互依存の度合いが拡大する。が、その反面、この統合が生み出す緊張や対立（ヨーロッパ連合内部の対立など）も見えてくる。これまで各民族が自己集団内部で共有していた「ハビタス」（habitus）に大きな変化が生じる。ヨーロッパ共同体やヨーロッパ連合のような国際組織が直面するグローバル化とナショナリズムの間で葛藤が生じ、統合と対立の力学が働く。なぜなら、人類は「技術化」がもたらす世界統合、つまりグローバル化という流れ（文明化の新しい流れ）にまだ慣れていないからである。

こうした社会学的な問題性は相互依存の理論によって手がかりが得られるのであり、従来の行為理論や機能主義では理解できない。換言すれば、20世紀後半の「社会形態」を支配しているのは「統合性」と「非統合性」の理論であり、それは「文明化の勢い」（グローバル化の勢い）と「非文明化の勢い」（それは旧ユーゴにおける民族浄化やイスラム原理主義によるテロなどに代表される）に連動する。「技術化」は人類の発展の部分的要因であり、社会過程全体は、人間集団およびその代表者たちの間で展開される敵対意識や権力闘争によって左右される。テクノロジーの発展によって人間同士の相互依存関係が上昇し、またすべての組織も統合に向かうが、そこに人間の文明化の難しさがある。自分の集団（「われわれ集団」）とは共同するが、他民族（「彼ら集団」）と共同歩調が取れるかどうかという問題が残る。

エリアスがここで提示している問題は、彼の他の著書でもそうであるように、文明化が単線的、直線的に進まず、統合性（求心性）と非統合性（遠心性）という対立要素の絡み合いの状態で進行するという事実を再度強調している点で非常に重要である。それは、彼の「文明化の過程」の理論が、同時に「非文明化の過程」の理論と相関関係にあることを示唆するものである。とはいえ、彼はハイテク化やグローバル化がすべて民族間の対立や抗争の原因を生み出していることを強調しているわけではない。それは科学技術の共有化や経済的利益の共同分配という形で未来における人類の新たな社会的発展段階をも示唆しているのである。しかし、現代の人類が陥っている苦境は、カントに代表される普遍的な平和主義やレーニンの言う国家消滅（もしくは廃止）のようなイデオロギーに潤色された立場ではうまく説明できないのである。政治・経済・文化・教育・科学など、あらゆる面で人類が比類のないほどの速度で統合化の方向へ進みながらも、依然として同一国家内の対立集団同士で、あるいはまた対立する国家間で、暴力行使の脅威は続き、実際、大量破壊兵器や生物兵器などの使用が現実化している。さらに、平和主義や平等主義や民主主義を最も愛する国家が最も強力な軍事力を保有するという矛盾にも直面している。

エリアスが主張するように、こうした問題を分析し、説明するには従来の構造主義的方法には限界があり、それに代わる新たな方法論と、それに伴う新たなモデルや術語が必要とされるのである。それは、いわゆる「フィギュレーション理論」（「形態理論」）に収斂するのであるが、その定義は現代の読者や社会学者によって十分に理解されてきたわけでもないし、むしろいくぶん誤解さえ生じた。

しかし、この論文でエリアスは、文明化された現代の人間社会の矛盾やその二面性を最も具体的な例を使って明らかにしている。つまり、生存集団としての人類は、一方ではより良く生きるために高度な科学技術を開発したにもかかわらず、他方ではそれによってますます多くの難問（原子力発電所の事故や原子エネルギーの廃物処理）を抱えてしまったのである。換言すれば、現代人は、一方では科学的知識によって古代人よりもはるかに高いレベルで自然を理解し、かつ制御できるのに、他方では自制や外的規制（内的束縛と外的束縛）の強化によって、古代人よりもさらに多くの不安や不満や葛藤に悩まされているのである。

換言すれば、民族対立やナショナリズムが誘発する暴力、宗教的原理主義の名の下で正当化されるテロリズム、あるいは原子力発電所の事故などに見られるように、人類は今や共に滅びるか、平和的共存の道を歩むか、そのどちらかを選択せざるをえなくなっているのである。このような状況は決して人類が意図したり、計画したりしたことではない。この無計画で終わりのない「科学化の過程」と「文明化の過程」は、静態的で還元主義的な理論では説明できない。したがって、エリアスによれば、ニュートンからアインシュタインへのモデルの変化を念頭に置きながら、世界を「過程の概念」（過程社会学のモデル）によって理解することがわれわれに要求される。だが、世界を普遍的な実体によって支配されているものではなく、変わりつつあるものとして認識することは人間にはつらい。なぜなら、それは、われわれの死後、人間と人間社会が大いに異なってしまうという観念をわれわれ自身が受け入れることを意味するからである。人間は本質的に自分自身を不変の存在として受け止めたいのである。しかし、そうした世界像を肯定するなら、20世紀の人々は、過去の人々や社会を時代遅れで、野蛮と彼らが見なすように、未来の人類から同じように扱われるかもしれないのである。エリアスはこれに関連してさらに次のように指摘する。

人間は不変の社会構造、哲学的に永遠に妥当する社会を求めたいのである。永遠主義の代表に歴史主義があり、それは未来と過去を同じことの繰り返しと見なし、人間社会の発展性を受け入れない。歴史主義は、かつて起こったことが現在でも起こっており、同じことが未来も繰り返されることを予言する。しかし、「技術化」はそうした歴史的予言とは無縁である。宇宙物理学の発展によって宇宙船の時代が来るかもしれないが、それがどのようなものになるかだれにも分からない。人類の歴史が完成期に向かって大躍進を成し遂げるのかどうかも分からない。人間の世界は創発的なものであり、変化しているのであり、世界を静止したものと見なすとき、人類の過程的変化は曖昧にされてしまうのである。世界を「悪い」とか「良い」とか、「野蛮」だとか「文明化されている」とかという言葉で固定化するとき、それは理解されない。確実に言えるのは未来の人類が20世紀のわれわれとは違うということである。人間は現在を固定化したがり、未来への発展として現在を過程的に見ることを嫌がる。そのような過程を、現実には永遠のものとして固定化することを学者は（特に哲学者は）望むのである(5)。

こうした発言はいずれも、エリアス独自の過程社会学の性格を、またその根底を支えるフィギュレーション理論の本質を表明するものである。したがって「科学化と文明化」はエリアスが晩年に至るまでそのような方向を目指して、総合的な社会科学の一分野としての社会学の新たな分野（新しい人間科学）を開拓していたことを証明するものであろう。彼の以下のような議論は、文化的ペシミズムを乗り越え、社会学の研究のための大きな希望の光をわれわれに提示してくれるという点で重要である。

われわれは、生きている人々がより良い方向性を持てるように、また未来の人々が、現在の予備的作業によって、より確実な知識を獲得するような道を開拓するのである。人類の平和と組織的統一という重要なこの作業が、われわれの生存中には完成の域へと成熟しないのでないかと考えて、意気沮喪しないようにしなければならない。この未完成の仕事に取り掛かるということは確かに価値があり、有意義でもある(6)。

こうした見解には、将来の社会学の研究が、「理論のための理論」ではなく、経験的な資料に基づく現実的な理論の構築——エリアスの言う「現実適合的」な理論の構築——を目指すべきであるという、エリアスの明確な指針が反映され、そうした傾向を彼が晩年まで堅持していたことが窺われる。それは、「閉ざされた人間」（伝統的な哲学的人間像）から「開かれた人間」（未来の社会学的人間像）への脱却を意味するのかもしれない。

最後に、1982年にエリアスがドイツの雑誌に載せた「トマス・モアの国家批判——ユートピア概念の定義に関する見解を含む」と、第２次世界大戦終了40年を記念して1985年にビーレフェルト大学で発表した講演論文「人間の状況」に言及しておきたい。

一方は、英国の著述家・政治思想家トマス・モアのユートピアの思想的背景を論じながら、ユートピア文学全体の形式や特色を、世代ごとに変化するものとしてではなく、ユートピアが生まれる社会的な場を限定することで、その根本的な意味を社会学的に探究しようとする。他方は、古代から中世を経て現代に至るまで続いている国家間の政治的主導権争いをめぐる戦争を批判し、核兵器の使用による人類全体の滅亡という危機にさらされた現代世界の状況を憂慮する。

エリアスは、まずモアの『ユートピア』に関連して、それが、ブルジョアの支配から産業労働者を解放するというマルクス主義的なユートピア思想を生み出した19世紀後半や20世紀初期とはまったく違った状況で、つまりプロテスタントとカトリックの激しい宗教的な争いの時代に書かれたものであったこと、さらにそれが、神中心の世界から国家の役割が徐々に重要視されるようになった時代を反映しており、人間の政治改革の方法によってユートピアが、完全ではないにしろ、少しずつ近づきつつあるというモアの願望充足的な見方に依拠していたことを強調する。ところが現代では、人間の運命を司る神や超自然的能力者への信仰が低下し、昔の人にとって実現不可能であったことが、ロボットの発明、宇宙旅行や月の探検などの可能性によって、その幻想性を失い、よりいっそう現実味を帯びてくる。そうなるとユートピアという言葉や概念も変化せざるをえなくなるのではなかろうか、とエリアスは問い掛ける。産業や科学技術が発達してくると、宗教的な絶対者の神意ではなく、人間が自然に与える影響力、人間同士の社会的な行為が生み出す原因に焦点が移り、環境破壊や地球の温暖化に見られるように、それが人間の自然統御能力に疑問を生じせしめ、恐怖と不安をかき立てる。つまり、今度は「ディストピア」（反ユートピア）がユートピアを凌駕することになる。かくして、エリアスによれば、モアの願望充足的ユートピア思想は、オーウェルやオルダス・ハクスリーの小説に見られる「ディストピア」思想にとって代わられ、国家の機能や性質も後者にとってはさらにネガティブになりうる。換言すれば、人間の相互依存によるグローバル化は、人間の感情的連帯性という点ではそれに追いつかず、依然としてローカルなもの、ナショナルなものにとどまり、社会や自然の領域での可能性や実現性の度合いの高さが、逆に深い不安感を惹起し、恐怖のユートピア文学に転じることになる。最後にエリアスは、ユートピア文学においては、現実の社会生活が野蛮化し、望ましいものではなくなればなくなるほど、文学の中に人間は願望充足的な夢想力の必要性をよりいっそう必要とするのか、あるいは逆に人間の共同生活がより文明化され、うまく調節され、安定していれば、恐怖や不安を惹起し、野蛮性に傾斜する文学的幻想性に満ちた悪夢が、文学の形式においてさらに現れるのかどうかといった興味深い問いを社会学的な観点から発している(7)。

「人間の状況」におけるテーマは、先にも触れたように、人間集団、部族社会、都市国家、巨大な帝国、帝国主義的列強がそれぞれ人間の歴史において繰り返し展開してきた戦争の社会学的な分析であるが、その特徴は、ここでエリアスが戦争のメカニズムをヨーロッパの歴史にたどるだけではなく、国際関係や国際政治の観点から人類の将来を見据えながら、人類全体の問題として議論していることである。

周知のごとく、人間は、マルクスの言葉を借りれば「自然の人間化」という形で、自然の克服に成功してきた。大津波や大地震などの被害から逃れることは今でも困難ではあるが、人間の生命を脅かす野獣や害虫や病原菌などを、科学や医学の進歩によって人間はたいてい駆除し、昔よりもはるかに長い寿命を享受できるようになった。科学技術の産業への応用も、経済的な富をどのように平等に分配するかという問題を別にすれば、多くの点で人間の生活の質的向上に寄与してきた。極論すれば、エリアスも指摘しているように、人間が関与しない、無垢の自然などはほとんどない。さらに人間による自然の支配は、同時に合理的な精神の重要性を、つまり動物的な衝動や本能を抑えることで得られる文化的な意味を人間に教えることになった。

ところが、エリアスよれば、人間集団は、社会生活において他集団とどのようにうまく共同生活を営むことができるかという社会的な次元での相互理解では、自然を理解し、自制を保つ能力に比べると、あまり進歩していないのである。こうした状況が、異なる部族間、国家間の関係では、常に他集団への恐怖や、他集団から受ける脅威を増大させがちになる。自国民を守ろうとする政府の防御政策は、他国の政府からは戦争の準備段階、戦争への徴候として受け取られがちであり、それが深刻化すれば双方に負の連鎖が生じ、いわゆる「二重拘束」の罠に両国がはまり込んでしまう。

エリアスは、「二重拘束」の例をここでは、『参加と距離化』においてもそうであったように、冷戦時代のソビエト連邦とアメリカ合衆国の政治的主導権争いに見る。1990年のベルリンの壁の崩壊と、それに伴うソ連を中心とする共産主義諸国の衰退を確認することなく他界したエリアスが、冷戦構造そのものを国際関係における最大の危機と見なしたとしても、それは当然かもしれない。エリアスは実際、共産主義の理想を美化し、「労働者の王国」を称揚するソビエトと、資本主義体制や「アメリカン・ドリーム」の永遠性を信じる合衆国が、和解の可能性もなく、お互いに相手をけなし合う状況、換言すれば、お互いに共同幻想に取りつかれている状況（いわゆる現代の人間の状況）を、現代の国際政治における、また文明化された現代社会における、最も危険な徴候と見なした。こうした状況では、人間を自然の桎梏から解放してくれた、人間の自然を理解する能力（人間の科学技術）が、核兵器の開発という形で両刃の剣となり、人類全体を滅ぼす武器にもなりうるのである。共産主義と資本主義というイデオロギーの対立のみならず、宗教・文化・民族・国家をめぐる紛争や抗争は、ナチズムの例にも見られるように「文明化の挫折」へと人類を向かわせることにもなる。

本書におけるエリアスの警告が21世紀に生きる人類にも当てはまるかどうかは別にしても、旧ユーゴでの民族浄化の悲劇、頻発するイスラム過激派によるテロ事件、独裁的な共産主義国家による核兵器やミサイルの開発がもたらす国際関係への悪影響は、エリアスが『文明化の過程』の最後で引用した「文明化は継続中である」というドルバックの言葉をここでもまた髣髴させる。それはまたとりわけ彼が『ドイツ人論』で示唆した「非文明化の過程」にも重なり、少なくともエリアスの文明化の過程の理論が、西洋中心主義ではないことの証左であるとも言えよう。あるいはまた、今やグローバル化された社会が抱える深刻な問題がそこに集約されていると言っても過言ではなかろう。

要は、現代のグローバル化された社会において、それに背を向け、それを否定するのではなく、むしろいかにわれわれは、他集団や他民族に対して寛容と妥協の精神を保ちながら、相手の価値観を尊重しつつ、共通の運命を担っている人類という意識に立ち返ることができるかであろう。そういう意味では、本書の最後で、ドイツの再統一をめぐって、エリアスがお互いに許し合うことで達成される民族的アイデンティティに言及しているのは注目に値する。

注

(1)　なおそれぞれの論文は、Norbert Elias, *Frühschriften*（Suhrkamp: Frankfurt am Main, 2002）Band 1に収録されている。"Vom Sehen in der Natur," pp. 9-28; "Zur Soziologie des deutschen Antisemitismus," pp. 117-26; "Kitschstil unt Kitschzeitalter," pp. 148-63; "Die Vertreibung der Hugenotten aus Frankreich," pp. 164-74; "Idee und Individuum" pp. 9-72 参照。それぞれの英訳は、Norbert Elias, *Early Writings*（Dublin: University College Dublin Press, 2006）, "On Seeing in Nature" pp. 5-21; "The Sociology of German Anti-Semitism" pp. 78-83; "The Kitsch Style and the Age of Kitsch" pp. 86-96; "The Expulsion of the Huguenots from France" pp. 97-104; "Idea and Individual" pp. 24-57を参照。

(2)　原始芸術についての論文は、J. Goudsblom and S. Mennell, ed. *The Norbert Elias Reader*（Oxford: Blackwell, 1998）, pp. 8-11を参照。この論文は1928年にチューリヒで開かれた第6回ドイツ社会学会の会報（*Verhandlungen des Sechsten Deutschen Soziologentages vom 17. zu 19. September 1928 in Zürich*）から取られたもの。タイトルは"Beitrag zur Diskussion über Richard Thurnwald: Die Anfänge der Kunst"（Norbert Elias, *Frühschriften*, p. 111-16）である。この会議には発表者であるアルフレート・ウェーバー、カール・マンハイムに加え、解説者としてエリアスも参加した。その英訳については Norbert Elias, *Early Writings*, pp. 72-75も参照。

(3)　J. Goudsblom and S. Mennell, ed. *The Norbert Elias Reader*（Oxford: Blackwell, 1998）, p. 32.

(4)　Johan Goudsblom and Stephen Mennell, ed. *The Norbert Elias Reader*（Oxford: Blackwell, 1998）, p. 82.

(5)　Ibid., p. 228.

(6)　Ibid., p. 229.

(7)　Norbert Elias, *Essays 1*（Dublin: University College Dublin Press, 2009）, pp. 256-257. なお、両方の論文の英語のタイトルについては索引を参照。

Postscript

This book mainly aims to offer Japanese readers a comprehensive knowledge of the sociology of Norbert Elias by explaining in detail his writings published in book form. For that purpose more emphasis is placed on how to gain access to his sociological methodology known as figurational sociology or process sociology; it can be exemplified more concretely by such Eliasian sociological terms as "widening chains or networks of human interdependence," "diminishing contrasts, increasing varieties," "psychogenesis," "sociogenesis," and "habitus." They are actually indispensable to a better understanding of his sociological theory. However, it is not easy for Japanese readers to find Japanese counterparts or equivalents of these terms coined by Elias himself, or, to be more precise, translated into English from German. This matter may sometimes cause them to undergo some difficulty or even hindrance in understanding Elias's sociological theory itself. Therefore, despite occasional repetition, I have tried to explain these terms by putting them into Japanese as easily and clearly as possible, while situating them in the wider context of Elias's individual works. By doing so, Japanese readers will, I hope, be able to recognize that Elias's terminology is basically never esoteric or enigmatic, but quite comprehensible through many aspects of our everyday life and social experience.

As a matter of fact, several pioneering essays or books on Elias have been written in Japanese since his books, such as *The Civilizing Process*, *The Court Society* and *Quest for Excitement*, were translated into Japanese, but they are not always sufficient for the above-stated purpose. In recent years the Complete Works of Norbert Elias have been published both in German and English as the 19-volume and 18-volume series respectively. Taking these circumstances into consideration, it is hoped that a book which offers a comprehensive interpretation of Norbert Elias's sociological thinking should be published for Japanese readers. In that sense, Stephen Mennell's instructive and monumental work, *Norbert Elias: An Introduction,* can be a good example as an orientation of Elias's sociological methodology for them. A similar book written in Japanese has long been awaited. This is one of the reasons for the publication of this book. Therefore I have treated here all the books of Elias that have been translated into Japanese so far. Roughly speaking, the content of each chapter is as follows.

In Chapter 1, a substantial discussion of *The Civilizing Process,* Elias's magnum opus, is developed from a wider perspective so that Japanese readers can keep in mind that there has been a close connection between the development of manners and etiquette in the West through people's self-restraint and self-control, and the monopoly of physical violence and taxation by the state since the late Middle ages. In Chapter 2, the main focus is placed on the importance of *The Court Society* as a sociological text which substantially buttresses and consolidates his theory of the civilizing process by means of demonstrating the mechanisms of psychogenesis and sociogenesis seen in royal rule along both empirical and theoretical lines. In Chapter 3, *What is Sociology?*, *Involvement and Detachment* and *The Society of Individuals* are referred to together as indispensable texts in understanding Elias's sociological methodology leading to his post-philosophical tendency that had been developing more systematically since he completed *The Civilizing Process*. Therefore, some discussions by Elias over "the relation between individuals and societies," "game models" and "involvement and detachment" are all important and pivotal points here to be treated as Elias's unique contribution to modern sociological theory.

In Chapter 4, *The Established and the Outsiders*, which was written with J. L. Scotson is also treated here as a crucial text leading to the discovery of his innovative theory called "the theory of established-outsiders relations". This theory has been so far applied to many cases related to changing aspects of social power, in other words, the changing power balance between the sexes, ethnic groups, and social classes across the world. What is to be noted here is that Elias successfully discovered a macro-sociological theory through community research on a micro-sociological level.

In Chapter 5, Elias's great contribution to the sociology of sport especially through the publication of the monumental book, *Quest for Excitement: Sport and Leisure in the Civilizing Process*, which was a collaboration with Eric Dunning, is emphasized. The focus of this chapter is to show that Elias's unique historical perspective is meticulously combined with his insightful sociological framework in this book by his use of many intriguing examples of ancient, medieval and modern sports events and contests. In Chapter 6 and 7, *Mozart* and *The Symbol Theory* are treated respectively as indispensable texts that form one of the underlying parts sustaining Elias's whole sociological construction although they may seem somewhat incomplete in comparison with his major works; these works might have been improved or extended as more consistent sociological texts if he had lived longer. However, the former is here thought of as representing how his longstanding interest in art and music could be incorporated into a more systematic sociological view on art as a whole; the latter also as representing his crucial and innovative interpretation of language and time as changeable and malleable symbols of human beings developed by their intergenerational transmission of knowledge. Elias's insightful analysis of both time and language accompanied by his dynamic reference to historical and sociological dimensions are also explained in detail here.

Chapter 8 focuses on another important book titled *The Loneliness of the Dying*, which was written by Elias in his later years about ageing and dying, in relation to *The Civilizing Process*. The focal point here is that human death in a modern civilized society is hidden behind the scenes, and less talked about than in what Elias would call a simpler society. Therefore, too much self-control and self-regulation, as he suggests, will rid us of our emotional relations and ties with others, thus deepening our sense of loneliness more and more. Seen from Eliasian point of view this is, it can be said, another unknown and unintended consequence caused by human figurations.

In Chapter 9, *The Germans*, his posthumous publication, is also referred to in relation to *The Civilizing Process,* in order to clarify the interrelated and interwoven relations between "the long-term civilizing process" progressing with the standardization of manners and etiquette and the state monopoly of physical violence and taxation specified in the latter, and "the short-term decivilizing process," the regressive process against civilization brought by the so-called breakdown of civilization. In this chapter, it is also important that we should apply this tragic case, which emerged in the modern history of Germany when the Nazis came to power, to another historical case where the Japanese underwent nearly the same anti-civilizational tendency led by the military government during the Second World War.

In the appendix, there are additional comments on Elias's early writings, which exactly show his ebullient ideas developing into his figurational theory in these formative years. And some more substantial references to his sociological contribution are added here. Several important essays had been written before his name began to be known in the academic world. Others were mainly written in the 1970s and 80s, which goes to show how hard Elias had continued to work before he died despite the decline of his sight and hearing.

In publishing this book, so many people gave me a helping hand. First I would like to give my hearty thanks to Chikai Ito and Shuichi Wada. The former recommended me to translate *Quest for Excitement* into Japanese including other books on social science written in English; the latter was willing to hold symposia and workshops related to figurational sociology. I am also indebted to so many contributors to the publications of *Norbert Elias and Globalization, Norbert Elias as Social Theorist,* and *Norbert Elias and His Sociological Perspective* in 2009, 2014 and 2017. Julian Manning, Matthew Sterenberg, Ivan Waddington, Paul Snowden, Michael Snyder, Jason Hughes, Andrew Linklater, John Oliphant, Paul Bacon, Abram de Swaan, and Raúl Sánchez García worked extremely hard to write their essays in accordance with these topics and themes. Their unforgettably invaluable dedication and contributions highly motivated me to publish this book. And I would like to give my special thanks to Eric Dunning, Stephen Mennell and Johan Goudsblom. I remember all of them giving me important information about Norbert Elias every time I met them in Britain and the Netherlands. Last but not least, I would like to express my deepest gratitude to the publisher (Seibundo Publishing) and its editorial staff for accepting my challenging plan and working hard for proofreading together with proper advice.

Akira Ohira On 22, January, 2018

資　料

ノルベルト・エリアスによる著作

最新版（ドイツ語・英語）Ⅰ

Gesammelte Schriften, Frankfurt am Main: Suhrkamp/Colleted Works, Dublin: University College Dublin Press.

Frühschriften (Band 1, 2002)/*Early Writings* (Vol. 1, 2006).

Die höfische Gesellschaft (Band 2, 2002)/*The Court Society* (Vol. 2, 2006).

Über den Prozeß der Zivilisation I, II (Band 3, 1997)/*On the Process of Civilisation* (Vol. 3, 2012).

Etablierte und Außenseiter (Band 4, 2002)/*The Established and the Outsiders* (Vol. 4, 2008).

Was ist Soziologie? (Band 5, 2006)/*What is Socilogy?* (Vol. 5, 2012).

Über die Einsamkeit der Sterbenden/Humana Conditio (Band 6, 2002)/*The Loneliness of the Dying and Humana Conditio* (Vol. 6, 2010).

Sport und Spannung im Prozeß der Zivilisation (Band 7, 2003)/*Quest for Excitement* (Vol. 7, 2008).

Engagement und Distanzierung (Band 8, 2003)/*Involvement and Detachment* (Vol. 8, 2007).

Über die Zeit (Band 9, 2004)/*An Essay on Time* (Vol. 9, 2007).

Die Gesellschaft der Individuen (Band 10, 2001)/*The Society of Individuals* (Vol. 10, 2010).

Studien über die Deutschen (Band 11, 2005)/*Studies on the Germans* (Vol. 11, 2013).

Mozart (Band 12, 2005)/*Mozart and Other Essays on Courtly Art* (Vol. 12, 2010).

Symboltheorie (Band 13, 2001)/*The Symbol Theory* (Vol. 13, 2011).

Aufsätze I (Band 14, 2006)/*Essays* I (Vol. 14, 2009).

Aufsätze II (Band 15, 2006)/*Essays* II (Vol. 15, 2008).

Aufsätze III (Band 16, 2006)/*Essays* III (Vol. 16, 2006).

Autobiographisches und Interviews (Band17, 2005)/*Interviews and Autobiographical Reflections* (Vol. 17, 2014).

Gedichte und Sprüche (Band 18, 2004).

Gesamtregister (Band 19, 2010)/*Supplements and Index to the Collected Works* (Vol. 18, 2014).

The Genesis of the Naval Profession. Rene Moelker and Stephen Mennell, eds., (UCD, 2007).

旧版（ドイツ語・英語）Ⅱ

Über den Prozeß der Zivilisation: Soziogenetische und psychogenetishe Untersuchungen, 2 vols. Basel: Haus zum Falken, 1939; 2nd ed., with new introduction. Bern: Francke, 1969.
Die höfische Gesellscaft. Neuwied: Luchterhand, 1969.
Was ist Soziologie? München: Juventa, 1970.
Über die Einsamkeit der Sterbenden. Frankfurt am Main: Suhrkamp, 1982.
Über die Zeit. Frankfurt am Main: Suhrkamp, 1984.
Engagement und Distanzierung. Frankfurt am Main: Suhrkamp, 1987.
Los der Menschen: Gedichte-Nachdichtungen. Frankfurt am Main: Suhrkamp, 1987.
Studien über Deutschen: Machtkämpfe und Habitusentwicklung im 19. und 20. Jahrhundert. Frankfurt am Main: Suhrkamp, 1989.
Norbert Elias über sich selbst. Frankfurt am Main: Surhkamp, 1990.
Die Gesellschaft der Individuen. Frankfurt am Main: Suhrkamp, 1991.
*Mozart: Zur Soziologie eines Genies.*Frankfurt am Main: Suhrkamp, 1991.
Etablierte und Außenseiter. Frankfurt am Main: Suhrkamp, 1993.
The Established and the Outsiders: A Sociological Enquiry into Community Problems. London: Frank Cass, 1965; London: Sage, 1994 (with John L. Scotson).
The Civilizing Process, Vol 1: *The History of Manners.* Trans. Edmund Jephcott. New York: Urizen Books; Oxford: Blackwell, 1978.
What is Socilogy ? Trans. Stephen Mennell and Grace Morissey. London: Hutchinson; New York: Columbia University Press, 1978.
The Civilizing Process, Vol 2: *Power and Civility.* New York: Pantheon books; *State Formation and Civilization.* Oxford: Blackwell. Trans. Edmund Jephcott, 1982.
The Court Society. Trans. Edmund Jephcott. Oxford: Blackwell; New York: Pantheon Books, 1983
The Lonliness of the Dying. Trans. Edmund Jephcott. Oxford: Blackwell, 1985.
The Quest of Excitement: Sport and Leisure in the Civilizing Process. Oxford: Blackwell, 1986 (with Eric Dunning).
Involvement and Detachment. Trans. Edmund Jephcott. Oxford: Blackwell, 1987.
The Symbol Theory. London: Sage, 1991.
The Society of Individuals. Trans. Edmund Jephcott. Oxford: Blackwell, 1991.
Time: An Essay. Trans. Edmund Jephcott (in part). Oxford: Blackwell, 1992.
Mozart: Portrait of a Genius. Trans. Edmund Jephcott. Oxford: Polity Press; University of California Press, 1993.
The Civilizing Process. 1 vol. Oxford: Blackwell, 1994; 2000.
Reflections on a Life. Trans. (in part)Edmund Jephcott. Oxford: Polity Press, 1994.
The Germans: Power Struggles and the Development of Habitus in the Nineteenth and Twentieth Centuries. Trans. Eric Dunning and Stephen Mennell. Oxford: Polity Press;

Columbia University Press, 1996.

『文明化の過程（上）（下）』（赤井・中村・吉田／波田・溝辺・羽田・藤平訳、法政大学出版局、一九七七／一九七八）
『定着者と部外者』（J・L・スコットソンとの共著、大平章訳、法政大学出版局、二〇〇九）
『社会学とは何か』（徳安彰訳、法政大学出版局、一九九四）
『宮廷社会』（波田節夫・中埜芳之・吉田正勝訳、法政大学出版局、一九八一）
『参加と距離化』（波田節夫、道籏泰三訳、法政大学出版局、一九九一）
『死にゆく者の孤独』（中居実訳、法政大学出版局、一九九〇）
『スポーツと文明化』（E・ダニングとの共著、大平章訳、法政大学出版局、一九九五）
『諸個人の社会』（右京早苗訳、法政大学出版局、二〇〇〇）
『シンボルの理論』（大平章訳、法政大学出版局、二〇一七）
『時間について』（井本晌二、青木誠之訳、法政大学出版局、一九九六）
『モーツァルト』（青木隆嘉訳、法政大学出版局、一九九一）
『ドイツ人論』（青木隆嘉訳、法政大学出版局、一九九六）
『エリアス回想録』（大平章訳、法政大学出版局、二〇一七）

ノルベルト・エリアスの年譜

1897年　ヘルマン・エリアスとゾフィー・エリアスの息子としてブレスラウで６月22日に生まれる。
1915年　軍隊に召集され西部戦線で任務に就く。
1918年　ブレスラウ大学で医学と哲学を学び数学期をハイデルベルク、フライブルク大学ですごす。
1924年　博士号（哲学）を取得する。
1925年　ハイデルベルク大学に移り、学究的生活を始める。カールマンハイムに出会い、社会学に専攻を変える。
1930年　マンハイムの助手としてフランクフルト大学に移る。
1933年　ドイツから逃亡する。スイスやパリで大学の職を探す。
1935年　ドイツを経由してイギリスに向かう。
1940年　ヘルマン・エリアスがブレスラウで死去。
1941年（？）ゾフィー・エリアスがアウシュヴィッツで死去。
1935年　主にイギリスで生活する。戦後、成人教育関係の仕事をする（1975年まで）。
1954年　レスター大学で社会学の講師に就任。
1956年　アムステルダム大学出での第三回国際社会学会議でヨハン・ハウツブロムと出会う。
1962年　ガーナ大学の教授として教鞭をとる（1964年）。
1965年　オランダのアムステルダム、ハーグ大学、ドイツのミュンスター、コンスタンツ、アーヘン、フランクフルト、ボフーム、ビーレフェルト大学から講師として招待される。アムステルダム（1975年から）やビーレフェルト（78年から）のアパートで暮らす。

1977年　彼の全体的研究のためにフランクフルト市からアドルノ賞が贈られる。

1978年　ビーレフェルト大学の学際的研究センターで研究し、かつ教える（1984年まで）。

1984年　最終的にアムステルダムに落ち着く。

1987年　ストラスブール第三大学から名誉博士号が贈られる。

1988年　1987年にヨーロッパで出版された最良の社会学の書として『諸個人の社会』が挙げられ、それを記念してアマルフィー賞が贈られる。

1990年　８月１日アムステルダムで死去。

※『エリアス回想録』（大平章訳、法政大学出版局、二〇一七）二八一 ― 八二頁、および Norbert Elias, *Reflections on a Life* (Oxford: Polity Press, 1994), pp. 155-56参照。

主要参考文献（書誌）

Adorno, Theodor. *Aesthetic Theory*. Trans. C. Lenhardt. Ed. Gretel Adorno and Rolf Tiedmann. London: Routledge & Kegan Paul. 1984.

Akira, Ohira, ed. *Norbert Elias and Globalization*. Tokyo: DTP Publishing. 2009.

Akira, Ohira, ed. *Norbert Elias as Social Theorist*. Tokyo: DTP Publishing. 2014.

Anders, Kenneth. *Die unvermeidliche Universalgeschichte: Studien über Norbert Elias und das Teleologieproblem*. Opladen: Laske + Budrich. 2000.

Arendt, Hannah. *The Origins of Totalitarianism*. New York: Harcourt. 1968.

Arendt, Hannah. *On Violence*. New York: Harcourt. 1969.

Bauman, Zygmunt. *Modernity and the Holocaust*. New York: Columbia University Press. 1989.

Berlin, Isaiah. *The Power of Ideas*. Ed. Henry Hardy. London: Pimlico. 2001.

Bogner, Artur. *Zivilisation und Rationalizierung: Zivilisationstheorien M. Webers, N. Elias's und der Frankfurter Schule*. Opladen: Westdeutcher Verlag.1989.

Bronowski, Jacob and Bruce Matzlish, *The Western Intellectual Tradition*. New York: Haper & Row. 1960.

Bronowski, Jacob. *Science and Human Values*. New York: Harper & Row. 1965.

Bronowski, Jacob. *The Ascent of Man*. 1973. London: Book Club Associates. 1977.

Bührmann, Andrea D. and Stefanie Ernst, eds. *Care of Control of the* Self*? Norbert Elias, Michel Foucault and the Subject into the 21st Century*. Newcastle upon Tyne: Cambridge Scholars Publishing. 2010.

Buruma, Ian and Avishai Margalit. *Occidentalism: A Short History of Anti-Westernism*. London: Atlantic Books. 2005

Calhoun, Craig et al., eds. *Classical Sociological Theory*. Oxford: Blackwell. 2002.

Calhoun, Craig et al., eds. *Contemporary Sociological Theory*. Oxford: Blackwell. 2007.

Cashmore, Ellis. *Sports Culture: A-Z Guide*. London: Routledge. 2000.

Cassirer, Ernst. *The Myth of the State*. New Haven: Yale University Press. 1946.

Cassirer, Ernst. *The Problem of Knowledge*. Trans. W.H. Woglom and C.W. Hendel. New Haven: Yale University Press. 1950.

Coakely, Jay and Eric Dunning, eds. *Handbook of Sports Studies*. London: Sage. 2002.

Coakely, Jay. *Sport in Society*. New York: McGrow-Hill. 2001.

Dépelteau, François and Tatiana Savoia Landini, eds. *Norbert Elias and Social Theory*. New York: Pelgrave Macmillan. 2013.

Dunning, Eric. *Sport Matters*. London: Routledge. 1999.

Dunning, Eric et al., eds. *Fighting Fans: Football Hooliganism as a World Phenomenon*.

Dublin: University College Dublin Press. 2002.

Dunning, Eric, Dominic Malcolm and Ivan Waddington, eds. *Sport Histories: Figurational Studies of the Development of Modern Sports*. London: Routledge. 2004.

Dunning, Eric and Kenneth Sheard. *Barbarians, Gentlemen and Players* (2nd Edition). London: Routledge. 2005.

Dunning, Eric and Jason Hughes. *Norbert Elias and Modern Society: Knowledge, Interdependence, Power, Process*. London: Bloomsbury. 2013.

Elias, Norbert. *What is Sociology?* Trans. Stephen Mennell and Grace Morrissey. New York: Columbia University Press. 1978 [*Was ist Soziologie?*. München: Juventa Verlag. 1970].

Elias, Norbert, *The Court Society*. Trans. Edmund Jephcott. Oxford: Blackwell. 1983 [*Die höfische Gesellschaft*. Frankfurt am Main: Suhrkamp. 1983].

Elias, Norbert and Eric Dunning. *Quest for Excitement: Sport and Leisure in the Civilizing Process*. Oxford: Blackwell. 1986.

Elias, Norbert and Eric Dunning. *Sport im Zivilisationsprozesse. Münster:* Lit, 1984.

Elias, Norbert. *Involvement and Detachment*. Trans. Edmund Jephcott. Oxford: Blackwell. 1987 [*Engagement und Distanzierung*. Trans. Michael Schröter. Frankfurt am Main: Suhrkamp. 1983].

Elias, Norbert. *Los der Menschen: Gedichte-Nachdichtungen*. Frankfurt am Main: Suhrkamp. 1987.

Elias, Norbert. *Time: An Essay*. Trans. Edmund Jephcott. Oxford: Blackwell. 1991 [*Über die Zeit*. Ed. Michael Schröter. Frankfurt am Main: Suhrkamp. 1988].

Elias, Norbert. *The Symbol Theory*. London: Sage. 1991.

Elias, Norbert. *Mozart: Portrait of a Genius*. Trans. Edmund Jephcott. Oxford: Polity Press. 1993 [*Mozart: Zur Soziolodie eines Genies*. Ed. Michael Schröter. Frankfurt am Main: Suhrkamp. 1991].

Elias, Norbert and John L. Scotson. *The Established and the Outsiders: A Sociological Enquiry into Community Problems*. London: Sage. 1994 [*Etablierte und Außenseiter*. Trans. Michael Schröter. Frankfurt am Main: Suhrkamp. 1990].

Elias, Norbert. *Reflections on a Life*. Trans. Edmund Jephcott. Oxford: Polity Press. 1994 [*Norbert Elias über sich selbst*. Frankfurt am Main: Suhrkamp. 1989].

Elias, Norbert. *The Germans: Power Struggles and the Development of Habitus in the Nineteenth and Twentieth Centuries*. Trans. Eric Dunning and Stephen Mennell. New York: Columbia University Press. 1996. Ed Michael Schröter [*Studien über den die Deutschen: Machtkämpfe und Habitusentwicklung im 19. und 20. Jarhundert*. Frankfurt am Main: Shurkampf, 1989].

Elias, Norbert. *The Civilizing Process: Sociogenetic and Psychogeneic Investigations*. Trans. Edmund Jephcott. Ed. Eric Dunning, Johan Goudsblom and Stephen Mennell. Oxford:

Blackwell. 2000 [*Über den Prozeß der Zivilisation* (vol 1). Frankfurt am Main: Suhrkamp. 1977; (Vol 2) Suhrkamp. 1977].

Elias, Norbert. *Aufsätze und Andere Schriften* III. Frankfurt am Main: Suhrkamp. 2000.

Elias, Norbert. *The Loneliness of the Dying*. Trans. Edmund Jephcott. New York: Continuum. 2001 [*Über die Einsamkeit der Sterbenden*. Frankfurt am Main. Suhrkamp. 1982].

Elias, Norbert. *The Genesis of the Naval Profession*. Ed. Stephen Mennell. Dublin: University College Dublin Press. 2007.

Fletcher, Jonathan. *Violence and Civilization: An Introduction to the Work of Norbert Elias*. Cambridge: Polity Press. 1997.

Fromm, Erich. *Escape from Freedom*. New York: Avon Books. 1969.

Gabriel, Norman and Stephen Mennell, eds. *Norbert Elias and Figurational Research: Processual Thinking in Sociology*. Oxford: Blackwell. 2011.

Goudsblom, Johan. *Society in the Balance: A Critical Essay*. Oxford: Blackwell. 1977 [*Soziologie auf der Waagschale*. Trans. F. Heider and B. Wirth. Frankfurt am Main: Suhrkamp. 1979].

Goudsblom, Johan. *Fire and Civilization*. London: Penguin Press. 1992.

Goudsblom, Johan, Eric Jones, and Stephen Mennell, *The Course of Human History: Economic Growth, Social Process, and Civilzation*. New York: M.E. Sharpe. 1996.

Goudsblom, Johan and Stephen Mennell, eds. *The Norbert Elias Reader*. Oxford: Blackwell. 1998.

Günther, Friederike, Angela Holzer and Enrico Müller, eds. *Zur Genealogie des Zivilisationsprozesses: Friedrich Nietzsche und Norbert Elias*. Berlin: De Gruyter. 2010.

Habermas, Jürgen. *The Liberating Power of Symbols*. Trans. P. Dew. Cambridge: Polity Press. 1997.

Holden, Arthur. *The Man Who Wrote Mozart: The Extraordinary Life of Lorenzo Da Ponte*. London: Phoenix. 2007.

Huntington, Samuel. *The Clash of Civilizations and the Remaking of World Order*. New York: Simon & Schuster. 1997.

Huxley, Julian. *Evolutionary Humanism*. New York: Pnometheus Books. 1992.

Krieken, Robert, van. *Norbert Elias*. London: Routledge. 1998.

Landini, Tatiana Savoia and François Dépelteau, eds. *Norbert Elias and Empirical Research*. New York: Pelgrave Macmillan. 2014.

Landini, Tatianna Savoia and François Dépelteau, eds. *Norbert Elias and Violence*. New York: Pelgrave Macmillan. 2017.

Linklater, Andrew. *The Problem of Harm in World Politics*.Cambridge: Cambridge University Press. 2011.

Linklater, Andrew. *Violence and Civilization in the Western States-System*. Cambridge:

Cambridge University Press. 2016.

Livingston, John A. *The Rogue Primate*. Toronto: Key Porter. 1994.

Loyal, Steven and Stephen Quilley, eds. *The Sociology of Norbert Elias*. Cambridge: Cambridge University Press. 2004.

Mennell, Stephen. *Norbert Elias: An Introduction*. Dublin: University College Dublin Press. 1998.

Mennell Stephen and Johan Goudsblom, eds. *Norbert Elias: On Civilization, Power and Knowledge*. Chicago: Chicago University Press. 1998.

Mennell, Stephen. *The American Civilizing Process*. Cambridge: Polity Press. 2007.

Munns, J. and G. Rajan, eds. *A Cultural Studies Reader*. New York: Longman. 1995.

Murphy, Patric, John Williams and Eric Dunning. *Football on Trial: Spectator Violence and Development in the Football World*. London: Routledge. 1990.

Pinker, Steven. *The Better Angels of Our Nature*. New York: Viking. 2011.

Popper, Karl. *The Poverty of Historicism*. London: Routledge. 1957.

Pyne, Stephen. *World Fire*. New York: Henry Holt. 1994.

Robertson, Alec and Denis Stevens, eds. *The Pelican History of Music*. Harmondsworth: Penguin Books. 1968.

Russell, Bertrand. *The Impact of Science on Society*. London: Allen & Unwin. 1985.

Russell, Bertrand. *History of Western Philosophy*. London: Allen & Unwinn. 1961.

Salumets, Thomas, ed. *Norbert Elias and Human Interdependencies*. Montreal: McGill-Queen's University Press. 2001.

Smith, Andy and Ivan Waddindton, eds. *Doing Real World Research in Sports Studies*. London: Routledge. 2014.

Smith, Dennis. *Norbert Elias and Modern Social Theory*. London: Sage. 2001.

Snow, C. P. *The Two Cultures*. Ed. S. Collini. Cambridge: Cambridge University Press. 1998.

Solomon, Robert C. and Katheleen M. Higgins. *A Short History of Philosophy*. Oxford: Oxford University Press. 1996.

Swaan, de Abram. *The Killing Compartments*. New Haven: Yale University Press. 2015.

Trilling, Lionel. *Beyond Culture*. Harmondsworth: Penguin Books. 1967.

Veblen, Thorstein. *The Theory of the Leisure Class*. New York: Prometheus Books. 1998.

Waddington, Ivan. *Sport, Health and Drugs*. London: Spon. 2001.

Waddington, Ivan and Andy Smith. *An Introduction to Drugs in Sport*. London: Routledge. 2009.

Wellek René and Austin Warren. *Theory of Literature*. Harmondsworth: Penguin Books. 1963.

Wouters, Cas. *Informalization: Manners and Emotions since 1890*. London: Sage. 2007.

事項・人名索引

ア

イ

ウ

エ

ク

ケ

コ

サ

シ

ス

セ

ソ

タ

チ

テ

ト

ナ

ニ

ネ

ハ

ヒ

フ

ヘ

ホ

マ

ミ

ム

メ

モ

ヤ

ユ

ラ

リ

ル

レ

ロ

ワ

著者紹介

大　平　　章（おおひら あきら）

1949年　広島県に生まれる
1972年　早稲田大学第一文学部英文科卒業
1980年　早稲田大学大学院文学研究科英文学専攻博士課程満期修了
現　在　早稲田大学国際教養学術院教授

主要著書

『ロレンス文学のポリティクス』［単著］（1995年、金星堂）
『ロレンス文学鑑賞事典』［編著］（2002年、彩流社）
『ノルベルト・エリアスと21世紀』［編著］（2003年、成文堂）
Norbert Elias and Globalization［編著］（2009年、DTP 出版）
Norbert Elias as Social Theorist［編著］（2014年、DTP 出版）
Norbert Elias and His Sociological Perspective［編著］（2017年、DTP 出版）

主要訳書

N. エリアス― E. ダニング『スポーツと文明化』（1995年、法政大学出版局）
J. ハウツブロム『火と文明化』（1999年、法政大学出版局）
E. ダニング『問題としてのスポーツ』（2004年、法政大学出版局）
N. エリアス― J.L. スコットソン『部外者と定着者』（2009年、法政大学出版局）
I. ウォディングトン― A. スミス『スポーツと薬物の社会学』［共訳］（2014年、彩流社）
N. エリアス『シンボルの理論』（2017年、法政大学出版局）
N. エリアス『エリアス回想録』（2017年、法政大学出版局）

ノルベルト・エリアスの全体像
――フィギュレーション理論の探究

2018年５月20日　初版第１刷発行

著　者　大　平　　章
発行者　阿　部　成　一

〒162-0041　東京都新宿区早稲田鶴巻町514
発行所　株式会社　成　文　堂
電話03(3203)9201㈹　FAX03(3203)9206
http://www.seibundoh.co.jp

製版・印刷　藤原印刷　　製本　弘伸製本

ISBN978-4-7923-3375-1 C3036　　検印省略

定価（本体7,000円＋税）